The Report on the Sustainable Development of China's Foreign Trade:
Topic on Climate Change

中国对外贸易可持续发展报告

——气候变化篇

曲如晓　蔡宏波／编著

经济科学出版社
Economic Science Press

毫无疑问，中国 30 多年的改革开放成就了贸易大国的辉煌业绩，目前，中国已成为世界第一大出口国和第二大进口国。然而，这条外贸发展道路面对危机时的脆弱性和日益暴露出的问题与风险也日渐凸显：贸易结构不合理、区域发展不协调、资源依赖性较强、外部不确定性大等，这些都在很大程度上制约着中国从贸易大国向贸易强国转变。显然，实现这种转变的必要条件便是迅速改变中国过去传统的外贸发展方式。当前，气候变化是全球各国面临的共同难题，其在环境、生态、经济、社会、文化等诸多方面产生的影响受到空前重视。全球应对气候变化的紧迫性自然成为中国转变对外贸易发展方式的重要背景，也是这一转变的外部约束条件和内在动力之一。因此，我们将围绕气候变化背景下中国对外贸易发展方式转变这一问题展开理论、实证和政策的综合研究。

本书共分为六章：第 1 章介绍研究背景和内容、框架，并围绕国际贸易与气候变化的关系全面综述了以往学者的研究并对其中代表性成果进行了评价。

第 2 章是气候变化与中国外贸发展，概述了中国对外贸易发展的基本情况，同时分析了气候变化的事实和中国二氧化碳排放现状，进而考察了后者影响之下中国外贸发展的传统方式。

第 3 章是中国对外贸易的气候变化效应，基于气候变化效应的主流评估方法，从行业结构和国别结构两个维度测算了中国对外贸易的隐含碳，并且定量评估了中国外贸发展方式的碳排放效应。

第 4 章是气候变化应对措施对中国对外贸易的影响，在深入剖析碳税、碳关税和碳市场等应对气候变化措施之后，应用 CGE 模型模拟计算了碳关税对中国外贸整体和中美钢铁贸易的影响。

第 5 章是气候变化背景下中国外贸发展方式转变，技术进步、气候友好商品、国际减排合作、自由贸易区都被作为贸易减排的可能方式进行了定量检验、理论建模、事实印证或者可行性分析。

第 6 章是中国外贸发展方式的低碳转型与政策选择，在以上主要研究结论的基础上，提出中国外贸发展方式低碳转型的总体态势、基本内涵和具体政策。

我们深知，虽然气候变化背景下中国外贸发展方式亟待转变已达成共识，但是贸易大国发展路径造成了多大的气候变化代价、应对气候变化给中国外贸发展带来怎样的影响等，有关这一主题的诸多理论和现实问题尚有不小争议。不过，只有在回答这些问题的基础上才有可能找到最佳转变路径，从而最终明确中国外贸发展应在气候变化背景下做出怎样的政策选择。本书正是集中了作者及其团队在这一领域长期研究的主要成果，当然限于能力和所处阶段的知识局限，不足之处在所难免，敬请读者批评指正。

目　录

Contents

第5章 气候变化背景下中国外贸发展方式转变 …………………… 217

第1章

导　论

1.1　研究背景及意义

全球气候变暖是人类面临的巨大挑战，保护全球气候，维护全球安全是国际社会的共同目标。为了减少温室气体排放、减缓全球气候变暖、保护全球气候，国际社会需要密切合作。在此背景下，贸易与气候变化的关系已成为国际贸易领域中重要的议题。中国是全球第二大经济体，也是全球主要的温室气体排放国。因此，如何有效、正确地处理中国外贸发展方式与气候变化之间的关系，对于中国转变对外贸易发展方式、实现经济的可持续性增长，具有重要的理论与现实意义。

对外贸易是国民经济发展的重要支柱。改革开放以来，中国对外贸易发展取得了巨大的进步，全球贸易大国的地位日益稳固，质量效益不断提升，对中国经济的快速发展做出了巨大的贡献。但是，随着经济增长的资源约束进一步强化、发展中国家劳动密集型产业竞争力的加强，中国依靠资源、能源和传统劳动力的有形要素投入的传统外贸发展方式已难以继续维持，中国经济发展中的不平衡、不协调、不可持续的问题正日益凸显。特别地，中国对外贸易产品主要以"高耗能、高排放、高污染"为主，中国粗放型外贸发展方式对于中国，乃至全球气候变化均造成了巨大的压力，也为全球主要发达国家对中国展开以保护全球气候采取的贸易保护手段提供了口实。为此，本报告将以气候变化为视角，就"贸易与气候变化"的相关贸易理论进行梳理与总结，在此基础上，结合中国实际情况，就"中国对外贸易发展的气候变化效应评估"、"气候变化政策对中国外贸影响"、"气候变化背景下中国对外贸易发展方式转变"等热点问题进行深入研究。因此，本报告对于中国保护全球气候、维护国家安全、实现对外贸易发展方式的转型和升级具有重要的现实意义。

1.2 国内外研究综述

近年来，随着全球气候变暖，气候变化已成为威胁人类可持续发展的主要因素之一，引起了国际社会、各国政府及学术界的高度关注。本书将对国内外现有的相关研究成果从国际贸易对气候变化的影响、气候变化对国际贸易的影响、气候变化应对措施及其对贸易的影响、气候变化与中国外贸发展方式转变的研究四个方面进行文献梳理。

1.2.1 国际贸易对气候变化的影响

关于国际贸易对气候变化所产生的直接影响，国内外学者分别从理论上和实证上做出了相关研究。理论上主要侧重于对规模效应、结构效应和技术效应等各自的影响路径及性质等方面的研究，而实证则主要针对规模效应与技术效应的综合效果，通过实证模型对贸易所产生的规模效应和技术效应做比较，不同的学者得出的具体结论有所不同。同时，也有不少学者致力于研究国际贸易对气候所产生的间接影响，主要是通过实证分析，进而引入了库兹涅茨曲线。

1. 理论角度

从理论的角度来研究国际贸易对气候变化的影响，最早是由格罗斯曼和克鲁格（Grossman & Krueger，1991）提出的。他们在研究北美自由贸易协定（NAFTA）环境效应时认为对外贸易可通过规模效应、结构效应和技术效应三种作用机制影响气候变化。科普兰和泰勒（Copeland & Taylor，2003）从一般均衡角度进一步定义了这三种效应：规模效应是指在生产活动污染系数、产业结构布局不变的情况下，国际贸易会促进经济的增长、带来经济规模的扩张，从而导致温室气体排放的增加；结构效应是指由国际贸易通过影响产品相对价格可能导致一国产业结构的变化，进而影响温室气体的排放；技术效应是指技术改进带来的生产效率提高，使得在产出不变的情况下，要素投入更少、商品和服务生产过程排放的温室气体减少。其中，技术效应可以从两种途径降低排放：一是贸易开放可降低气候友好型商品和服务的生产成本，并增加其可获得性；二是贸易开放可提高收入水平，从而增加民众对低排放产品的需求。一般认为，规模效应和技术效应的作用方向相反，结构效应则取决于各国的比较优势。

部分学者还从贸易运输的角度阐释了国际贸易对气候变化产生的直接影响，即对外贸易的蓬勃发展增加了运输量、产生了更多的气体污染和原料消耗，从而提高温室气体排放（Daly & Goodland，1994；Vatn，2002）。戴利（H. E. Daly，1993）最早指出交通运输是能源密集型行业。随着贸易自由化进程的加快，环境成本的外部性特征可能导致生产的无效率状态。莱维·巴特拉和哈米德（Ravi Batra & Hamid Beladi et al.，1998）基于交通运输本身就是能量密集型这一假设，认为国际贸易本身就是污染的。杰曼（Chaman，2007）进一步验证了除了柴油发动的交通工具外，承载乘客和货物的航空业也是气体污染的重要源泉之一。国内学者曲如晓和马建平（2010）也从运输环节出发，得出国际贸易导致碳排放增加的类似结论。

2. 实证角度

自格罗斯曼和克鲁格（Grossman & Krueger，1991）首次建立国际贸易的规模、结构和技术三种气候变化效应的分析框架以来，许多学者对此进行了大量实证研究。有些学者研究所得出的结论是国际贸易的发展将导致温室气体排放的增加，例如：安特韦勒、科普兰和泰勒（Antweiller，Copeland & Taylor，2001）通过构建贸易和环境的一般均衡模型检验了贸易开放对 SO_2 排放的规模效应、结构效应和技术效应。借鉴他们的研究方法，科尔和埃利奥特（Cole & Elliott，2003）利用 1975～1995 年 32 个发达国家和发展中国家的二氧化碳数据分析了贸易对二氧化碳等四个环境指标的影响，研究结果表明由于规模的负效应远远大于技术的正效应，贸易越开放，二氧化碳排放越高；而对于中等收入国家，结构效应也是正的，且贸易开放度增加 1％，人均二氧化碳排放增加 0.04％。马奈木（Managi，2004）使用 1960～1999 年 63 个发达国家和发展中国家数据分析贸易开放对二氧化碳排放影响的研究结果支持了科尔和埃利奥特（Cole & Elliott，2003）的结论：规模效应超过了技术效应，贸易会增加二氧化碳的排放。麦卡尼和亚当莫维兹（McCarney & Adamowicz，2005）使用 1976～2000 年 143 个国家的面板数据进一步检验了贸易开放与二氧化碳排放之间的关系，尽管他们的研究无法总体影响分解为规模、结构和技术效应，但结果仍表明随着贸易的开放，二氧化碳的排放量显著增加。

此后，不少学者在相关实证研究中考虑了对外贸易与收入之间的"内生性"问题。如弗兰克尔和罗斯（Frankel & Rose，2005）在考虑贸易和人均收入存在内生性的情况下，运用工具变量方法实证检验了近 150 个国家在既定的人均收入水平下对外贸易开放与二氧化碳等七个环境指标的关系，分析结果显示：如果不考虑贸易与人均收入的内生性，贸易开放显著地增加了二氧化碳的排放量；而如果考虑这种内生性，贸易开放对二氧化碳排放的不利影响并不显著。格雷瑟（Grether，2007）的研究显示，贸易通过技术为气候环境所带来的正效应大于规模带来的负效应，因此，国际贸易的发展会减少温室气体的排放。而马奈木、响由姬和鹤见（Managi，Hibiki & Tsurumi，2008）的研究却表明，贸易开放对发达国家和发展中国家二氧化碳排放的影响有所不同。他们使用了 1973~2000 年 88 个国家的二氧化碳和 SO_2 的面板数据，以及 1980~2000 年 83 个国家的生物化学需氧量（BOD，通过衡量微生物分解水中有机物质所需氧气量的方法测度污染程度的一种指标）数据，在考虑贸易与收入"内生性"问题的情况下分析了贸易开放与二氧化碳、SO_2 和 BOD 排放之间的短期和长期关系。研究发现：对于 OECD 国家，由于技术效应超过了规模效应和结构效应，贸易开放降低了二氧化碳排放量。但是对非 OECD 国家而言，贸易开放将对二氧化碳的排放产生负面影响。从短期来看，贸易对二氧化碳排放量的影响不大，但长期内将产生显著影响。

对于实证分析，不少国内学者也得出了相关的结论。国内学者包群和彭水军（2006）指出，贸易开放度的提高有助于减少环境污染物的排放，同时，产业结构是影响环境质量的重要因素。刘林奇（2009）通过建立对外贸易环境效应的数理模型，实证分析了中国对外贸易的环境效应，结果表明规模效应和结构效应加剧了中国的环境污染，技术效应和市场效率效应则减少了中国的环境污染。彭水军和刘安平（2010）利用开放经济系统下的环境投入—产出模型、中国 1997~2005 年可比价投入产出表以及环境污染数据，测算出了包含大气污染与水污染在内的四类污染物历年的进出口含污量和污染贸易条件。研究结果发现：对外贸易对中国环境的综合影响是负面的，各类污染物的贸易条件总体上呈现不断恶化的发展态势。何洁（2010）通过建立四方程联立系统，得出国际贸易对中国工业 SO_2 排放量的影响相对很小。李锴和齐绍洲（2011，2013）基于不同的模型设定——静态和动态面板模型，以及不同的工具变量策略——外部工具变量、滞后期工具变量以及动态模型设定时的内部工具变量组合，估算了 1997~2008 年中国 30 个省区的二氧化碳排放量，并利用面板数据全面客观地考察贸易开放与二氧化碳排放之间的关系。研究结果发现：在加入了人均收入和其他控制变量之后，贸易开放增加了中国省区的二氧化碳排放量和碳强度，国际贸易对中国气候环境的影响是负面的。

由此可见，国际贸易确实会对气候环境产生很大的影响，且部分早期学者的研究得出国际贸易的规模效应更大，因而国际贸易的发展增加了温室气体的排放量。部分学者则发现技术的正效应超过规模的负效应而占主导地位，最终将使国际贸易的发展有利于降低温室气体排放。而近期越来越多的学者认为，国际贸易对温室气体排放的总体影响取决于分析对象是发达国家还是发展中国家、短期影响还是长期影响、是否考虑贸易与收入"内生性"问题等因素。

3. 库兹涅茨曲线

有关国际贸易对气候所产生的间接影响是通过实证借助环境库兹涅茨曲线来分析。库兹涅茨曲线最早是针对环境污染，是指经济增长和环境污染水平的"倒U型"关系，随后的研究中也把经济增长与环境质量的曲线关系称为EKC。基于此，后来不少学者对气候变化是否也存在库兹涅茨曲线同样做了不少研究。

20 世纪 90 年代，有关 EKC 的研究成为贸易与环境关系相关文献中的代表。在格罗斯曼和克鲁格（Grossman & Krueger，1991）分析北美自由贸易协定环境效应的创新性研究中，他们首次发现经济增长初期环境污染程度较轻，但污染程度随着人均收入的增加趋于严重；当人均收入达到一定程度后，环境污染反而随着人均收入的增加而减少，如用曲线表示则形如一条"倒U型"的曲线。随后，萨克斯等（Sachs et al.，1999）借用经济增长与收入分配之间的联系，并通过数理统计和分析进一步验证了收入与环境之间的这一关系，并称之为"环境库兹涅茨曲线（EKC）"。

然而，对于气候变化是否也存在环境库兹涅茨曲线，学术界则存在较大争议，不同的研究结果也不尽相同（Huang et al.，2008）。霍尔茨—埃金和赛尔登（Holtz-Eakin & Selden，1995）利用 1951~1986 年 130 个国家和地区的数据验证了二氧化碳排放存在 EKC，但同时也发现其不同于其他地区性的环境污染曲线，只有当收入水平非常高时它才会出现拐点。罗伯茨和格兰姆斯（Roberts & Grimes，1997）则通过分析更长时间（1962~1991 年）和更多国家（147 个）的相关数据发现，单位 GDP 的二氧化碳排放量与经济发展水平之间的关系从 1962 年开始的线性关系在 1991 年变为快速上升的曲线关系，且

1982 年之后二氧化碳排放量的 EKC 在统计学意义上更显著。安特韦勒等（Antweiller et al.，2001）利用全球环境监控系统下 SO_2 的浓度数据和贸易影响气候的模型也证实了 EKC 的存在。此外，麦卡尼和亚当莫维兹（McCarney & Adamowicz，2005）也分析了二氧化碳排放的库茨涅茨曲线，但研究结果表明专制国家的拐点出现在人均收入水平较低的阶段，而民主国家的转折点在人均收入较高的水平上。

也有部分实证研究发现不存在温室气体排放的环境库兹涅茨曲线。世界银行（1992）的研究表明，人均二氧化碳排放总是随着收入的提高而增加。谢里夫（Sharif，1994）指出某些环境指标（如水和卫生设施）会随收入的提高而得到改善，而有些指标（如粉尘和 SO_2）起初恶化，当收入达到一定程度后趋于改善，但是二氧化碳排放指标会持续恶化。莫和安鲁（Moomaw & Unruh，1997）利用 16 个 OECD 成员国的相关数据检验了持续的收入增长与人均二氧化碳排放之间的关系，分析结果显示两者之间不存在 EKC 关系。此后，弗兰克尔和罗斯（Frankel & Rose，2005）、黄（Huang，2008）等针对转型经济体和《京都议定书》中附件 Ⅱ 国家的研究也不支持二氧化碳排放存在 EKC 的结论。

总体而言，国外关于环境库兹涅茨曲线的研究大多是分析发达国家经济增长与环境污染之间的"倒 U 型"关系，即发达国家整体环境质量随人均收入的增加先恶化后改善的趋势。但是对于作为发展中国家的中国而言，二氧化碳排放与经济增长的关系如何，仅有少数学者对此进行了探讨和分析。陆旸和郭路（2008）从新古典增长理论出发对污染和环境支出的平衡增长路径进行了研究，得出呈"倒 U 型"关系的 EKC。林伯强和蒋竺均（2009）利用传统环境库兹涅茨模型模拟和在设定二氧化碳排放基础上的预测模型这两种方法，对比研究和预测了中国的二氧化碳库兹涅茨曲线的理论拐点。黄庆波和赵忠秀（2011）基于协整理论和格兰杰因果检验分析了世界制造业向中国转移与环境污染之间的相互关系，指出进行 FDI 和外包是跨国公司进行制造业转移的两种基本方式，中国承接制造业产业转移与大气污染具有长期稳定关系。

1.2.2 气候变化对国际贸易的影响

国际贸易与气候变化之间不仅仅存在单向的联系。在国际贸易通过不同途径和作用机制影响气候变化的同时，气候变化也通过比较优势、制度等路径影响国际贸易格局和流动量。

1. 比较优势机制

气候变化通过比较优势机制影响国际贸易主要体现在以下两个方面：

第一，气候变化将改变一国贸易的比较优势，从而影响对外贸易格局，尤其是在气候和地理方面占优势的国家和地区。具体而言，气候变化所导致的全球气候变暖问题和更为频繁的极端天气可能使一些农业大国和地区的农作物产量降低，进而出现出口的减少。克莱因（Cline，2007）、萨瓦拉（Zavala et al.，2008）等研究表明诸如印度和东南亚平原地区，气候变化所带来的农业生产率下降在 20%～30% 之间，且大气中二氧化碳排放量的持续增长将使大豆和玉米等农作物更易遭受昆虫的侵害。塔米尔提等（Tamiotti et al.，2009）研究结果同样显示出了在气候和地理特征上具有比较优势的国家在国际贸易上受到了气候变化的影响。国内学者庄贵阳和陈迎（2005）认为气候变化对农业的影响主要体现在对农业的生产方式与条件，气候变化将使得气候异常及灾害频繁发生，使得农业生产无法得到保障。李威（2009）进一步指出气候变化会改变国际贸易的流向和规模，尤其是那些比较优势来自气候或地理方面的国家将受到较大影响。

此外，气候变化除了影响货物贸易，还可能改变一国的服务贸易格局。对于高度依赖当地独特自然资源的旅游大国而言，全球气候变化导致的海平面上升和极端气候现象可能破坏当地沙滩、清洁的海域、热带气候、丰富的降雪等自然资源优势，从而降低了这些国家对旅游度假者的吸引力，并最终改变其国际服务贸易的格局。刘春燕、毛瑞谦、罗青（2010）认为气候变化可能会引起某些气候地区或国家旅游流向的改变，进而对其经济造成不同程度的影响。

第二，气候变化导致的极端天气将对贸易商品的国际运输造成不利影响（Nelson et al.，2009）。IPCC（2007）第四次评估报告指出，极端气候现象会造成港口和运输路线的暂时中断，损害对贸易至关重要的基础设施；气温升高会对永冻区域的运输航线产生负面影响，也会缩短冬天公路可通行的时间，而海岸基础设施和设备也将遭到洪水的破坏。赵玉焕（2010）认为气候变化可能使国际贸易所依赖的供给—运输—分配链条更加脆弱，使贸易运输成本增加，进而对国际贸易产生负面影响。

2. 制度机制

气候变化通过其应对措施等制度途径，如碳税、碳关税、碳排放交易、气候友好商品贸易自由化等，改变贸易伙伴之间进出口产品的市场环境，进而影响相关国家贸易利益。

首先，气候变化促进了气候友好商品（那些生产或消费可以显著减少温室气体排放，或者其生产和销售显著有利于对环境质量改善的商品）和服务的产生和发展，其涵盖范围的扩展和自由化不仅可以为一些国家提供新的贸易增加点，为企业转变经营模式、开发利用新技术提供动力，也可以降低这些国家实施温室气体减排的成本或者减少温室气体排放量的增长（Lamy，2008）。此外，气候友好商品的发展可以改善传统外贸的产品质量和结构，促进外贸转型和升级，因而多边气候协议一直在努力实现这类产品和服务的贸易自由化（Word Bank，2008）。

其次，随着各国对气候变化关注程度的进一步提高和气候谈判的推进，美国、欧盟以及主要的发展中国家已经把新能源、节能技术、低碳产品等作为未来发展的重点领域。新能源的使用以及新环保技术的研究和开发将促进低碳和节能减排技术在各国之间以更低的成本传播和扩散。同时，它为一些发展中国家的产业结构升级和贸易结构调整提供有利的机遇和平台（Van der Gaast & Begg，2009）。齐晔等（2008）指出，目前的产业分工中，发达国家处在产业链的上端，出口产品以高科技和服务为主，二氧化碳排放量相对较低；发展中国家的出口产品则以低端产品为主，二氧化碳排放量较高。而中国作为以出口低端产品为主的贸易顺差国，通过对外贸易为其他国家转移二氧化碳排放的数量相当可观。因此，减少二氧化碳排放将是调整中国对外贸易结构的有效途径之一。李小平和卢现祥（2010）研究发现，中国参与国际垂直专业化分工的程度显著增加，国内投入隐含二氧化碳所占的比例减少，而进口中间品隐含二氧化碳所占比例增加。同时，由于目前中国工业行业中研发投资没能减少其二氧化碳的排放，未来中国企业在提高节能减排和投资效率方面将有很大空间。吕维霞等（2010）认为气候变化对国际贸易有着很大的影响，可以促进新能源的使用、新环保技术的开发与利用，促进气候友好商品和服务贸易，形成新的经济增长点。

最后，一些国家可能以气候变化为由设置贸易壁垒对本国相关产业进行保护。随着气候外交的兴起，以发达国家为主体的西方国家，以保护气候为由设置贸易壁垒，通过制定技术标准，为产品贴上"碳标签"，对发展中国家实施碳关税。与气候变化有关的贸易壁垒的实施，在发达国家和发展中国家之间人为制造"气候剪刀差"，使发展中国家在未来的国际贸易中日益处于一种弱势的发展境地。

3. 国际贸易隐含碳的研究

1974 年，国际高级研究机构联合会（IFIAC）能源分析工作组的一次会议就曾指出，为了衡量某种产品或服务生产过程中直接和间接消耗的某种资源的总量，可以使用"Embodied"这一概念。在"Embodied"后面加上资源或者污染排放物的名称用以分析产品生产过程中污染的排放及对资源的消耗。隐含碳即"Embodied Carbon"，根据《联合国气候变化框架公约（UNFCCC）》的解释，"商品由原料取得、制造加工、运输到成为消费者手中购买的产品，这段过程所排放的二氧化碳定义为隐含碳"。

在贸易中隐含碳的测算方面，国外起步较早。目前，主要有实测法、物料衡算法、投入产出法、模型法、生命周期法、决策树法等计算方法，最常采用的是生命周期法和投入产出法。然而，生命周期法的计算虽然精确，但无法替代对总体的认知，很难全面测度全部产品的隐含碳，而且没有考虑到进口中间产品的不同碳耗水平，故多数学者使用投入产出法测算贸易隐含碳。投入产出法又可分为多区域投入产出法（MRIO）和单区域投入产出法（SRIO），由于MRIO需要整合大量数据，因此，大部分学者基于SRIO研究。

伦曾和默里（Lenzen & Murray，2001）采用单区域静态的投入产出模型对澳大利亚最终消费中的隐含碳及隐含能源进行了分析。结果显示，国际贸易显著影响澳大利亚的碳排放，其出口中的隐含碳和隐含能源远超过其同期进口产品中的隐含碳和隐含能源。马查多等（Machado et al.，2001）使用投入产出法研究了巴西的国际贸易对其能源消耗和二氧化碳排放量的影响程度，结果表明1995年巴西出口的非能源产品中的能源和碳含量要明显大于进口中的含量，并发现发达国家对碳含量高的产业进行了外包。艾哈买德（Ahmad，2003）则分别考察了20个OECD国家贸易中隐含碳的情况，结果显示澳大利亚、加拿大、捷克、丹麦、芬兰、荷兰、挪威和波兰是隐含碳的净出口国；美国、日本、韩国和几个欧洲最大的经济体（如英国、德国等）是隐含碳的净进口国；而匈牙利处于碳进出口平衡的状态。桑切斯等（Sanchez-Choliz et al.，2004）利用单区域投入产出法分析了贸易对西班牙各部门碳排放的影响，他们把生产和消费分为18个部门，并区分了国内生产、进口、出口和再出口中的直接碳排放和间接碳排放。研究结果表明，食品、建筑、材料运输及其他服务是该国的主要碳排放部门；出口中的隐含碳主要集中于煤炭和能源、金属、化学和非金属等西班牙的基础产业；将各部门的计算结果汇总后，西班牙隐含碳进出口基本处于平衡状态。朱里奥和杜阿尔特等（Julio & Duarte et al.，2004）采用类似模型系统分析了西班牙贸易中包括再出口产品在内的隐含碳排放问题，并发现西班牙的国际贸易中存在隐含碳的净出口。穆霍帕迪亚等（Mukhopadhyay et al.，2004）通过分析印度贸易自由化进程中的商品贸易结构，利用投入产出法计算进出口商品中的能源和碳含量，构建贸易污染指数，结果表明在1993～1994年印度是一个能源和碳的净进口国。蒙杰利等（Mongelli et al.，2006）以意大利为例，以投入产出法计算了该国贸易中的隐含碳情况，结果显示全球近25%的进口隐含碳来源于发展中国家和经济转型国家。意大利进口产品中的隐含碳约占国内总排放的18%。米恩帕（Maenpaa，2007）采用投入产出法定量分析了芬兰进出口贸易中的隐含碳，研究表明1990~2003年，芬兰一直是隐含碳的净出口国，且此趋势在不断加强，而产生这一现象的原因是芬兰贸易规模的变化。类似的还有马查多、谢弗和沃雷尔（Machado, Schaeffer and Worrell，2001），彼得斯和赫尔维茨（Peters & Hertwich，2006），纽伦（Nguyen，2006），韦伯和马修斯（Weber & Matthews，2007），杜克曼和布拉德利（Druckman & Bradley，2009）等分别针对巴西、挪威、越南、美国和英国对外贸易隐含碳的研究。韦伯等（Weber et al.，2008）则利用1987~2005年中国的投入产出表系统研究了中国贸易的隐含碳，发现中国出口贸易隐含碳从1987年占总排放的12%上升到2005年占总排放的1/3，呈明显上升趋势。

除了单区域投入产出模型外，国际上采用多区域投入产出模型（MRIO）的学者也越来越多。艾哈迈德等（Ahmad et al.，2003）使用投入产出法研究了24个OECD国家贸易中的隐含碳情况。结果显示，1995年24个OECD国家隐含碳的净进口量与中国和俄罗斯两国加总的碳净出口量相等，占到全体OECD国家国内碳排放量的5%。伦曾等（Lenzen et al.，2004）指出评估一国对外贸易隐含碳的情况必须考虑贸易伙伴国的生产工艺、能源结构和碳耗水平等因素的影响。彼得斯和赫尔维茨（Peters & Hertwich，2008）估算得出2001年全球贸易隐含碳是5.3总吨。彼得斯等（Peters et al.，2006）采用多区域投入产出模型对挪威进行的研究表明，挪威进口贸易的隐含碳排放占其国内碳排放总量的67%，韦伯和马修斯（Weber & Matthews，2007）分析了1997~2004年美国与最大七个贸易伙伴之间贸易对环境的影响，发现这期间美国进口量的增加和贸易结构的变化导致美国贸易中的隐含排放大大增加，进口碳从1997年占其总排放的9%~14%上升到2004年的13%~30%，其中进口碳的20%~40%来自中国。WWF（2008）认为欧盟应对其他国家和地区尤其是中国的碳排放负很大责任。

国内对贸易中隐含碳的研究较多。沈利生（2007）在中国2002年投入产出表的基础上，测算了2002~2005年中国货物出口、货物进口对能源消费的影响。王娜（2007）考察了1997年中国国际贸易36个部门商品的能耗密集度，计算和比较了各类商品的进出口能源消耗量。李坤望等（2008）在HOV要素禀赋理论的基础上，编制了混合型能源投入产出表，测算了 1980～2004 年中国进出口贸易中的能源含量。曹俊文（2009）利用中国工业能源统计数据，计算了中国 1996～2005 年各行业出口产品的能源消耗强度，进而测算了各行业进出口贸易产品中所隐含的能源消耗量。然而他们的分析仅限于能源角度，并没有深入到能源引起碳排放的层面。同曹俊文（2009）类似，王海鹏（2010）利用 ORNL 提出的方法对中国工业各行业化石燃料燃烧二氧化碳量进行计算，得到中国 2003～2007 年工业行业的碳排放强度，并发现中国资源型产品出口的碳排放所占比例非常高，中国应该通过调整出口结构来实现低碳化的发展。不过这类研究并没有考虑到加工贸易中间商品投入情况与进口来源地国家的碳耗水平。此外，赵忠秀等（2012）基于碳排放责任界定的视角测度了中国对外贸易中的隐含碳，并利用投入产出法实证检验了中欧贸易隐含碳，提出了相应的政策建议。陈诗一（2010，2011）构造了中国工业 38 个二位数行业的投入产出面板数据库，利用超越对数分行业生产函数估算了中国工业全要素生产率变化并进行绿色增长核算。研究结果表明：改革开放以来中国工业总体上已经实现了以技术驱动为特征的集约型增长方式转变，能源和资本是技术进步以外主要驱动中国工业增长的源泉，劳动和排放增长贡献较低甚至为负。但是，一些能耗和排放高的行业仍然表现为粗放型增长，必须进一步提高节能减排技术，最终实现中国工业的完全可持续发展。

有些学者考虑了加工贸易的中间产品投入问题，齐晔等（2008）采用投入产出法，利用 2002 年中国投入产出表估算了 1997～2006 年中国进出口贸易中的隐含碳。对进口商品采用中国的碳耗水平作保守估计，采用日本的碳耗水平作乐观估计，结果表明中国承担了本应在进口国承担的碳排放量。魏本勇等（2009）采用投入产出法，结合部门能源消费数据，从最终需求的角度评估了 2002 年中国进出口贸易中国家和部门的碳排放，同样以日本作为典型进口国家，得出结论为 2002 年中国为贸易隐含碳排放的进出口国。夏蓉（2010）采用了魏本勇（2009）类似的方法，利用 2007 年中国投入产出表，计算得出了我国 2007 年进出口贸易产生的二氧化碳排放净值。赵玉焕（2011）参照 2002 年和 2007 年的投入产出表，利用 1999～2008 年中国海关货物出口商品分类数据，研究和测算了中国出口商品的隐含碳，发现中国出口产品中的隐含碳呈明显递增趋势。不过，这些研究以日本作为典型进口国家替代并不全面，且得出的结论区间范围过大，能源碳排放洗漱也只采用了固体、液体、气体燃料三种。

在影响隐含碳变化的因素分解方面，黄敏等（2010）先利用前人的投入产出法测算了中国外贸中的隐含碳，然后利用经典环境效应的分析框架，分析了中国 2002 年、2005 年、2007 年的外贸隐含碳变化的规模效应、结构效应和技术效应。在已有基础上，黄敏等（2011）又利用投入产出结构分解模型（I-OSDA）对影响外贸隐含碳的驱动因素进行分解，并采用 Shapley 分解法消除了残差。在其他人的研究中，王媛等（2011）以中国 2005 年为例，利用 I-OSDA 模型，应用对数平均迪式指数法（LMDI）对影响隐含碳净转移的因素进行了分解分析。隗斌贤等（2012）利用 I-OSDA 模型，采用 LMDI 方法对浙江省 2002～2009 年外贸过程中的含碳量进行了测量，并分解了其变化的影响因素。

最后，也有学者对某一行业的外贸隐含碳进行测算。张迪等（2010）在前期研究的基础上，专门对 2002 年中国农产品对外贸易的隐含碳转移进行了研究，并进一步分析了在中国完全碳排放强度达到美国水平时对农产品出口隐含碳排放的影响。李丁等（2009）初步整理了隐含碳的方法，并结合中国出口贸易的实际情况对水泥出口中的隐含碳做了计算，发现 2006 年中国的出口水泥贸易中隐含了超过了千万吨的二氧化碳排放。

1.2.3 气候变化应对措施及其对贸易的影响

气候变化是关系整个人类社会可持续发展的大问题。近年来，如何应对气候变化几乎成为每个主要国际经济会议的核心议题之一。目前，比较通行的气候变化应对政策主要分为三类。

1. 征收碳税

所谓碳税是指利用税收手段对排放到大气中的二氧化碳设定一个价格来征收相关的费用。作为解决气候变化外部性的政策措施之一，征收碳税已被广泛关注，甚至在部分国家和地区已经开始实施。然而，赫尔（Hoel，1994）却指出，全球碳税的征收应确保各国控制份额分配的公平性，同时碳税的具体征收形式也要得到认可。此外，还要鼓励各国参与从而降低搭便车的机会。巴比克等（Babiker et al.，2003）研究发现在不同国家，减排的政策和现行税收之间的相互作用存在差异，将在一国适用的碳税征收经验推行至其他国家的做法有欠考虑。

此外，诺德豪斯（Nordhaus，2006）、斯蒂格利茨（Stiglitz，2006）等认为实施全球统一的碳税是防止发生碳泄漏（在只有部分国家承担约束性减排义务的情况下，承担减排义务的国家采取的减排行动将导致不承担减排义务的国家增加碳排放的现象）、避免发达国家碳密集型产品国际贸易竞争力损失的有效机制。但艾斯克兰德和哈里斯（Eskeland & Harrison，1997）、马尔辛斯卡和魏（Smarzynska & Wei，2001）指出现有的研究并未证明污染密集型产业跨国转移投资与环境规制标准差异之间存在显著关系。事实上，发达国家对碳泄漏问题的担忧更多的是出于保护本国产业竞争力的需要。统一的碳税降低发达国家在气候变化问题上的历史责任，却要求发展中国家与发达国家承担同样的减排责任，这也正是该政策未被国际社会普遍采纳的原因所在。同时，郑晓博（2010）利用 OECD 国家 1991～2008 年的出口面板数据进行回归，研究结果显示碳税的征收对贸易流会产生负面的作用，不过负面作用不是非常大。

2. 边境调节税

边境调节税又称为"碳关税"，是指对在生产和使用过程中有大量温室气体排放的产品在贸易中征收关税。最初由欧盟提出，以通过对来自未履行《京都议定书》中减排义务国家的进口产品征收特殊的二氧化碳排放关税来消除欧盟碳排放交易机制运行后其碳密集型产品可能遭受的不公平竞争。目前，有关碳关税的现有文献多数集中分析碳关税对国际贸易尤其是碳密集型产品的国际竞争力的影响。

一些学者认为，碳关税对提高产业的国际竞争力效果并不显著（Bordoff，2008），柯斯比和泰拉扫夫斯基（Cosbey & Tarasofsky，2007）研究发现碳关税达不到保护本国企业竞争力的目的。洛克伍德和华里（Lockwood & Whalley，2008）则认为碳关税不过是"新瓶装旧酒"，不能创造新的贸易竞争优势。此外，董和华里（Dong & Whalley，2009）运用可计算一般均衡（CGE）模型实证检验了欧盟和美国实施的碳关税。结果表明：碳关税对全球碳排放、贸易量及福利的影响非常小。韦伯和彼得斯（Weber & Peters，2008）通过分析碳关税政策实施的相关问题，进一步支持了这一结论：碳关税不影响国际产业间的竞争。

但也有学者提出，碳关税对于提高产业竞争力具有重大意义。伊斯默和诺尹霍夫（Ismer & Neuhoff，2007）研究表明碳关税可以弥补气候政策给欧洲产业竞争力造成的损害。世界银行（World Bank，2007）的报告显示，如果欧盟征收 30% 的碳关税，美国对欧盟的出口将减少 6.8%，能源密集型产品的出口将减少 30.5%。董和华里（Dong & Whalley，2009）认为高碳部门（如加工制造业）所受的影响会比较大；碳关税对贸易的影响很可能与金融危机的作用相互叠加，从而使世界走向绿色贸易保护主义。麦基宾和威尔科（Mckibbin & Wilcoxen，2009）运用 CGE 模型模拟了碳关税措施的经济与环境效应，认为从价税率在 1%~2% 时候，征收碳关税对本土企业竞争力的保护较弱。此外，碳关税对发展中国家的影响也日益受到关注。有观点认为，碳关税对全球减排的贡献很小，而且还会恶化巴西、中国等发展中国家的贸易状况和社会福利，使其遭受巨大损失（Babiker，2005；Hubler，2009）。世界银行（World Bank，2007）指出，全面实施碳关税将使中国制造业面对平均 26% 的关税，出口量可能下滑 21%。库尔辛和艾伦（Courchene & Allan，2008）认为虽然碳关税有利于全球减排，但发展中国家将承担大部分的赋税，这不仅剥夺了广大发展中国家的发展权，同时更加混淆了不同国家在温室气体减排及保护全球环境中的历史与现实责任。

由于各发达国家在近十年内计划开征碳关税，国内许多学者对碳关税问题及其对中国出口贸易的可能影响进行了研究。姜太平（2002）指出无论污染密集型还是清洁产业，碳关税的实施对于本国相关产业都具有负面影响。谢来辉和陈迎（2007）归纳了碳泄漏的三个主要渠道：化石能源的国际贸易、碳密集型产品的国际贸易和能源密集型产业的国际转移。他们指出：从经济学的角度看，差别化的减排政策可能会造成各国之间的碳排放成本差异，进而对现有的碳排放密集型产业竞争格局造成一定的冲击。马建平（2009）认为边境碳调节措施是否有效地保护本地产业竞争力、防止碳泄漏是有分歧的。东艳（2010）研究发现边境碳调节措施如果是按照行业内平均水平，而非按不同企业生产率差异来进行调节的话，对高碳密度企业会是一种激励，但会给低碳密度企业造成压力。赵玉焕（2012）则通过利用引入新变量 lNSCIT 而扩展后的贸易引力模型对中国能源密集型产业进行了分析，认为征收碳税对中国能源密集型产业的国际竞争力的确存在负面影响，但对各个行业的影响不尽相同。

关于碳关税对中国外贸的影响，CGE 模型是最为常用的分析工具。以谢来辉和陈迎（2007）整理的一组测算碳泄漏率的文献为例，这些文献所采用的模型几乎全部都是 CGE 模型，并且其测算结果均被联合国政府间气候变化专门委员会（IPCC）的评估报告所认可。国内在能源资源环境和气候变化领域的 CGE 模型分析始于 2000 年前后，研究内容主要涉及碳税、环境税及能源价格变动的经济影响，主要包括贺菊煌、沈可挺和徐嵩龄（2002）、贺菊煌和沈可挺（2007）、陈诗一（2009）以及沈可挺和李钢（2010）的 41 部门的动态 CGE 模型，分析主要贸易伙伴的碳关税政策对中国工业品出口的影响问题。还有曹冬艳、杨天开（2011）采用了大国关税模型，以局部均衡的分析方法进行研究，结果表明碳关税的征收将导致高碳产品的出口国遭受净福利损失，高碳产品的世界市场价格会下降，双方的贸易量减少。此外，倪海华（2012）引入一个虚拟变量，用来衡量碳关税壁垒对浙江省出口贸易影响。在此基础上，实证研究表明：浙江省出口贸易额对碳关税壁垒的弹性为 -0.465。李继峰、张亚雄（2012）利用一个动态 CGE 模型模拟考察碳关税对中国出口的影响，发现碳关税对中国高耗能产品出口抑制作用明显，而对高附加值产品出口影响很小，甚至是刺激作用。采用类似方法的研究还有鲍勤等（2010）、贺菊煌和沈可挺（2007）、陈诗一（2009）以及沈可挺和李钢（2010）等，结论也是类似的。

周玲玲（2010）利用 2007 年的投入产出表，定量分析了三种税率情景下对中国出口贸易整体和分部门的影响。结果显示：若按照出口产品内涵排放量征收碳关税，将导致中国出口产品的关税水平提高 3%～6.3%，且出口受影响较大的产业都是高能耗产业。黄凌云、李星（2010）则利用 GTAP 模型模拟碳关税对中国出口竞争力的影响，发现碳关税会使得中国能源密集型产品出口量急剧下降，竞争力减弱。同时，叶莉和翟静霞（2012）运用供给—需求曲线分析框架，得出结论：征收碳关税，从短期和长期看都会使中国出口商品的价格上升、数量减少，同时导致贸易条件的恶化以及产业国际竞争力的缺失。持类似观点的还有郑春芳、赵亚平（2011）、詹晶（2011）、熊芙蓉（2012）、朱丽雯和胡萍（2011）、袁建军（2008）等。

综合来看，提出和热衷启动碳关税的多为发达国家，其中很大一部分原因是这些国家为争夺应对气候变化的国际领导地位以及向发展中国家施加政策压力并诱使其开放新能源市场的利益需要。因此，碳关税日益与贸易保护主义相关联，带有一定的歧视性，并逐渐成为隐形的贸易壁垒。

3. 碳排放交易

一般而言，政府采取基于总量控制的碳排放交易和基于价格控制的税收手段优于命令控制（Wood & Jotzo，2011），而对比税收，碳排放交易由于其灵活性和确定性更成为政策的首选（Chichilnisky，2009）。目前，碳排放交易已在多个国家和地区开始实施，并对气候变化起到了积极作用：（1）碳排放交易能更有效地保证全球碳交易价格的统一，使全球总减排成本最低，并保证减排能够发生在最合适的时间和地点（Stern，2006）；（2）相比碳税等其他价格调控政策，碳排放交易的实际减排量明确，可以确定一段时间内国家或部门的减排效果（Sandor，2002）；（3）碳排放交易能促进创新，并为开发新能源提供资金支持（Gagelmann & Frondel，2005；Egenhofer et al.，2011）；（4）碳排放交易能从根本上减少对于化石能源的价格扭曲，使发展中国家逐步摆脱对单一能源的依赖，保证能源安全和经济可持续发展（Chichilnisky，1994）；（5）碳排放交易的效率和排放权的分配无关，可灵活地分配各区域碳排放的多少（Zhang & Wei，2010）。

但也有学者对碳排放交易的效率提出了质疑。魏斯哈尔（Weishaar，2007）

认为碳排放交易系统会提高经营者生产成本，且在存在赔偿机制的情况下，拍卖方式会给经营者带来巨大压力，产生不良的环境效应。安基尔（Anger，2008）利用多国均衡模型对全球碳排放市场进行的数字模拟研究结果表明欧盟碳排放贸易体系只带来很小的经济效应，无法解决欧盟碳排放贸易体系的无效率。埃拉尔等（Ehrhart et al.，2008）通过建立模型进一步分析指出在碳排放交易市场中存在私下串通的行为，从而影响市场效率、扰乱市场秩序、降低社会福利。

近年来，国内学者对中国是否以及如何建立碳排放交易市场等相关问题进行了大量研究。王家玮（2011）通过对国内外碳排放交易运行机制和发展状况进行分析，比较研究了各种碳排放交易市场的内部特点，并结合中国具体国情，探讨了适合中国碳排放交易市场的发展路径，提出可以借鉴美国 CCX 会员制自愿减排市场的发展经验，构建中国自愿抵消市场，并在条件成熟的情况下退出强制性减排市场机制。邹亚生、孙佳（2012）在对比分析全球代表性碳排放机制市场的基础上，采用 SWOT 方法分析了目前中国碳排放交易市场存在的优劣势、机遇与挑战，并指出应该建立和完善中国碳排放交易市场的法律机制，加大碳排放交易的人才投入力度，借鉴国外碳排放交易市场的经验并鼓励金融创新。

部分学者则对中国碳排放分配及定价机制进行了相关研究。关丽娟（2012）借助影子模型分析了中国碳排放交易的定价机制，研究结果表明碳排放交易的初始价格与企业单位生产规模的平均利润成正比，与单位生产规模的平均二氧化碳排放比例系数成反比。她进一步指出碳排放交易的初始定价模型有利于中国碳排放交易制度的建立，适合中国这类二氧化碳排放量较大、整体生产水平不高的国家。段茂盛和庞韬（2013）通过对碳排放权交易的理论和各国实践的调研和分析，从法律基础、基本框架设计、相关机构安排和调控政策四个方面提出了建立碳排放权交易体系（Emissions Trading Scheme，简称 ETS）的 15 个基本要素。

还有学者主要探讨了中国碳排放强度的相关问题。魏一鸣等（2006）认为未来中国参与气候谈判以及制定减排策略应基于对以下几个问题的科学判断，即中国碳排放的现状和未来发展趋势如何、限排增汇的潜力到底有多大、可行的减排措施有哪些、实施不同的减排政策对中国社会经济发展的影响程度如何。林伯强、刘希颖（2010）针对中国当前阶段性经济增长和能源消费特征，通过引入城市化因素，利用修正后的 Kaya 恒等式研究了现阶段碳排放的影响因素，并提出低碳转型战略的选择应该是以节能为主，以发展清洁能源为辅。赵忠秀、王苒（2012）使用中国 2002 年、2007 年的投入产出表和日本 2000 年、2005 年的投入产出表数据，对中日两国主要贸易产品的碳强度进行了测算，并利用行业面板数据实证研究了中日两国的货物贸易与碳排放的关系。结果表明：中国对日本的主要出口产品中，除钢铁及其制品外，其他产品的碳强度均高于日本。中国出口产品的竞争力越强，其碳强度越高，而日本出口产品的竞争力与碳强度无显著关联。提高产业内贸易水平可以明显降低中国出口产品的碳强度。从降低碳排放的角度出发，日本的出口贸易结构优于中国的出口贸易结构。陈诗一（2009）从工业减排历史进程的视角出发对改革开放以来中国工业两位数行业二氧化碳排放强度变化的主要原因进行分解，发现能源强度降低或者能源生产率的提高是二氧化碳排放强度波动性下降的主要且直接的决定因素，能源结构和工业结构调整也有利于碳排放强度降低。何建坤（2006，2009，2011）按人均累积排放量计算，发达国家自工业革命以来的二氧化碳排放量已远超出其到 2050 年前应有的限额，其当前和今后相当长时期的高人均排放都将继续挤占发展中国家的排放空间。

除了以上列述的三类应对气候变化的国内和贸易政策以外，还有财政机制下的信贷扶持、政府补贴、税收优惠、研究鼓励以及技术标准等其他政策措施。由于气候变化问题需要各国合作才能得以解决，部分国家将上述政策措施的实施当作全球气候谈判时讨价还价的工具，以争取在合作应对气候变化中获得更加有利的地位（World Bank，2010）。

1.2.4　气候变化与中国外贸发展方式转变的研究

近年来，随着全球气候变暖问题广泛受到关注以及全球能源环境压力的增加，气候变化与外贸增长方式的关系日益受到关注。为应对气候变化的外部约束压力，调整中国参与国际分工的战略、顺应世界经济与技术变革潮流，进而促进中国外贸发展方式的转变已成为政府部门、学术界关注的热点问题之一。

在气候变化背景下，中国外贸发展方式转变具有很大的必要性。傅京燕和张珊珊（2011）进一步基于多边投入产出模型和单边投入产出模型比较计算了1996～2004 年中国 16 个制造业对外贸易隐含二氧化碳的排放情况，并采用贸易隐含污染平衡（BEET）和环境贸易条件（PTT）指标值分析了中国对外贸易的碳平衡问题，实证检验了国际贸易等因素对中国工业行业二氧化碳排放的影响，为寻求中国对外贸易碳排放的驱动因素、从贸易角度寻找缓解能源环境压力的方向以及实现贸易发展方式的转变提供了理论依据。此外，解振华（2010）指出中国是遭受气候变化不利影响最为严重的国家之一，为积极应对气候变化、实现控制温室气体排放行动目标，必须依靠经济与对外贸易发展方式的根本性转变。张燕生等（2010）深入分析了后危机时代中国外贸战略调整及发展方式转变的紧迫性和重要意义。此外，许广月（2012）认为中国作为最大的发展中国家和贸易大国，现行的贸易发展方式具有气候非友好的特征，导致中国成为世界上最大的气候贸易壁垒受害国之一。因此，为了更好地顺应世界经济的发展和全球环境友好技术的变革，为了提高中国产品的在世界市场的国际竞争力，中国外贸方式的转变就显得尤为重要。

有关气候变化背景下中国转变外贸发展方式内在挑战的研究。傅京燕（2010）对气候变化现象及其对中国外贸的影响进行了分析，认为大力发展中国的低碳经济、从根本上转变中国外贸增长方式是应对气候变化的重要途径。傅京燕、张珊珊（2010）利用投入产出模型，并通过引入贸易隐含污染平衡（BEET）指标和环境贸易条件（PTT）指标测算出中国出口贸易隐含二氧化碳情况，验证了中国"高碳经济"的传统外贸出口模式，进而归纳了全球气候变化及低碳经济压力下中国对外贸易面临的挑战，提出促进外贸方式转型升级、优化出口贸易结构等通过转变贸易发展方式应对气候变化的对策建议。

气候变化背景下，中国外贸方式的转变不仅存在着一定的内在约束，同时各类贸易壁垒也为中国外贸发展方式转变带来了外在压力。赵细康（2003），赵细康和李建民（2004）的理论分析认为，总体来看，加入 WTO 后气候变化及其应对给中国产业国际竞争力带来了诸多不利影响。如环境成本内化的程度将不断提高，对污染密集产业或是生产、加工、经营过程中"绿色环保"程度不够、卫生检验检疫标准不达标的产品出口将构成一定威胁；发达国家运用"绿色壁垒"进行贸易限制的机会增多等。刘辉和赵琳晶（2006）分析了环境贸易壁垒对中国纺织品、机电产品轻工业产品和农产品的影响，初步估算受影响金额达 700 亿美元。唐涛（2010）分析了环境贸易壁垒对中国机电产品和高能耗产品的影响，按 2008 年数据初步估算受影响出口规模在 300 000 多亿美元。王咏梅（2011）对 2001～2008 年浙江省水产品绿色壁垒的实施程度赋值为 1、2、3、4（数值越大表示绿色壁垒实施程度越深，影响范围越广），并与浙江省水产品出口增长率做了相关性分析，得出绿色贸易壁垒对浙江省水产品出口有着明显的负面影响：绿色贸易壁垒的实施程度提高 1％，浙江省水产品出口的增长率相应地降低 0.82％。类似地，孙同瑜、赵银德（2008），彭建新（2006），魏群英（2010）等对中国农产品出口，高金田、孙丽燕（2007）对中国水产品出口，廖宁（2005）对中国纺织品和服装出口，邱亦维、杨刚（2007）对中国林产品出口与主要出口国家的绿色贸易壁垒的关系进行了研究，都得出了各类环境贸易壁垒对中国相关产品出口竞争力造成了冲击。

面对气候变化背景下的各种内在约束和外部压力等各种挑战，中国外贸方式的转变同样也存在着机遇。霍建国（2012）解析了当前世界经济格局变化的趋势及中国在对外贸易中所面临的新机遇，为中国在气候变化背景下更好地实现对外贸易方式的转变提供了参考。同时，也有不少学者提出发达国家不断提高的气候变化背景下的贸易壁垒，在长期内将促进中国外贸发展方式的转变。如卢授永和杨晓光（2003）认为基于气候变化的贸易壁垒对中国转变外贸发展方式、推行可持续发展战略、促进贸易和环境的良性互动具有一定的积极意义。环境贸易壁垒能够促使企业重视生产过程中的环保要求，调整产品结构，研发绿色产品，同时也促使国家有关部门提高环保技术标准，建立完善的环保管理体系和认证制度。

因此，中国要逐步实现外贸发展方式的转变，需要迎接挑战，抓住机遇。要确立新战略、优化贸易结构，建立以 WTO 为代表的多边贸易合作机制和国家间协同减排合作机制，制定和实施绿色贸易政策，逐步实现贸易与温室气体排放的绝对脱钩，最终实现贸易发展方式的低碳转型。

1.3 对代表性研究的评析

相对而言，国外学者对气候变化与外贸发展的相关研究起步较早。不管是针对两者相关性、环境库兹涅茨曲线等经典问题，还是外贸隐含碳测算、气候变化应对措施的贸易效应等热点话题，研究成果都比较丰富，研究方法也在不断完善。而国内只是近些年才开始关注相关领域，多为借鉴国外研究方法实证检验中国外贸的发展。

第一，有关气候变化与外贸发展互动关系的研究，国外学者已较系统地阐述了外贸的气候变化效应，并利用一般均衡模型和投入产出模型进行了大量的实证研究（Grossman & Krueger，1991；Copeland & Taylor，2003；Cole & Elliott，2003；Frankel & Rose，2005；Hibiki & Tsurumi，2008 等）。国内学者主要实证检验中国对外贸易的环境效应，且多以二氧化碳和二氧化硫排放为研究对象（包群等，2006；林伯强，2010，2011；陈诗一，2010 等）。对于外贸的气候变化总效应，目前国内外尚未得出统一的结论。此外，国内外学者多采用定性阐述和个案分析的方法探讨气候变化对贸易的影响（Tamiotti et al.，2009；Cline，2007；Zavala et al.，2008；段茂盛，2006，2007；何建坤，2009，2010 等），缺少必要的实证分析，尤其是气候变化如何通过气候友好商品、技术扩散、碳标签等机制影响一国的对外贸易。

第二，有关环境库兹涅茨曲线的研究，是 20 世纪 90 年代以来气候变化与贸易关系相关文献中的代表，国外已有相当丰富的理论研究和实证检验，但就气候变化是否也存在环境库兹涅茨曲线的问题始终存在争议，研究方法也一直未得到突破（Holtz-Eakin & Selden，1995；Moomaw & Unruh，1997；Antweiller，2001；McCarney & Adamowicz，2005；Frankel & Rose，2005；Huang，2008 et al.）。对于中国是否存在环境库兹涅茨曲线，国内研究较少，目前多停留在模拟和预测相应拐点的出现上（陆旸和郭路，2008；林伯强和蒋竺均，2009；赵忠秀等，2011，2012 等）。

第三，有关国际贸易隐含碳测算的研究，国外较早地提出多种计算方法，但目前多数研究采用基于单区域和多区域的投入产出法（Lenzen & Murray，2001；Machado，2001；Ahmad，2003；Sanchez-Choliz，2004；Mongelli，2006；Maenpaa，2007；Weber，2008 et al.）。国内学者针对隐含碳的研究起步虽晚，但成果比较丰富，尤其是利用投入产出法测算中国进出口贸易中的隐含碳和隐含能，分析其影响因素（齐绍洲，2007，2009，2011；齐晔，2008；何建坤，2010；赵忠秀，2012 等）。此外，近五年来越来越多的学者开始关注中国对外贸易中加工贸易的中间品投入问题，并对中国外贸隐含碳问题进行了进一步探讨（齐晔，2008；魏一鸣，2009，2010；陈诗一，2010；赵玉焕，2011 等）。

第四，有关气候变化应对措施及其贸易效应的研究，国外学者主要关注碳关税和碳排放权对一国产业国际竞争力的影响，及其对气候变化的积极作用（Cosbey & Tarasofsky，2007；Lockwood & Whalley，2008；Dong & Whalley，2009；Mckibbin & Wilcoxen，2009 et al.）。国内学者则主要探讨中国是否应该征收碳关税及其中国出口贸易可能的影响、是否建立碳排放交易市场及其定价机制等问题，研究方法以可计算的 CGE、GTAP 模型为主（林伯强等，2008；陈诗一，2009；周茂荣，2010；赵玉焕，2012 等）。

第五，有关气候变化背景下中国外贸发展方式的研究，国内近几年才开始关注。目前多以定性分析气候变化约束下中国外贸面临的内在瓶颈（佟家栋，2006；傅京燕，2010；解振华，2010；傅京燕和张珊珊，2011；齐晔，2011；陈诗一，2012 等），以及应对气候变化的国际趋势给中国外贸发展带来的外在压力和机遇（赵细康，2003；何建坤，2007，2010，2011；周茂荣，2010；张燕生，2010；张建平，2012；霍建国，2012 等）。

1.4　研究内容及总体框架

　　毫无疑问，中国目前已经成为世界贸易大国，尤其是加入世贸组织十余年来，中国已成为世界第一大出口国和第二大进口国，然而，中国对外贸易发展面临的问题和风险也日渐凸显：贸易结构不合理、区域发展不协调、资源能源依赖性较强、外部市场不确定性加大等，这些都制约着中国从贸易大国向贸易强国转变。2012 年 2 月，商务部颁布了《关于加快转变外贸发展方式的指导意见》，随后在 4 月颁布的《对外贸易发展"十二五"规划》中又进一步指出，"'十二五'时期是中国转变外贸发展方式的攻坚时期，各种问题和机遇并存，面对的国际国内形势更加严峻复杂"。其中，全球应对气候变化自然成为当前中国转变对外贸易发展方式的重要背景，也是这一转变的外部约束条件和内在动力之一。具体来说，本报告的研究主体内容可以归纳为以下几个方面：

　　第一，气候变化与国际贸易之间的互动关系是多方面的，本报告将从气候变化的发展趋势和全球应对气候变化的当前形势入手，从理论层面和历史的、全球的视角重点剖析气候变化及其应对措施对一国外贸发展产生的影响，从而明确在此背景下中国外贸发展方式转变的迫切性。

　　第二，转变外贸发展方式需要认清中国 30 多年来贸易发展在资源、环境和气候变化方面付出的代价，这也正是在全球气候变化背景下中国外贸风险存在的根源。所以本报告不仅要在国民经济发展的"三驾马车"——投资、消费、外贸以及外贸自身的区域和商品结构这两大层次上评价中国传统外贸发展方式对气候变化造成的影响，而且将以中国与主要贸易伙伴双边贸易的隐含碳计算为基础，就"外贸发展方式转变缓解气候恶化"这一问题进行评估。

　　第三，当前全球应对气候变化已是大势所趋，各国应对气候变化的相关措施层出不穷。特别地，欧美等发达国家纷纷提出碳关税、碳泄漏等贸易和产业政策。不可否认，这类措施出台无疑会对缺乏减排技术的发展中国家外贸发展造成不利影响，甚至可能成为发达国家以保护全球气候为理由对发展中国家实行的贸易保护措施。为此，面对着层出不穷的气候变化措施，中国应该如何应对？如何有效地化解或避免贸易摩擦呢？本报告首先对气候变化政策影响做出评价、对中国可承受度做出估计并对其发起方进行分析。然后，本报告将对国内碳税措施可能带来的影响进行模拟分析，研究中国外贸在行业和企业层面受到的冲击及其应对措施。

第四，实现中国外贸发展方式转变有多种路径，如何评价不同选择路径的转变效果？本报告将从国际技术扩散和技术进步、气候友好商品贸易竞争力、自贸区的增长和结构调整效应这三个方面，对中国外贸发展方式转变的可行路径进行实证和模拟分析。

第五，欧美国家外贸发展方式的演变经历对气候变化从抗拒到适应的过程。同时，在国际谈判方面，联合国气候大会和世界贸易组织（WTO）也在对贸易政策与气候变化政策协调问题上做出努力。目前，由气候变化所引起的贸易摩擦问题均可以在 WTO 框架下寻求解决。因此，本报告将基于前文研究的结论，结合 WTO 相关规则，提出转变中国外贸发展方式的实施战略和具体政策建议。

本书具体研究框架如下：

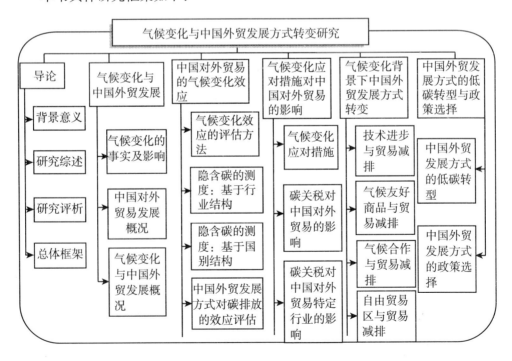

第 2 章

气候变化与中国外贸发展

2.1 气候变化的事实及影响

回首人类 200 万年的生存历程，全球气候变化主要表现为自然界自身的气候变动。然而，随着能源密集型产品在世界各国的大量生产，全球温室气体排放持续增多，地表温度不断升高，全球气候变化问题成为人类关注的焦点。全球气候的持续变暖，不仅给全球生态系统平衡和自然环境稳定造成威胁，而且也给人类生存与发展造成了诸多负面影响，成为影响人类社会可持续性发展的重要因素。因此，保护全球气候、维护国家安全不仅是全球社会的共同议题，也成为 21 世纪全人类面临的严峻挑战。

2.1.1 气候变化概况及统计指标界定

1. 气候变化的概况

根据 IPCC 的第五次报告，过去 100 年来气候发生了显著的变化，主要表现为气候变暖，而且未来的气候将持续变暖，气候变化的影响将与日俱增。报告显示，1880~2012 年，全球地表温度升高了 0.85 摄氏度，过去的 3 个 10 年比 1850 年以来的任何一个 10 年气温都高；全球海平面在 1901~2010 年间上升了 0.19 米；全球山地冰川在 1971~2009 年每年减少 226 总吨的冰体；1979~2012 年北极海冰的缩小范围为每 10 年减少 3.5%~4.1%。

在气候变暖的指标方面，从大气中的二氧化碳含量来看，气候的变化同样逐渐被人类所认识。根据斯克里普斯海洋学研究所和美国国家海洋和大气管理局（NOAA）获得的数据可以看出，1959~2014 年空气中的二氧化碳浓度在逐年不断增加，其中二氧化碳浓度是根据二氧化碳分子在干燥空气中每百万分子的数量来确定的。具体变化情况如下表所示（见表 2—1）：

表 2—1　　　　　　　　　　二氧化碳排放浓度表　　　　　　　　单位：百万个

年份	由 NOAA 公布的二氧化碳浓度	不确定性	二氧化碳浓度
1959	315.97	0.12	315.97
1960	316.91	0.12	316.91
1961	317.64	0.12	317.64
1962	318.45	0.12	318.45
1963	318.99	0.12	318.99
1964	319.62	0.12	315.24
1965	320.04	0.12	315.97
1966	321.38	0.12	316.91
1967	322.16	0.12	317.64
1968	323.04	0.12	318.45
1969	324.62	0.12	318.99
1970	325.68	0.12	319.62
1971	326.32	0.12	320.04
1972	327.45	0.12	321.38
1973	329.68	0.12	322.16
1974	330.18	0.12	323.05
1975	331.08	0.12	324.62

续表

年份	由 NOAA 公布的二氧化碳浓度	不确定性	二氧化碳浓度
1976	332.05	0.12	325.68
1977	333.78	0.12	326.32
1978	335.41	0.12	327.45
1979	336.78	0.12	329.68
1980	338.68	0.12	330.18
1981	340.10	0.12	331.08
1982	341.44	0.12	332.05
1983	343.03	0.12	333.78
1984	344.58	0.12	335.41
1985	346.04	0.12	336.78
1986	347.39	0.12	338.68
1987	349.16	0.12	340.10
1988	351.56	0.12	341.44
1989	353.07	0.12	343.03
1990	354.35	0.12	344.58
1991	355.57	0.12	346.04
1992	356.38	0.12	347.38
1993	357.07	0.12	349.16
1994	358.82	0.12	351.56
1995	360.80	0.12	353.07
1996	362.59	0.12	354.35
1997	363.71	0.12	355.57
1998	366.65	0.12	356.38
1999	368.33	0.12	357.07
2000	369.52	0.12	358.82
2001	371.13	0.12	360.80
2002	373.22	0.12	362.59
2003	375.77	0.12	363.71

年份	由 NOAA 公布的二氧化碳浓度	不确定性	二氧化碳浓度
2004	377.49	0.12	366.65
2005	379.80	0.12	368.33
2006	381.90	0.12	369.53
2007	383.76	0.12	371.13
2008	385.59	0.12	373.22
2009	387.37	0.12	375.77
2010	389.85	0.12	377.49
2011	391.63	0.12	379.80
2012	393.82	0.12	381.90
2013	396.48	0.12	383.76
2014	398.55	0.12	385.59

资料来源：斯克里普斯海洋学研究所和美国国家海洋和大气管理局（NOAA）官网。

2. 气候变化的原因

从自然的角度来分析，众所周知，我们全球气候系统是由大气圈、水圈、冰雪圈、岩石圈和生物圈所组成的一个相互联系、相互影响的复杂系统，这些自然因素之间会随着时间的变化而发生相互作用。例如：火山喷发、太阳辐射、洋流变化等自然因素，这些因素的发生自然会引起全球气候的变化。

从人类的角度来分析，气候的变化在很大程度上是由于人类不合理的开采利用自然资源所导致。随着人类社会和科技的迅速发展，人类对能源的需求和利用都在不断增多，交通运输业及能源产业不断发展，规模不断扩大，而破坏了各种森林和植被，导致所产生的温室气体也相应地不断增加。因此，大气中二氧化碳排放量的增加主要由于两方面的因素所引起：一是大量使用化石燃料，这些化石燃料释放出大量的二氧化碳，这样破坏了全球的自然碳循环。同时，地球上随着人口数量的增加，对能源的使用率增加，在一定的空间和时间上对全球的气候产生了重大影响。二是森林和植被大面积被破坏，从而削弱了绿色植物对大气中温室气体的吸收能力。因为绿色植物通过光合作用吸收大气中的二氧化碳，是消耗二氧化碳的主要天然途径。而森林和植被的破坏使得绿色植物消耗二氧化碳的天然能力大大减弱，这也是导致二氧化碳含量增加的重要人为因素。

3. 统计方法及指标界定

在统计气候变化方法和指标上，气象学与经济学的研究是有一定的区别的。气象学研究气候变化的方法主要依赖全球气候模式（GCM）或者全球海气耦合模式（AOGCM），以及能够精确地测算小尺度的气候变化信号的区域气候模式（RCM）。近年来，统计降尺度的方法也逐渐被发展起来。气象学上的主要统计指标包括地面温度和降水，除了这两个指标之外，还有气压、日照时间、云量、水汽压以及风速等。其中，温度和降水是对人民生产和生活影响最为直接的量，也是最重要的气象要素。统计降尺度研究则主要集中在温度和降水上。

而经济学中研究气候变化则主要借助于对碳排放以及隐含碳的测算。关于碳排放，联合国气候变化公约框架下，指的是一个国家领土内的温室气体的排放量，没有考虑贸易往来和运输所带来的温室气体的排放。在仅考虑生产碳排放的情况下，各国所制定的相应的减排政策会引起"碳泄漏"的问题。因此，学术界对碳排放的研究不仅从生产的角度，还分析了消费的碳排放。以闫云凤和赵忠秀的研究为例，闫云凤和赵忠秀（2012）分别测算了中国的生产碳排放和消费碳排放，得出中国净出口隐含碳达 2.98 亿吨。闫云凤和赵忠秀（2014）构建了消费碳排放核算目录，分析了各区域的消费碳排放及碳溢出效应。可见，经济学上对消费碳排放的研究有重要的意义。在二氧化碳排放测算上，生产排放目录的核算对数据的要求较少，一般只需要国内投入产出表和碳排放因子等。但消费排放目录的核算对数据的要求较大，一般包括国际的投入产出表、国家间中间产品、最终产品贸易、各国碳排放因子系数等，要求研究者根据国际投入产出表和各国投入产出表建立起相应的数据，任务量繁琐。

对于隐含碳，任何一种产品的生产，都会直接或间接地产生碳排放。而这种产品在整个产业链中所排放的二氧化碳，被称为隐含碳。塞拉诺等（Serrano et al.，2010）通过计算推导出生产碳排放与消费碳排放之差即为净出口隐含碳。目前，关于隐含碳的测算方面，普遍做法是采用投入产出模型计算外贸产品中的隐含碳。投入产出法是一种评估对外贸易中隐含碳的基本估计方法，可以有效地测算出产品生产过程中直接碳排放和间接碳排放。作为投入产出法的重要组成，多区域投入产出模型可以刻画出地区之间的贸易关系。多区域投入产出模型基于不同产业部门和地区之间的商品流动，既考虑到每个地区每个部门的经济产出，又考虑到某产品在某地区生产却在另一地区消费的部门产出。多区域投入产出模型可以将产品的碳排放问题追溯到产品生产的原产地，无论该产品是被其他地区消费的最终产品，还是作为中间投入品，或是经过第三国转运的产品。闫云凤和赵忠秀（2014）采用 WIOD（World Input Output Database）数据库，通过多区域投入产出模型对 G7、BRIC 和其他国家地区的生产碳排放和消费碳排放进行测算与分析。

2.1.2　中国碳排放概况

关于中国目前碳排放情况，官方尚未公布省级二氧化碳排放量的数据，因此只能通过估算来获取中国的具体数据，进而进行描述分析。常用的方法有：模型估算法、生命周期法和排放系数法等。模型估算法主要是借助于包括可计算一般均衡模型在内的各种复杂的宏观模型来估计和预测二氧化碳排放量；生命周期法是加总产品整个生命周期的二氧化碳排放量；排放系数法则是确定能源的二氧化碳排放系数，利用能源消费量和排放系数之积确定二氧化碳排放量。根据联合国政府间气候变化专门委员会（Intergovernmental Panel on Climate Change，简称 IPCC）发布的第四次评估报告，二氧化碳排放主要来自煤、石油和天然气等化石燃料燃烧，因此多数研究采用的是排放系数法，如陈诗一（2009）、魏巍贤和杨芳（2010）以及林伯强和刘希颖（2010）等。本报告也将利用该方法来估算中国二氧化碳排放量，具体的步骤是找出各类能源消耗量，折算成标准统计量，再乘以其二氧化碳排放系数，即可得到各类能源的二氧化碳排放量,然后将各类能源二氧化碳排放量加总可得到二氧化碳排放总量。主要的能源数据均来源于历年《中国能源统计年鉴》。

我们主要考察的化石能源包括了煤炭、石油和天然气三种消耗量较大的一次能源。二氧化碳排放系数的计算公式为:$\theta_j = cc_j \times (44/12)$,其中 θ_j 为第 j 种能源二氧化碳排放系数,cc_j 为能源排放系数,来源于国家发展和改革委员会能源研究所 2003 年发布的《中国可持续发展能源暨碳排放情景分析》;(44/12)为二氧化碳和碳的分子量比率,由此可以得到二氧化碳排放系数[①],具体见表 2—2:

表 2—2　　　　　　　　各类能源碳排放及二氧化碳排放系数

能源	煤炭	石油	天然气
碳排放系数	0.75	0.58	0.44

资料来源:历年《中国能源统计年鉴》。

《中国能源统计年鉴》提供了能源消费的具体实物消费量数据,所以在计算二氧化碳排放量时需根据能源折算标准煤系数[②]将各类能源的实物消费量转换为标准煤消费量。因此,二氧化碳排放量的计算公式为:$CO_{2t} = \sum_{j=1}^{3} E_t^j \theta_j$。其中,$CO_{2t}$ 为第 t 年的碳排放总量,E_t^j 为第 t 年第 j 种能源的标准煤消费量,θ_j 为第 j 种能源的碳排放系数。

1. 中国二氧化碳排放量的综合分析

利用前文所述方法估算了 1978～2009 年中国二氧化碳排放量。尽管目前国内没有统一的二氧化碳排放数据,但是世界部分机构发布了各国二氧化碳排放数据,比如国际能源署(International Energy Agency,简称 IEA)、美国橡树岭国家实验室二氧化碳信息分析中心(Carbon Dioxide Information Analysis Centre,简称 CDIAC)等。我们将估算的数据同这两个机构发布的二氧化碳

[①] 我们还利用 IPCC 提供的《国家温室气体清单指南》第 2 卷第 6 章提供的参考方法估算了各类能源排放系数,结果与我们所使用二氧化碳排放系数一致。

[②] 各类能源折算标准煤系数分别为:1 千克原煤=0.7143 千克标准煤;1 千克原油=1.4286 千克标准煤;1 立方米天然气=1.33 千克标准煤。资料来源:《中国能源统计年鉴》(2010)附录 4。

排放数据进行了对比，如图 2—1 所示。从这两个机构发布的数据来看，其估算的碳排放结果各有不同，本章估算的数据与 IEA 的数据最为接近，IEA 的数据素以客观公正享誉全球，因此本章估算的结果是可以接受的。另外，为了进一步验证本章估算数据的可靠性，我们用同样的方法估算出 1994 年的二氧化碳为 30 亿吨左右，这与《中华人民共和国气候变化初始国家信息通报》中的数据 27 亿吨也更为接近。其次，从图中可以看出 1990～2009 年中国碳排放的增长趋势比较平缓，但进入 21 世纪后，碳排放量进入了迅速上升的阶段。

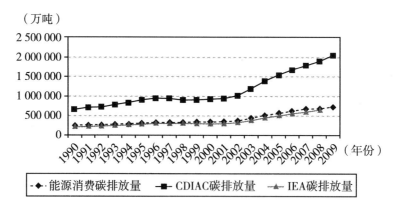

图 2—1 1990～2009 年中国二氧化碳排放量估计值与
各机构发布的二氧化碳排放量对比

图 2—2 所示为本书估算结果做出的 1978～2010 年中国二氧化碳排放变化趋势线，可以看出，1978～2010 年中国二氧化碳排放总量不断增加，但呈现出明显的阶段性特点。具体来说，1978 年中国二氧化碳排放总量为 14.1 亿吨，到 2010 年增长到了 76.1 亿吨，增长了 4 倍多，年均增速为 5.2%。根据二氧化碳排放增速的不同，可以将 1978～2010 年中国二氧化碳排放变化分为三个阶段：1978～2001 年为平稳增长阶段，2002～2007 年为快速增长阶段，2008～2010 年为调整阶段。1978～2002 年，中国经济处于改革开放初期，为经济筑基阶段，二氧化碳排放平稳增加，年均增长率维持在 3.9%；2002～2007 年，中国经济加速发展，工业化、城市化不断深化，生产和消费二氧化碳排放快速增加，年均增长率达到了 10%；2008～2010 年，受国际金融危机的影响以及政

府政策的引导，中国经济开始结构转型，二氧化碳排放增速比前一个阶段有明显回落，为 3.2%。

（百万吨）

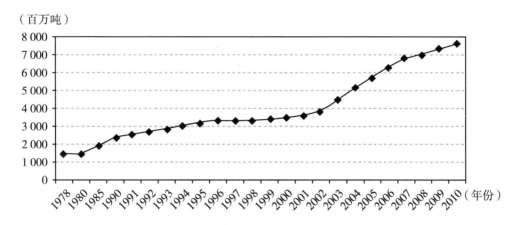

图 2—2 1978～2010 年中国二氧化碳排放量变化趋势

2. 各省二氧化碳排放量的变化趋势

表 2—3 和图 2—3 分别为 1997～2010 年中国各省二氧化碳排放量以及平均增长速度，可以看出，1997～2010 年中国各省二氧化碳排放量显著增加，但省际变化差异较大。1997 年全国二氧化碳排放量前十位分别是山西、辽宁、河北、山东、江苏、黑龙江、河南、广东、湖北和四川，前十位省份二氧化碳排放量占全国二氧化碳排放总量的 58%；2010 年全国二氧化碳排放量前十位的省份分别是山东、山西、河北、江苏、河南、内蒙古、辽宁、广东、浙江和黑龙江，与 1997 年相比，二氧化碳排放前十位省份有了一定的变化（体现在内容和排序上），该年份前十位省份二氧化碳排放量占全国二氧化碳排放总量的 59.76%，高于 1997 年该值，这说明二氧化碳排放量的集中度提高了，二氧化碳排放更多地集中到了前 10 个省份。1997～2010 年二氧化碳排放平均增长速度最快的省份为海南省，年均增长 19.36%，其次是宁夏，年均增长率为12.3%，第三是内蒙古，年均增长率为 11.58%。年均增长率高于 7% 的省份还包括福建、陕西、山东、广东、浙江、河南、广西、西江、江苏、云南和青海，这些省份均面临着较大的减排压力。1997～2010 年二氧化碳排放平均增长

率最低的省份是北京，为 2.50%，其次是上海，为 3.74%。

表 2-3　　　　　1997～2010 年中国各省份二氧化碳排放量　　　单位：万吨

省份	1997 年	2000 年	2003 年	2006 年	2007 年	2008 年	2009 年	2010 年
北京	7 214.8	7 867.1	7 914.5	9 295.7	9 759.8	10 106.8	10 275.2	10 190.4
天津	6 368.7	7 127.1	8 726.0	10 451.7	10 899.4	10 556.7	11 038.0	14 694.9
河北	24 483.3	26 163.5	31 799.0	45 243.7	52 005.1	52 314.5	56 613.5	58 662.2
辽宁	27 470.5	31 232.1	34 810.5	44 347.5	47 121.1	48 563.3	49 690.1	53 557.1
上海	11 349.6	12 858.6	15 240.8	16 156.3	16 086.0	17 310.5	17 032.3	18 976.4
江苏	20 005.1	21 378.4	26 488.6	44 301.6	48 075.4	49 025.8	50 618.4	55 930.7
浙江	11 360.4	13 286.8	18 579.8	28 906.5	32 757.5	32 900.0	34 063.0	36 660.4
福建	4 214.2	5 323.3	7 511.9	11 614.5	13 059.9	13 893.2	16 256.6	17 873.0
山东	24 140.1	22 536.8	36 658.8	70 745.9	76 981.4	82 200.2	84 695.8	91 176.7
广东	14 178.4	17 539.9	21 913.9	30 318.3	34 306.9	36 501.4	40 497.4	46 238.2
海南	380.9	535.2	1 806.6	1 873.3	3 839.3	3 940.3	4 146.3	4 537.6
山西	28 739.6	27 938.0	40 180.3	56 116.1	58 171.0	55 673.6	54 633.5	59 078.6
吉林	11 806.9	10 458.3	12 954.4	16 532.1	17 375.4	19 474.5	19 775.6	22 105.8
黑龙江	17 908.9	16 775.9	18 106.5	23 860.9	25 723.5	27 917.5	28 591.0	31 003.4
安徽	10 848.7	12 619.9	15 681.3	18 612.9	20 580.1	23 726.0	26 390.6	27 909.3
江西	5 737.8	5 844.8	7 005.9	10 280.5	11 354.8	11 620.1	11 919.7	13 745.1
河南	17 183.6	19 186.5	22 828.1	43 889.8	48 267.9	49 694.8	51 146.2	54 559.7
湖北	13 388.3	13 910.3	16 134.3	22 206.3	24 127.2	22 997.1	24 976.3	29 948.1
湖南	10 302.8	8 181.3	11 307.1	20 264.3	22 333.8	21 958.5	22 993.9	24 202.2
内蒙古	11 697.9	11 949.3	18 101.7	44 771.8	37 428.6	44 771.8	48 611.4	54 264.1
广西	4 347.8	4 548.3	5 353.5	8 177.1	9 638.8	9 581.9	10 700.3	13 395.5
重庆	5 911.1	6 479.1	5 802.8	10 057.7	10 945.0	11 376.6	12 388.3	13 743.0
四川	13 102.5	10 906.6	16 047.7	20 762.1	23 109.9	24 230.0	27 492.7	27 422.4
贵州	10 238.3	10 195.7	13 415.2	17 712.0	18 846.9	19 150.4	21 448.3	21 438.9
云南	6 700.4	5 647.0	9 151.8	14 762.0	15 033.9	15 607.0	17 489.0	18 377.6
陕西	7 930.0	7 152.8	10 807.9	20 038.2	21 632.8	24 013.6	25 387.8	30 496.2
甘肃	7 062.5	7 565.3	9 572.1	12 054.0	13 408.2	13 688.4	13 439.5	15 137.1
青海	1 282.1	1 296.5	1 853.5	2 724.8	3 172.6	3 406.9	3 346.1	3 392.5
宁夏	2 395.9	2 325.1	6 634.7	7 593.5	8 676.7	9 190.6	10 175.1	12 155.8
新疆	8 371.5	9 071.6	10 746.2	15 637.1	16 916.4	18 619.3	22 098.5	24 660.5

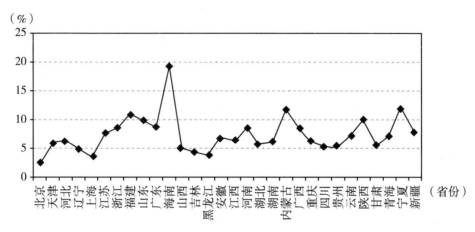

图 2—3　1997～2010 年中国各省二氧化碳排放平均增长率

从三大区域来看，1997～2010 年，东部、中部、西部地区二氧化碳排放量不断增加，且呈现差异的增长幅度。1997 年，东部、中部、西部地区二氧化碳排放量分别为 15.12 亿吨、11.59 亿吨和 7.9 亿吨；2010 年，分别为 40.85 亿吨、26.26 亿吨和 23.45 亿吨。1997 年二氧化碳排放量前十位省份中，5 个省份属于东部地区，4 个省份属于中部地区，1 个省份属于西部地区。2010 年，有 6 个省份属于东部地区，3 个省份属于中部地区，1 个省份属于西部地区。二氧化碳排放量较大的省份主要集中于东部和中部，东部地区二氧化碳排放量始终高于中部或西部地区二氧化碳排放量。这与东部和中部的经济发展水平有关，东部和中部经济发展水平远远高于西部地区，相应其经济发展所需的能源和二氧化碳排放就高于西部地区。

从三大区域二氧化碳排放量平均增长率来看，1997～2010 年东部、中部、西部二氧化碳排放量平均增长率分别为 7.36％、6.01％和 8.08％，西部增长最快，东部其次，最后为中部。这主要是由于近年来西部地区经济快速发展，尤其是高耗能、高排放产业快速扩张，导致二氧化碳排放量快速增长。

综合来看，东部地区属于总量大且增长速度居中的区域，中部地区属于总量居中而增长速度缓慢的区域，而西部地区则属于总量小但增长速度最快的区域，意味着西部地区二氧化碳排放量在不断快速增加，若不加以治理，未来有超过东、中部的可能性。图 2—4 所示三大区域二氧化碳排放占全国二氧化碳排放总量的变化趋势为该可能性提供了明显的佐证。1997～2010 年，东部地区二氧化碳排放量占全国二氧化碳排放量的比例呈现出先增后降的趋势，稳定在45％左右，中部地区二氧化碳排放量占全国二氧化碳排放量的比例呈现显著下降趋势，而西部地区则呈现明显的上升趋势，1997 年西部地区二氧化碳排放占全国二氧化碳排放的比例为 22.84％，2010 年该值为 25.89％。

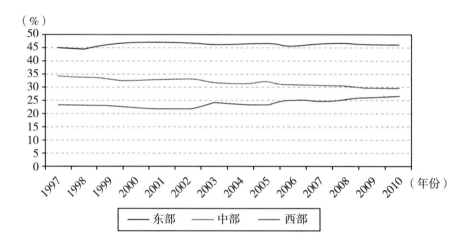

图 2－4　1997～2010 年东部、中部、西部地区二氧化碳排放占全国二氧化碳排放的比例

3. 各省人均二氧化碳排放量的比较分析

人口是影响二氧化碳排放的一个重要因素，人口越多，二氧化碳排放可能越多，为了使地区间二氧化碳排放更具有可比性，我们剔除了人口因素的影响，分析各省份人均二氧化碳排放变化趋势。

如表 2－4 所示，1997～2010 年，中国多数省份人均二氧化碳排放呈现不断增加的趋势，仅北京和上海人均二氧化碳排放量呈现下降趋势，省份间人均二氧化碳排放变化幅度存在较大差异。1997 年，人均二氧化碳排放量前十位省份分别为陕西、新疆、山西、上海、天津、辽宁、北京、内蒙古、宁夏和黑龙江；2010 年，人均二氧化碳排放量前十位的省份是陕西、新疆、内蒙古、宁夏、山西、辽宁、天津、山东、上海和河北，与 1997 年相比，前十位的省份变化不大，但是位次有了一定的改变，陕西仍为人均二氧化碳排放最多的省份，从 1997 年的人均 32.03 吨增加到 2010 年的 101.58 吨，内蒙古和宁夏位次有所上升，上海、天津位次有所下降，山东和河北取代了北京和黑龙江成为新的人均二氧化碳排放前十位的省份。1997 年人均二氧化碳排放最少的省份为海南，人均排放 0.51 吨，其次为青海，2010 年人均二氧化碳排放最少的省份为青海，其次为广西，海南已跌出人均排放最少的 10 个省份。

表 2—4　　　　　1997～2010 年中国各省份人均二氧化碳

排放量和年均增长率　　　　　　　　　　单位：吨/人

省份	1997 年	2000 年	2003 年	2006 年	2008 年	2009 年	2010 年	年均增长率（%）
北京	5.82	5.77	5.43	5.88	5.96	5.85	5.20	−0.80
天津	7.08	7.81	9.42	11.01	8.98	8.99	11.36	3.44
河北	3.75	3.92	4.70	6.56	7.49	8.05	8.16	5.71
辽宁	6.74	7.55	8.36	10.38	11.25	11.50	12.24	4.36
上海	8.69	9.73	11.36	11.81	8.09	8.87	8.24	−0.38
江苏	2.80	2.92	3.58	5.87	6.32	6.55	7.11	6.89
浙江	2.56	2.84	3.90	5.80	6.31	6.58	6.74	7.15
福建	1.28	1.56	2.15	3.26	3.82	4.48	4.84	9.95
山东	2.75	2.50	4.02	7.60	8.73	8.94	9.52	9.28
广东	1.82	2.03	2.45	3.26	3.69	4.20	4.43	6.56
海南	0.51	0.68	2.23	2.24	4.61	4.80	5.23	18.05
山西	9.15	8.60	12.12	16.63	16.32	15.94	16.54	4.32
吉林	4.54	3.98	4.87	6.17	7.12	7.22	8.05	4.17
黑龙江	4.77	4.41	4.75	6.24	7.30	7.47	8.09	3.84
安徽	1.78	2.01	2.45	2.82	3.87	4.30	4.69	7.18
江西	1.38	1.41	1.65	2.37	2.64	2.69	3.08	5.90
河南	1.86	2.02	2.36	4.47	5.27	5.39	5.80	8.47
湖北	2.28	2.33	2.69	3.67	4.03	4.37	5.23	6.11
湖南	1.59	1.25	1.70	2.99	3.44	3.59	3.68	6.17
内蒙古	5.03	5.04	7.61	18.71	18.32	20.07	21.96	11.10

省份	1997 年	2000 年	2003 年	2006 年	2008 年	2009 年	2010 年	年均增长率（％）
广西	0.94	0.96	1.10	1.73	1.99	2.20	2.91	8.42
重庆	2.06	2.27	2.07	3.58	4.01	4.33	4.76	6.18
四川	1.59	1.30	1.88	2.54	2.98	3.36	3.41	5.62
贵州	2.84	2.71	3.47	4.71	5.33	5.65	6.17	5.70
云南	1.64	1.33	2.09	3.29	3.44	3.83	4.00	6.59
陕西	32.03	27.53	40.00	71.31	82.24	87.54	101.58	8.59
甘肃	1.98	2.08	2.59	3.23	3.68	3.56	4.06	5.26
青海	0.51	0.51	0.71	1.05	1.34	1.27	1.33	7.01
宁夏	4.83	4.50	12.43	13.86	16.59	18.26	21.60	11.29
新疆	15.83	16.37	18.52	25.90	30.13	35.35	39.14	6.68

从各省份人均二氧化碳排放的年均增速来看，多数省份增速为正，即人均二氧化碳排放不断上升，仅有北京和上海人均二氧化碳排放量不断下降。1997～2010 年人均二氧化碳排放量年均增速最快的省份是海南省，年均增长率高达18.05％，这也解释了1997 年海南人均二氧化碳排放量最少，而到2010 年则跌出了人均二氧化碳排放最少的10 个省份。海南省人均二氧化碳排放快速增长始于2006 年，2006 年前，海南人均二氧化碳排放量小于2.30 吨，从2006 年开始，人均二氧化碳排放量快速增加，这主要归因于2006 年起海南工业的快速发展，2006 年，海南省工业完成增加值217.6 亿元，比上年增长24.1％，增速提高了7.1 个百分点。1997～2010 年人均二氧化碳排放量年均增长率最小的省份是北京，为－0.80％，即人均二氧化碳排放量有所下降。实际上，1997～2010 年，北京市人均二氧化碳排放量平均维持在5.76 吨左右，从2008 年开始，出现明显的下降趋势，2010 年人均二氧化碳排放量为5.20 吨，低于其平均水平。上海的情况和北京类似，2008 年出现显著下降趋势，2010 年人均二氧化碳排放量为8.42 吨，高于北京的人均二氧化碳排放水平。

从三大区域的人均二氧化碳排放量来看，如图2－5 所示，1997～2010 年，东部、中部和西部地区的人均二氧化碳排放量均不断上升，西部地区人均二氧化碳排放量始终高于东部和中部地区。这与西部地区工业快速发展，二氧化碳排放较多，但人口较少有较大关系。1997 年，东部、中部和西部地区人均二氧化碳排放量分别为 43.81 吨、27.35 吨和 69.27 吨；2010 年，三大区域人均二氧化碳排放量则分别为 83.08 吨、55.18 吨和 210.92 吨。1997 年人均二氧化碳排放量前三位省份中有两个属于西部地区，2010 年，人均二氧化碳排放量前三位的省份均属于西部地区。从三大区域人均二氧化碳排放量的年均增速来看，西部地区最快，年均增长 8.28%，其次为中部地区，年均增长 5.14%，东部地区最慢，年均增长 4.68%。另外，图 2—7 中也可以看出三大区域人均二氧化碳排放增长幅度，显然，2002 年起，西部地区人均二氧化碳排放量快速增长，2002~2010 年增长率高达 13.14%，远高于同期东部和中部地区人均二氧化碳排放增长率及 1997~2001 年西部地区人均二氧化碳排放增长率。

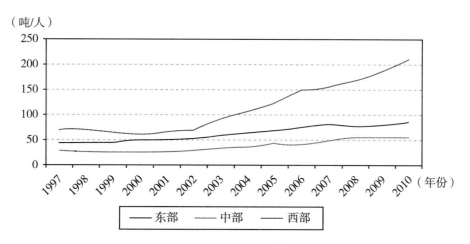

图 2—5　1997~2010 年东、中、西部地区人均二氧化碳排放量变化趋势

4. 各省二氧化碳排放强度的比较分析

二氧化碳排放强度也是分析地区二氧化碳排放变化的关键指标，可以利用这一指标粗略地判断一个地区是否实现了低碳发展。二氧化碳排放强度越低，地区越可能实现低碳发展。因为二氧化碳排放强度越低，单位国内生产总值所排放的二氧化碳也就越少，更容易实现低碳发展。在计算二氧化碳排放强度时，需要地区国内生产总值的数据，本书采用的是实际 GDP 数据，即以 1997 年基期，利用居民消费价格指数对名义 GDP 进行平减。测算出来各地的二氧化碳排放强度如表 2－5 所示。

表 2－5　　　　　1997～2010 年中国各省份二氧化碳排强度　　　单位：吨/万元

省份	1997 年	2000 年	2003 年	2006 年	2008 年	2009 年	2010 年
北京	3.48	2.65	1.71	1.28	1.09	1.00	0.90
天津	5.04	4.10	3.38	2.46	1.81	1.68	1.91
河北	6.19	4.99	4.50	4.17	3.84	3.83	3.49
辽宁	7.67	6.54	5.71	4.98	4.08	3.75	3.47
上海	3.30	2.80	2.38	1.67	1.47	1.35	1.38
江苏	2.99	2.45	2.11	2.18	1.86	1.72	1.66
浙江	2.42	2.15	1.92	1.96	1.79	1.70	1.61
福建	1.47	1.43	1.51	1.64	1.51	1.54	1.49
山东	3.69	2.67	3.07	3.47	3.14	2.95	2.82
广东	1.82	1.60	1.33	1.18	1.12	1.13	1.16
海南	0.93	0.98	2.47	1.83	3.00	2.85	2.64
山西	19.47	15.44	14.35	12.75	9.46	9.19	8.29
吉林	8.06	5.14	4.76	4.05	3.50	3.14	3.09
黑龙江	6.71	5.09	4.31	3.97	3.86	3.83	3.62
安徽	4.62	4.28	3.98	3.25	3.20	3.11	2.78
江西	3.57	2.91	2.50	2.28	1.98	1.84	1.77
河南	4.25	3.56	3.19	3.71	3.25	3.08	2.89
湖北	4.69	3.74	3.30	3.11	2.41	2.28	2.31
湖南	3.62	2.35	2.50	2.96	2.39	2.23	1.97
内蒙古	10.14	7.79	7.84	10.02	6.44	6.09	5.86
广西	2.39	2.07	1.81	1.78	1.61	1.59	1.68
重庆	4.35	3.35	2.14	2.60	2.19	2.08	1.97

续表

省份	1997 年	2000 年	2003 年	2006 年	2008 年	2009 年	2010 年
四川	4.04	2.73	3.06	2.65	2.37	2.42	2.08
贵州	12.71	9.78	9.48	8.15	6.63	6.67	5.84
云南	4.00	2.79	3.56	4.03	3.34	3.47	3.23
陕西	102.67	61.08	59.57	74.74	72.09	69.15	73.83
甘肃	5.18	4.02	3.60	2.62	2.16	1.90	1.82
青海	1.62	1.18	1.34	1.28	1.31	1.22	1.06
宁夏	11.81	8.79	18.15	13.21	11.95	12.79	12.89
新疆	37.27	30.23	24.36	23.33	19.15	20.37	19.48

从各个省份的二氧化碳排放强度来看，1997 年，全国二氧化碳排放强度前十位省份分别是陕西、新疆、山西、贵州、宁夏、内蒙古、吉林、辽宁、黑龙江和河北；2010 年二氧化碳排放强度前十位省份分别是陕西、新疆、宁夏、山西、内蒙古、贵州、黑龙江、河北、辽宁和云南。与 1997 年相比，前两位城市保持不变，山西、贵州、吉林和辽宁位次均有所下降，宁夏、黑龙江、河北和云南的位次有所上升，内蒙古保持不变。需要注意的是位次的上升或下降并不说明其二氧化碳排放强度的上升或下降，只是表明其二氧化碳排放强度在各个省份中的相对位置。实际上，1997～2010 年上述省份的二氧化碳排放强度均下降，即使是 1997 年和 2010 年二氧化碳排放强度最高的两个省份，其二氧化碳排放强度也呈现出下降趋势。1997 年，陕西和新疆的二氧化碳排放强度分别为 102.67 吨/万元和 37.27 吨/万元，2010 年，分别下降到了 73.83 吨/万元和 19.48 吨/万元。

从二氧化碳排放强度的变化趋势来看，1997～2010 年全国除海南、宁夏和福建外所有省份的二氧化碳排放强度均有所下降，说明全国多数省份单位 GDP 二氧化碳排放量在不断下降，逐步向低碳发展模式转型。海南之所以出现二氧化碳排放强度上升的情况，是因为 1997 年前海南经济十分落后，二氧化碳排放量较少，随着工业等高排放产业的快速发展，海南二氧化碳排放量急剧增加，但由于其二氧化碳排放基数较小，二氧化碳排放量的快速增加必然导致二氧化碳排放强度的不断上升。宁夏的二氧化碳排放强度呈"W"型波动，福建的二氧化碳排放强度则基本保持稳定，但两者 2010 年比 1997 年稍微有所增加，幅度非常小，计算出的二氧化碳排放强度平均增长率上升，远远小于海南二氧化碳排放强度的年均增长率。如图 2—6 所示，1997～2010 年二氧化碳排放强度年均下降幅度最大的省份是北京市，年均下降 9.22%，二氧化碳排放强度年均上升幅度最大的省份是海南，年均上升 7.76%，可知，尽管海南的历史二氧化碳排放较少，但如果不加强减排，二氧化碳排放强度不断提高甚至逐渐超过一些高二氧化碳排放强度的省份。1997 年，海南的二氧化碳排放强度为所有省份中最低的，为 0.93 吨/万元，至 2010 年，海南的二氧化碳排放强度为 2.64 吨/万元，仅低于 14 个省份。

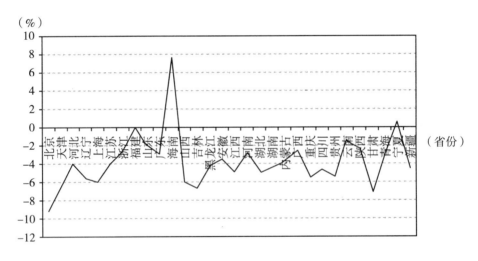

图 2—6　1997～2010 年各省二氧化碳排放强度年均增长率

从三大区域的二氧化碳排放强度来看（见图 2—7），东部地区二氧化碳排放强度最低，其次为中部地区，最后为西部地区。1997 年，东部、中部和西部地区二氧化碳排放强度为 39.00 吨/万元、54.00 吨/万元、196.18 吨/万元；2010 年，该值分别为 22.52 吨/万元、26.71 吨/万元和 129.75 吨/万元。西部地区的二氧化碳排放强度始终高于东部和中部地区，说明西部地区经济发展模式整体粗放，单位 GDP 二氧化碳排放量高于东部和中部地区。从其变化趋势来看，三大区域二氧化碳排放强度均呈现下降趋势，年均下降幅度最大的区域是中部地区,年均下降 5.03%,其次为东部地区,年均下降 3.85%,最后为西部地区,年均下降 2.91%,说明三大区域的经济发展模式相比与早期均有了一定程度的改善,在向低碳发展的模式不断努力。

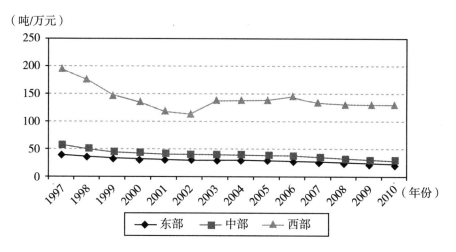

图 2—7　东部、中部、西部地区二氧化碳排放强度变化趋势

2.2　中国对外贸易的发展概况

新中国成立之前,中国对外贸易完全依附于帝国主义列强,是半殖民地性质的,完全丧失了独立自主的地位。新中国成立后,中国对外贸易揭开了崭新的历史。自 1949 年新中国成立以来,中国经历了 30 余年的曲折发展,终于在改革开放之后迎来了对外贸易的腾飞,形成了开放型的对外贸易新格局,基本实现了对外贸易和经济的良性互动增长。目前,中国也已经成为世界上名副其实的贸易大国,正在实现由贸易大国向贸易强国的再次历史性转变。

2.2.1　中国对外贸易规模

对外贸易规模通常用一定时期一国进出口总额、出口总额和进口总额来表示。新中国成立后,随着全国统一的社会主义对外贸易体系的建立,对外贸易作为国民经济的组成部分，从总体上看其规模是快速发展的，但是整个过程几经波折。

1. 改革开放前（1950～1978 年）的对外贸易规模

国民经济恢复时期（1950～1952 年），中国进出口总额从 1950 年的 11.35 亿美元增长到 1952 年的 19.41 亿美元，增长了 71%，年平均增长速度达 30.8%，其中进口额从 5.83 亿美元增长到 11.18 亿美元，增长了 91.7%，出口额从 5.52 亿美元增长到 8.23 美元，增长了 49.1%[①]。

第一个五年计划（1953～1957 年）结束的 1957 年，中国进出口总额达 31.03 亿美元，比 1950 年增长了 1.73 倍，"一五"时期的年平均增长率达 9.8%。其中进口额为 15.06 亿美元，增长了 1.58 倍，出口额 15.97 亿美元，增长了 1.89 倍[②]。同时从 1956 年起，扭转了几十年来的贸易逆差局面，实现了贸易顺差。

第二个五年计划时期（1958～1962 年），由于受错误指导思想的影响，再加上三年自然灾害和国际环境的变化，中国经济遭受了严重挫折，对外贸易出现了大幅下降、倒退的局面。1961 年八届九中全会确定对国民经济实行"调整、巩固、充实、提高"的方针后，中国国民经济进入了调整时期。从 1960 年起，中国对外贸易被迫大幅度连年下降，至 1962 年进出口总额降为 26.63 亿美元，基本上倒退到 1954 年的水平，比 1957 年下降了 14.18%，年平均下降 3%。经过国民经济的调整恢复，1965 年进出口总额恢复到 42.45 亿美元，比 1962 年增长了 61.84%，年平均增长达 16.8%，出口总额为 22.28 亿美元，进口总额为 20.17 亿美元[③]。

"文革"（1966～1976 年）结束的 1976 年进出口总额仅为 134.33 亿美元，其中进口额为 65.78 亿美元，出口额为 68.55 亿美元。

改革开放前，中国的对外贸易起步较晚，基础额小，并长期处于逆差的地位；但是增长速度较快，从 1952 年到 1978 年中国进出口总额平均增速达到

[①②③] 曲如晓. 中国对外贸易概论 [M]. 北京：机械工业出版社，2015.

9.6%，由 1952 年的 19.4 美元增加到 1978 年的 206.4 亿美元，增长 10 倍之多（见表 2—6）。

表 2—6   1952～1978 年中国进出口贸易额情况   单位：亿美元

年份	进出口总额	出口额	进口额	差额
1952	19.4	8.2	11.2	−3
1957	31	16	15	1
1962	26.6	14.9	11.7	3.2
1965	42.5	22.3	20.2	2.1
1970	45.9	22.6	23.3	−0.7
1975	147.5	72.6	74.9	−2.3
1978	206.4	97.5	108.9	−11.4

资料来源：《中国统计年鉴》（1996）。

2. 改革开放新时期的对外贸易规模

1978 年，中国纠正了错误的指导思想，以实事求是的态度，将工作重心转移到经济建设上来，实行改革开放的政策，确立了新的历史时期对外贸易的重要战略地位。从此，中国对外贸易走上了持续快速的发展轨道，规模得到巨大增长（见图 2—8）。

（1）改革开放后至"入世"前（1979～2002 年）的外贸规模。

从贸易进、出口规模的绝对值来看，中国外贸易自改革开放以来逐渐稳定增长。但相对而言，由于当时中国国内经济发展缓慢，参与国际市场的企业经验不足、进行贸易的产品竞争力不足、与国外的贸易伙伴关系建立刚刚起步，改革开放之后的前十年内中国对外贸易一直保持小幅增长的趋势，也长期处于贸易逆差的地位。1978 年进出口总额为 206.4 亿美元，到 1988 年才首次突破贸易总额 1 000 亿美元大关；与此同时，贸易逆差却由 1978 年的 11.4 亿美元增加到 1988 年的 77.5 亿美元[①]。

---

① 曲如晓. 中国对外贸易概论 ［M］. 北京：机械工业出版社，2015.

经过对外开放后的十年摸索和发展，中国对外贸易积累了丰富的经验，不仅充分利用中国劳动力丰裕的比较优势提高中国产品的国际竞争力，同时进一步完善了中国对外贸易的相关法律制度，并积极为加入世贸组织进行准备。在此后的十余年间，中国对外贸易规模得到迅速发展，进出口总额由 1989 年的 1 116.8 亿美元，其中出口额为 525.4 亿美元，进口额为 591.4 亿美元，逆差达到 66.0 亿美元，增长到 2002 年的 6 207.9 亿美元，且出口额为 3 255.7 亿美元，进口额为 2 952.2 亿美元，实现了 303.5 亿美元的贸易逆差[①]。

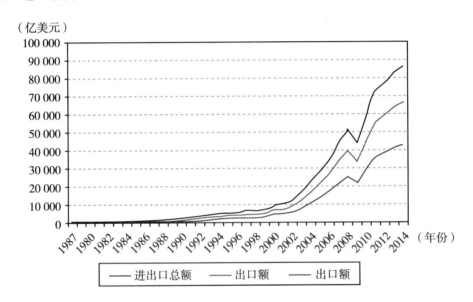

图 2—8　1987～2014 年中国进、出口贸易额情况

资料来源：中国历年《对外贸易统计年鉴》。

（2）"入世"后至全球金融危机期间（2003～2008 年）的外贸概况。

从图 2—8 可以明显看出，自 2002 年加入世贸组织以来，中国的对外贸易得到空前的发展，2003～2008 年平均增长率达到 20%，远远高于同期国内生产总值及世界贸易增长率。贸易总额由 2003 年的 8 512.1 亿美元增长到 2008 年的 25 632.6 亿美元，其中出口额、进口额由 4 383.7 亿美元、4 128.4 亿美元分别增加到 14 306.9 亿美元、11 325.7 亿美元，贸易顺差也由 2003 年的 255.3

---

① 曲如晓．中国对外贸易概论［M］．北京：机械工业出版社，2015．

亿美元增长到 2008 年的 2 981.2 亿美元，增长了 10 倍之多①。与此同时，中国
对外贸易顺差自 2005 年首次突破 1 000 亿美元以来，一直保持高额的趋势，为
中国的贸易结构升级和产业结构调整奠定了重要基础。同时，中国进出口贸易
总额在世界排名不断提升，自 2004 年首次超过法国成为世界第四大贸易国之
后稳居第三位（见表 2—7）。

表 2—7　　　　2000～2008 年中国进出口贸易总额的世界排名

年份	2000	2001	2002	2003	2004	2005	2006	2007	2008
名次	7	6	5	4	3	3	3	3	3

资料来源：世界贸易组织网站。

（3）全球金融危机之后至今的外贸规模。

受全球金融危机的严重影响，世界各国经济在不同程度上出现衰退现象，
尤其是欧美、日本等发达国家，而这些国家恰恰又是中国最主要的贸易伙伴
国。为此，金融危机之后，不仅世界各国对国内商品、进口产品等消费减少，
贸易保护主义也悄然抬头。与此同时，人民币升值压力剧增，国际国内政治、
经济形势使得中国对外贸易在 2009 年出现了显著但短暂的下降，由 2008 年的
25 632.6 亿美元降为 22 075.4 亿美元，同比下降了 13.9%，这也是中国进出口
贸易额自改革开放以来第一次出现减少的趋势。但由于世界各国的对外贸易受
金融危机影响更严重而出现更大的降幅，2009 年中国进出口贸易总额反而超过
日本成为世界第二大贸易国。

值得庆幸的是，随着各国应对金融危机措施的出台，全球经济很快探底并
出现复苏的迹象，而中国国内在受经济危机影响相对不大的优势下不仅出台了
"扩大内需"等缓解政策，还顺势积极进行产业结构调整和贸易结构升级。从
图 2—9 可以看出，2010 年中国进出口贸易逆转下降趋势，出现快速的增长态
势，当年进出口贸易总额达到 29 740.0 亿美元，与 2009 年相比增长了 34.7%，
2011 年继续以 22.5% 的增速增加到 36 420.6 亿美元。截至 2014 年，中国进出

① 曲如晓. 中国对外贸易概论 [M]. 北京：机械工业出版社，2015.

口总额超过 43 000 亿美元，成为全球最大货物贸易国。与此同时，中国对外贸易顺差呈现整体上升的趋势：由 2008 年的 1 981.2 亿美元增长到 2014 年的 3 824.58 亿美元，创造贸易顺差的历史新高。中国这种进出口贸易总额与贸易顺差持续增长的现状将在一定程度上加剧人民币汇率升值，使得中国面临更多贸易摩擦等问题。

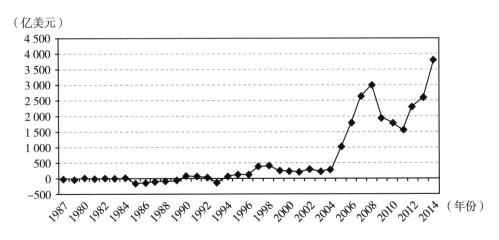

（亿美元）

图 2—9　1987～2014 年中国对外贸易差额情况

总体而言，纵观改革开放以来的 30 多年，中国的对外贸易规模具有两个明显特征：

第一，对外贸易规模增长迅速，增长率高于国内生产总值和世界贸易增长率。

从增长倍数看，在加入 WTO 之前，进出口总额大约每五年翻一番。2001 年加入 WTO 后，三年左右就能翻一番。受全球性金融危机的影响，2009 年进出口总额有所下降，但在迅速调整后，2010 年、2011 年进出口总额大幅上升。1978 年进出口总额为 206.4 亿美元，2011 年达到 36 420.6 亿美元，增长 176.5 倍。其中出口额从 1978 年的 97.5 亿美元增至 2011 年的 18 986.0 亿美元，增长 194.7 倍；进口额从 1978 年的 108.9 亿美元增至 2011 年的 17 434.6 亿美元，增长 160.1 倍。2013 年更是首次突破 4 万亿美元，成为全球第一大货物贸易国，2014 年继续以 3.4% 的增速增加到 43 030 亿美元（见表 2—8）。

表 2-8　　　　1978~2014 年中国进出口贸易额及

较上年增长率　　　　单位：亿美元，%

年份	进出口		出口		进口		贸易差额
	进出口额	增长率	出口额	增长率	进口额	增长率	（＋，－）
1978	206.4	39.4	97.5	28.4	108.9	51.0	－11.4
1979	293.3	42.0	136.6	40.2	156.8	43.9	－20.2
1980	378.2	28.9	182.7	33.8	195.5	24.7	－12.8
1981	440.2	16.4	220.1	20.4	220.2	12.6	－0.1
1982	416.1	－5.5	223.2	1.4	192.9	－12.4	30.3
1983	436.2	4.8	222.3	－0.4	213.9	10.9	8.4
1984	535.5	22.8	261.4	17.6	274.1	28.1	－12.7
1985	696.0	30.0	273.5	4.6	422.5	54.1	－149.0
1986	738.5	6.1	309.4	13.1	429.0	1.5	－119.6
1987	826.5	11.9	394.4	27.5	432.2	0.7	－37.8
1988	1 027.8	24.4	475.2	20.5	552.7	27.9	－77.5
1989	1 116.8	8.7	525.4	10.6	591.4	7.0	－66.0
1990	1 154.4	3.4	620.9	18.2	533.5	－9.8	87.4
1991	1 357.0	17.6	719.1	15.8	637.9	19.6	81.2
1992	1 655.3	22.0	849.4	18.1	805.9	26.3	43.5
1993	1 957.0	18.2	917.4	8.0	1 039.6	29.0	－122.2
1994	2 366.2	20.9	1 210.1	31.9	1 156.2	11.2	53.9
1995	2 808.6	18.7	1 487.8	23.0	1 320.8	14.2	167.0
1996	2 898.8	3.2	1 510.5	1.5	1 388.3	5.1	122.2
1997	3 251.6	12.2	1 827.9	21.0	1 423.7	2.5	404.2
1998	3 239.5	－0.4	1 837.1	0.5	1 402.4	－1.5	434.7
1999	3 606.3	11.3	1 949.3	6.1	1 657.0	18.2	292.3
2000	4 743.0	31.5	2 492.0	27.8	2 250.9	35.8	241.1
2001	5 097.7	7.5	2 661.5	6.8	2 436.1	8.2	225.4
2002	6 207.9	21.8	3 255.7	22.3	2 952.2	21.2	303.5
2003	8 512.1	37.1	4 383.7	34.6	4 128.4	39.9	255.3

年份	进出口		出口		进口		贸易差额 (+，-)
	进出口额	增长率	出口额	增长率	进口额	增长率	
2004	11 547.4	35.7	5 933.6	35.4	5 613.8	36.0	319.8
2005	14 221.2	23.2	7 620.0	28.4	6 601.2	17.6	1 018.8
2006	17 606.9	23.8	9 690.7	27.2	7 916.1	20.0	1 774.6
2007	21 738.3	23.5	12 180.1	25.7	9 558.2	20.7	2 622.0
2008	25 632.6	17.9	14 306.9	17.5	11 325.7	18.5	2 981.2
2009	22 075.4	-13.9	12 016.1	-16.0	10 059.2	-11.2	1 956.9
2010	29 740.0	34.7	15 777.5	31.3	13 962.4	38.8	1 815.1
2011	36 420.6	22.5	18 986.0	20.3	17 434.6	24.9	1 551.4
2012	38 671.2	6.2	20 487.1	7.9	18 184.1	4.3	2 311
2013	41 603.1	7.6	22 100.2	7.9	19 502.9	7.3	2 597.3
2014	43 030.38	3.4	23 427.48	6.1	19 602.9	0.4	3 824.58

资料来源：1987～2013 年数据来自中国历年《对外贸易统计年鉴》；2014 年数据来自中国海关统计。

从增长率看，1978 年以来中国进出口总额的年平均增长速度达到 18.2%，不仅高于同期国民经济的年平均增长速度 16%，而且也大大高于世界贸易的年平均增长速度。据统计，1990～2000 年，世界贸易的平均增长速度约为 8%，其中发展中国家贸易增长率高于转型国家贸易增长率，而发达国家的贸易增长率最低，约为 5.9%。进入 21 世纪以来，世界各类型国家的贸易增长速度都明显加快，其中发展中国家贸易增长率达到 14% 左右，但是中国的对外贸易增长速度仍然略胜一筹（见表 2－9）。

表 2－9 **1990 年以来世界贸易增长率** 单位：%

时期	1990～2000 年		2000～2010 年		2005～2010 年		2010～2013 年	
贸易 国家分组	出口	进口	出口	进口	出口	进口	出口	进口
世界	6.8	10.9	6.1	6.1	10.9	10.6	6.4	6.2
发达国家	5.9	8.5	4.0	4.0	8.5	8.5	4.3	3.7

时期	1990～2000 年		2000～2010 年		2005～2010 年		2010～2013 年	
贸易 国家分组	出口	进口	出口	进口	出口	进口	出口	进口
发展中国家	9.1	14.3	9.0	9.0	14.3	14.1	8.9	9.3
转型经济国家	6.7	18.3	9.3	9.3	18.3	19.4	8.9	10.3

资料来源：UNCTAD Handbook of Statistics 2014.

第二，中国对外贸易由逆差变为顺差，尤其近几年顺差增势迅猛。

1978～1989 年，中国对外贸易以逆差为主，累计逆差达 468.4 亿美元。从 1990 年开始，中国对外贸易扭转了长期逆差的不利局面，除 1993 年以外，每年都出现顺差，1990～2010 年共累计顺差 15 077.9 亿美元[①]。特别地，自 2004 以来中国对外贸易顺差出现超常增长，由 2004 年的 319.8 亿美元剧增到 2008 年的 2 981.2 亿美元，五年内增加了 10 倍左右，平均增长率达到 8.3%。虽然 2009 年之后中国对外贸易顺差开始出现减少趋势，但仍在 1 500 亿美元以上，具体来看，2009 年、2010 年、2011 年顺差额分别为 1 956.9 亿美元、1 815.1 亿美元和 1 551.4 亿美元。因此，由上述统计，我们可以看出：1978～2011 年中国累计顺差已达到 16 160.9 亿美元；2012 年首次超过 2 000 亿美元，并于 2014 年达到 3 824.58 亿美元。此外，中国是世界最大外汇储备国，2014 年年底中国外汇储备余额高达约 38 430 亿美元。

2.2.2　中国对外贸易商品结构

对外贸易商品结构，即进出口商品结构，是指一定时期内一国对外贸易中各类商品的组成，即某类商品进出口额与整个进出口总额之比。它可以反映一国的经济发展水平、产业结构状况和第三产业发展水平。

---

① 曲如晓.中国对外贸易概论 ［M］.北京：机械工业出版社，2015.

目前，国际通行的对进出口商品的分类是按照《国际贸易标准分类》进行的，将进出口商品分为初级产品和工业制成品两大类。初级产品指没有经过加工或只经过初步加工的产品，主要是农产品原料和采掘工业品。工业制成品指由工业部门对初级产品进行加工或再加工所得的产品，包括中间产品和最终产品。

1. 中国对外贸易商品结构的发展演变

总体而言，中国对外贸易的结构随着不同时期的经济发展状况逐渐变化和调整，先后经历了改革开放前以初级产品为主到工业制成品占主导地位以及目前高新技术产品份额快速增长的阶段。从统计数据可以看出，中国对外贸易商品结构在改革开放前后发生了显著改变。

（1）改革开放前的对外贸易商品结构。

就出口商品而言，1953 年初级产品占总出口额的比重为 79.4％，而工业制成品的比重仅为 20.6％，其中，食品占 30.9％，饮料及烟草占 7.9％，非食品原料占 33.3％，工业制成品中重化工业产品占 8.3％，轻纺工业产品占 12.3％。经过多年的工业化发展，到 1977 年，初级产品占总出口额的比重下降为 53.6％，而工业制成品的比重上升为 46.4％，出口商品结构明显优化（见表 2—10）。就进口商品结构而言，中国的进口商品结构受到国内产业部门发展的影响，主要以工业制成品为主，其中主要集中在进口技术含量高的机械及运输设备上。具体分阶段来看，中国进出口商品结构情况如下：

① 国民经济恢复时期（1950～1952 年）。这一时期中国出口主要集中于农副产品和一些原料产品的出口，如大豆、桐油、茶叶、猪鬃、肠衣、蛋品、蚕丝、钨砂、水银和绸缎等；进口了大量恢复和发展工农业生产以及交通运输所必需的重要物资和原材料，如钢材、有色金属、化工原料、橡胶、机床、拖拉机、化肥、农药、车辆、船舶、飞机、石油以及调剂供求、稳定市场所需的棉花、化纤、砂糖、动植物油、纸张、手表等物资（见表 2—10）。

表 2-10　　　　　　　　　　1953~1977 年中国出口商品结构

年份	出口总额（亿元）	初级产品		工业制成品	
		金额（亿元）	比重（%）	金额（亿元）	比重（%）
1953	10.22	8.11	79.4	2.11	20.6
1957	15.97	10.15	63.6	5.82	36.4
1965	22.28	11.41	51.2	10.87	48.8
1970	22.60	12.10	53.5	10.50	46.5
1975	72.60	40.98	56.4	31.66	43.6
1977	75.90	40.65	53.6	35.25	46.4

资料来源：《中国对外经济贸易年鉴》。

② 第一个五年计划时期（1953~1957 年）。中国的出口贸易，在工农业得到恢复和发展的基础上，有了很大增长，出口商品结构也有了很大变化。1957年，中国出口商品中重工业产品占 24.3%，轻工业产品占 22.7%，农副产品占 53%[①]。除了出口传统的农副土特产品外，还增加了许多新商品，特别是发展了工业品出口，如棉纱、棉布、钢材、五金、玻璃、金笔、缝纫机，以及纺织、水泥、造纸、碾米等成套设备，其中有许多过去是要进口的。在此期间，中国积极组织进口了大量中国生产、建设所需的机器、工业器材、原料及其他重要物资，到 1957 年，中国生产资料进口的比重已高达 92%，其中机械设备的比重就高达 52.5%[②]。

③ 第二个五年计划和国民经济调整时期（1958~1965 年）。由于前一时期中国重点抓了轻工业产品的生产和出口，因此，中国除出口搪瓷制品、球鞋、皮件、闹钟、洗衣粉、棉纱布、涤纶布、珠宝首饰等新增出口品外，原已出口的棉纱、棉布、针棉织品、罐头、缝纫机、自行车等的出口数量也大幅度增长，有的甚至成倍增长。重工业产品出口也有所发展，增加了部分化工产品和拖拉机、工具、小五金、煤炭等的出口；进口了大量的粮食、糖、动植物油、棉花、化纤、化肥等支援国内市场和农业生产的重要物资。1959 年、1962 年、

—————————

①② 曲如晓. 中国对外贸易概论 [M]. 北京：机械工业出版社，2015.

1963 年、1964 年和 1965 年中国的消费资料进口比重分别为 4.3%、44.8%、44%、44.5% 和 33.5%①。

④ "文革"与拨乱反正时期（1966～1978 年）。"文革"时期，对外贸易基本处于停滞状态；20 世纪 70 年代，出口中工矿产品比重增加，1973 年开始出口石油，从 1975 年起石油成为出口收汇最多的商品，中国的进口商品结构一直没有太大变化，1975 年后，中国为协调生产发展进口了工业生产用的原材料。

（2）改革开放新时期的对外贸易商品结构。

① 出口商品结构。改革开放以来，中国进出口商品结构不断优化。如表 2－11 所示，1980 年，出口产品仍以初级产品为主，占 50.3%，工业制成品只占 49.7%。此后，中国工业制成品出口比重呈现波动上升的态势，1990 年超过 70%，1993 年超过 80%，2001 年又增至 90.1%，随后几年仍然继续上升，2010 年高达 94.8%。与此相对应，中国初级产品出口比重在 1990 年降到 30% 以下，为 25.6%；1993 年降到 20% 以下，为 18.2%；2001 年降至 9.9%，不足 10%；到 2013 年仅为 4.8%。可见，在中国出口商品中，工业制成品出口已牢牢占据绝对主导地位。

表 2－11　　　　　　　中国 1980～2013 年出口商品结构　　　　　单位：亿美元，%

年份	出口总额	初级产品		工业制成品	
		金额	比重	金额	比重
1980	181.19	91.14	50.3	90.05	49.7
1985	273.50	138.28	50.6	135.22	49.4
1990	620.91	158.86	25.6	462.05	74.4
1991	719.10	161.45	22.5	556.98	77.5
1992	849.40	170.04	20.0	679.36	80.0
1993	917.44	166.66	18.2	750.78	81.8
1994	1 210.06	197.08	16.3	1 012.98	83.7

① 曲如晓. 中国对外贸易概论 ［M］. 北京：机械工业出版社，2015.

年份	出口总额	初级产品		工业制成品	
		金额	比重	金额	比重
1995	1 487.8	214.85	14.4	1 272.95	85.6
1996	1 510.48	219.25	14.5	1 291.23	85.5
1997	1 827.92	239.53	13.1	1 588.39	86.9
1998	1 837.09	204.89	11.1	1 632.20	88.9
1999	1 949.31	199.41	10.2	1 749.90	89.8
2000	2 492.03	254.60	10.2	2 237.43	89.8
2001	2 660.98	263.38	9.9	2 397.60	90.1
2002	3 255.96	285.40	8.8	2 970.56	91.2
2003	4 382.28	348.12	7.9	4 034.16	92.1
2004	5 933.26	405.49	6.8	5 527.77	93.2
2005	7 619.53	490.37	6.4	7 129.16	93. 4
2006	9 689.78	529.19	5.5	9 160.17	94.5
2007	12 204.56	615.09	5.0	11 562.67	94.7
2008	14 306.93	779.57	5.5	13 527.36	94.6
2009	12 016.12	631.12	5.2	11 384.83	94.8
2010	15 777.54	816.86	5.1	14 960.69	94.8
2011	18 986.0	1 005.45	5.3	17 978.36	94.7
2012	20 487.1	1 005.58	4.9	19 481.56	95.1
2013	22 100.2	1 072.68	4.8	21 017.32	95.2

资料来源：根据 2014 年《中国统计年鉴》的数据计算得到。

② 进口商品结构。

20 世纪 80 年代以来，中国进口商品结构的变动幅度相对较小，其中，初级产品进口所占比重先降后升，从 1980 年的 34.8% 降低到 1993 年的最低点 13.7%，而后又渐渐回升，到 2010 年时达到 31.1%，与 1980 年水平相近。与此相对应，工业制成品进口所占比重先升后降，从 1980 年的 65.2% 增加到 1993 年的 86.3%，此后又缓慢下调，到 2013 年时降至 66.3%。尽管两类产品所占比重各有升降，但是进口绝对量都呈上升趋势，两类产品 2013 年进口额分别是 1980 年进口额的 90 余倍（见表 2－12）。

表 2－12　　　　中国 1980～2013 年进口商品结构　　　单位：亿美元,%

年份	出口总额	初级产品		工业制成品	
		金额	比重	金额	比重
1980	200.17	69.59	34.8	130.58	65.2
1985	422.52	52.89	12.5	369.63	87.5
1990	533.45	98.53	18.5	434.92	81.5
1991	637.91	108.34	17.0	529.57	83.0
1992	805.85	132.55	16.4	673.30	83.6
1993	1 039.59	142.10	13.7	897.49	86.3
1994	1 156.14	164.86	14.3	991.28	85.7
1995	1 320.84	244.17	18.5	1 076.67	81.5
1996	1 388.33	254.41	18.3	1 133.92	81.7
1997	1 423.70	286.20	20.1	1 137.50	79.9
1998	1 402.37	229.49	16.4	1 172.88	83.6
1999	1 656.99	268.46	16.2	1 388.53	83.8
2000	2 250.94	467.39	20.8	1 783.55	79.2
2001	2 435.53	457.43	18.8	1 978.10	81.2
2002	2 951.70	492.71	16.7	2 458.99	83.3
2003	4 127.60	727.63	17.6	3 399.96	82.4
2004	5 612.29	1 172.67	20.9	4 439.62	79.1
2005	6 599.53	1 477.14	22.4	5 122.39	77.6
2006	7 914.61	1 871.29	23.6	6 043.32	76.4
2007	9 561.16	2 430.85	25.4	7 128.65	74.6
2008	11 325.67	3 623.95	32.0	7 701.67	68.0
2009	10 059.23	2 898.04	28.8	7 161.19	71.2
2010	13 962.44	4 338.50	31.1	9 623.94	68.9
2011	17 434.84	6 042.69	34.7	11 392.15	65.3
2012	18 184.05	6 349.34	34.9	11 834.71	65.1
2013	19 502.9	6 580.81	33.7	12 922.09	66.3

资料来源：根据 2014 年《中国统计年鉴》的数据计算得到。

2. 中国对外贸易商品结构变化的特点

（1）工业制成品的出口比重进一步提高，而进口比重下降，结构不断优化。

从出口商品结构变动来看，在近 30 年中国对外贸易出口中工业制成品出口额大幅增长，其所占出口总额的比重也逐渐提高（见图 2—10）。中国对外贸易出口总额由 1992 年的 719.10 亿美元增长至 2013 年的 22 100.2 亿美元，其中工业制品成出口额由 1992 年的 679.36 亿美元增加到 21 017.32 亿美元，占出口总额的比重由 1992 年的 80.0% 提高到 2013 年的 95.2%，这同时说明了中国仍处于工业化阶段的上升时期。

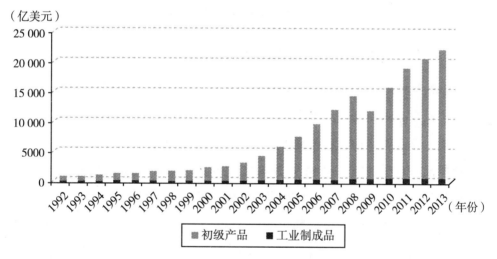

（亿美元）

图 2—10　1992～2013 年出口贸易中初级产品与工业制成品金额

相比而言，中国进口商品结构的变化比出口商品结构的变化要小很多，工业制成品的进口比重也低于出口的比重，且开始出现降低的趋势。总体而言，1992～2013 年初级产品的进口比重呈现先降后升的趋势，工业制成品的进口则呈现先升后降的总体趋势。具体来看，1992 年初级产品的进口比重为 34.8%，1997 年下降为 20.1%，并于 2002 年下降到最低比重 16.69%。随后，初级产品稳定增长，2007 年上升到 25.4%，增至 2013 年已上升为 33.7%。而工业制成品的比重由 1992 年的 65.2% 上升至 2002 年的 83.31%，随后缓慢下降，

2013 年工业制成品的比重下降为 66.3%（见图 2—11）。

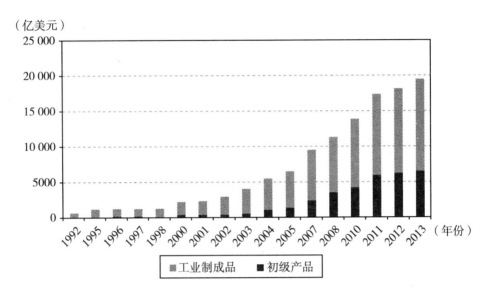

图 2—11 1992～2013 年进口贸易中初级产品与工业制成品金额

（2）初级产品出、进口额稳定增长，且各类产品所占比重变化不大。

从出口商品结构来看，初级产品的出口主要包括食品及活动物和矿物燃料、润滑油及有关原料；其次是非食用原料（燃料除外）。然后是饮料及烟类、动、植物油脂及蜡。自 1992 年以来，虽然初级产品出口总额所占比重连年下降，但各类初级产品出口额的绝对值均有所增长，且各自占比基本保持不变。

具体来看，初级产品出口额由 1992 年的 170.04 亿美元增长至 2013 年的 1 072.7 亿美元，占中国对外贸易出口总额的比重则由 1992 年的 20.0% 下降到 2013 年的 4.8%。相比而言，在初级产品出口结构中各类商品所占比重自 1992 年以来基本没有出现大的变化：矿物燃料、润滑油及有关原料所占比重从 1992 年的 27.6% 升至 2008 年的最高值 40.8%，随后有所下降，2013 年为 34.5%；食品及主要供食用的活动物所占比重变动幅度较小，1992 年为 48.9%，2013 年为 51.9%，大约占一半份额；饮料及烟类所占比重从 1992 年的 4.2% 降至 2013 年的 2.4%；非食用原料所占比重从 1992 年的 18.5% 降至 2013 年的 13.6%；动、植物油脂及蜡所占比重从 1992 年的 0.8% 调低到 2013 年的 0.5%，三者均呈下降趋势（见表 2—13）。（按《国际贸易标准分类》分类）

表 2-13　　　　**1992～2013 年中国初级产品出口商品构成**　　单位：亿美元，%

年份	总值	商品 1		商品 2		商品 3		商品 4		商品 5	
		金额	比重	金额	比重	金额	比重	金额	比重	金额	比重
1992	170.04	83.09	48.9	7.20	4.2	31.43	18.5	46.93	27.6	1.39	0.8
1993	166.66	83.99	50.4	9.01	5.4	30.52	18.3	41.09	24.7	2.05	1.2
1994	197.08	100.15	50.8	10.02	5.1	41.27	20.9	40.69	20.6	4.95	2.5
1995	214.85	99.54	46.3	13.70	6.4	43.75	20.4	53.32	24.8	4.54	2.1
1996	219.25	102.31	46.7	13.42	6.1	40.45	18.4	59.31	27.1	3.76	1.7
1997	239.53	110.75	46.2	10.49	4.4	41.95	17.5	69.87	29.2	6.47	2.7
1998	204.89	105.13	51.3	9.75	4.8	35.19	17.2	51.75	25.3	3.07	1.5
1999	199.41	104.58	52.4	7.71	3.9	39.21	19.7	46.59	23.4	1.32	0.7
2000	254.60	122.82	48.2	7.45	2.9	44.62	17.5	78.55	30.9	1.16	0.5
2001	263.38	127.77	48.5	8.73	3.3	41.72	15.8	84.05	31.9	1.11	0.4
2002	285.40	146.21	51.2	9.84	3.4	44.02	15.4	84.35	29.6	0.98	0.3
2003	348.12	175.31	50.4	10.19	2.9	50.32	14.5	111.14	31.9	1.15	0.3
2004	405.49	188.64	46.5	12.14	3.0	58.43	14.4	144.80	35.7	1.48	0.4
2005	490.37	224.80	45.8	11.83	2.4	74.84	15.3	176.22	35.9	2.68	0.5
2006	529.19	257.23	48.6	11.93	2.3	78.60	14.9	177.70	33.6	3.73	0.7
2007	615.09	307.43	50.0	13.97	2.3	91.16	14.8	199.51	32.4	3.03	0.5
2008	779.57	327.62	42.0	15.29	2.0	113.19	14.5	317.73	40.8	5.74	0.7
2009	631.12	326.28	51.7	16.41	2.6	81.53	12.9	203.74	32.3	3.16	0.5
2010	816.86	411.48	50.4	19.06	2.3	116.03	14.2	266.73	32.7	3.55	0.4
2011	1 005.4	504.93	50.2	25.90	2.6	143.41	14.3	310.69	30.84	5.44	0.5
2012	1 005.6	520.75	51.8	22.76	2.3	149.77	14.9	327.74	32.09	5.26	0.5
2013	1 072.7	557.26	51.9	26.08	2.4	145.63	13.6	337.86	34.5	5.84	0.5

注：总值是指初级产品出口绝对额；商品 1：食品及主要供食用的活动物；商品 2：饮料及烟类；商品 3：非食用原料；商品 4：矿物燃料、润滑油及有关原料；商品 5：动、植物油脂及蜡。

资料来源：根据 2014 年《中国统计年鉴》计算得到。

进口商品中，初级产品主要是非食用原料和矿物燃料、润滑油及有关原料，2012 年这两类商品进口占初级产品进口总额的比重高达 91.78%；其次是食品及主要供食用的活动物。然后是动、植物油脂及蜡和饮料及烟类。从各类初级产品进口份额变化来看，1992 年以来所占比重提高幅度最大的是矿物燃料、润滑油及有关原料，从 1992 年的 26.9％上升至 2013 年的 47.9％；下降幅度最大的是食品及主要供食用的活动物，从 1992 年的 23.7％跌至 2013 年的 6.3％；其他商品所占比重变化不大（见表 2－14）。（按国际贸易标准分类）

表 2－14　　　　　1992～2013 年中国初级产品进口商品构成　　　单位：亿美元,％

年份	总值	商品 1		商品 2		商品 3		商品 4		商品 5	
		金额	比重	金额	比重	金额	比重	金额	比重	金额	比重
1992	132.55	31.46	23.7	2.39	1.8	57.75	43.6	35.70	26.9	5.25	4.0
1993	142.10	22.06	15.5	2.45	1.7	54.38	38.3	58.19	41.0	5.02	3.5
1994	164.86	31.37	19.0	0.68	0.4	74.37	45.1	40.35	24.5	18.09	11.0
1995	244.17	61.32	25.1	3.94	1.6	101.59	41.6	51.27	21.0	26.05	10.7
1996	254.41	56.72	22.3	4.97	2.0	106.98	42.1	68.77	27.0	16.97	6.7
1997	286.20	43.04	15.0	3.20	1.1	120.06	41.9	103.06	36.0	16.84	5.9
1998	229.49	37.88	16.5	1.79	0.8	107.15	46.7	67.76	29.5	14.91	6.5
1999	268.46	36.19	13.5	2.08	0.8	127.40	47.5	89.12	33.2	13.67	5.1
2000	467.39	47.58	10.2	3.64	0.8	200.03	42.8	206.37	44.2	9.77	2.1
2001	457.43	49.76	10.9	4.12	0.9	221.27	48.4	174.66	38.2	7.63	1.7
2002	492.71	52.38	10.6	3.87	0.8	227.36	46.1	192.85	39.1	16.25	3.3
2003	727.63	59.60	8.2	4.90	0.7	341.24	46.9	291.89	40.1	30.00	4.1
2004	1 172.67	91.54	7.8	5.48	0.5	553.58	47.2	479.93	40.9	42.14	3.6
2005	1 477.14	93.88	6.4	7.83	0.5	702.26	47.5	639.47	43.3	33.70	2.3
2006	1 871.29	99.94	5.3	10.41	0.6	831.57	44.4	890.01	47.6	39.36	2.1
2007	2 430.85	115.00	4.7	14.01	0.6	1 179.10	48.5	1 049.30	43.2	73.44	3.0
2008	3 623.95	140.51	3.9	19.20	0.5	1 666.95	46.0	1 692.42	46.7	104.86	2.9
2009	2 898.04	148.27	5.1	19.54	0.7	1 413.47	48.8	1 240.38	42.8	76.39	2.6
2010	4 338.50	215.70	5.0	24.28	0.6	2 121.11	48.9	1 890.00	43.6	87.40	2.0
2011	6 042.69	287.74	4.8	36.85	0.6	2 849.23	47.2	2 757.76	45.6	111.12	1.8
2012	6 349.34	352.60	5.6	44.03	0.7	2 696.60	42.5	3 130.85	49.3	125.27	2.0
2013	6 580.81	417.01	6.3	45.09	0.7	2 863.70	43.5	3 151.60	47.9	103.39	1.6

　　注：总值是指初级产品进口金额；商品 1：食品及主要供食用的活动物；商品 2：饮料及烟类；商品 3：非食用原料；商品 4：矿物燃料、润滑油及有关原料；商品 5：动、植物油脂及蜡。
　　资料来源：根据 2014 年《中国统计年鉴》的数据计算得到。

（3）资本技术密集型产品的出、进口比重增加。

按照 1974 年《联合国国际贸易标准分类》的划分，5 类（化学品及有关产品）、6 类（按原料分类的制成品）、7 类（机械及运输设备）、8 类（杂项制品）属于工业制成品，其中 5 类和 7 类商品属于资本技术密集型，6 类和 8 类商品属于劳动密集型。在工业制成品结构中，不管是出口还是进口，各类商品所占比重自 1992 年以来都发生了不同程度的变化，且变化最显著的均是第 7 类机械及运输设备。

从工业制成品的出口来看，属于资本技术密集型商品的机械及运输设备所占比重提高幅度最大，由 1992 年的 19.5% 增加到 2013 年的 49.4%，所占份额已超过工业制成品的一半左右；杂项制品所占比重出现大幅的下降，从 1992 年的 50.4% 逐年降至 2013 年的 27.7%，几乎减少了一半；轻纺产品、橡胶制品、矿冶产品及其制品所占比重小幅下降，从 1992 年的 23.8% 降至 2013 年的 17.2%；化学品及有关产品所占比重略有下降，从 1992 年的 6.4% 降至 2013 年的 5.7%；至于未分类的其他制品则从无到有，2013 年占 0.1% 的比例（见表2-15）。（按国际贸易标准分类）

表 2-15　　　　1992~2013 年中国工业制成品出口商品构成　　单位：亿美元，%

年份	总值	商品 1		商品 2		商品 3		商品 4		商品 5	
		金额	比重	金额	比重	金额	比重	金额	比重	金额	比重
1992	679.36	43.48	6.4	161.35	23.8	132.19	19.5	342.34	50.4	—	—
1993	750.78	46.23	6.2	163.92	21.8	152.82	20.4	387.81	51.7	—	—
1994	1 012.98	62.36	6.2	232.18	22.9	218.95	21.6	499.37	49.3	0.12	0.0
1995	1 272.95	90.94	7.1	322.40	25.3	314.07	24.7	545.48	42.9	0.06	0.0
1996	1 291.23	88.77	6.9	284.98	22.1	353.12	27.3	564.24	43.7	0.12	0.0
1997	1 588.39	102.27	6.4	344.32	21.7	437.09	27.5	704.67	44.4	0.04	0.0
1998	1 632.20	103.21	6.3	324.77	19.9	502.17	30.8	702.00	43.0	0.05	0.0
1999	1 749.90	103.73	5.9	332.62	19.0	588.36	33.6	725.10	41.4	0.09	0.0
2000	2 237.43	120.98	5.4	425.46	19.0	826.00	36.9	862.78	38.6	2.21	0.1
2001	2 397.60	133.52	5.6	438.13	18.3	949.01	39.6	871.10	36.3	5.84	0.2

年份	总值	商品 1		商品 2		商品 3		商品 4		商品 5	
		金额	比重	金额	比重	金额	比重	金额	比重	金额	比重
2002	2 970.56	153.25	5.2	529.55	17.8	1 269.76	42.7	1 011.53	34.1	6.48	0.2
2003	4 034.16	195.81	4.9	690.18	17.1	1 877.73	46.5	1 260.88	31.3	9.56	0.2
2004	5 527.77	263.60	4.8	1 006.46	18.2	2 682.60	48.5	1 563.98	28.3	11.12	0.2
2005	7 129.16	357.72	5.0	1291.21	18.1	3 522.34	49.4	1 941.83	27.2	16.06	0.2
2006	9 160.17	445.30	4.9	1 748.16	19.1	4 563.43	49.8	2 380.14	26.0	23.15	0.3
2007	11 562.67	603.24	5.2	2 198.77	19.0	5 770.45	49.9	2 968.44	25.7	21.76	0.2
2008	13 527.36	793.46	5.9	2 623.91	19.4	6 733.29	49.8	3 359.59	24.8	17.10	0.1
2009	11 384.83	620.17	5.4	1 848.16	16.2	5 902.74	51.8	2 997.47	26.3	16.29	0.1
2010	14 960.69	875.72	5.9	2 491.08	16.7	7 802.69	52.2	3 776.52	25.2	14.68	0.1
2011	17 978.36	1 147.88	6.4	3 195.60	17.8	9 017.74	50.2	4 593.70	25.6	23.43	0.1
2012	19 481.56	1 135.65	5.8	3 331.40	17.1	9 643.61	49.5	5 356.71	27.5	14.17	0.07
2013	21 017.36	1 196.17	5.7	3 606.06	17.2	10 385.34	49.4	5 812.49	27.7	17.29	0.1

注：总值是指工业制成品出口金额；商品 1：化学品及有关产品；商品 2：轻纺产品、橡胶制品、矿冶产品及其制品；商品 3：机械及运输设备；商品 4：杂项制品；商品 5：未分类的其他商品。

资料来源：根据 2014 年《中国统计年鉴》的数据计算得到。

工业制成品进口主要是机械及运输设备、化学品及有关产品、轻纺产品、橡胶制品、矿冶产品及其制品，2013 年这三类产品进口所占比重高达 81.1%；其次是杂项制品和未分类的其他商品。在工业制成品进口结构中，1992 年以来所占比重提高幅度最大的是机械及运输设备，从 1992 年的 46.5%上升至 2013年的 55.0%；下降幅度最大的是轻纺产品、橡胶制品、矿冶产品及其制品，从1992 年的 28.6%跌至 2013 年的 11.4%；其他类商品没有明显变动，但是化学品及有关产品、未分类的其他商品进口份额总体上呈下降趋势，而杂项制品进口份额总体上呈上升趋势（见表 2—16）。（按国际贸易标准分类）

表 2－16　　　　1992～2013 年中国工业制成品进口商品构成　　　单位：亿美元，%

年份	总值	商品 1		商品 2		商品 3		商品 4		商品 5	
		金额	比重	金额	比重	金额	比重	金额	比重	金额	比重
1992	673.30	111.57	16.6	192.73	28.6	313.12	46.5	55.88	8.3	—	—
1993	897.49	97.04	10.8	285.27	31.8	450.23	50.2	64.95	7.2	—	—
1994	991.28	121.30	12.2	280.84	28.3	514.67	51.9	67.68	6.8	6.79	0.7
1995	1 076.67	172.99	16.1	287.72	26.7	526.42	48.9	82.61	7.7	6.93	0.6
1996	1 133.92	181.06	16.0	313.91	27.7	547.63	48.3	84.86	7.5	6.46	0.6
1997	1 137.50	192.97	17.0	322.20	28.3	527.74	46.4	85.50	7.5	9.09	0.8
1998	1 172.88	201.58	17.2	310.75	26.5	568.45	48.5	84.56	7.2	7.54	0.6
1999	1 388.53	240.30	17.3	343.17	24.7	694.53	50.0	97.01	7.0	13.52	1.0
2000	1 783.55	302.13	16.9	418.07	23.4	919.31	51.5	127.51	7.1	16.53	0.9
2001	1 978.10	321.04	16.2	419.38	21.2	1 070.15	54.1	150.76	7.6	16.76	0.8
2002	2 458.99	390.36	15.9	484.89	19.7	1 370.10	55.7	198.01	8.1	15.64	0.6
2003	3 399.96	489.75	14.4	639.02	18.8	1 928.26	56.7	330.11	9.7	12.82	0.4
2004	4 439.62	654.73	14.7	739.86	16.7	2 528.30	56.9	501.43	11.3	15.29	0.3
2005	5 122.39	777.34	15.2	811.57	15.8	2 904.78	56.7	608.62	11.9	20.08	0.4
2006	6 043.32	870.47	14.4	869.24	14.4	3 570.21	59.1	713.11	11.8	20.30	0.3
2007	7 128.65	1 075.54	15.1	1 028.77	14.4	4 124.59	57.9	875.10	12.3	24.65	0.3
2008	7 701.67	1 191.88	15.5	1 071.65	13.9	4 417.65	57.4	976.41	12.7	44.09	0.6
2009	7 161.19	1 120.90	15.7	1 077.39	15.0	4 077.97	56.9	851.86	11.9	33.07	0.5
2010	9 623.94	1 497.00	15.6	1 312.78	13.6	5 494.21	57.1	1 135.60	11.8	184.35	1.9
2011	11 392.15	1 811.06	15.9	1 503.04	13.2	6 305.70	55.4	1 277.22	11.2	495.13	4.3
2012	11 834.71	1 792.87	15.1	1 459.53	12.3	6 529.41	55.2	1 365.19	11.5	687.72	5.8
2013	12 919.08	1 903.04	14.7	1 478.72	11.4	7 101.12	55.0	1 388.54	10.7	1 047.36	8.1

　　注：总值是指工业制成品进口金额；商品 1：化学品及有关产品；商品 2：轻纺产品、橡胶制品、矿冶产品及其制品；商品 3：机械及运输设备；商品 4：杂项制品；商品 5：未分类的其他商品。

　　资料来源：根据 2014 年《中国统计年鉴》的数据计算得到。

3. 中国对外贸易商品结构存在的主要问题及优化对策

21 世纪以来，中国的对外贸易尤其是货物贸易快速发展，取得了令人瞩目的成就，其中对外货物贸易出口的发展更为迅猛。出口商品结构中，在初级产品出口绝对值稳步增长的同时，以资本和技术密集型产品为代表的工业制成品的出口已经成为中国出口货物的主要来源。但也应看到，中国的货物贸易出口商品结构中仍存在层次低、高消耗、高排放等诸多问题。此外，中国关键技术设备等技术密集型产品仍以进口为主，外贸依存度较高。

（1）中国对外贸易商品结构存在的主要问题。

第一，出口商品结低端化格局尚未根本改善，国际分工中地位亟待提升。到目前为止，加工贸易仍然是中国商品出口的主要贸易方式，占据进出口贸易总额的主导地位，截至 2014 年，加工贸易额占中国进出口总额比重的32.7%[①]。而加工贸易的突出特征是原料和市场"两头在外"，相应的企业缺乏自主知识产权与品牌优势，可以说加工贸易的迅猛发展在很大程度上导致了中国高新技术产品出口占总出口的比重仍然偏低，且出口种类单一、出口范围狭窄，主要集中在机电、通信设备等。与发达国家相比，制成品出口仍以低附加值的劳动密集型产品为主，总体出口商品在国际分工中的地位较低，处于产业链的低端，亟须提升中国在国际分工中的地位与竞争优势。

第二，出口产品以劳动密集型产品为主，易引起贸易条件恶化和贸易摩擦。中国出口竞争力指数较高的产品依然集中在劳动密集型制成品上，以研究、开发和生产为特征的产业格局尚未形成，竞争力较弱。劳动密集型商品的大量出口有利于提升中国贸易的发展与出口的增长。但是，全球金融危机之后，世界经济格局发生巨变。如果中国外贸商品结构的这种特征在长期发展中得不到改善的话，将进一步加剧中国外贸面临的三大挑战：一是中国总体贸易条件持续恶化，金融危机之后廉价的劳动密集商品大量进入发达国家和发展中国家市场，导致中国与欧美等发达国家之间的贸易摩擦增加，甚至与发展中国

[①] 曲如晓. 中国对外贸易概论［M］. 北京：机械工业出版社，2015.

家之间的贸易摩擦也愈演愈烈。二是人民币升值压力，自 2008 年以来，欧美、日本等发达国家不断向中国施压要求提高人民币汇率，这将削弱中国出口商品在世界市场上的国际竞争力。三是中国丰裕而廉价的劳动力优势在逐渐消失，随着中国人口增长率的下降和周边发展中国家的兴起，中国的劳动力成本越来越高，劳动力比较优势越来越明显，可能很快被其他国家取代。

第三，关键技术设备、高端产品、战略资源严重依赖进口，外贸依存度较高。在中国第一大类出口商品机电产品中，仍然是以劳动密集型的外商委托加工组装产品为主。国内企业不仅在计算机、通信设备乃至彩电、空调、微波炉等部分产品生产领域尚未掌握核心技术，更严重的是，从软件、材料、元器件、集成电路、专用设备到最终产品等关键部分大多数依赖进口。中国出口商品中稳占世界第一位的是纺织服装，但也是以中低档产品为主，缺少世界名牌，高档面料、世界名牌服装和高科技纺织机械等都依赖于从发达国家进口，这对中国高科技产业发展及其产品的出口造成了严重阻碍。

因此，积极推动产业结构调整、优化和调整中国外贸商品结构、引导企业提高自主创新能力、促进中国对外贸易的健康发展已是中国外贸发展急需解决的问题。

（2）优化中国对外贸易商品结构的对策建议。

第一，转变贸易增长方式，提高出口商品的科技含量和产品附加值。通过产业结构调整及优化升级，重点扶植和发展具有较强国际竞争力的劳动资本密集型、劳动技术密集型产业，鼓励发展创汇农业、服务业及国际旅游业，培育战略性新兴行业和高新技术产业。加强自主创新，突破产业关键、共性技术难题，掌握核心、关键技术与自主知识产权，着力引导贸易顺差品由劳动密集型产品向技术、资本密集型产品转变，努力扩大高技术含量、高附加值机电产品的出口，严格控制"两高一资"（高污染、高能耗、资源性）产品出口，抑制低附加值、低技术含量产品出口，提高出口商品的科技含量与附加值，实现外贸增长方式的转变与社会经济可持续发展。

第二，调整进口商品结构，化比较优势为竞争优势，提升外贸效益。通过增加进口科技含量较高的商品，可以发挥"进口创造科技价值"效应，经过消化吸收再创新，促进出口商品结构优化。在进口时，应充分考虑进出口商品在品种、特色及产业发展等方面的互补性与差异性，放缓或减少资源性、高耗能、高污染商品的出口，积极进口国外成本优势产品和高新技术设备资本品，尤其要增加对关键战略资源的进口和国外先进技术、优秀人才的引进，逐渐改善中国资本品进口结构低度化格局。

第三，积极承接国际产业转移，推进加工贸易转型升级。国际产业转移是在国际分工深化基础上由技术创新和技术进步推动的生产要素重新组合活动。新一轮世界产业转移是发展中国家推动产业创新的大好契机，中国应加快自主创新步伐，承接国际产业转移，扩大对资本和技术密集型产业的引进和接纳。通过完善加工贸易商品分类管理，优化加工贸易区域产业布局，促进加工贸易产品结构升级，引导加工贸易向产业链高端、高技术含量、高增值环节及自主品牌与知识产权方向发展。

第四，完善贸易争端应对与解决机制，为优化外贸商品结构提供良好外部环境。中国政府应进一步加强国际上的政策协调、合作对话及贸易磋商，完善贸易争端解决机制，积极有效地对待贸易摩擦，促进双边贸易向均衡方向回归。同时，中国政府应建立健全重要商品进出口预警机制，完善国际贸易摩擦应对机制。相应的企业应加强技术标准化建设、国际认证认可、商品质量检验，走好国际化道路。最后，加强建立政府、行业、企业相结合的专业化国际谈判队伍，提高中国应对贸易摩擦的国际诉讼能力和协调能力，积极营造有利于中国外贸发展的良好国际环境。

2.2.3　中国对外贸易市场结构

对外贸易市场结构（Direction of Foreign Trade），也叫对外贸易地区分布或国别构成，指一定时期内各个国家或国家集团在一国对外贸易中所占的地位，通常以它们在该国进口总额、出口总额或进出口总额中的比重来表示。对外贸易市场结构表明一国出口货物的去向和进口货物的来源，从而反映一国与其他国家或国家集团之间经济贸易联系的程度。

1. 中国对外贸易出口市场结构

新中国成立初期，帝国主义对中国采取敌视、孤立和封锁禁运的政策，在这种历史条件下，中国迅速同苏联、东欧等社会主义国家建立和发展经济贸易关系。1953 年国家制定了第一个五年计划，为了促进第一个五年计划的全面实现，中国加强同社会主义国家的经济合作，大力发展了同苏联、东欧等国家的经济贸易关系。同时，在有利于中国社会主义建设的条件下，发展了同东南亚各国以及其他资本主义国家的贸易。1960 年中苏关系恶化，为了适应国际形势的变化，克服国内经济困难，中国从对苏联的贸易开始转向对西方资本主义国家的贸易上来，大力发展了同日本、西欧等国家的贸易。

1950 年中国出口贸易国家和地区近 40 多个，到 1988 年已增加到 180 多个（曲如晓，2013）。在此期间，中国不仅与广大发展中国家和地区开展了贸易，而且还积极发展与日本、美国、欧洲等发达国家之间的贸易关系。经过自改革开放以来三十余年的发展，不仅美国、欧洲、日本、东盟以及中国港澳地区等已成为中国大陆的主要出口对象，周边发展中国家、新兴市场等也逐渐成为中国重要的贸易伙伴，推动了中国对外贸易出口市场结构多元化的发展。

从整体来看，中国出口商品主要分布在亚洲、欧洲和北美洲市场。历年来，中国最大的出口地区是亚洲，所占份额一般都在 50% 左右；其次是北美洲和欧洲，所占份额一般都在 20% 左右；其他洲所占份额都比较小，一般都在5% 左右。而从变化趋势来看，在 1986～2013 年，亚洲地区所占份额逐渐下降，欧洲地区所占份额呈现先降后升的趋势，而在非洲、拉丁美洲和大洋洲，中国加强了与该地区的贸易往来，与这些地区之间的进出口贸易额占中国进出口贸易总额的比重均缓步上升（见表 2—17）。

表 2—17　　　1986～2013 年中国出口商品在各洲的份额情况　　　单位：%

地区	1986 年	1993 年	1998 年	2000 年	2002 年	2007 年	2010 年	2012 年	2013 年
亚洲	60.9	57.3	53.4	53.1	52.3	46.7	46.4	49.1	51.3
欧洲	21.1	17.9	18.2	18.2	18.2	23.6	22.5	19.3	18.4

续表

地区	1986 年	1993 年	1998 年	2000 年	2002 年	2007 年	2010 年	2012 年	2013 年
北美	10.1	19.8	21.8	22.2	22.8	20.7	19.4	18.6	18.0
非洲	2.4	1.7	2.2	2	2.1	3.1	3.8	4.2	4.2
拉丁美洲	1.5	1.9	2.9	2.9	2.9	4.2	5.8	6.6	6.1
大洋洲	0.9	1.3	1.5	1.6	1.6	1.7	2.1	2.2	2.0

资料来源：根据各年《中国统计年鉴》的数据计算得到。

（1）亚洲地区结构。

在亚洲，中国出口的商品主要集中在五个国家或地区：中国香港地区、日本、中国台湾地区、韩国和东盟。总体而言，中国对这五个地区的出口额占中国对亚洲地区出口总额的比例历年都在 70％以上，2000 年高达 90.58％，随着中国市场多元化政策的出台，此份额才逐渐减少，到 2013 年仍为 41％（见表 2—18）。

表 2—18　　　　1986～2013 年亚洲地区中国出口商品的地区结构　　　单位：％

地区	1986 年	1993 年	1998 年	2000 年	2002 年	2007 年	2010 年	2012 年	2013 年
日本	26.44	30.02	30.34	31.45	28.49	17.99	16.59	15.06	6.80
中国香港地区	45.98	41.88	39.51	33.71	34.42	32.33	29.74	32.12	17.41
东盟	—	8.90	11.24	13.18	13.77	16.49	18.97	20.29	11.05
韩国	—	9.08	6.37	8.47	9.18	9.85	9.48	8.71	4.13
中国台湾地区	—	2.79	3.93	3.77	3.82	4.07	4.09	3.65	1.84
合计	72.41	92.67	91.39	90.58	89.67	80.73	78.88	79.83	41.22

注：东盟包括文莱、印度尼西亚、马来西亚、菲律宾、新加坡、泰国，1996 年后增加越南，1998 年后增加老挝和缅甸，2000 年增加柬埔寨。

资料来源：根据各年《中国统计年鉴》的数据计算得到。

① 中国香港地区。在中国对亚洲地区的出口中，香港地区 1986 年所占份额为 45.98％，1998 年所占份额为 39.51％，2013 年已降为 17.41％。虽然香港地区所占份额总体上呈下降趋势，但仍然稳居主导地位。其原因，一方面是由于历史原因形成的中国内地与中国香港地区特殊经济关系，即所谓的"前店

后厂"关系依然存在，再加上《内地与香港关于建立更紧密经贸关系的安排》的实施，进一步提高了两地经贸合作交流水平；另一方面，随着内资企业对外经营能力的提升、大量外资的直接进入等原因又导致香港地区所占份额呈下降趋势。

②日本。在中国对亚洲地区的出口中，日本所占份额一直居于第二位，仅次于中国香港，且在 1986～2013 年呈现先升后降的变化趋势。具体来看，1986～2000 年，中国商品出口到日本的份额由 26.44%上升到 2000 年的 31.45%；但自 2001 年之后，日本所占份额迅速下降，到 2013 年所占份额仅为 6.8%，并被东盟超越成为中国在亚洲地区的第三大出口国。除了日本国内经济持续不景气及中国出口市场多元化政策等因素之外，日本所占份额的变化主要是由于日本在中国投资战略的改变。在中国"入世"之前，日本在中国的投资比较少，一般都是利用中国廉价劳动力的优势生产零部件，然后再出口到日本，继而在日本进行组装之后再出口。而在中国"入世"之后，日本调整了在中国的投资战略，一方面，加强在中国的直接投资；另一方面，日本企业也开始高度重视中国的国内市场，加大了市场开发的力度，从而导致出口比例逐渐下降。

③中国台湾地区和韩国。这两个地区具有共同的特点：一是所占份额都呈现缓慢增长的态势，二是所占份额都比较小，中国台湾地区所占份额一般在 4%左右，韩国所占份额在 9%左右。具体来看，1986 年之前中国大陆与中国台湾地区、韩国之间基本没有经贸往来。此后，随着台湾地区对大陆商品限制的放宽以及韩国对外开放政策的实施，中国大陆与台湾地区、韩国的经贸往来日益增长。1993 年所占比重分别为 2.79%和 9.08%，此后一直稳步提高。到 2013 年，台湾地区所占份额为 1.84%，韩国所占份额已为 4.13%，韩国成为中国在亚洲地区的第四大出口国。

④东盟。在中国对亚洲地区的出口中，东盟所占份额不断提高，到 2012 年已经超过日本位居第二。具体来看，1993 年东盟所占比重仅为 8.90%，而到 2013 年增加到 11.05%。东盟所占份额的不断上升，主要是由于中国以"周边国家为基础"的对外发展政策，与东盟之间的经济相互依赖程度不断加深。此外，随着东盟内部贸易自由化进程的深化和地区经济发展水平的提高，中国与

东盟的贸易机会将不断增加，是中国出口地区结构多元化的重要出口对象。

（2）欧洲地区结构。

在欧洲市场，中国对欧洲出口所占份额呈现先降后升的趋势，但总体变化幅度不大，基本在20％上下浮动。具体来看，1986年中国商品到欧洲地区的出口份额为21.1％，1998～2002年，所占比重持续下降，到2002年已降为18.2％。自"入世"之后，中国与欧洲各国的经贸往来逐渐深化，出口到欧洲的商品份额也稳定上升，到2013年已增加至18.37％，成为中国出口的第二大贸易地区（见表2—19）。

表2—19　　　1986～2013年欧洲地区中国出口商品的地区结构　　单位：％

地区	1986年	1993年	1998年	2000年	2002年	2007年	2010年	2013年
欧洲	21.1	17.9	18.2	18.2	18.2	23.6	22.5	18.37
欧盟	—	12.7	15.3	15.3	14.8	20.1	19.7	15.35
德国	4	4.3	4	3.7	3.5	4	4.3	3.05
英国	1.9	2.1	2.5	2.5	2.5	2.6	2.5	2.31
法国	1.2	1.4	1.5	1.5	1.3	1.7	1.8	1.21
意大利	1.2	1.4	1.4	1.5	1.5	1.7	2	1.17
荷兰	0.9	1.8	2.8	2.7	2.8	3.4	3.2	2.73
俄罗斯	—	2.9	1	0.9	1.1	2.3	1.9	2.24

注：欧盟包括比利时、丹麦、英国、德国、法国、爱尔兰、意大利、卢森堡、荷兰、希腊、葡萄牙、西班牙，1995年后增加奥地利、芬兰和瑞典，2004年后增加10个中东欧国家，2007年后增加罗马尼亚和保加利亚；1986年德国数据为德意志民主共和国与德意志联邦共和国之和。

资料来源：根据各年《中国统计年鉴》有关数据计算得到。

从欧洲地区的内部来看，中国出口到欧洲地区的商品主要集中在欧盟各国，尤其是德国、英国、法国及意大利等国家，其次是俄罗斯。基本情况如下：1993～2000年呈现逐渐上升的趋势，欧盟所占份额由1993年的12.7％增加到2000年的15.3％，其中，1993年德国占比最大为4.3％，其次是英国和法国，分别为2.1％和1.4％。2012年德国出现小幅下降，降幅为3.4％，而英国和法国分别上升至2.3％和1.3％。2001～2002年出现短暂的下降，由2001年的15.3％减少到2002年的14.8％，同期，德国、英国、法国等欧洲主要国家的比重也相应下降。2003 年至今一直保持稳定的增长趋势，截至 2013 年已增加到 15.35%，相应期间欧盟主要国家的占比也均有增长。

相比而言，俄罗斯所占份额一直较小，基本保持在 3% 以下。1993～2000年逐渐减少，由 2.9% 下降 0.9%，此后虽然出现增长趋势，但占比仍然很小，2013 年仅为 2.24%。这主要原因在于：一方面，中国出口商品质量低劣而导致原有市场份额被其他国家如韩国、日本等国家取代；另一方面，俄罗斯存在经营投资环境差、配套服务欠缺、法律法规不健全、政策多变、社会治安差等。

（3）北美地区结构。

在中国对北美洲地区的出口中，美国一直占据主导地位，所占份额基本保持在 90% 以上，中国对北美洲的出口主要集中在美国。这主要与美国的经济状况、跨国公司的全球生产方式、中美两国的要素禀赋互补有很大关系。

从整体来看，中国对北美的出口在 20 世纪 90 年代增长较快，在出口总额中所占比重不断上升，从 1986 年的 10.1% 上升到 2000 年的 22.2%，随后几年持续保持在 20% 以上，2002 已上升到 22.8%，受全球金融危机影响，2013 年中国商品出口到北美洲的份额有所下降，为 18.01%（见表 2-20）。

表 2-20　　1986～2013 年北美洲地区中国出口商品的地区结构　　单位：%

地区	1986 年	1993 年	1998 年	2000 年	2002 年	2007 年	2010 年	2013 年
北美	10.1	19.8	21.8	22.2	22.8	20.7	19.4	18.01
美国	9.1	18.5	20.7	20.9	21.5	19.1	18.0	16.68
加拿大	1	1.3	1.2	1.3	1.3	1.6	1.4	1.32

资料来源：根据各年《中国统计年鉴》有关数据计算得到。

相对而言，中国出口到加拿大的商品份额却很小，变化也不大，基本保持在 1% 左右，这与中国、加拿大均为世界贸易大国的地位很不相称。主要的原因在于：加拿大对美国经济过于依赖，市场缺乏多元化，双方的相互投资处于较低水平，技术交流与合作力度不大。此外，中国出口商品质量档次不高，缺乏名牌产品，在与其他国家同类商品竞争时缺乏竞争力。值得注意的是，加拿大对中国的反倾销调查在一定程度上影响和制约了双边的贸易关系。

多年来，中国的主要贸易伙伴变化不大。1986年中国出口前五大市场分别是欧盟、美国、中国香港地区、东盟和日本，到2013年，这些国家或地区仍然是中国的主要出口地区。可见，中国出口贸易的地区结构过于集中，存在很大程度的不均衡。从地区层面来看，中国商品出口主要集中在亚洲、欧洲和北美洲，以对北美自由贸易区和欧盟发达国家为主，包括美国、意大利、英国、法国、日本、德国等。同时，中国出口市场也呈现出多元化特征，出口商品结构在部分地区不断优化，这主要体现在以下两方面：一方面，亚洲、东盟、北美洲地区占中国出口份额出现小幅下降趋势，而非洲、拉丁美洲及大洋洲的占比稳步增加。另一方面，中国对各大洲的商品出不再局限于某几个国家，商品出口覆盖国家越来越广。

2. 中国对外贸易进口市场结构

从世界范围来看，中国进口贸易的来源地主要集中于亚洲、欧洲及北美洲，所占总份额基本保持在80%以上，而来自非洲、大洋洲和拉丁美洲地区等的进口商品所占比重长期处于20%以下的水平。具体来看，中国进口商品中来自亚洲的份额自1986年以来呈现出稳步上升的趋势，近几年才出现小幅下降的态势：1986~2007年，来自亚洲的进口商品所占比重由1986年的46.4%迅速增加到2007年的64.9%，虽然之后出现减少的趋势（2013年为55.89%），但仍然稳居中国第一大贸易进口地区。与此同时，来自北美洲、欧洲地区的进口商品所占份额却连年下降，北美地区由1986年的12.9%下降到2002年的10.5%，2013年已降为9.1%。来自欧洲地区的进口商品份额由1986年的31.9%下降到2002年的18.1%，此后继续减少到2013年的16.6%。相比而言，来自非洲、大洋洲和拉丁美洲的进口商品所占比重小幅却稳定提高，尤其是非洲地区，由1986年的0.7%、4.2%和3.7%分别增加至2013年的6.0%、5.6%和6.5%。这充分说明了中国进口贸易伙伴国数量得到显著增加，不再集中于北美、欧洲及亚洲等传统的贸易往来地区和国家，与非洲、拉美等地区的发达国家及新兴市场之间的经贸往来逐渐深化，进口贸易地区结构呈现多元化态势（见表2-21）。

表 2－21　　　　　　1986～2013 年中国进口贸易主要地区分布　　　单位：%

地区	1986 年	1993 年	1998 年	2000 年	2002 年	2007 年	2010 年	2013 年
亚洲	46.4	60.2	62.1	62.8	64.5	64.9	59.8	55.89
北美	12.9	11.6	13.7	11.6	10.5	8.4	8.4	9.11
欧洲	31.9	23.1	18.8	18.1	18.1	14.6	15.6	16.62
非洲	0.7	1	1.1	2.5	1.8	3.8	4.8	6.02
大洋洲	4.2	2.3	2.2	2.6	2.3	3	4.7	5.57
拉丁美洲	3.7	1.9	2.1	2.4	2.8	5.3	6.6	6.53

资料来源：根据各年《中国统计年鉴》有关数据计算得到。

从国家或地区来看，历年来中国进口贸易地区主要集中于日本、欧盟、东盟、台湾地区、美国和韩国。这六个国家或地区一直是中国进口最多的贸易伙伴，但是各自地位有所改变，所占份额呈现出的变化也各不相同。一是来自日本的进口商品比重逐年下降，由 1986 年的 28.7% 减少到 2002 年的 18.1%，到 2013 年仅为 8.3%，成为中国第三大进口来源国。其次是中国从东盟地区进口的商品比重稳步提高，由 1993 年的 5.8% 增加到 2007 年的 11.3%，虽然受金融危机影响 2013 年的比重出现小幅下降，但仍然为 10.2%，超过日本成为中国第二大进口贸易地区。最后是来自韩国地区的进口商品所占份额变化不大，自 1998 年增加到 10.7% 以来基本在 10% 上下浮动，2002 年小幅下降到 9.7%，2007 年反弹增长到 10.9%，2013 年继而又减少的 9.3%，目前仍为中国第四大进口贸易伙伴。而来自欧盟、中国台湾地区与美国的中国三大传统进口贸易大国的商品份额却连年减少，由 1993 年的 13.9%、12.4% 和 10.3% 逐渐下降到 2013 年的 11.3%、8.0% 和 7.8%（见表 2－22）。

表 2－22　　　　　　1986～2013 年中国进口商品主要贸易伙伴　　　单位：%

地区	1986 年	1993 年	1998 年	2000 年	2002 年	2007 年	2010 年	2013 年
日本	28.7	22.4	20.1	18.4	18.1	14	12.7	8.32
欧盟	—	13.9	14.8	13.7	13.1	11.6	12.1	11.28
东盟	—	5.8	9	10	10.6	11.3	11.1	10.23
韩国	—	5.1	10.7	10.3	9.7	10.9	9.9	9.39

续表

地区	1986 年	1993 年	1998 年	2000 年	2002 年	2007 年	2010 年	2013 年
中国台湾地区	—	12.4	11.9	11.3	12.9	10.6	8.3	8.02
美国	10.7	10.3	12.1	9.9	9.2	7.3	7.3	7.81
加拿大	2.3	1.3	1.6	1.7	1.2	1.1	1.1	1.29
中国香港地区	12	10.1	4.8	4.2	3.6	1.3	0.9	0.83

资料来源：根据各年《中国统计年鉴》有关数据计算得到。

很明显，中国进出口贸易的地区结构存在一定的不对称性，中国进口贸易的前五大市场分别为欧盟、东盟、日本、韩国和中国台湾地区，而出口贸易的前五大市场分别是美国、欧盟、中国香港地区、日本和东盟。虽然美国与欧盟都是中国重要的进出口地区，但由于中国与美国、欧盟的进出口对称性问题严重，在很大程度上导致中国与这两大贸易伙伴之间日益增多的贸易摩擦问题。同时值得注意的是，来自中国进口贸易传统主要伙伴国的商品份额呈现出下降的趋势，而来自东盟等周边发展中国家、拉美及非洲等新兴国家的进口商品所占比重越来越大，这表明中国实施进口市场多元化战略已取得一定成效，进口地区结构在不断优化。

3. 中国对外贸易的国内市场结构

从中国对外贸易的国内市场来看，经过对外开放的多年努力，在不断总结经验的基础上，已由点到面、由浅入深、从南到北、从东到西，形成了以经济特区和沿海开放城市为重点的多渠道、多层次、全方位的对外开放格局。这个格局大体上可以以 1992 年为分界：1978～1992 年为重点开放沿海地区，逐步向内地开放的格局；1992 年以后逐步形成全方位的对外开放格局。

根据中国经济发展战略的实施步骤，并结合各地区的经济技术水平和地理位置，可将中国划分为四大经济带：即东部经济带、东北经济带、中部经济带和西部经济带。东部地区受政策倾斜、经济技术水平和地理位置等多种有利因素影响，在中国对外贸易中占有绝对多数的比重。表 2－23 是中国加入 WTO 以来各区域对外贸易规模所占比重的列表，总体格局非常明显，东部十省市的进出口额占全国进出口总额的比重接近 90%，其余 21 省市的进出口额占全国进出口总额的比重仅 10% 左右，反映出中国对外贸易发展地区结构严重失衡，东部地区发达，而东北部、中部、西部地区相对滞后。2001～2006 年，东部地区对外贸易所占份额缓慢上升，从 2001 年的 88.3% 增至 2006 年的 89.7%，增加了 1.4 个百分点，自 2007 年起呈现下降趋势，从 2006 年的 89.7% 降至 2013 的 83.7%，降低了 6 个百分点；东北地区对外贸易所占份额出现下降，从 2001 年的 5.2% 降至 2013 年的 4.3%，萎缩了 0.9 个百分点；中部地区所占份额略有上升，2013 年达到 5.3%；西部地区对外贸易所占份额逐步增加，近 3 年上升幅度加快，2013 年达到 6.7%。这种对外贸易的不平衡地区结构应当引起高度重视（见表 2—23）。

表 2—23　　　　2001～2013 年中国对外贸易国内地区结构　　　单位：%

地区	2001 年	2002 年	2003 年	2004 年	2005 年	2006 年	2007 年	2008 年	2009 年	2010 年	2011 年	2013 年
东部	88.3	88.9	89.3	89.6	89.6	89.7	89	86.9	88.3	87.4	86.2	83.7
东北	5.2	4.8	4.5	4.2	4.1	3.9	4	4.4	3.9	4	4.3	4.3
中部	3.2	2.9	2.9	3	3	3.1	3.4	4.1	3.5	4	4.5	5.3
西部	3.3	3.3	3.3	3.2	3.3	3.3	3.6	4.6	4.3	4.6	5.0	6.7

注：东部十省市：北京、天津、河北、上海、江苏、浙江、福建、山东、广东、海南；东北三省：辽宁、吉林、黑龙江；中部六省：山西、河南、湖北、湖南、江西、安徽；西部十二省区：广西、云南、贵州、四川、重庆、陕西、甘肃、青海、宁夏、内蒙古、西藏、新疆。
资料来源：根据中国商务部统计数据（2001～2014 年）计算得到。

2.3　气候变化与中国外贸发展方式的概况

在全球气候不断变化的背景下，国际贸易的发展与气候变化之间的关联性日益凸显。根据上文的分析可知气候变化与国际贸易之间不只存在单向的联系，即国际贸易不仅通过不同途径和作用机制影响气候变化，而且气候变化也在比较优势、制度等方面影响着国际贸易。为此，国际贸易发展中隐含碳问题以及应对气候变化的政策措施对国际贸易的影响成为越来越多学者关注的焦点。

2.3.1 气候变化与国际贸易的关系

对于气候变化与国际贸易关系，可以分为以下两个方面：一是国际贸易中隐含碳问题，即通过对消费过程和产品运输过程中二氧化碳排放情况做具体测算与分析；二是气候变化的应对政策对不同国家对外贸易发展的影响。

1. 国际贸易的碳足迹

碳足迹（Carbon Footprint）是指由于人类活动，或者在产品或服务的生产、提供和消耗过程中释放的二氧化碳和其他温室气体的总量。国际贸易的碳足迹主要是指国际贸易活动对气候变化的影响，也就是目前学术界探讨的国际贸易的隐含碳（Embodied Carbon）问题。由于贸易品的生产和运输与温室气体排放直接相关，所以，贸易的碳足迹可从生产和运输两个环节来考察。

从生产环节来看，贸易在生产环节对气候的影响主要是贸易品在生产过程中排放了温室气体。在开放经济条件下，出口国生产出口产品的排放都计入出口国名下，而与消费这些产品的进口国无关。实际上，进口国在消费进口产品的同时，相当于间接消费了生产这些产品所消耗的能源，以及相应排放的温室气体，这就引出贸易品的隐含碳问题。国际贸易的隐含碳问题长期以来在传统国际贸易研究中一直被忽略。但近年来，随着国际贸易的迅猛发展，气候变化受到国际社会的普遍关注，隐含碳问题逐渐受到重视，国际国内围绕这一问题的研究也相当活跃，许多学者利用投入产出法对本国的对外贸易内含碳进行了测算。

从运输环节来看，贸易增加将导致碳足迹增加，因为更多的贸易意味着更多的运输，而更多的运输意味着更多的温室气体排放。目前，由于对国际贸易运输产生的温室气体的担忧，农产品贸易中出现了食物里程（Food Miles）等概念。所谓食物里程是指食物从出产地到饭桌上所经过的距离，用以量化食物的运输过程中的二氧化碳排放造成温室效应和对原油的依赖。例如，苏格兰渔民捕获的小龙虾会先横跨地中海印度洋运到泰国，人工剥壳，然后再原路运回欧洲销售。再例如，在北极的巴伦支海捕获的鳕鱼，会先在船上冻上，运到天津分割包装，然后运回欧洲。一些报道表明，从新西兰运送 1 公斤奇异果到英国，会排放 1 千克二氧化碳，假如在英国境内产销，二氧化碳排放量仅为 50 克，相差了 20 倍之多（曲如晓、马建平，2009）。类似的书本里程（Book Mile）、水里程（Water Miles）等概念相继出现，都是源于对国际贸易运输而浪费资源的担忧。

但也有观点认为，贸易运输环节对气候的影响不足为虑。据国际能源机构（IEA）估计，2004 年由交通引起的温室气体排放占世界与能源相关的温室气体排放量的 23%，其中 74% 的排放由陆路运输产生，12% 的排放由航空运输产生，8.16% 的排放由海洋运输产生。另据国际航海组织（IMO）估算，全球贸易的 90% 通过海洋运输完成。照此推算，贸易运输环节所产生的温室气体所占比例很小，对气候变化影响甚微。

2. 气候政策引发的贸易问题

（1）边境税收调节。

政府在考虑选取贸易政策工具来同时兼顾气候和贸易目标时，首选政策手段就是征收税收。边境税收调节（Border Tax Adjustment）就是先行执行气候政策的国家由于担忧竞争力损失而提出的应对措施。按照联合国气候变化框架公约的京都议定书规定，包括欧盟在内的附录 I 国家承担温室气体减排义务，须在第一个承诺期 2008～2012 年内，将温室气体排放在 1990 年水平基础上削减 5%。其他国家不承担强制性减排义务。其中包括美国在内的少数发达国家以中国和印度等国家没有承担强制性减排义务为由，坚持不批准京都议定书，从而也不承担减排义务。欧盟作为执行气候政策的先行国家一方面担心本土企业因需要缴纳碳税或能源税使本土企业的国际竞争力遭受损失；另一方面担心本土能源密集型产业转移到没有减排义务的国家而出现碳泄漏。欧盟各界纷纷呼吁政府对美国和中国等没有减排义务的国家的进口产品采取边境税收调节措施，来避免竞争力损失，阻止碳泄漏发生。后来，美国也出现类似倡议。2007 年 12 月美国参议院气候和公共委员会通过的气候安全法案提出边界碳调整

(Border Carbon Adjustment) 的补救性贸易保护措施，主要针对中国和印度的出口产品设计。美国提出的边境碳调整措施在操作上比欧盟提出的边境税收调节手段更多，除了可对来自没有强制性减排义务的国家的进口产品征收税收外，还可要求这类产品的进口商或外国出口商从国际碳市场或区域性碳市场购买相应的碳排放配额指标。近期，随着贸易与气候变化努力相互联结，旨在同时实现气候与贸易目标的边境税收调节措施的讨论随之兴起。但是，边境税收调节措施具有高度的争议性，主要体现在：

第一，边境税收调节与 WTO 规则一致性问题。在 WTO 规则中，一方面，存在诸多限制边境税收调节措施的原则性条款，如最惠国待遇原则、关税约束原则、国民待遇原则等原则条款。其中，最惠国待遇原则要求成员方对来自不同国家和地区的同类产品应该无条件给予平等待遇而非差别待遇。而依据边境税收调节政策，很可能违背最惠国待遇原则。关税约束原则要求成员国固定关税水平，不得提升关税高于该水平。而成员国针对来自没有强制性减排义务的国家的进口产品额外征收关税，势必违背关税约束原则。另一方面，1994 年关贸总协定的一般例外条款可能在一定程度上为边境税收调节政策的实施提供了法律支持。根据这项条款，如果是为保障人类、动植物生命健康所必需的措施，或者为保护可能耗竭的自然资源的有关措施，可以不受 WTO 最惠国待遇原则的约束，但同时不得构成武断的或不合理的差别待遇，也不得构成对国际贸易的变相限制。目前，科学界公认气候作为全球性环境公共品，与人类、动物、植物生命健康安全紧密相关。因此，如果减排国家以应对气候变化为由征收边境调节税确有一定的法律基础，那么，边境税收调节与 WTO 规则是否一致，如何一致，还有待深入探讨。

第二，行政可行性问题。边境税收调节政策要求进口商品必须满足进口国的碳排放标准，在实际操作过程中，要确定进口商品的实际能耗水平以及排放水平困难极大，原因是出口商能源管理水平普遍较低，而且缺乏相应的监测技术能力，这最终将影响政策的行政可操作性。此外，如果边境税收调节政策的适用范围同时涵盖基础原材料及其制成品，那么巨量的相关数据和资料收集工作将大大增加行政成本。因为最终产品的制成往往需要多种原材料和半成品，而且这些原材料和半成品可能分别来自不同国家的不同厂商，相关能耗及排放数据能否被收集也存在较大不确定性，从而影响边境税收调节政策的行政可行性。

第三，经济环境的有效性问题。边境税收调节措施能否达到实施国家所期望的保护竞争力、防止碳泄漏的目的令人怀疑。如果边境税收调节措施的适用对象仅包括基础原材料，可能保护了基础原材料生产部门的竞争力，却可能使下游相关产业部门由于成本增加而削弱了竞争力。然而基础原材料部门在发达国家产业结构中所占比重较小，保护的现实意义并不大。如果同时涵盖由这些原材料加工而成的制成品，则在行政操作上难度极大。再如果边境税收调节措施的目标国家的出口企业能够轻易规避，而腾出的市场空间又被非目标国家出口产品所填补，也达不到保护国内企业的目的。有美国学者认为边境税收调节措施在保护竞争力和防止碳泄漏方面效果并不大，相反构成自由贸易的壁垒。

目前，欧盟和美国都在积极酝酿边境税收调节政策，虽然全球气候新协议落地之前还不能确定这种政策是否会被实施，但可以肯定的是，这类政策一旦实施，将对国际贸易格局和中国的出口产生重大影响。

（2）国际贸易的碳标签。

所谓碳标签（Carbon Labelling）是为了缓解气候变化，推广低碳排放技术，把生产过程中的碳足迹在产品标签上量化标示出来，以标签的形式告知消费者产品的碳信息。目前许多发达国家已经推出，2007 年 3 月，英国政府资助的独立机构 Carbon Trust 向英国企业推广了碳标签的使用。日本紧随英国，也于 2008 年推出产品碳标签，在商品标示中加上此产品的碳足迹，以便消费者能够更多地支持同类中碳含量较少的产品。与英国的碳标签政策相同的是，日本也采取小规模的推行方式，让各公司以自愿性的方式加入碳标签系统。与英国碳标签政策不同的是，日本的碳标签系统会详细标示产品生命周期中每一个阶段的碳足迹。以洋芋片为例，从马铃薯的种植、加工、装配、运送到上架，甚至包装回收或垃圾处理过程，每个环节中所产生的二氧化碳都说明清楚，让消费者了解到底哪些商品对环境的影响最严重，并在环保理念的驱动下作出购买低碳产品的选择。

然而，发展中国家在碳标签问题上的态度与发达国家有所不同。发达国家认为碳标签的使用在推动降低能耗、减少温室气体排放方面潜力很大，但发展中国家认为碳标签将构成产品出口的非关税壁垒。这是因为碳标签使用直接与产品的加工与生产方法（PPM）相关，而基于 PPM 的贸易措施对发展中国家极为不利：一是发展中国家出口商适应发达国家的 PPM 要求很困难，而且成本很高；二是发展中国家的产品常常难以满足 PPM 要求而被排斥在发达国家市场之外；三是以 PPM 为基础的贸易措施很容易为贸易保护主义所利用。

2.3.2 气候变化背景下中国对外贸易评述

随着全球经济的发展以及全球技术的进步和环境气候资源状况的变化，中国不仅在宏观经济上面临着经济结构调整的局面，在对外贸易上也面临着新的境遇和挑战。为了缓解能源过度使用、气候和环境恶化所造成的压力，中国的对外贸易方式需要从"高碳"模式向低碳模式的转变，从而实现对温室气体排放的控制，保护全球气候，避免贸易摩擦。而在目前气候变化的背景之下，中国对外贸易所存在以下方面的特点：

第一，传统出口商品的技术含量较低，多数产品附加值较低。

根据上述分析，我们不难发现目前在中国货物贸易出口商品中大部分仍然以劳动密集型和资本密集型类的传统商品为主。根据中国经济的发展态势来看，在今后很长的一段时间内这些商品仍会占据中国出口商品较大比重。值得注意的是，随着科学技术的进步和经济全球化的发展，这商品的发展势必会受到更多的限制。这主要是因为这类商品的生产大部分都是依赖于中国长久以来的低廉的劳动力和充足的资本禀赋，它们的生产违背了中国对外贸易方式转型的初衷。特别是在气候变化与贸易主题日益凸显的今天，初级产品、工业制成品之中的化学品、橡胶类等产品的生产同样会使得生态环境遭到破坏，不利于中国经济的可持续性发展，同时也容易成为发达国家对中国实行贸易保护很好的借口。因此，只有加快推动传统出口商品向技术含量高、附加值高的商品转化，才能避免上述问题发生。

第二，加工贸易亟待转型升级。

从国际产业分工和中国对外贸易发展历程来看，加工贸易在今后仍然成为推动中国对外贸易发展的主要动力之一。然而，必须看到的是：虽然近些年在中国加工贸易中高新技术产业的比重在逐年上升，但中国加工贸易仍处于加工制造和装配环节，高新技术产品的深度加工和高附加值环节，特别是在 R&D 和产品营销这些环节依旧成为制约中国加工贸易转型升级的障碍。此外，在国际分工的过程中，由于中国缺乏产品生产中的核心技术，导致中国大部分企业很难形成自己的核心品牌。因此，在加工贸易中中国企业一直处于产业链的低端，仅仅是靠加工与组装来赚取微薄的利润，难以参与到产品的定价权和利润分配决定权之中。随着中国对外贸易方式的逐步转变，中国加工贸易也正从传统的劳动密集型产业向资本、技术密集型产业转型，在这个过程能否真正拥有产品的研发技术成为未来中国加工贸易面临的重要考验。

第三，中国主要出口商品的碳排放情况不乐观。

随着全球气候的逐渐变暖，出口商品中隐含碳问题成为了世界关注的焦点。作为"世界工厂"，中国在出口商品的碳排放问题上饱受争议。从产业发展的角度来看，中国是全世界产业发展中耗能最多的国家，产业的碳排放总量占到全国总排放量的 71%。其中，石油加工、炼焦及核燃料加工业、非金属矿物制品业、黑色金属冶炼及压炼工业、有色金属冶炼及压延加工、电力、热力等行业的生产与供应耗能占中国全部行业耗能的 50% 左右。从商品出口角度来看，目前中国大部分出口的外贸商品都是碳资源密集型产品，如钢、铁、冶金、矿石、机械、纺织品、服装等。这些产品在生产的过程中消耗了大量的碳资源，产品中的含碳量多。目前，已经有大批学者从产业、贸易等不同角度对中国碳排放量进行了测算，本报告根据梁霄（2012）在论文中对隐含碳与碳排放强度测算的数据加以说明，在隐含碳方面，2003 年中国出口商品中隐含碳量为 107 258 万吨，2010 年中国出口商品中隐含碳量上升至 412 313 万吨。在碳排放强度方面，2003 年碳排放强度为 3.0 吨/万元，2005 年碳排放强度继续上升至 4.8 吨/万元，虽然 2008 年碳排放强度有所下降，但到 2010 年碳排放强度又继续出现反弹，上升至 4.1 吨/万元。碳排放强度的不断波动同样也说明中国在出口商品生产过程中高耗能、高污染的特征。目前，由于中国仍然处于工业化中期阶段，出口主导的产业模式使得我们不得不选择劳动密集型、碳密集度较高的产业来推动中国对外贸易的发展，这也注定了中国要为其承担一定的污染成本。此外，在中国出口贸易中加工贸易占据了半壁江山，而我们应该清楚的是，加工贸易实质是发达国家高碳化产业转移的结果，这也使得中国成为全球碳排放量最高的国家之一。

第四，中国传统的竞争优势持续减弱，新竞争优势仍未凸显。

在全球气候不断变化的背景之下，随着中国人口红利的逐渐消失和自然资源的过度开发，以低廉劳动力成本、丰富自然资源为特征的传统竞争优势将持续减弱。近些年中国人口出生率逐渐降低，中国社会逐渐进入老龄化阶段，国内严重的通货膨胀等因素使得中国内陆地区劳动力价格快速上涨，劳动力供给出现短缺。根据国家统计局数据，2012 年，中国 15～59 岁劳动年龄人口比 2011 年减少了 345 万人，2013 年中国已经进入劳动力供给下降的拐点。在劳动力工资方面，2013 年中国劳动力平均工资较 2010 年上涨了 50%。劳动力供不应求、劳动力工资的上涨使得中国曾经那些仅靠低廉、充足劳动力为优势的企业不得不面临着转型甚至倒闭的压力。在资源供给方面，一方面，近些年随着政府对资源保护与节约方面的意识增强，使得中国部分富有的资源开采受到了限制，例如，稀土。另一方面，由于过去几十年中国企业对能源类资源的过度开采，使得如今中国对能源的需求与依赖程度快速上升，国内供给严重落后于需求。

此外，日益严重的雾霾天气也使得环境保护压力进一步增大。正如上文指出的，目前中国出口商品中大部分仍属于碳密集型产品。而如今能源供应的过度紧张以及环境保护的压力，又迫使中国部分出口企业不得不进一步调整自身的发展战略，进行相关产品、技术方面的改革与创新。但是，产品与技术的创新并非是一蹴而就的，需要长期的学习与积累。世界货币基金组织（简称IMF）预测，2014～2020 年，中国人口红利和全要素生产率将会继续下降。这就意味着中国传统的竞争优势将在未来一去不复返，同时，诸如低碳技术这类新的核心技术研发与掌握需要较长的时间方可实现。因此，中国仍需要一段时间培育新的竞争优势，中国新的竞争优势仍未凸显。

　　面对这些压力和挑战，中国要迎难而上抓住机遇，实习对外贸易方式的转变，发展低碳贸易。提升中国在环境友好技术方面的竞争力，加大环境低碳技术的创新力度，从而降低中国在出口商品中隐含碳的含量和商品的碳排放强度。同时，加大技术创新的投入，提升产品的生产效率，提高中国产品包括环境产品在全球市场中的地位，降低中国产品的污染成本，提高产品的附加值，促进加工贸易的全面转型。

第 **3** 章

中国对外贸易的气候变化效应

气候变化已经成为全球经济与社会发展所面临的巨大挑战之一。随着全球贸易的迅速发展，气候变化与贸易之间的联系引起越来越多人的关注，如何协调贸易发展与气候变化之间的关系成为全球经济与社会可持续性发展的重要目标。中国是世界第二大经济体，对外贸易总量以每年平均 20％ 的速度增长，是全球最大的贸易顺差国。然而，与美国、日本、英国等发达国家相比，中国传统的贸易发展方式具有高污染、高耗能、高排放等气候非友好特征，这些严重威胁着中国生态环境的可持续性发展，不利于中国对外贸易发展方式的转变。同时，传统的贸易发展方式也为欧美等发达国家对中国实施以维护全球气候友好发展为理由的贸易保护措施提供了口实。为此，如何全面、有效地评估中国对外贸易的气候变化效应，对于未来中国对外贸易发展方式转变、实现中国社会与经济的可持续性发展具有重要的意义。

3.1 气候变化效应的评估方法

3.1.1 气候变化的评估指标：从碳排放到隐含碳

目前，联合国气候变化公约框架下的国家排放目录仅仅是计算一个国家领土内的温室气体排放量，并未将国家间温室气体排放量进行联系，忽略了由于国家之间贸易往来与运输所带来的温室气体排放问题。特别是在当今全球消费水平日益提高，全球温室气体排放逐渐增多的大背景下，发达国家和部分发展中国家通过制定减排政策来控制与降低本国企业在生产过程中温室气体的排放量。然而，在生产碳排放目录下，各国的气体减排政策很可能会引起"碳泄漏"问题。正如前文提到，所谓的"碳泄漏"是指某一个地区实行的减排政策会直接导致其他地区的二氧化碳排放量增多。面对生产碳排放目录的缺陷，学者们不仅关注生产者的碳排放问题，更加关注受益者付费原则上的消费碳排放问题。闫云凤和赵忠秀（2014）构建了消费碳排放核算目录，分析了各区域的消费碳排放及碳溢出效应。塞拉诺等（Serrano et al.，2010）通过计算推导出生产碳排放与消费碳排放之差即为净出口隐含碳。周新（2010）测算了中国、日本、美国等 10 个经济体的碳排放责任，研究发现如果按照碳排放消费原则，中国的碳排放总量将减少 257 吨，美国将增加 207 吨；若采用共同分担原则，中国的碳排放原则将减少 61.74 吨，美国将增加 54.88 吨。闫云凤和赵忠秀（2012）通过计算生产碳排放和消费碳排放，得出中国净出口隐含碳达 2.98 亿吨。彼德斯和贺特维茨（Peters & Hertwich，2008）研究表明，建立以消费者责任为基础的温室气体排放目录将有助于解决全球气候变化政策上的争议问题，有利于发展中国家参与到减排行动，解决"碳泄漏"问题。戴维斯和卡待尔（Davis & Calderia，2010）建立了全球消费碳排放目录，测算了 2004 年各国的生产碳排放和消费碳排放，得出中国等发展中国家消费碳排放量要远远低于生产碳排放量，而美国、欧洲等发达国家和地区的消费碳排放量明显高于生产碳排放量。因此，在减排方面，美国、欧洲等发达国家和地区应该承担更大的责任。

在二氧化碳排放测算上，生产排放目录的核算对数据的要求较少，一般只需要国内投入产出表和碳排放因子等。但消费排放目录的核算对数据的要求较大，一般包括国际的投入产出表、国家间中间产品、最终产品贸易、各国碳排放因子系数等，要求研究者根据国际投入产出表和各国投入产出表建立起相应的数据，任务量繁琐。闫云凤和赵忠秀（2014）指出生产碳排放和消费碳排放核算目录的区别在于贸易中碳排放的分配。刘庆林等（2010）认为在生产的分割体系下，同一个产品的不同生产环节会分配在不同的国家和地区，这些国家和地区被链接在同一条生产链上。同时，迪森贝尔等（Dietzenbacher et al.，2012）认为很多加工贸易中的产品以劳动力投入为主，中间产品的投入相对较少。如果在最终核算时将两者全部算进去，将会造成测量结果的偏差。闫云凤和赵忠秀（2014）采用世界投入产出数据库（World Input Output Database，简称 WIOD），通过多区域投入产出模型对 G7、BRIC 和其他国家地区的生产碳排放和消费碳排放进行测算与分析。本报告将参照闫云凤和赵忠秀（2014）的研究，通过建立多区域投入产出模型，从消费碳排放的角度比较中国与主要世界经济体之间的隐含碳问题。

3.1.2 中国外贸发展中分行业的隐含碳测算方法：投入产出模型

本报告将根据投入产出模型的计算原理，来具体计算中国对外贸易中各部门进出口的隐含碳。在计算过程中，我们先计算出各部门的直接碳排放系数，然后根据直接碳排放系数进一步计算各部门的完全碳排放系数。具体计算公式如下：

$$V_i = \sum V_{ik} = \sum E_{ik} \times P_k \tag{3.1}$$

其中，V_i 表示第 i 部门的直接碳排放总量，V_{ik} 表示第 i 部门消耗掉的第 k 种燃料的碳排放量，E_{ik} 表示第 i 部门消耗的第 k 种燃料的消耗量，P_k 表示第 k 种燃料的碳排放系数。

若我们假设直接消耗系数为 θ_i，则 θ_i 可以表示为：

$$\theta_i = \sum E_{ik} P_k / X_i \tag{3.2}$$

令 θ 为 θ_i 构成的直接消耗矩阵，X_i 为第 i 部门的总投入。那么，完全排放系数矩阵 R 可表示为：

$$R = \theta (I-A)^{-1} \tag{3.3}$$

由上述公式，我们可以得出进出口贸易中碳排放量为 $V_i = \theta(I-A)^{-1}Y$。若

用 E、M 分别表示出口量与进口量，那么进口贸易与出口贸易中碳排放量的表达式为：

$$V_m = \theta \ (I-A)^{-1} M$$
$$V_e - \theta \ (I-A)^{-1} E \tag{3.4}$$

其中，V_m、V_e 分别为进口贸易和出口贸易的碳排放量。

3.1.3　中国外贸发展中分国别的隐含碳测算方法：多区域投入产出模型

投入产出法是一种评估对外贸易中隐含碳的基本估计方法，可以有效地测算出产品生产过程中直接碳排放和间接碳排放。作为投入产出法的重要组成部分，多区域投入产出模型可以刻画出地区之间的贸易关系。多区域投入产出模型基于不同产业部门和地区之间的商品流动，既考虑到每个地区每个部门的经济产出，又考虑到某产品在某地区生产却在另一地区消费的部门产出。多区域投入产出模型可以将产品的碳排放问题追溯到产品生产的原产地，无论该产品是被其他地区消费的最终产品，还是作为中间投入品，或是经过第三国转运的产品。因此，一个地区的总产出可以由下述方程进行表示：

$$q^r = M^r + y^r + \sum_s x^{rs} - \sum_r i^{sr} \tag{3.5}$$

其中，q^r 为 r 地区的总产出，可以分为中间和最终消费。M^r 为 r 地区的中间投入矩阵，M_{ij}^r 为 r 地区从 i 部门到 j 部门的国内和进口的中间投入，为 M^r 矩阵中的每一个元素。

y^r 为 r 地区国内和进口的最终消费的矩阵，y_i^r 为 r 地区 j 部门对 i 部门的国内和进口最终消费，为 y^r 矩阵中的每一个元素。x^{rs} 为 r 地区对 s 地区的出口，i^{sr} 为 s 地区对 r 地区的进口。

从国内生产者角度来看，国内的总产出可以由下述方程表示：

$$q^r = M^{rr} + y^{rr} + \sum_s e^{rs} \tag{3.6}$$

其中，$x^{rs} = y^{rs} + M^{rs}$，表示 r 地区对 s 地区的出口由最终消费品和中间投入两部分组成。

根据里昂惕夫固定生产比例的假定，我们可以将中间投入 M^{rs} 分解为

$$M^{rs} = A^{rs}x^{rs} \tag{3.7}$$

根据上述方程，我们可以将国内总产出方程写成下式：

$$q^r = A^r x^r + y^r + \sum_{r \neq s} A^{rs}x^{rs} + \sum_{r \neq s} y^{rs} \tag{3.8}$$

若将上述方程进一步整理，则有

$$Q = AX + Y \tag{3.9}$$

写成矩阵形式则为

$$\begin{bmatrix} q^1 \\ q^2 \\ \vdots \\ q^n \end{bmatrix} = \begin{bmatrix} A^{11} \cdots A^{1m} \\ A^{21} \cdots A^{2m} \\ \vdots \\ A^{n1} \cdots A^{nm} \end{bmatrix} \begin{bmatrix} q^1 \\ q^2 \\ \vdots \\ q^n \end{bmatrix} + \begin{bmatrix} y^{11} + \sum_{r \neq s} y^{1r} \\ y^{22} + \sum_{r \neq s} y^{2r} \\ \vdots \\ y^{mm} + \sum_{r \neq m} y^{mr} \end{bmatrix} \tag{3.10}$$

若向量 e^r 表示地区 r 的二氧化碳的碳排放系数，则每个地区 r 的碳排放量可以表示为

$$C = e^r \ (I-A)^{-1} y^r \tag{3.11}$$

其中，$y^r = \begin{bmatrix} y^{1r} \\ y^{2r} \\ \vdots \\ y^{mr} \end{bmatrix}$

每个地区 r 的生产碳排放量可以表示为

$$P^r = e^r (I-A)^{-1} \sum_{r=1} y^{rs} \tag{3.12}$$

3.2　中国外贸发展中隐含碳的测度：基于进出口商品的行业结构

任何一种产品的生产，都会直接或间接地产生碳排放。为了得到某种商品，而在整个产业链中所排放的二氧化碳，称为隐含碳。温室效应出现的最直

接原因就是二氧化碳气体的排放。目前，关于外贸商品中二氧化碳含量的测算方面，学术界的普遍做法是采用投入产出模型计算外贸产品中的隐含碳。因此，本报告也同样以隐含碳为切入点，对中国外贸结构与二氧化碳进行深入研究。

3.2.1　数据选取与行业说明

在数据方面，本报告将采用《2010 年中国投入产出延长表》中出口产品金额及出口产品构成数据。此外，在 2010 年各行业能源消耗量方面的数据，本报告将采用《2011 年中国能源统计年鉴》。在行业划分方面，本报告将以《国民经济行业分类》（GB/T4754－2011）作为参考依据，并根据《2011 年中国能源统计年鉴》的行业划分，将国民经济行业划分为 28 个部门来进行测算，具体部门如表 3－1 所示：

表 3－1　　　　　　　　　　　具体行业划分

序号	行业	序号	行业
1	农林牧渔业	15	金属制品业
2	煤炭开采业	16	通用、专用设备制造业
3	石油和天然气开采业	17	交通运输设备制造业
4	金属采矿业	18	电器机械及器材制造业
5	非金属矿和其他采矿业	19	通信设备、计算机及其他电子设备制造业
6	食品制造及烟草加工业	20	仪器仪表及其他文化办公用机械制造业
7	纺织业	21	工艺品及其他制造业
8	纺织服装鞋帽皮革羽绒及其制品业	22	电力、热力的生产和供应业
9	木材及家具制造业	23	燃气生产及供应业
10	造纸印刷及文体用品制造业	24	水生产及供应业
11	石油加工、炼焦及核燃料加工业	25	建筑业
12	化学工业	26	交通运输、仓储和邮政业
13	非金属矿物制造业	27	批发零售、住宿餐饮业
14	金属冶炼及延压业	28	其他行业

甲烷、水蒸气、臭氧、二氧化碳等气体均为温室气体的主要组成部分。在工业生产中均要涉及化石燃料的燃烧，而该燃料的燃烧均要涉及二氧化碳的排放。因此，本报告将选取二氧化碳排放量为主要的研究对象。在计算碳排放系数时，由于各种能源的碳排放强度不一样，所以我们需要将各类能源的燃烧值对等地转化为相应数量的标准煤，以此来计算出各种能源的碳排放系数。本报告将参考《省级温室气体清单编制指南》来获取各类能源的碳排放系数，具体参考指标如表3—2所示：

表3—2 各类能源的碳排放系数

能源种类	单位热值含碳量（TJ）	二氧化碳排放系数（kg）
原煤	26.37	1.9003
焦炭	29.5	2.8604
原油	20.1	3.0202
燃料油	21.1	3.1705
汽油	18.9	2.9251
煤油	19.5	3.0179
柴油	20.2	3.0959
液化石油气	17.2	3.1013
炼厂干气	18.2	3.0119
油田天然气	15.3	2.1622

3.2.2 各行业进出口商品中隐含碳的比较与分析

如表3—3所示，从出口商品中隐含碳来看，中国出口商品隐含碳排名前十的产品包括：化学品、金属冶炼及延压业、纺织业、非金属矿物制造业、通信设备、计算机及其他电子设备制造业、批发零售、住宿餐饮业、其他行业、建筑业、金属制品业。其中，化学工业、金属冶炼及延压业、纺织业中出口商品的二氧化碳排放量分别为49 259.41万吨、38 340.19万吨和23 246.41万吨。首先，从行业特征来看，这十个行业所出口的产品均属于工业制成品，在上述十个行业中，除了纺织业外，其余的均为技术与资本密集型行业。其次，从出口数量分析，上述十个行业中化学工业、金属制品业与通信设备、计算机及其他电子设备制造业 2010 年出口份额分别位列 28 类行业的前三位，2010 年上述三个行业出口金额分别为 36 567 429.69 万元、92 912 595.66 万元、89 896 922.51 万元[①]。此外，批发零售、住宿餐饮业、纺织业、建筑业以及通用、专用设备当年的出口总额也排在了 28 类行业的前十位。由此可见，在中国出口商品中出口贸易额多的行业往往也是隐含碳较大的行业。此外，2010 年纺织行业出口产品中隐含碳总量为 23 246.41 万吨，位列第三，其较高的隐含碳量不仅给中国生态环境造成了巨大的压力，同时也说明一个事实：在当今全球气候变暖和中国传统劳动力禀赋优势的消失的背景下，纺织行业的发展不再符合中国当前的经济发展需要，其产品的低附加值和高排放特征严重背离了中国的对外贸易政策方针。未来中国应将这类已不具备比较优势且高耗能、高污染的行业进行产业转移，以减轻中国外贸发展的压力。同时，值得注意的是，化学工业、通信设备、计算机及其他电子设备制造业、建筑业等均属于资本和技术密集型行业，是中国当前出口国外市场较多的商品，但如果不对上述产品进行低碳技术创新，降低出口产品中的二氧化碳排放量，未来势必会产生发达国家和新兴经济体以维护全球气候、保护生态环境为借口的贸易摩擦。因此，为了防患于未然，中国政府应该加大对上述行业的低碳技术的研发，通过产业升级、生产效率的提升来控制或降低生产这类产品的二氧化碳排放量，防止贸易摩擦的发生。

表 3—3　　　　　各行业进出口贸易产品中二氧化碳排放量　　　单位：万吨

排位	行业	出口中二氧化碳排放量	排位	行业	进口中二氧化碳排放量
1	化学工业	49 259.41	5	通信设备、计算机及其他电子设备制造业	15 007.39
2	金属冶炼及延压业	38 340.19			
3	纺织业	23 246.41	6	批发零售、住宿餐饮业	11 623.7
4	非金属矿物制造业	16 290.17	7	通用、专用设备制造业	8 010.53

① 数据来源于 2010 年中国投入产出延长表。

续表

排位	行业	出口中二氧化碳排放量	排位	行业	进口中二氧化碳排放量
8	其他行业	7 670.12	5	非金属矿物制造业	13 829.49
9	建筑业	6 896.17	6	石油和天然气开采业	11 770.85
10	金属制品业	6 591.18	7	交通运输、仓储和邮政业	10 986.5
11	电器机械及器材制造业	6 419.19	8	通信设备、计算机及其他电子设备制造业	10 842.28
12	造纸印刷及文体用品制造业	6 326.36	9	批发零售、住宿餐饮业	8 299.83
13	石油加工、炼焦及核燃料加工业	5 476.74	10	煤炭开采业	6 103.55
14	交通运输、仓储和邮政业	5 252.24	11	建筑业	5 957.15
15	交通运输设备制造业	5 095.82	12	造纸印刷及文体用品制造业	5 202.3
16	纺织服装鞋帽皮革羽绒及其制品业	4 927.44	13	金属制品业	5 122.58
17	木材及家具制造业	3 076.93	14	石油加工、炼焦及核燃料加工业	4 462.18
18	食品制造及烟草加工业	2 796.47	15	纺织业	3 127.34
19	工艺品及其他制造业	2 627.45	16	仪器仪表及其他文化办公用机械制造业	3 060.41
20	仪器仪表及其他文化办公用机械制造业	2 324.55	17	工艺品及其他制造业	2 925.94
21	农林牧渔业	1 054.47	18	农林牧渔业	2 920.86
22	煤炭开采业	891.57	19	金属采矿业	2 490.1
23	石油和天然气开采业	593.56	20	其他行业	2 413.04
24	电力、热力的生产和供应业	508.24	21	交通运输设备制造业	1 370.14
25	非金属矿和其他采矿业	335.18	22	通用、专用设备制造业	1 194.84
26	金属采矿业	185.46	23	木材及家具制造业	980.58
27	燃气生产及供应业	0	24	食品制造及烟草加工业	645.85
28	水生产及供应业	0	25	电器机械及器材制造业	527.34
1	化学工业	61 782.24	26	非金属矿和其他采矿业	119.19
2	金属冶炼及延压业	53 761.19	27	水生产及供应业	0
3	纺织服装鞋帽皮革羽绒及其制品业	32 201.91	28	燃气生产及供应业	0
4	电力、热力的生产和供应业	17 894.3			

资料来源：静振杰.中国对外贸易中隐含碳排放分析［M］.哈尔滨工业大学，2013.

从进口商品中隐含碳来看，隐含碳排名前十位的产品分别为：化学工业，金属冶炼及延压业，纺织服装鞋帽皮革羽绒及其制品业，电力、热力生产和供应业，非金属矿物制造业，石油和天然气开采业，交通运输、仓储和邮政业，通信设备、计算机及其他电子设备制造业，批发零售、住宿餐饮业与煤炭开采业。在上述十个行业中，化学工业、通用、专用设备制造业和通信设备、计算机及其他电子设备制造业的进口贸易额分别位列中国 28 个行业总进口的前三位，2010 年上述三类产品的进口额分别为：118 423 995.26 万元、96 931 710.88 万元和 176 618 184.56 万元（2010 年中国投入产出延长表）。其中，化学工业进口行业中二氧化碳排放量最高达 61 782.24 万吨，同中国出口商品类似，均为二氧化碳排放最高的商品。从二氧化碳排放量的具体数值来看，中国出口产品和进口产品的二氧化碳排放量形成显著差异，这种显著差异可以间接地反映出中国各类行业碳排放水平，同时也可以反映出每年中国进出口商品隐含碳量的差异。例如，在中国出口排名前十位的产品中，化学工业、金属冶炼及延压业中中国对外出口商品的隐含碳明显小于这类进口商品中隐含碳，而在其余的八类行业中中国出口产品中的隐含碳要明显高于进口产品的隐含碳。这一方面从一定程度上表明了中国在上述八类行业中低碳化水平较国外相对滞后；从另一方面来看，中国对外输出的产品中二氧化碳排放量明显高于进口产品，说明了一个"碳泄漏"问题，即一个国家采取限制二氧化碳排放的措施，将本国高碳化、高耗能的产品生产转移到其他未采取二氧化碳减排措施的国家，造成国际上的碳转移。根据本报告第一部分的分析，中国通过加工贸易的方式来承接发达国家的产业转移，而在加工贸易中大部分产品均属于高耗能、高碳化产品，这就造成中国出口产品中二氧化碳排放量高于进口产品。因此，未来中国政府只有实现中国加工贸易的转型升级，实现加工产品生产的低碳化，才能有效地摆脱当前的局面。

3.3 中国外贸发展中的隐含碳测度：基于进出口商品的国别结构

3.3.1 中国与世界主要经济体间的隐含碳测算

本报告根据多边区域投入产出模型，对 G7 和 BRIC 对外贸易中的生产碳排放和消费碳排放进行测算，最终得出上述两大经济体从 1995 年至 2009 年中对外贸易的净出口隐含碳含量，具体的结果如表 3—4 所示。整体上看，G7 国家的生产碳排放量要明显小于消费碳排放量，净出口隐含碳均为负值，而 BRIC 国家的消费碳排放量要明显大于生产碳排放量，净出口隐含碳均为正值。在上文分析中，我们知道净出口隐含碳等于生产碳排放值与消费碳排放值之差，如果净出口隐含碳值大于零，说明该地区或国家为隐含碳的净出口国，意味着该地区或国家通过将碳密集型产业转移至其他地区，并通过进口的方式来获得这类行业所生产的产品，进而形成"碳泄漏"。如果净出口隐含碳小于零，说明该地区或国家为隐含碳净进口国，意味着该地区或国家通过生产碳密集型类产品，以增加本国二氧化碳排放为代价来满足其他减排国家的需求，为他们供应上述产品。从净出口隐含碳量来看，我们不难发现，发达国家通过国际贸易将其部分消费品的生产转移到了发展中国家，以此实现本国的气体减排目标并造成发展中国家二氧化碳排放量的上升。

表 3—4　　　　　　　**BRIC 和 G7 集团贸易隐含碳测算结果**　　　　　单位：吨

年份	G7			BRIC		
	生产碳放	消费碳排放	净出口隐含碳	生产碳排放	消费碳排放	净出口隐含碳
1995	8 956	9 957	−1 001	5 719	4 736	983
1996	9 164	10 077	−913	5 817	4 909	809
1997	9 319	10 179	−860	5 728	4 853	874

续表

年份	G7			BRIC		
	生产碳放	消费碳排放	净出口隐含碳	生产碳排放	消费碳排放	净出口隐含碳
1998	9 364	10 419	−1 055	5 863	4 899	964
1999	9 452	10 682	−1 231	5 886	4 774	1 091
2000	9 659	11 105	−1 446	5 947	4 797	1 150
2001	9 640	11 025	−1 385	6 028	4 989	1 038
2002	9 559	10 941	−1 382	6 283	5 184	1 100
2003	9 688	11 249	−1 561	6 876	5 592	1 284
2004	9 716	11 483	−1 767	7 709	6 212	1 496
2005	9 735	11 627	−1 892	8 226	6 570	1 656
2006	9 627	11 556	−1 929	8 829	6 951	1 878
2007	9 771	11 562	−1 791	9 405	7 522	1 882
2008	9 484	11 279	−1 794	9 952	7 722	2 230
2009	8 882	10 337	−1 455	10 254	8 368	1 885

资料来源：闫云凤，赵忠秀. 消费碳排放与碳溢出效应：G7、BRIC 和其他国家的比较[J]. 国际贸易问题，2014（1）：99—107.

3.3.2　中国与世界主要经济体间的隐含碳分析

从净出口隐含碳占生产碳排放比重方面来看，如图 3—1 所示，1995～1997年 G7 国家的净出口隐含碳占生产碳排放的比重逐年下降，从 1995 年的−11.17％下降至 1997 年的−9.2％，至 1997 年该比重处于稳步上升态势，直至 2006 年 G7 国家的净出口隐含碳占生产碳排放的比重已达到−20％。随后，由于受到全球减排行动与经济危机的双重影响，从 2007 年开始其净出口隐含碳占生产碳排放的比重又呈现下滑趋势，从 2007 年的−18.3％下降至 2009 年的−16.3％。此外，BRIC 国家的净出口隐含碳占生产碳排放的比重呈现一定的波动性且有逐渐上升的态势。1995 年至 1998 年其净出口隐含碳占生产碳排放的比重从 17.2％下降至 16.4％，其中 1996 年该比重最低仅为 13.9％。而至

1999 年该比重又迅速上升至 18.5%，达到史上最高。1999~2004 年该比重一直在 18.5% 和 19.4% 之间上下徘徊。进入 2005 年，该比重又继续上升并在 2008 年达到最大值 22.4%。由于受到金融危机的影响，全球市场出现了需求萎缩，降低了"金砖四国"对全球市场的供给能力，导致 2009 年其净出口隐含碳占生产碳排放比重下降至 18.4%，回到 2000 年年初的水平。

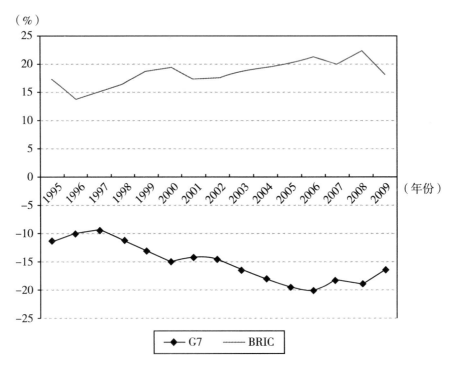

图 3—1　G7 和 BRIC 国家净出口隐含碳占生产碳排放比率

从碳排放量的角度看，随着全球经济的增长，G7 和 BRIC 国家的生产碳排放量和消费碳排放量整体上均呈现增长趋势。在生产碳排放量方面，如图 3—2 所示，1995~2009 年 BRIC 国家的生产碳排放量呈现上升趋势，特别是在 2002 年以后呈现出跳跃式增长，由 2000 年的 5 947 万吨迅速上升至 2003 年的 6 867 万吨，一直保持快速上升趋势，并于 2008 年超过 G7 国家的生产碳排放量。2009 年 BRIC 国家的生产二氧化碳排放量达到最大值 10 254 万吨。此外，1995~2009 年 G7 国家的生产碳排放量同样呈现出上升态势，但上升幅度略低于 BRIC 国家。从具体年份来看，1996~2008 年，G7 国家的生产碳排放的平均值维持在 9 552 万吨，其中，2007 年其生产碳排放量达到最大 9 771 万吨。2009 年生产碳排放量明显低于 2008 年，达到近 15 年来最低水平 8 882 万吨。在消费碳排放方面，G7 国家的消费碳排放量从始至终均明显高于 BRIC 国家，这一差距再次印证了这个事实，即发达国家通过实行减排措施将其高碳化产业转移至发展中国家，并通过进口该类产品来满足其国内需求。如图 3－3 所示，1995～2000 年 G7 国家的消费碳排放量一直处于上升状态，从 1995 年的 9 557 万吨上升至 11 105 万吨。虽然 2001 年有所下降，但降幅较少。同时，2003 年至 2007 年 G7 国家的消费碳排放量也处于上升趋势，2007 年其消费碳排放量为 11 562 万吨。2008 年之后开始下降，但整体依然维持在 10 000 万吨之上。此外，1995 年至 2009 年 BRIC 国家的消费碳排放量也处于逐渐上升趋势，但仍远远低于 G7 国家。例如，2009 年 BRIC 国家的消费碳排放量达到 15 年最高值 8 368 万吨，但是仍低于 G7 国家 1995 年的消费碳排放量。

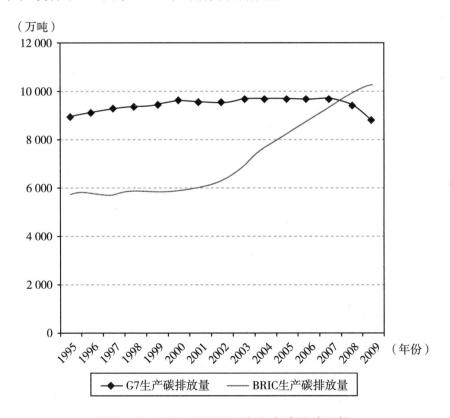

图 3－2　G7 和 BRIC 国家生产碳排放比较

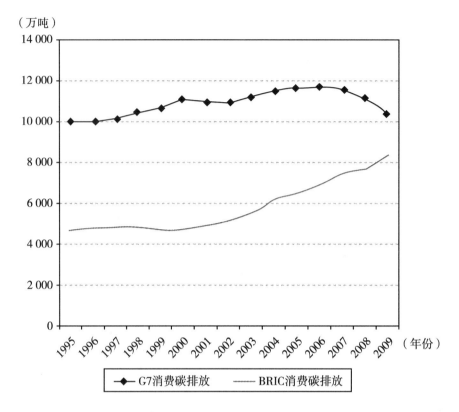

图3—3 G7 和 BRIC 国家消费碳排放比较

最后，我们从碳排放率的角度对 G7 和 BRIC 国家的碳排放情况做对比与分析。如表3—5 所示，在生产碳排放率方面，2000 年之前，BRIC 和 G7 国家的生产碳排放率相似，相差较少。而进入 2000 年以后，G7 国家的生产碳排放率整体呈现出下滑趋势，在部分年份其排放率甚至为负值，例如，2002 年、2008 年、2009 年，其生产碳排放率分别为－0.84%、－2.9%、－0.7%。然而，BRIC 国家的生产碳排放量一直呈现正增长，2004 年其生产碳排放率达到最高值 12.1%。而在 2006 年之后，BRIC 国家的生产碳排放量出现逐渐下降的趋势，由 6.7% 下降至 3.1%，但整体水平仍大于 G7 国家的排放率。在消费碳排放率方面，2000 年之前 G7 国家高于 BRIC，但从 2001 年开始，BRIC 国家开始超过 G7 国家，例如，2009 年 BRIC 和 G7 消费碳排放率分别为 8.4% 和 3%，BRIC 国家明显高于 G7 国家。这说明发达国家的生产和消费已经基本处于相对稳定的状态，但随着发展中国家经济的发展和消费水平的提高，其生产和消费碳排放的增长率都在以较快的速度增长。因此，如果世界各国不改变其发展模式，温室气体排放的增加就难以控制。

表 3-5　　　　　　　　　G7 和 BRIC 国家二氧化碳排放率比较　　　　单位：%

年份	G7		BRIC	
	生产碳排放率	消费碳排放率	生产碳排放率	消费碳排放率
1996	2.3	1.7	1.7	3.6
1997	1.6	1.5	−1.5	−1.1
1998	0.48	2.3	2.3	−0.94
1999	0.94	0.39	0.39	−2.6
2000	2.2	1	1	0.48
2001	0.19	1.3	1.4	4
2002	−0.84	4.2	4.2	3.9
2003	1.3	9.4	9.4	7.9
2004	0.28	12.1	12.1	11.1
2005	0.19	6.7	6.7	5.7
2006	1.1	7.3	7.3	5.8
2007	1.4	6.5	6.5	8.2
2008	−2.9	5.8	5.8	2.7
2009	−0.7	3	3.1	8.4

资料来源：闫云凤，赵忠秀.消费碳排放与碳溢出效应：G7、BRIC 和其他国家的比较[J].国际贸易问题，2014（1）：99-107.

3.4　中国外贸发展方式对碳排放的效应评估

关于国际贸易对气候变化的影响问题，最早是由格鲁斯曼和克鲁格尔（Grossman & Krueger，1991）提出的。他们在研究北美自由贸易协定（NAFTA）环境效应时认为对外贸易可通过规模效应、结构效应和技术效应三种作用机制影响气候变化。克普兰德和泰勒（Copeland & Taylor，2003）从一般均衡角度进一步定义了这三种效应：规模效应是指在生产活动污染系数、产业结构布局不变的情况下，国际贸易会促进经济的增长、带来经济规模的扩张，从而导致温室气体排放的增加；结构效应是指由国际贸易通过影响产品相对价格可能导致一国产业结构的变化，进而影响温室气体的排放；技术效应是指技术改进带来的生产效率提高，使得在产出不变的情况下，要素投入更少、商品和服务生产过程排放的温室气体减少。其中，技术效应可以从两种途径降低排放：一是贸易开放可降低气候友好型商品和服务的生产成本，并增加其可获得性；二是贸易开放可提高收入水平，从而增加民众对低排放产品的需求。一般认为，规模效应和技术效应的作用方向相反，结构效应则取决于各国的比较优势。此外，还有部分学者认为技术的正效应超过了规模和结构的负效应并占主导地位，最终将使得国际贸易向着有利于减少温室气体排放的方向发展。如马拿吉，荷比克和苏如米（Managi，Hibiki & Tsurumi，2008）的研究表明，对于OECD 国家，由于技术效应超过了规模效应和结构效应贸易开放降低了二氧化碳排放量。

3.4.1 贸易自由化对环境污染影响的理论机制

安特维勒，克普兰德和泰勒（Antweiler，Copland & Taylor，2001）在之前学者研究的基础上，提出了 ACT 模型，该模型给出了贸易自由化产生的三种效应对环境污染的影响机制。具体的影响机制如下所述：

假定在一个开放的经济体内，存在两种商品，这两种商品的生产分别需要资本 K 和劳动 L 两种要素，这两种商品我们分别定义为 X 和 Y，其中，Y 为劳动密集型产品且属于无污染产品，X 为资本密集型产品且属于污染品。若假定规模报酬不变，则两类产品的成本函数分别为 $C_x(w,r)$ 和 $C_y(w,r)$，其中 w 和 r 为工资和利率。

P 表示 X 和 Y 的国内相对价格，P_w 为 X 和 Y 的国际相对价格，β 为两国的贸易壁垒。则存在下述方程：$P=\beta P_w$，其中，如果该国进口产品 X，则 $\beta>1$，反之，$\beta < 1$。若假设一国出口只影响一国的产业结构，而不会对本国的资源禀赋有任何影响。

用 Q 代表厂商的排放量，δ 代表厂商对污染治理的力度。厂商在生产产品 X 时候，会排污，用 X 单位的产品来衡量厂商治理时的投入，则在考虑到治理成本的前提下，X 产品净产出应为 $nx = x(1-\delta)$，若设厂商的污染治理投入为 x_i，则厂商的治理力度 $\delta = x_a / x$。

假设污染的排放量服从函数 $f(\delta)$ 且 $\partial f(\delta)/\partial \delta < 0$，$x$ 表示该国家生产产品 X 的数量，则该国家的排污量为 $Z = xf(\delta)$。

进一步假定 θ 为产品 X 占总产品中的比重，Q 代表产品 X 和 Y 的总产出，因此可以将排污量方程进一步下称下述形式：$Z = Q\theta f(\delta)$。上述方程的含义为一个国家的污染程度可以由污染密集程度 $f(\delta)$，污染工业在经济中所占比重 θ 以及该污染产业的总产出 Q 三者所决定的。我们对上述方程求微分，于是得到：$\bar{Z} = \bar{f} + \bar{\theta} + \bar{Q}$，其中，$\bar{Q}$ 为经济变化率，代表规模经济，由贸易壁垒，资本和劳动力三者决定；$\bar{f}$ 为污染密集程度，代表技术效应，是人均实际收入和贸易壁垒的函数；$\bar{\theta}$ 表示污染产品在总产品中的变化率，代表结构效应，由贸易壁垒和资本劳动比率决定。其中，技术效应、规模效应和结构效应都包括贸易产生的效应和非贸易要素产生的效应。我们将上述描述做一个简单的整理，得到下述几个方程：$\bar{Q} = \bar{Q}(\beta, K, L)$，$\bar{\theta} = \bar{\theta}(\beta, K/L)$，$\bar{f} = \bar{f}(\beta, I)$，其中，$I$ 代表人均实际收入。

根据 ACT 模型，我们将上述影响因素进行分解得到污染供给和需求曲线：

$$\bar{Z} = \bar{Q} + \varepsilon_{\theta, k}\bar{K} + [(1+a)\varepsilon_{\theta, p} + \varepsilon_{f, p/k}]\bar{\beta} + [(1+a)\varepsilon_{\theta, p} + \varepsilon_{f, p/k}]\bar{P}^w - [a\varepsilon_{\theta, p} + \varepsilon_{f, p/k}]\bar{t}$$

$$\bar{t} = \bar{T} + \varepsilon_{\varphi, p}\bar{\beta} + \varepsilon_{\varphi, p}\bar{P}^w + \varepsilon_{\varphi, I}\bar{I} \qquad (3.13)$$

其中，ε 为弹性，k 为资本与劳动的比例，$a = ft/[p(1-\delta) - tf(\delta)]$，$t$ 表示污染税，I 表示人均实际收入，T 表示一个国家对污染的态度。

方程表示的污染的需求方程，方程表示的污染的供给方程。我们将这两个方程进行合并可以得到如下结果：

$$\bar{Z}=\pi_1\ \bar{Q}+\pi_2\ \bar{K}-\pi_3\ \bar{I}+\pi_4\ \bar{\beta} \tag{3.14}$$

通过上述方程，我们可以发现贸易自由化通过贸易要素的结构效应$\bar{\beta}$、非贸易要素的结构效应$\bar{K}$、规模效应$\bar{Q}$和技术效应$\bar{I}$对环境产生影响。具体的机制如下所述。

第一，规模效应对二氧化碳排放的影响。

贸易自由化将降低贸易伙伴之间的贸易摩擦，促使更大的交易市场形成，打破资源约束对各国生产要素之间的限制，增进国家质检的消费需求，带动一国经济的增长，从而促使该国家规模经济的形成。在生产活动系数一定的情况下，一国经济活动的扩张势必会导致该国对自然资源消耗的增加，加大二氧化碳气体的排放，增加一国生产对环境的污染。因此，可以证明贸易自由化产生的规模经济效应将进一步加剧二氧化碳的排放，恶化环境。

第二，技术效应对二氧化碳排放的影响。

首先，贸易自由化可以使得关税和非关税壁垒降低，从而降低各国之间的贸易成本。方便这些国家获得国外先进的环保技术，促进技术在国际之间的交流，新技术带来了生产效率的提高。在相同产出的情况下，各国将降低对资源的不必要消耗，降低二氧化碳的排放量，更好地实现环境保护。其次，随着国际直接投资的放宽，很多技术发达的国家还可能将相关技术引入东道国，从而促进东道国技术的提升降低东道国二氧化碳气体的排放。最后，当一国居民实际收入的提升，人们对清洁环境的偏好也会逐渐增多，这样一来就加大了人们对清洁产品的特殊需求，愿意支付更多的钱来购买那些二氧化碳排放少的商品，进一步敦促相关企业进行技术改革，降低其生产中二氧化碳的排放。

第三，结构效应对二氧化碳排放的影响。

结构效应对二氧化碳排放的影响取决于一国的要素禀赋。根据比较优势理论，一国的国际化分工应建立在该国的要素禀赋的基础上。如果该国家要素禀赋以劳动密集型为主，则该国家在国际分工中生产的产品是劳动密集型产品；

如果该国家要素禀赋以资本密集型为主，则该国家在国际分工中生产的产品为资本密集型产品。因此，在贸易自由化过程中，何种要素禀赋占主导地位就决定了该国家国际分工的方向，进而也就决定了该国生产对环境的污染程度。例如，对于资本密集型国家而言，大部分资本密集型产品为钢铁、化工类等产品，这类产品的生产往往与环境污染有着密切联系，因此，在要素禀赋的驱动下，贸易自由化将不利于资本密集型国家的环境的保护。

此外，根据"污染天堂"假说，各国环境标准的不同使得不同国家面临着不同的环境治理成本。对于那些环境管制标准较为严苛的国家，这些国家的环境成本将会很高，这样将迫使这些国家把高污染、高耗能的产业转移到环境成本较低的国家去，从而造成这些国家环境的污染。在分析结构效应对二氧化碳排放的影响方面，我们需要从"污染天堂"和要素禀赋假说的两个方面来进行分析。对于资本密集型国家而言，贸易自由化后这些国家可以通过将本国高耗能高污染的产业转移至环境治理成本低的国家，同时依靠自身的禀赋优势参与国际分工，通过改变本国原有的贸易生产方式，实现本国经济结构的升级，来避免产品的生产对环境的污染。

3.4.2　模型的建立

基于上述理论描述，本报告将根据吴献金等（2011）的文章，建立如下模型：

$$\ln Z_t = \alpha + \beta_1 \ln GDP_t + \beta_2 \ln PGDP_t + \beta_3 \ln \kappa_t + \beta_4 \ln T_t + \varepsilon_t \qquad (3.15)$$

其中，Z 代表二氧化碳排放量，$PGDP$ 代表一国人均收入，κ 代表资本劳动比例，T 代表贸易依存度。

由于代表技术效应的 $PGDP$ 和代表规模效应的 GDP 具有显著的相关性，本报告将两效应进行合并，来考察其对二氧化碳排放量的影响。此外，为了进一步验证中国经济发展所带来的技术进步是否对二氧化碳排放起到抑制作用以及中国产业结构调整与二氧化碳排放之间的关系，我们将根据安特维勒，克普兰德和泰勒（Antweiler，Copland & Taylor，2001）中贸易自由化与环境污染的一般均衡模型，将上述方程进一步改写成如下形式：

$$\ln Z_{it} = \alpha + \beta_1 \ln PGDP_{it} + \beta_2 \ln^2 PGDP_{it} + \beta_3 \ln \kappa_{it} + \beta_4 \ln^2 \kappa_{it} + \beta_5 \ln T_{it} + \varepsilon_t$$

$$(3.16)$$

根据上述方程，我们将在接下来的实证回归中来验证下述两个命题：

命题1：随着中国经济水平的发展，产出水平的日益提高，二氧化碳的排放量会逐渐增多。同时，虽然随着人们环保意识的提升以及清洁技术的提升，二氧化碳的排放得到了抑制，但从总体来看二氧化碳的排放量仍然是上升的。

命题2：随着中国产业结构的调整，在工业比重的上升加大了二氧化碳的排放的同时，服务业等低耗能、高附加值产业的出现也从一定程度上降低了二氧化碳的排放。

3.4.3 数据来源及实证结果

（1）数据来源。

本书采用除台湾、香港、澳门地区及西藏自治区外，中国30个省份1995～2007年的数据作为研究样本，其中重庆市的数据并入四川省。在二氧化碳的排放量估算方面，采用基于燃烧的燃料数量和平均排放因子来估算二氧化碳排放量。能源的消费量来自1995～2008年的《中国能源统计年鉴》。在碳排放系数方面，本报告选用碳排放系数如下：煤炭0.756，石油0.586和天然气0.448。

人均GDP代表真实的收入水平，具体数值来自《国家统计年鉴》。劳动力投入用各地区年末就业人数进行表示，贸易量由各地区的进出口总额进行表示，上述两类数据来自各地区的统计年鉴。

（2）实证结果。

在模型估计中，本书采用F检验中的常截距模型和变截距模型来进行估计，同时通过Hausman检验对固定效应和随机效应进行筛选。此外，为了防止截面异方差问题，本书在固定效应中采用加权广义最小二乘法进行估计，同时采用怀特稳健标准差得到系数的 t 值。具体回归结果见表 3—6：

表 3—6 回归结果

解释变量	模型 1		模型 2	
	FE	RE	FE	RE
$\ln PGDP$	1.25*** (13.791)	1.368*** (12.570)	1.331*** (15.876)	1.526*** (13.137)
$\ln^2 PGDP$			−0.341*** (−15.931)	−0.390*** (−7.715)
$\ln \kappa$	−0.387*** (−0.815)	−0.415*** (−5.843)	−0.856*** (−18.125)	−1.033*** (−9.905)
$\ln^2 \kappa$			0.143*** (12.343)	0.178*** (6.290)
$\ln T$	0.076** (2.865)	−0.002 (−0.046)	0.046* (1.653)	0.003 (0.081)
R^2	0.986	0.711	0.987	0.751
Hausman		13.203**		13.791**
F-Test	715.408***		803.694***	
F-statisitcs	841.879***	303.594***	861.690***	225.627***
Obs	374	374	374	374

注：估计系数下面的括号中为稳健性标准误，星号表示显著性水平，即 $*p<0.10$，$**p<0.05$，$***p<0.01$。

资料来源：吴献金，邓杰．贸易自由化、经济增长对二氧化碳排放的影响 [J]．中国人口资源与环境，2011 (1)：43—48.

3.4.4 中国外贸发展方式对碳排放的影响

从模型的拟合优度来看，模型整体拟合程度较好，其中 FE 检验的拟合优度最高分别为 0.986 和 0.987。从 F-Test 来看，两次估计值均十分显著，说明都应该采用变截距模型进行回归。在 Hausman 检验中，我们发现模型显著地拒绝了原假设，说明在上述回归中采用固定效应是更合适的选择。从具体的解释变量系数来看，代表规模技术效应的人均收入与碳排放量之间呈现显著的正向关系。模型2中人均收入的系数呈正向显著说明随着中国经济的不断发展，产出水平的不断提高，造成了能源消耗的增加和碳排放的加剧。虽然经济的发展带来了相关技术的提高和环保意识的增强，从一定程度上降低了碳排放量，但从整体上看中国规模技术效应对二氧化碳排放量仍起到正向促进作用。从资本劳动比例的系数看，模型1和模型2中资本劳动与二氧化碳排放呈现负向显著，说明随着中国产业结构的调整，工业在产业中所占的比重持续上升，将减少中国的二氧化碳的排放，同时，服务业的迅速崛起也在一定程度上抑制了由于工业生产所带来的二氧化碳的大量排放。最后，从贸易依存度的角度看，除了模型1中的随机效应，在其余三个估计中，贸易依存度与二氧化碳排放均呈现正向显著性，这说明中国贸易依存度的不断提高会导致更多二氧化碳气体的排放。

第 **4** 章

气候变化应对措施对中国
对外贸易的影响

4.1 气候变化应对措施：碳税、碳关税与碳市场

进口国为确保进口产品与国内同类产品承担同样的碳减排成本，依据进口产品在生产过程中产生的二氧化碳排放量，对进口产品征收特别费用，也就是碳关税。通过市场机制与经济手段来减少二氧化碳排放的思想被越来越多的国家所采用，试图用市场化手段将企业生产过程中对环境产生的外部影响内化为企业的生产成本，这种方式要求企业承担特定的碳排放成本，从而倒逼企业主动为减排做出努力。总体来说，市场化的减排措施主要包括两类：征收碳税 (Carbon Tax) 以及展开碳排放交易 (Carbon Emission Trade)。前者是针对生产和消费过程中的二氧化碳排放量征收的税，通过对燃煤、汽油、航空燃油以及天然气等化石燃料产品的碳含量或碳排放量征税，来减少化石燃料的消耗和二氧化碳的排放，以达到缓解全球气候变暖的目的。这种基于价格的税收手段或对排污进行收费的政策 (Tax-or Price-based Regimes) 是基于市场的缓解气候变化的主要经济激励手段之一，后者是基于污染数量控制的排污权进行交易

的政策，也就是所谓的"限额和贸易"（Cap-and-Trade）。《京都议定书》将温室气体的排放权作为一种公共商品，允许通过"碳排放交易"的方式进行减排，因此全球范围内也成立了不同类型的碳市场，将这种减排方式付诸实施。

4.1.1　气候变化背景下碳税的提出

在气候变化和低碳经济的理念日益深入人心的情况下，碳税作为宏观经济中财政政策的有力手段，被越来越多的国家和地区采用，成为当前国际社会应对气候变化最常用的市场化手段。

1. 碳税作为市场化手段的优势

同为市场化减排手段，碳市场交易和碳税政策应该如何取舍，目前已经有很多学者对这两种机制各方面的优劣展开了深入的讨论，另外也有文献对两者的混合机制进行了理论上的分析，例如在定量的排污权交易的同时设定一定的价格上限或下限，或者在推行碳税的同时伴随定量的配额，通过两者结合的方式扬长避短，将两者的优势发挥出来。从可行性的角度分析，目前已经有不少发达国家开始征收碳税，也有一些国家建立起了不同类型的碳市场，但是发展中国家由于不需要强制承担减排责任，在这方面不是很积极。但是将发展中国家纳入全球减排体系只是时间问题，所以不论是从国际形势还是国内发展来看，主动实施市场化减排才能有效地规避发达国家采取的碳关税限制措施。对于发展中国家，结合两种机制的特点来看，选择基于价格机制的碳税还是基于排放量的碳排放交易的方式来推进减排还需进一步权衡。

第一，《京都议定书》要求附件1国家在第一个承诺期内（2008~2012年）的碳排放量与基准年（1990年）相比要降低一定的比例。碳交易市场是在《京都议定书》框架内催生的，而诺德豪斯（Nordhaus，2006）认为，《京都议定书》这种基于某基准年的定量排放的测算方法具有本质性的缺陷，原因在于协议约定的减排是在谈判之后10多年才进行，而基准年所选取的1990年早于承诺期20年，基准年的要求与经济发展较快的国家承担的减排责任相符，而对于一些经济发展较慢的国家，由于排放量低于基准年水平，应给予额外的配额。而且《京都议定书》谈判时以 1990 年基准年为排放标准的设定方式，并不能保证将全球气温上升控制在 2～3℃ 的范围之内。从执行力度来看，由于《京都议定书》缺乏严格的惩罚机制，很多国家没有很强的驱动力在第一个承诺期之内促成减排目标的达成。从这个层面来说，设定以基准年绝对量的减排标准并非是合理有效的。相对的，碳税的方式无须设定排放限制的基准，而是通过碳税带来的价格变化来间接地推进二氧化碳排放量的削减，碳税的征收对于企业主动减排起到了积极作用。进一步看，碳排放交易的排放许可证发放有时间上的先后差别，政府根据历史排放安排发放，因此从公平的角度来看，碳税方式对同行业的企业都是一致的碳税税率，不存在所谓的歧视。

第二，碳税和碳交易在增加政府税收收入、提高市场效率方面具有相同的效果，政府可以通过征收碳税或是拍卖排放许可证取得同样的收入，但是在实际操作中，免费发放许可证给现有的企业是普遍推行的手段，也是更容易为企业接受的方式，政治上也较为可行，如此政府就无法通过获得税收收入来纠正现有税收体系带来的市场扭曲，也无法获得某些环境税带来的"双重红利"。

第三，气候变化这一说法目前在科学理论上还缺乏确切的依据。未来 50 年至 100 年气候变化可能对地球和人类带来的影响是不确定的，而且随着技术的进步，人类将来也可能在减排技术上取得革命性的突破从而扭转当前的气候形势。也就是说，减排的边际成本曲线和边际收益曲线都存在很大的不确定性，如韦茨曼（Weitzman，1974）所说，如果气候变化的边际损害曲线比温室气体减排的边际成本曲线更为平缓，碳税要优于以排放量为基础的碳排放交易，即社会净损失较小；相反，如果边际成本曲线较气候变化的边际损失更为平缓，则碳排放交易带来的社会净损失较小，应该选取碳排放交易。关于气候变化问题，科学家们的观点莫衷一是，目前普遍被认可的观点是气候变化的边际损失是温室气体的累积存量的函数，而温室气体减排的边际成本则是温室气体减排量的函数，因此边际收益曲线在一定时间内难以改变温室气体存量以及其对气候的影响，边际损失不随现阶段温室气体排放量的变化而变化，气候变化的损失方程一般趋于线性方程，而边际成本曲线更为陡直。因此，当边际成本曲线存在不确定性的时候，基于价格的碳税机制比基于排放量的碳交易更为有效。埃登霍费尔（Edenhofer et al.，2008）的观点认为，如果以现在的温室气体增长速度来测算，未来几年海平面上升会带来恶劣的气候变化，因此带来的损失会远远超过减排成本，所以从短期来看碳税更为有利；但从长期而言，考虑到未来灾难性的气候变化可能带来的后果，碳排放交易由于容易控制和限定全球排放量的原因比碳税更为有利；这个转折点的出现取决于温室气体在大气中衰竭的速率、气候变化敏感程度、折现率以及经济发展等因素。

第四，从政策的政治可行性角度而言，碳税和碳交易各有利弊，需要根据各国的国情作出决策。从政治经济学的角度分析，政府一般会更倾向于使用碳排放权交易，因为加征一种税收的难度要比发放排放许可证大很多，所以碳排放交易在政治上更为可行。但是，碳排放交易对商品市场和金融市场的要求较高，对于市场准入条件和基础法律法规不是很完善的发展中国家和转型国家，碳排放交易市场可能面临过高的交易成本和构建难度，这种情况下更有利于政府执行碳税政策。另外，碳排放交易对污染排放监测与交易监督机制的要求较为严格，发展中国家在监督职方面的职能还不完备，碳排放交易以及其初始排放权在企业间的分配容易滋生腐败的，而碳税则较容易绕开这个问题。

第五，从可操作性角度来看，对于市场机制不健全的发展中国家，建立一个有效的碳排放交易市场需要一个较长的学习和适应过程，相反，碳税的制定与实施具有更强的操作性。碳税由政府制定和执行，监管上可以随情况变化而随时调整，而碳排放交易则往往由垄断企业把持，利益集团的存在会导致经济效率的损失，而且难以控制排污权价格波动，所以说碳税对企业而言更为透明易懂。另外，碳排放许可证的分配也可能存在行业间的不均衡，从而导致碳税效率的损失。发展中国家政府首先可以积极稳妥地推进能源价格改革，取消对化石燃料的补贴，依靠市场机制和政府作用逐步调整资源税、燃油税，再进一步推动能源税、碳税的改革，逐步优化产业结构与能源结构，形成能够反映资源稀缺程度、市场供求关系和污染治理成本的市场价格机制。从中国目前的情况来看，围绕节能环保的资源税、燃油税等税制的改革已经逐步展开，为将来碳税的推行做了前期的预备工作。

第六，在气候变化的国际谈判中，碳排放交易所依据的定量化的减排目标较为直接和明确，比较易于各国在责任分担上达成协议，而碳税目标较为间接，各国要在碳税的谈判上达成一致，这要比碳排放交易更难实现。

2. 碳税征收的理论基础

碳税作为环境税的一种，其征收的理论基础与环境税是一致的。从碳税理论的形成和发展来看，主要有环境外部性、庇古税理论、污染者付费原则、公共产品理论、双重红利理论、可持续发展等经济学方面的理论基础。

环境的负外部性，也称外部负效应或外部不经济，体现在生产和消费的过程中。从生产角度来看，整个生态环境可以视为自由财富，如果企业对环境的污染和破坏不征收税费，企业就不用为环境污染付出任何代价，企业的目的是追求利益最大化，在利益的驱使下企业生产会对生态环境造成严重破坏。如果对企业的污染和环境破坏征收税费，这就要求企业为污染和破坏环境付出代价，企业会在排污和税费之间作出选择，促使企业减少污染排放，如此就能解决生产的外部负效应问题。而从消费者角度来看，一种商品如果在消费过程中对环境产生了消极影响，而产品价格中只包括了通过市场机制形成的成本，消费者没有为使用过程中的这种环境副作用付出相应的代价，就会造成消费的负外部性，同生产的外部负效应一样，消费的外部性也会导致无效率的结果。

英国经济学家庇古（Pigou，1920）认为可以采用税收或者补贴的形式来对市场进行干预，使环境外部成本内部化，有效解决外部性问题。在庇古（Pigou，1920）著名的《福利经济学》（*Economics of Welfare*）一书中，对边际私人净产值与边际社会净产值背离的原因进行了详尽的分析，庇古建议对边际私人纯产值大于边际社会纯产值的部门实行征税，而对边际私人纯产值小于边际社会纯产值的部门实行补贴的方式。通过征税和补贴这两种手段，就可以引导经济资源从边际私人纯产值小的部分向边际私人纯产值大的部分转移，以缩小边际私人纯产值与边际社会纯产值之间的差距，这样的结果是经济福利得到了提高。这种根据污染所造成的危害对排污者征收的税又被称为"庇古税"（Pigovian Taxes），"庇古税"以税收形式弥补了私人成本和社会成本之间的差距，将污染的成本加到产品的价格中。从经济学角度分析，"庇古税"强调效率原则，从中性立场出发，有利于优化资源配置，实现帕累托最优（Pareto Criterion）。"庇古税"与其他控制手段，如排污标准、罚款相比，在同样的排污量控制条件下，成本相对较低。

为了解决环境外部成本该由谁来负担的问题，"污染者付费原则"应运而生。污染者付费，就是由污染者承担因污染所引起的损失，即污染费用，这一方式能解决污染者的环境责任问题。这一观念形成于20世纪60年代末期，出发点在于商品或劳务的价格应充分体现其生产成本和耗用的资源，包括环境资源。污染所引起的外部成本，也应该包括其中，有必要使其内在化，由污染者承担。一般来说，污染费用有两种衡量标准：一是防治费用，也就是控制、清除和预防污染的防治费用；二是补偿费用，就是补偿因污染所引起的全部损失的费用。"污染者付费原则"首先是由1972年OECD委员会提出的作为欧洲污染预防与控制的一个主要的经济原则，随后这一原则很快得到国际社会的认同，被某些国家确定为环境保护的一项基本原则。"污染者付费"不仅适用于污染行为，而且是针对所有引起负外部性的环境成本的经济行为，包括自然资源开采和使用、生态破坏行为等。以碳排放为例，二氧化碳的排放者为获得自身的经济利益和效益而增加了社会和环境成本，必然应该为自身的行为承担责任，承担责任的大小以造成环境危害程度来衡量最为科学合理，因此，碳税是按照二氧化碳的排放量进行计征，这完全符合为自身行为承担相应义务的"污染者付费原则"。

环境是一种公共产品，具有非竞争性和非排他性的特征，也就是说对于环境而言，一个消费者的消费不影响其他消费者的消费，也不能把其他受益者排除在外。只要在技术上不能将非付费者排除在受益人之外，或者将非付费者排除在外的成本明显过高，"搭便车"现象就普遍存在，即不承担成本仍可享受利益。这种"搭便车"的结果使得公共产品难以出售，公共产品的市场机制不健全，由市场提供的公共产品供应短缺，需要通过政府提供。而政府提供公共产品的资金来源是税收收入，通过征说的方式来生产或购买公共产品，当然也包括提供适宜生存和生活的环境。随着经济发展速度的日益迅猛，在环境规制一向宽松的情况下，中国环境恶化的速度不断加快，环境治理成本也就越来越高，环境恶化到一定程度就不可逆转，即无法恢复或恢复成本过高，所以中国不能走发达国家先污染后治理的老路。通过征收碳税的方式，给政府供应适宜生存和生活环境的公共服务提供了资金来源，在降低能源耗费数量和减排的同时又可以为政府供应公共产品提供保证。

20 世纪 90 年代初，大卫·皮尔斯（David W. Pearce，1991）首先提出了碳税的"双重红利"理论，认为碳税收入可以降低现有税收的税率，如所得税或资本税的福利成本。具体可以通过两种方式解释：第一种红利是实施环境税可以改善生态环境的质量；第二种红利是由环境税带来的收入增加部分用以降低其他税率，从而带来就业增加、投资增加甚至整个宏观经济的发展。"双重红利"理论提出后，被诸多经济学家所认可，环境税可以用来替代其他扭曲的税种，对于改善环境质量和减少税收的额外负担的作用。沙克尔顿等（Shackleton et al.，1992）通过四个模型对美国碳税收入的不同使用形式进行了比较，结果发现将收入用于减少不利于资本形成和劳动力供给的税收，能够有效地降低碳税成本。

征收碳税的目的实际上是要通过税收的财政手段，缓解气候恶化速度，实现人与自然、社会的和谐发展，从这个意义上讲，可持续发展是碳税理论的基础之一。按照增长极限理论的观点，米德斯在其《增长的极限》中明确提出可持续发展理论，指出随着人口的不断增长、消费的日益提高、资源的不断减少、污染的日益严重，生产的增长将受到严重制约，即使科技不断进步能产生促进生产的动力，但这种作用也是有一定限度的，生产的增长是有限的。可持续发展理论提出建立社会、经济、文化、环境、生活等各个层面的社会发展指标体系，采取包括税收在内的各种政策来促进经济、环境的和谐发展。

虽然围绕碳税的各种理论解释的角度不尽相同，但是碳税的开征一方面通过增加生产成本来抑制外部负效应，减少"搭便车"的发生，从而减少温室气体排放，减缓气候变化；另一方面，通过税收的收入分配作用实现总体福利的提高，保证社会经济的可持续发展。

3. 征收碳税国家的经验

碳税最先在北欧国家实施，以瑞典、挪威、芬兰、丹麦和荷兰为先行者，于 1992 年在欧盟推广，目前已有阿尔巴尼亚、捷克、丹麦、爱沙尼亚、芬兰、德国、意大利、荷兰、挪威、瑞典、瑞士和英国等国家先后开征碳税或气候变化相关税。另外，日本、新西兰、美国等国也开始将征收碳税提上议程。总体来看，碳税的征税范围比较广泛，多数国家出于对本国国际竞争力的考虑，会给予一些行业豁免或特殊优惠。在碳税收入的用途上，大部分国家将碳税用于一般公共财政，如削减个人与公司所得税，促进低碳技术、低碳能源的开发，促进就业与经济可持续发展。本报告以欧洲几个主要碳税征收国家为例，分析这些国家的碳税经验，用以借鉴和参考。

据丹麦能源署资料显示，丹麦早在 20 世纪 70 年代就开始对家庭和非增值税纳税企业的能源消费征税（考虑到企业的国际竞争力和就业，暂不对增值税纳税企业征碳税）。1990 年丹麦议会提出了在 2005 年之前二氧化碳的排放水平要比 1988 年降低 20％的国家减排目标。之后按照《京都议定书》和欧盟的减排义务分配协议，丹麦把减排目标提高到实现 2008～2012 年排放水平比 1990 年降低 21％，排放标准为 5 490 万吨二氧化碳。为达到减排目标，丹麦采取了很多财政上的减排措施，主要内容包括利用能源和二氧化碳税刺激能源节约与能源替代，对企业清洁能源技术的投资提供补贴，对签订自愿减排协议的能源密集型企业给予税收优惠。丹麦碳税的征收范围包括汽油、天然气和生物燃料以外的所有二氧化碳排放。计税基础是燃料燃烧时的二氧化碳排放量，税率是 100 丹麦克朗/吨二氧化碳（相当于 14.3 美元/吨二氧化碳），税收收入的一部分为工业企业的节能项目提供补贴。

1992 年丹麦成为第一个对家庭和企业同时征收碳税的国家，其目的是将 2000 年的排放量保持在 1990 年的排放水平上，刺激能源节约和能源替代。丹麦对家庭用能征收碳税的标准税率为 13.4 欧元。1993 年，对工商业所用天然气也开征碳税，税率与家用能源相同。1996 年，丹麦推出新方案对 1996～2000 年不同产业按照不同税率征收碳税，具体为（调整后的税率见表 4—1）：（1）重工艺产业税率为 5～25 丹麦克朗，对于签订能效改善协议且成功实施的企业，有效税率为 3 丹麦克朗；（2）轻工艺产业按照 50～90 丹麦克朗征收碳税，同样对签订协议的企业实施低税率，2000 年税率为 68 丹麦克朗；（3）室内供热的碳税为 200～600 丹麦克朗。1999 年，标准税率降为 12.10 欧元，能源税却等量增加。1999 年为了控制经济过热，丹麦政府出台了"一揽子"经济从紧的政策措施，其中一项就是将能源税提高了 15％～20％。该项措施对企业适用的能源和碳税税收体系进行了结构性调整，并且将基准的二氧化碳税税率下调到 12.1 欧元/吨二氧化碳，能源税基准税率进行了相应上调，其中企业供暖用能源的有效税率调高到 100 欧元/吨二氧化碳。

表 4—1　　　　　　　　丹麦对各行业征收的能源和碳税

供暖	100％能源税和二氧化碳税（100 欧元/吨二氧化碳）
未签订减排协议的轻工业	100％二氧化碳税（12.10 欧元/吨二氧化碳）
签订减排协议的轻工业	68％二氧化碳税（9.20 欧元/吨二氧化碳）
未签订协议的重工业	27.78％二氧化碳税（3.40 欧元/吨二氧化碳）
签订协议的重工业	4.8％二氧化碳税（0.40 欧元/吨二氧化碳）

丹麦碳税政策的实行起到了良好的减排效果，据丹麦能源署资料显示，如果不征能源和碳税，1997 年丹麦企业将多消耗 10％的能源，2005 年企业排放的二氧化碳减少 3.8％，相当于 230 万吨。据丹麦能源署发布的数据，整个能源业的二氧化碳排放从 1990 年的 5 270 万吨减少到 2005 年的 4 940 万吨，而生产每度电排放的二氧化碳则由 1990 年的 937 克减少到 2005 年的 517 克，呈现出明显减少的态势。从数字上看，企业减排和能耗减少主要归功于碳税，另外还来源于财政补助和自愿减排协议计划的支持。由于碳税等能源措施的推进，1980～2002 年，丹麦能源消耗总量虽然变化不大，但是二氧化碳的排放大量减少，而且从能源结构来看，煤和焦炭以及汽油等不可再生能源的消费比重逐步降低，天然气和可再生能源的使用逐步增加，显示出税收对能源替代的影响。

荷兰从 1988 年开始征收环境税，取代了原有的一系列专项收费。1990 年碳税成为环境税的一个税目。荷兰基于能源和碳出台了两种税：燃料环境税和能源管制税。燃料环境税的设置目的是增加税收，计税依据是上年度能耗及能源/碳含量（比例各为 50％）。1998 年，煤的环境税增加了计税选择项，即每吨税率或合并税率。2004 年，只保留煤的环境税，其他能源产品的环境税转移到能源税和矿物油的消费税。能源管制税的开征目的是实现二氧化碳减排的目标，于 1996 年实施，设置消费上限，分阶段提高税率。1999 年，税源更集中于小型用户，且包含更多商业用户，但大型用户征低税，超出上限不征税；2003 年，开始征收与发电环境量相关的递减税；2004 年，对大型用户征税，并吸收了部分燃料环境税；2006 年，取消天然气和电力原来的上限，超出部分征低税。

荷兰有关碳税的征税范围包括：燃油、柴油、液化石油气、天然气和电力，主要纳税对象是家庭和小型能源消费者，采用累进税率。大型能源消费者主要通过自愿减排协议计划来降低二氧化碳排放，缴纳的能源管理税很少。碳税税收征缴通过能源税单征收，资金从能源公司转到政府账户。社会组织、教育组织和非营利组织可以得到最高为应纳税金 50％ 的税收返还。

荷兰能源管理税最初征收时的情况不是很乐观，这主要因为能源管理税对公众来说比较陌生，而且较难量化，但还是对碳减排做出了一定的贡献。据荷兰能源局资料显示，能源管理税从 1999 年起连续 3 年累计税收收入达到 15.4 亿欧元，2010 年二氧化碳排放减少 360 万～380 万吨，预计到 2020 年会减少 460 万～510 万吨。

1990 年芬兰在全球率先设立了碳税，并将碳税的收入用以降低本国所得税与劳务税税率，以促进可再生能源的利用。芬兰碳税的征收范围包括所有矿物燃料，计税基础是含碳量。芬兰的碳税在开始征收时税率较低，后几年逐渐增加，当时的减排目标是在 20 世纪 90 年代末实现将二氧化碳排放的增长降低为零。在 1994 年，芬兰对能源税进行了重新调整，调高了税率。据芬兰能源局统计数据，1995 年碳税税率为 38.30 芬兰马克/吨二氧化碳，1995 年芬兰能源税/碳税收入 24 亿芬兰马克，相当于总税收收入的 14％，其中 40％ 来自碳税。据研究，1990～1998 年，芬兰因为碳税而有效降低约 7％ 的二氧化碳排放量。

1991 年挪威出台碳税，开始对汽油、矿物油和天然气征税，覆盖了 65％ 的二氧化碳排放，征税目的是将 2000 年的二氧化碳排放量稳定在 1988 年的排放水平上。1992 年把碳税的征收范围扩展到煤和焦炭，对航空、海上运输部门和电力部门（因采用水力发电）给予税收豁免，对造纸等行业给予适用的实际税率为规定税率的 50％的税收优惠。征税的标准根据燃料含碳量不同有所差别，据挪威统计司数据，1995 年对汽油的征税标准是 0.83 挪威克朗/升，对柴油的征税标准是 0.415 挪威克朗/升，之后 60％的二氧化碳排放被征税，税率为 110 挪威克朗/吨二氧化碳和 350 挪威克朗/吨二氧化碳（相当于 13.8 美元/吨二氧化碳和 43.7 美元/吨二氧化碳），年碳税收入 60 亿挪威克朗，占到了挪威税收总收入的 2％。2005 年石油税率为 41 欧元/吨二氧化碳，对轻油征 24 欧元，对重油征 21 欧元，对纸浆和造纸工业征 12 欧元，对鱼粉业征 11 欧元，对工业用电按每兆瓦时征 4.5 欧元的税。

挪威碳税的实施效果也是非常显著的，据挪威统计司数据，碳税导致挪威 1991～1993 年的二氧化碳排放量下降了 3％～4％。从行业来看，影响最大的是造纸工业，如果没有碳税，造纸行业的油耗要增加 21％；对中间产品和政府服务部门的影响分别是 11％和 10％，对其他部门影响较小。对家庭而言，碳税对家庭取暖用能影响较小，因为用于该目的的石油较少，还不到 10％。

德国对生态税进行了大刀阔斧的改革，能源税是该项改革方案的一部分。1999 年德国首先对摩托车燃料、轻质燃料油、天然气和电力开征碳税。德国政府将碳税收入投入到养老基金，不仅提高了雇员的净工资，还降低了雇员和雇主缴纳养老保险的金额。从 2000 年开始德国对重质燃料油征税。研究表明德国的碳税起到了很好的效果，截至 2002 年年底，德国在碳税的征收下实现二氧化碳减排量超过 700 万吨，同时创造了 6 万个新的就业岗位。

2000 年英国制定了气候变化计划，目的是履行《京都议定书》的承诺，实现到 2012 年二氧化碳排放比 1990 年降低 20％的目标，核心是征收气候变化税。2001 年气候变化税颁布，适用范围包括工业、商业、农业和公共部门，暂时不适用于国内消费者和慈善团体。该税主要是对企业和公共部门的电力、煤、天然气和液化石油气的消费征税，对热电联产单位的油类耗费和发电以及可再生能源实行免税。

英国的气候变化税虽然使企业和公共部门能源使用的名义成本增加了 15％，但是政府对达到协议规定的能源效率提高目标的企业给予 80％的税收优惠。而且在缴纳气候变化税的同时，雇主承担的养老金缴费比例可以降低 0.3%，由气候变化税的收入补齐，气候变化税的剩余部分被用于鼓励能源效率的提高、能源节约技术的研发和应用。

2008 年 2 月 19 日加拿大不列颠哥伦比亚省公布年度财政预算案，规定从 2008 年 7 月起开征碳税，征收范围包括汽油、柴油、天然气、煤、石油以及家庭暖气用燃料，税率根据不同燃料而定，而且未来 5 年对燃油所征收碳税还将逐步提高。加拿大不列颠哥伦比亚省政府通过增加碳税，1 年实现税收 3.38 亿加元的收入，但是该省表示会将碳税的收入用之于民，碳税的目的是减少能源消耗，减少二氧化碳等温室气体的排放。

4. 中国碳税改革的已有条件

开展碳排放税是碳减排的有效市场选择之一，也是能规避发达国家对中国出口征收碳关税的有效手段之一。2009 年 1 月 1 日，中国实施了燃油税费改革，此次改革并没有开征独立的燃油税税种，而是通过提高燃油的消费税税额进行替代。因而纳税人的负担只是将原有养路费等收费的负担转化为成品油消费税税额的提高，这实际上为碳税的开征提供了税负空间。2009 年 5 月国务院批准的国家发改委《2009 年深化经济体制改革工作的意见》中明确提出，研究制订并择机出台资源税改革方案。"十二五"规划纲要（草案）中也提出，要加快财税体制改革，积极构建有利于转变经济发展方式的财税体制。资源税的改革正循序渐进地进行着，资源税改革一方面可以在一定程度上理顺中国资源和能源的价格形成机制；另一方面在提高有关化石燃料的税率水平时，为后续的碳税改革留下一定的税负空间，从而为碳税的开征提供一定的条件。

4.1.2　碳市场的发展现状

碳市场与碳税一样是解决气候变化问题的另一种市场化手段，由《京都议定书》催生而成。为实现到 2012 年碳排放在 1990 年的水平上减少 5% 的目标，《京都议定书》规定了三种碳交易机制：排放交易、清洁发展机制和联合履约。

排放交易（Emission Trading，简称 ET）即允许某个工业化国家通过购买另一个工业化国家的排放份额来增加本国的排放份额；清洁发展机制（Clean Development Mechanism，简称 CDM）是指发达国家和发展中国家共同在发展中国家实施温室效应气体削减项目，与此同时产生的削减份额中的一部分，作为发达国家信用所得，用其来充当本国削减份额的一种机制；联合履行（Joint Implementation，简称 JI）是在应对气候变化问题时，并非某几个国家提供技术、经验、资金，而是所有国家作为一个整体，以既经济又有效为目的。

据世界银行统计，2005 年全球碳排放权贸易额达到 108.6 亿美元，2006 年达到 312.3 亿美元，2007 年为 640 亿美元，2008 年虽受到全球金融风暴的影响，全球二氧化碳排放权的交易额也比 2007 年增长近一倍，超过 1 200 亿美元。碳市场的交易量也从 2005 年的 7.1 亿吨增长到 2006 年的 17.4 亿吨，2007 年达到了 29.8 亿吨，2008 年更是超过了 32 亿吨。据新华社报道，由联合国开发计划署主办的"走进种植能源新时代"论坛于 2015 年 2 月在武汉举行，据介绍，我国碳交易市场或将于 2016 年启动，届时，碳交易将走进平常百姓生活，个人可以"炒碳"，企业也可以因减排而赚钱，而"全球碳市场份额可能将超过石油"，成为世界各国争夺的焦点。

1. 碳市场的理论基础

随着气候变化成为全球热点问题，有关碳排放交易的理论与实践也激发起国内外学者的广泛兴趣，产生了一系列研究成果。截至目前，有关碳排放交易的研究大体可以归纳为以下几个方面：

第一，解决和应对全球气候变化问题的政策机制。气候是全球公共品，其外部性决定了它将是世界上迄今为止最大的市场失灵，因此政府主动应对是十分必要的。1997 年《京都议定书》为全球减排提供了排放权交易、联合履约和清洁发展机制三种途径，学者们随后探讨了共同减排目标下这些市场化机制如何变为现实。一般认为，基于总量控制的排放权交易和基于价格控制的税收手段优于命令控制，其中就碳税和碳排放权交易，部分学者认为碳交易由于灵活性和确定性应成为碳定价政策的首选（Chichilnisky，2007），其他学者以税率稳定、透明、避免垄断和税收保障等为理由赞成碳税方案。当然，政府在推动减排政策时往往还有更为实际的考虑，比如能源安全、结构转型、经济可持续发展等（Arrow，1995）。

第二，碳排放交易在应对全球气候变化中的作用。国外碳排放交易的理论和实践表明，其之所以有助于解决和应对全球气候变化问题主要是因为：①碳排放交易能更有效保证全球碳价格统一，从而降低全球总减排成本，并促使减排发生在最合适的时间和地点（Stern，2006）；②相比碳税等其他价格调控政策，碳排放交易的实际减排量明确，可确定一定时期内国家或部门的实际减排量；③碳排放交易能从根本上减少对化石能源的价格扭曲，使发展中国家逐步摆脱能源依赖，保证能源安全和经济可持续发展（Chichilnisky，1994）；④碳排放交易的效率和碳排放权分配无关，可灵活地在各区域间进行排放权分配。也有学者认为，当前碳排放交易由于交易价格暴涨暴跌等不稳定因素，导致发展中国家参与热情不高，因此包含碳交易和价格限制的混合机制或许更为有效（Nordhaus，2005）。

第三，碳排放交易机制的设计运行及其经济影响。目前，国际碳排放交易市场主要分为三类：强制项目交易，以 CDM 市场和 JI 市场为主；强制限量交易，如欧盟碳排放交易体系（EU ETS）；自愿减排市场，如美国芝加哥气候交易所（CCX）、区域温室气体减排行动（RGGI）、日本和韩国的先行市场（廖玫、戴嘉，2008）。有关欧盟碳排放交易的研究最为丰富，欧盟为实现最终减排目标有效率（Daskalakis & Markellos，2009），分阶段、分行业逐步推进的机制设计有利于产业和能源结构升级（Capros & Mantzos，2000；Bunn & Fezzi，2007）以及控制温室气体排放总量（Chichilnisky，1993；Ekins & Barker，2001）。不过，该体系存在各国配额难以公平分配（丁仲礼等，2009；樊纲等，2010；高广生，2008；国务院发展研究中心课题组，2009；潘家华、陈迎，2009）、参与国范围有待扩大（周宏春，2009）、各国利益难以协调、与非成员国交易发展缓慢、交易价格波动剧烈（Alberola & Chevallier，2009）等问题。

第四，中国碳排放交易的可行性及其市场化机制。国内已有学者针对中国碳排放交易问题进行了深入探讨：①目前，中国碳排放交易市场已初具条件，如已建立的北京、上海、天津等排放权交易所，但产品体系、制度建设、交易规则、定价方法等还有待进一步完善（熊焰，2010；曲如晓、吴洁，2009）；②国外成功的碳排放交易实践，特别是通过价格控制达到区域和国家整体减排，为中国碳排放交易体系建设提供了外部借鉴（Goulder & Stavins，2010；刘奕均，2009；张晓涛、李雪，2010）；③中国可根据碳排放强度指标建立限量交易相对配额，为碳排放交易市场的建立创造前提（Ellerman & Wing，2003）。当然，应对气候变化的国际合作过程中碳排放交易受阻也使部分学者认为应更加审慎推进体系建设。目前来看，发展碳排放权交易市场的时机尚不完全成熟，应综合考虑国内实际，选择行业和区域进行试点，而后再推广至全国（2050 中国能源和碳排放研究课题组，2009；樊纲，2010）。

第五，对既有研究的评论。整体而言，国内外有关碳排放交易的理论与政策研究已取得相当进展。但是，由于碳排放权交易兴起的时间较短，可供分析的材料数据不是十分丰富，样本研究范围有很大局限，许多具体问题无法深入展开，尤其针对中国碳排放交易的研究主要集中在项目市场上，对中国真正意义的排放权商品市场的系统考察尚属空白。具体来看，全球经济复苏和中国经济平稳较快发展时期，应对气候变化与中国经济增长方式转型相容性如何？何种途径能够两者兼顾？理论依据是什么？既然少数工业行业已然成为中国二氧化碳排放大户，例如电力行业减排潜力约占总量一半以上，那么就重点排放行业先行碳排放交易机制设计并试验运行可行性如何？能否借鉴国外电力、航空等行业碳排放交易试点模拟中国碳交易市场及其运行影响，效果如何？行业碳排放交易会如国外一样适合推广吗？如何利用行业试点经验科学推进中国碳排放交易体系建设？据此，借鉴国际经验并结合中国国情，设计运行行业碳排放交易体系的科学完整方案具有十分重要的理论和现实意义，一方面它将实现市场化减排，践行中国政府对世界的承诺；另一方面还将为中国加快实现经济增长方式转变做出应有贡献。

2. 已有碳市场的发展

目前碳交易还没有统一的国际碳排放权交易市场，全球范围内逐渐形成了欧盟、美国、澳大利亚等多个分割的交易市场，各个市场的发展程度不一致，在各区域市场中，也存在不同的市场规则和交易产品，各市场对碳交易的管理制度也不相同，而且各个交易市场之间缺乏流动性。

欧盟排放贸易体系（The EU Emissions Trading Scheme，简称 EUETS）建立于 2003 年 10 月 25 日，于 2005 年 1 月开始正式运行，是由欧洲气候交易所（ECX）、法国电力交易所（Powernext）、北欧电力库（Nord Pool）、欧洲能源交易所（EEX）和澳洲电力交易所（EXAA）和环境交易所（Bluenext）等一系列碳排放交易所组成的体系，其中欧洲气候交易所的交易量占欧盟排放交易体系总交易量的 86.7%，是欧洲最大的交易所。欧盟排放交易体系是全球碳交易市场的引擎，为全球最早多国家、多领域温室气体排放权交易体系，也是目前发展最大的碳市场。根据《欧盟能源统计数据 2014》，欧盟排放交易体系的碳交易量占到全球交易额的 3/4 以上，2013 年欧盟碳市场总交易量约为 102.6 亿吨，总交易额约为 528.49 亿美元。其中，EUA 交易量约为 86.5 亿吨，交易额为 523.48 亿美元，CER 交易量约为 7.09 亿吨，交易额约为 4 亿美元；联合履行（Joint Implementation，简称 JI）项目的减排单位（Emission Reduction Units，简称 ERU）交易量约为 9 亿吨，交易额约为 1.02 亿美元。与 2012 年相比，2013 年欧盟碳市场总交易量小幅下降，而总交易额的降幅约为 38%。这主要是因为欧盟碳市场的供求关系未能从根本上得到改善，碳价仍持续走低。EU ETS 的核心部分就是 EUA 的交易，拥有约 12 000 家大型企业，分布在能源密集度较高的重化工行业领域，包括能源、采矿有色金属制造、水泥、石灰石、玻璃、陶瓷、制浆造纸等。2009 年 1 月 23 日欧洲议会正式发布了将航空纳入欧洲排放交易体系的法令，自 2012 年起将进出欧盟以及在欧盟内部航线飞行的飞机排放的温室气体均须纳入欧盟排放交易体系。

芝加哥气候交易所（Chicago Climate Exchange，简称 CCX）是全球第一家自愿减排碳交易市场交易平台，是京都机制以外的碳交易市场。芝加哥气候交易所的会员公司自愿限制各自的温室气体排放，维护大气环境稳定，履行企业社会责任，同时提高品牌知名度与美誉度。芝加哥气候交易所目前有会员公司 200 多个，主要来自航空、电力、环境、汽车、交通等行业，交易产品涉及二氧化碳、甲烷、一氧化二氮、氢氟烃、全氟碳化物、六氟化硫等。在芝加哥气候交易所的减排计划下，许多北美公司和当地政府自愿作出了具有法律约束力的减少温室气体排放的承诺，以保证能够实现其两个阶段的减排目标：第一阶段（2003～2006 年），所有会员单位在其基准线排放水平的基础上实现每年减排 1% 的目标；第二阶段（2007～2010 年），所有成员将排放水平下降到基准线水平的 94% 以下。芝加哥气候交易所黄杰夫表示，美国众议院能源和商业委员会 5 月通过了美国气候变化的一个法案，这个法案是在美国进行二氧化碳减排和交易的一个很重要的里程碑。按照沃顿商学院一位教授的预测，如果美国通过了气候变化碳交易的法案，到 2020 年，碳市场、碳交易的市场会达到 3 万亿美金，如果是这么一个市场的话，恐怕比我们现在讲的原油、石油这个商品，现在目前最大的商品都要大很多。

澳大利亚新南威尔士温室气体减排体系（New South Wales Greenhouse Gas Reduction Scheme，简称 NSW GGAS），于 2003 年 1 月正式启动，也是最早强制实施的减排体系之一，交易量仅次于欧盟排放贸易体系；英国排放配额交易安排（The UK Emissions Trading Scheme，简称 UK ETS），成立于 2002 年 4 月，是全球第一个温室气体排放权交易市场，由公司通过购买配额或出售排放权的方式自愿参加减排，于 2007 年 1 月加入欧盟排放贸易体系。此外全球还有一些新兴的环境交易所：2006 年 7 月成立的加拿大蒙特利尔气候交易所，2008 年 7 月初成立的新加坡贸易交易所，有拍卖性质的巴西商品期货交易所，2008 年 11 月成立的新西兰排放体系等。另外，还有政府分配排放额度（Assigned Amount Units，简称 AAUs），这个体系诞生于 2008 年，是指《联合国气候变化框架公约》UNFCCC 附件 1 缔约方国家之间协商确定的排放配额，这些国家根据各自的减排承诺被分配各自的排放上限，并根据本国实际的温室气体排放量，对超出其分配排放数量的部分或者短缺的部分通过国际市场出售或者购买，目前日本是主要买方，卖方主要是捷克和乌克兰；区域温室气体减排行动（Regional Greenhouse Gas Initiative，简称 RGGI），它是由美国纽约州前州长乔治·帕塔基（George Pataki）于 2003 年 4 月创立的区域性自愿减排组织，已经成功吸收了包括康涅狄克州、缅因州、马萨诸塞州、特拉华州、新泽西州等美国东北部十个州郡的加入，旨在 2009～2019 年减少 10％的二氧化碳排放，在碳市场中作为新兴市场占据了重要一席。

据世界银行的碳市场统计数据显示，2013 年全球碳市场交易总量约为 104.2 亿吨，交易总额约为 549.08 亿美元。相比于 2012 年全球碳市场交易总量变化甚微，而交易总额缩水近 36.18％。这主要是因为全球第一大碳交易市场—欧盟碳排放交易体系（European Union Emission Trading Scheme，简称 EUETS）持续低迷，核证减排量（European Union Reductions，简称 CER）现货价格最低已跌至 0.03 欧元/吨，而欧盟碳配额（European Union Allowances，简称 EUA）价格也一路下跌至 2 欧元/吨以下。然而，在 2013 年全球碳市场注入了不少新鲜血液。2013 年 1 月 1 日，美国加利福尼亚州碳交易市场（加州碳交易市场）正式启动。2013 年 6 月 18 日，中国第一个碳交易试点在深圳正式启动。紧随其后，广东、上海、北京等地方碳交易试点纷纷在 2013 年年末开始运行。中国区域碳市场随即成为全球规模第二的碳市场，仅次于欧盟。

根据《京都议定书》发展中国家不用承担减排义务，附件 1 缔约方国家（发达国家）可以以提供资金和技术的方式通过 CDM 与非附件 1 国家（发展中国家）开展项目级合作，项目所实现的核证减排量可经过碳交易市场用于附件 1 国家完成《京都议定书》减排目标的承诺。据预测，在 2014 年 1 月至 2018 年 12 月，EUETS 对二级市场 EUA 的净需求为 13 亿吨。而在欧盟"折量拍卖政策"刺激下，2014～2016 年，欧盟碳市场将减少 900 万吨配额拍卖，这部分配额会在 2019～2020 年分别被注回市场。这一举措在短期内将减少市场供给，缓解欧洲碳市场供大于求的现状，却未能从根本上解决该问题。据预测，到 2017 年，EUA 价格将预计为 24 欧元/吨，2018～2020 年，EUA 价格会下跌至 4～5 欧元/吨。对于 2017～2020 年的价格预测，行业人士也表示具有较大的不确定性，且这期间 EUA 价格将很大程度上取决于欧盟灵活储备机制的建立进程。预计截至 2020 年年底，联合国抵消碳信用需求量在原有的 16.9 亿吨的基础上新增 9.2 亿吨，CER 的供给量将约为 13 亿吨，ERU 的供给量将约为 9 亿吨。联合国抵消碳信用在 2014 年的价格仍将维持在较低水平。

3. 碳市场的优势和问题

碳市场存在的优势。碳市场是随着《京都议定书》的签订而产生的，在碳市场诞生的最初的 2006 年和 2007 年，碳市场一共实现了 800 亿美元的市场交易额，减少了欧盟每年 20％的温室气体排放量；碳市场还把大约 230 亿美元的清洁和生产技术项目转移到发展中国家，帮助发展中国家减排，并体现了《京都议定书》"共同但有区别"的原则；碳市场还对清洁技术的研发和使用起到了激励作用。碳市场在达成减少温室气体排放的同时又催生了清洁技术，通过福利转移缩小了发达国家和发展中国家的差距，因此在一定程度上可以说是有效而公平的市场，是有利于实现全球可持续发展目标的市场。

有不少学者提出通过征收碳税（Carbon Tax）、气候税（Climate Tax）或是边境调节税（Border Tax Adjustment，简称 BTA）的方法来解决气候变化的问题，这与碳市场体现的排放限制和贸易（Cap-and-Trade）的理念是两个体系的减排方案。若采用碳税的方案，减排的成本是已知的，但是碳税的征收效果如何尚没有定论；有学者认为碳税会扭曲全球贸易，也有学者认为碳税的征收没有实质的影响，会被汇率变化的影响抵消。因此，若用征收碳税的方案来减排，每年能实现的温室气体减少量是无法预计的，不一定会收到预定的效果，而碳税的征收标准也无法界定，若征收少了达不到既定的减排效果则应该增收，这样的调整需要一个较长的周期，这就需要支付不少额外的时间成本。此外，在全球范围内为减排而征收碳税需要政治上的很多协调，也需要一个专门的机构来运作，这就增加了成本，而且不同征收标准的碳税有可能会成为新的贸易壁垒，引发全球贸易保护大战。对于发展中国家来说碳关税模糊了对气候变化共同但有区别的责任，要承担与发达国家无差别的减排成本费用，大大损害了自身的利益。而碳市场的方式是在对发达国家和发展中国家的排放量做出限定的基础上，在一定的期限内必须达到一定的减排目标，这在气候变化形势越来越严峻的今天尤为重要。我们需要在 2050 年之前将全球的排放量减少到目前排放水平的 60％～80％。因为一旦大气中的温室气体含量超过一定的浓度，就会造成无法挽回的气候灾难。碳市场的启动和运行能快速高效地实现减排目标，而且日趋成熟的碳市场体系也不需要支付额外的成本，并且能在市场机制的运作下不断完善。

碳市场存在的问题。虽然在一定程度上看，碳市场的运行取得了较大的成绩，但是还存在很大的问题，其中最主要的问题就是碳价格缺乏稳定性。碳交易的价格受交易市场的不完善、市场供求关系、世界经济形势等因素的影响波动较为剧烈，碳排放权交易的市场交易价格的涨跌幅度较大。2006 年 4 月中旬欧洲气候交易所创下了每吨 30 欧元的纪录，但在 5 月中旬又狂跌至 10 欧元。2008 年年底至 2009 年年初受全球金融危机的影响，欧盟碳排放配额的价格从 25 欧元/吨一路下滑跌破 10 欧元/吨。短期来看碳价格应该是由市场供求关系决定的，市场机制决定了碳价格的高低。但是在化石燃料仍然占主导地位的全球经济背景下，碳市场价格主要受到排放限额和技术因素的影响。排放限额决定了碳排放权的需求，设置的温室气体排放限制越高，对排放权的需求也就越小，若供给不变，则碳价格下降，2006 年碳价格暴跌的原因之一就在于欧盟接收了更高的排放限制。从技术层面来看，技术意味着减排的机会成本，传统技术下要为减排支付成本，清洁技术的推广应用会得到额外的补偿，因此这对清洁技术的研发和使用起到了激励效应。另外，目前的碳交易在全球范围内形成了欧盟、美国、澳大利亚等多个分割的交易市场，各个市场的发展程度不一致，而且各个交易市场之间缺乏流动性，有待进一步成熟和完善。

4. 碳市场的金融产品

随着各国大批金融机构的建立和进入，碳交易已从减排项目变成标准的金融产品，不仅有现货交易也有期货交易。碳市场上目前已有的主要产品有：欧盟碳排放配额（European Union Allowances，简称 EUA），欧盟所有成员国都制定了国家分配方案（NAP），明确规定了成员国每年的二氧化碳许可排放量（与京都议定书规定的减排标准一致），各国政府根据总排放量向各企业分发碳排放配额，企业可以根据使用情况购买或出售碳排放配额；自愿减排（Voluntary Emission Reduction，简称 VER），是公司、政府、非政府组织或个人为了对自己排放的温室气体进行各种形式的抵偿，力图实现"碳中和"，自愿交易碳信用额；核证减排量 CER（Certified Emission Reduction），是京都议定书附件 1 缔约方国家（发达国家）以提供资金和技术的方式，与非附件 1 国家（发展中国家）开展清洁发展机制 CDM 项目合作，项目所实现的减排量可经过碳交易市场用于附件 1 国家完成减排目标的承诺；排放减少额度（Emission Reduction Units，简称 ERU），指联合履行允许附件 1 国家通过投资项目的方式从同属于附件 1 的另外一个国家获得额度。附件 1 国家在 2000 年 1 月 1 日之后开始的项目可以申请成为联合履行项目，但是联合履行产生的排放配额只在 2008 年 1 月 1 日之后开始签发，因此联合履行比起 CDM 发展相对不够充分。由目前国际碳金融市场的发展现状来看，芝加哥气候交易所拥有自愿碳减排额定价权，欧洲气候交易所掌握着欧盟排放配额碳期货的定价权，欧洲能源交易所控制欧盟排放配额碳现货的定价权。

5. 中国国内碳市场现状

中国既是最大的发展中国家，也是温室气体最大排放国，同时深受气候变化带来的危害。中国气候变化的速度很快，未来 50～80 年里，全国平均温度可能会升高 2～3℃，且灾难性气候越来越频繁。预测到 2020 年，中国年平均气温可能增加 1.3～2.1℃，到 2030 年，中国沿海海平面可能上升 0.01m～0.16m，导致许多海岸区洪水泛滥的机会增大，农业生产也将受到气候变化的严重冲击，洪水、台风等极端气候将显著增加。

中国政府早在 1993 年 1 月就批准了《气候变化框架公约》，2002 年就已经核准了《京都议定书》，2007 年中国正式发布《中国应对气候变化国家方案》，全面阐述 2010 年前中国应对气候变化的对策，承诺到 2010 年，中国单位国内生产总值能源消耗将比 2005 年降低 20％左右。中国政府在"十一五"规划中也提出，五年单位国内生产总值能耗下降 20％左右，主要污染物二氧化硫和化学需氧量等排放总量减少 10％的约束性指标。诸多气候变化政策规定的出台推动了环保交易市场的形成。

2008 年北京、上海、天津三大环境交易所相继成立，标志着中国开始利用市场机制来解决环境和气候变化的问题。天津交易所试点着力点在于推动二氧化硫和化学需氧量的排污权指标交易,上海侧重于打造交易平台下的 CDM 交易,而北京则利用其金融优势推出碳金融平台——中国 CDM 信息服务与生态补偿信息平台。由于国内尚无大规模对国际市场交易的平台,国内不少碳交易卖家无法直接接触到买家,必须与详细的海外项目相匹配,然后才可以在海外二级市场进行交易,再加上碳交易方面的专业人才稀缺,在与国际买家交易时价格往往被压得很低,国内每吨二氧化碳减排量价格与欧洲的价差甚至可以达到 20 欧元,中国签发的 CERs 价格比印度还低 2~3 欧元。对此,国家发改委曾制定每吨减排价格 10 美元的最低指导价以保护中国项目业主的利益。金融危机前,国内碳交易价格在 11 欧元/吨左右,而在欧洲碳交易一级市场为 16~18 欧元/吨,二级市场最高可达 25 欧元/吨。金融危机爆发后,碳价格全线跳水,国内价格甚至跌破指导价。

中国在 CDM 领域占有绝对领先的市场份额,但是却不是市场定价者,因此承担了很多利益损失。以张掖小孤山水电站为例,这是中国乃至亚太地区第一个水电 CDM 项目,因为只是价格的接收者,因而仅以 1/3 市场价的低价卖给世界银行,价格低至 4.5 美元/吨,造成 5 000 万美元的损失。一旦国内建立了完善的碳市场,再加上在 CDM 项目上的绝对优势,可以努力争取获得 CDM 市场的定价权。当前,不仅要发挥现有的排放权交易所、CDM 技术服务中心等机构在构建区域性的信息平台和交易平台的作用,而且要鼓励全国各个地区,特别是可以有选择地在部分地区如长江三角洲和珠江三角洲地区积极构建碳交易区域市场,展开碳市场的试点交易,进而向全国各省市区进行推广,积极构建作为碳市场雏形的碳交易试验平台,在目前排污权交易——主要是二氧化硫、化学需氧量试点交易不断完善的基础上,逐步推进二氧化碳排放权的交易。

中国作为发展中国家,没有被《京都议定书》纳入强制减排计划中,不用承担强制的减排义务,而据荷兰尼德兰环境评估机构(EEA)的报告,2006 年中国排放的二氧化碳超过美国,成为世界上最大的温室气体排放国,这意味着中国拥有极其丰富的碳排放资源,为碳市场创造了巨大的减排额。但是中国目前尚没有碳交易的系统和平台,大多数的中国企业也不知道如何在国际市场上进行碳排放权的买卖，即使可以通过 CDM 项目间接参与减排，但由于项目分散、中介程序复杂、审核周期长、交易机制不完善，影响了交易成功率和项目完成周期，大大降低了中国企业的温室气体减排效率。另外，中国创造的核证减排量被发达国家以低价购买后，由金融机构包装和开发成为价格更高的金融产品、衍生产品及担保产品进行交易，发达国家还试图吸引中国的金融机构参与到他们建立的碳金融市场中，进而赚取中国的资本利润。中国碳交易及其衍生品市场的发展前景广阔，建立自己的碳市场体系一方面可以获得碳定价的主动权，以市场机制和资本方式解决气候变化问题，变被动为主动，在碳市场的国际交易中分到一杯羹；另一方面可以有效减少温室气体排放、缓解气候变化，推进减排发展节能技术，抓住新经济增长的制高点，加速经济结构调整，增强国际竞争力。

目前，国内的环境交易市场虽然已经挂牌经营，但仅仅停留在排污权交易——主要是二氧化硫、化学需氧量等交易上，从碳交易角度来看并没有真正的碳排放交易产品，中国的碳市场仅处于初级形态，并没有融入全球碳市场中。目前国际碳市场上基础的交易产品有 CDM 项目、碳现货和碳期货，国内交易市场的构建首先可以对这些产品进行试点交易，进而逐步推进其他创新产品的交易。考虑到发展中国家和发达国家之间围绕气候变化的分歧，碳期权的引进能有效解决发达国家要求发展中国家进行减排问题以及发展中国家获得补偿的问题，很有可能成为后京都议定书时代重要的交易形式。

中国在参与国际气候制度谈判的过程中，一直坚持着"共同但有区别的责任"的原则。在这个谈判过程中，发达国家可能会提出很多不利于发展中国家的要求，中国应从本国立场出发，夺取气候谈判中的话语权，抵制发达国家提出的不切实际的要求，坚持发展中国家减排须获得补偿的原则，维护中国作为发展中国家的权利，为中国维持高速经济发展争取充分的时间。目前全球处在经济和气候的双重危机和压力下，处理好两者的关系将成为各国抓住经济复苏和增长的重要契机。国际社会对气候变化的关注提到一个崭新的高度，而在《京都议定书》的基础上对碳市场进行完善和发展是最有效的解决方式。中国作为气候谈判中最重要的力量之一，应该主动构建和发展碳市场、开发碳金融产品，运用各方面的手段来应对气候变化带来的挑战。

4.1.3 碳认证与碳标签

除了碳关税和碳交易，碳认证和碳标签是为各国普遍接受的用于减排的工具。国际上没有形成统一的方法论，不同的国家甚至一个国家的不同机构也有不同的方法论，使得得出的产品碳足迹结果不同，不具有可比性。

1. 碳认证及其计算标准

碳认证是指由第三方认证机构进行评定，证明企业产品和服务符合相关标准、技术规范的活动，以产品为链条，吸引整个社会在生产和消费环节参与应对气候变化。

为了衡量和评价产品在整个生命周期中的碳足迹，国际组织和部分国家开始低碳产品标准制定和认证，并且取得了阶段性成果。国际上关于碳认证的方法和标准繁多，且多处于边探索、边实践的阶段，并没有形成统一的方法论。目前，国际上主要的碳足迹方法规范主要有：英国的 PAS 2050 标准、国际标准化组织（ISO）相关标准和日本 TSQ 0010 标准（见表4—2）。

表4—2　　　　　　　国际碳足迹评价相关标准

地区机构	标准或规范		标准或规范名称	使用范围
英国	PAS 2050		商品和服务在生命周期内的温室气体排放评价规范	产品
日本	TSQ 0010		日本产品碳足迹评价与标识的一般原则	产品
ISO	ISO 14064	ISO 14064—1	在组织层面给温室气体排放、削减、监测和报告指南性规范	企业、组织
		ISO 14064—2	项目的温室气体排放和削减的量化、监测和报告规范	
		ISO 14064—3	温室气体声明测验和确认的指南	
	ISO 14067	ISO 14067—1	产品碳足迹：量化	产品
		ISO 14067—2	产品碳足迹：沟通	

最早发布碳足迹评估标准的国家是英国。2008 年 10 月英国标准学会（BSI）发布了 PAS 2050《商品和服务在生命周期内的温室气体排放评价规范》。PAS 2050 是第一个通过统一的方法评估组织制定的用以计算产品和服务碳足迹的标准，该规范建立在生命周期评估方法的基础上。经过两年的实践经历，该规范于 2011 年进行复审和修改，并且行程了第二版 PAS 2050（2011 年版）。在英国，包括百事可乐、马绍尔、吉百利、特易购等在内的多家企业已经根据 PAS 2050 完成了产品和服务的碳足迹评价。PAS 2050 规范也存在一定的缺陷，它主要是一个针对消费品的评价方法，并不适用于长期消耗品如家电、汽车等。并且对于产品的使用过程的描述也有缺陷，产品的维护过程和回收过程被忽略了。

日本 TSQ 0010《日本产品碳足迹评价与标识的一般原则》。它详细地规定了产品不同生命周期阶段应收集的原始活动数据和级次数据，以及不同阶段计算碳排放的公式。此外，明确规定了对于碳排放贡献率小于 1% 的过程或材料，如果数据无法获得，则可被忽略。这对于那些零部件、制造过程和原材料较多的产品，如家电产品的碳足迹评价非常重要。

国际标准化组织 ISO 从 2006 年开始发布一系列碳足迹标准。ISO 14064 温室气体核证系列标准，涉及组织和项目层面的温室气体量化、监测和报告。正在制定中的 ISO 14067 致力于提高在整个产品和服务生命周期中二氧化碳排放的量化及报告的透明度，包括从生产阶段到回收或废物处理阶段，其内容框架以 PAS 2050 为主要参考依据。ISO 14067 由来自 30 多个国家的 107 个专家共同制定，并确保首次实现全球范围内的碳足迹数据比较。

2. 碳标签及其实践

碳标签是以标签的形式显示产品整个生命周期（原材料开采、制造、销售、使用和废弃处置）的所有温室气体排放总和（碳足迹），用于比较同类产品中不同厂家或型号产品的碳排放情况，从而引导消费者选择气候友好商品，最终达到减排的目的。

英国最早发起碳标签制度。英国碳标签由碳信托公司来管理，它是一个政府资助的非营利机构。2006 年年初英国连锁超市乐购、博姿等企业在薯片、洗涤剂等 75 种产品上贴上碳标签。2007 年 1 月英国最大的超市特易购表示将来所有商家的 7 万种商品上都要求贴上碳标签，并从 2008 年 4 月开始对 20 种商品进行试点。英国加贴碳标签的产品类别涉及 B2B、B2C 的所有产品与服务，包括食品、服装、日用品等。日本紧随其后，于 2008 年开始产品碳足迹的标签项目。2008 年 4 月日本经济产业省成立"碳足迹制度实用化、普及化推动研讨会"，2009 年年初日本开始推动碳足迹标签试行计划。Aeon 超级市场、Sapporo 啤酒厂、Lawson 与松下电器等企业均已加入该计划。日本的碳标签主要由日本经济产业省负责管理，第三方机构负责查验评价，主要涉及食品、电气、日用品等十几种产品。美国已经推出了 3 类碳标签制度。第一种是由 Carbon Label California 公司推出的碳标签，该类碳标签主要运用于食品中，旨在帮助消费者在此基础上选择更具环保性能的产品，其主要计算准则是环境输入—产出生命周期评价模式。第二种是由 Carbonfund 公司推出的 CarbonFree 碳标签，是美国第一个适用于碳中和产品的碳标签，主要运用于瓶装、灌装饮料、糖果、组合地板、电烤箱等产品中，其主要计算方法以 LCA 为基础。第三种是由 Climate Conservancy 公司推出 Climate Conscious 碳标签，该碳标签意为某产品或服务达到了碳排放标准，其主要计算方法也是以 LCA 为基础。法国实施的碳标签体系与英国和日本的略有不同，它是一个多指标标签体系，即标签上除了碳足迹外还显示其他的环境因素，如水足迹。法国 Casino 公司于 2008 年 6 月推出的"Group Casino Indice Carbon"碳标签，并邀请约 500 名供应商参与碳标签计划，并提供免费的碳足迹计算工具。2009 年法国参议院通过《Grenelle 2》法案，2010 年最终得到国民议会采纳，该法案涉及的碳标签是全球第一个强制性的环保内容。试行一年后，法国政府规定于 2011 年 7 月 1 日起，出口法国的商品须贴上碳标签。德国于 2008 年 7 月推出碳足迹试点项目，为企业提供产品碳足迹评价与交流方法与经验。2009 年 2 月德国产品碳足迹试点项目推出其碳足迹标签，经查的产品包括冷冻食品、洗发水、床单、包装纸箱、电话等。韩国于 2008 年 7 月开始试行碳标签，选出 10 种产品或服务，包括可口可乐、LG 洗衣机、三星 LCD 面板等产品。2008 年 12 月评价试行结果，

2009 年 2 月正式推出碳足迹标签。澳大利亚 2009 年 10 月承诺在未来 5 年对 5%～10%的连锁超市的上架商品贴上碳标签。瑞典着重于食品领域实施碳标签。基于 2005 年的一项碳标签研究结果显示，瑞典 25%的人均碳排放来源于食品生产。瑞典表示若产品达到 25%温室气体减排量，将在每一类产品中加以标注。瑞典碳标签主要适用于食品，如水果、蔬菜、乳制品等，其评价范围主要为运输阶段。

可见，碳标签已经成为大势所趋，越来越多的国家和地区要求在产品或服务上加注碳标签，也将有越来越多的国家和地区的居民关注碳标签显示的碳信息。

3. 碳认证和碳标签的中国实践

随着低碳经济的到来，中国也逐渐意识到低碳认证和碳标签的国际潮流，必将给中国经济带来重要影响。中国在"十一五"规划期间基本实现了节能减排目标，"十二五"规划做出了节能减排的一系列措施，在 2012 年多哈气候大会上承诺了具体明确的减排目标，虽然中国面前还没有执行碳标签制度，但已经在各方面进行尝试。中国在碳足迹评估领域也逐渐发展起来，中国政府越来越重视，一些企业也开始成为先行企业，以促进中国经济的良性循环。

2008 年 7 月，中国节能保护投资公司与英国碳信托公司签订协议，为中国的企业和产品建立可行的碳足迹评价方法。2009 年 6 月，中国标准化研究院与英国标准协会在北京举办 PAS 2050 中文版发布会，以推动碳标签制度在中国的试点工作。2009 年 10 月 15 日，中国环境保护部与德国技术合作公司（GTZ）在北京共同签署"中德低碳产品认证合作项目"，双方就中德低碳产品认证合作达成共识。其主要任务是确定低碳产品认证的产品类别，制定相关标准并将其纳入中国管理体系中，中德两国双方在各项详细指标上相互承认等。2009 年 11 月，首届世界低碳与生态经济大会高层论坛在南昌召开，环境保护部官员表示将以中国环境标志为基础，探索开展低碳产品认证。2010 年 9 月 9 日，国家发改委和国家认证认可监督委员会召开的"应对气候变化专项课题——中国低碳认证制度建立研究"启动会暨第一次工作会议，标志着中国全面启动低碳认证制度研究，旨在通过国际低碳制度对比研究，研究并建立符合中国国情和发展现状的低碳认证制度框架。2010 年 9 月 27 日，环保部发布了家用制冷器具、家用电动洗衣机、多功能复印设备和数字式一体化速印机等首批 4 项中国环境标志低碳标准。2010 年 11 月 25 日首批 11 家企业获得中国环境标志低碳产品认证证书。2013 年 2 月 18 日，国家发展改革委、国家认监委印发《低碳产品认证管理暂行办法》，以提高全社会应对气候变化意识，引导低碳生产和消费，规范和管理低碳产品认证活动。

在政府的政策指导下，中国各城市以及各行业都积极参与到低碳经济的建设中，用实际行动支持碳认证和碳标签制度的实施。2010 年 8 月，国家发改委正式启动国家低碳省区和低碳城市试点工作，首批确定在广东、湖北、辽宁、陕西、云南 5 省和天津、重庆、杭州、厦门、深圳、贵阳、南昌、保定 8 市开展低碳试点。2011 年无锡小天鹅股份有限公司通过国际权威机构英国"Inter-tek 绿叶标志"认证，这是中国首次将"碳足迹绿色标签"认证引入到家电行业。2011 年开始，獐子岛虾夷扇贝活品、冻品的装箱上，将会印有虾夷扇贝的碳标签，"一千克虾夷扇贝总排放量为 0.8 克二氧化碳当量"，这是中国食品行业首个碳标识认证食品。2012 年，南昌市大力倡导低碳生活，出台的《南昌低碳城市发展规划》提出在本地生活消费品生产加工企业内推行产品碳标识制度，到 2015 年，实现大型商场、超市同类上架商品碳标识率不低于 25%，同时打造低碳生活示范区。2012 年，中国饭店协会、深圳排放权交易所与深圳中南海滨绿色连锁酒店股份公司签署了行业碳排放标准研究及酒店服务碳标签开发的合作协议。深圳拟推动对服装行业实行碳标签制度。

4. 碳认证和碳标签对中国经济的影响

目前，碳认证、碳标签只在部分国家实行，且大多以自愿实行为主，但是低碳经济已经成为发展趋势，碳认证、碳标签制度也成为大势所趋。碳认证、碳标签制度尚未形成国际统一的标准，但是在各国政府、国际标准化组织和跨国企业的共同推动下，必然给中国带来很大的影响。

第一，影响中国出口贸易。

碳认证、碳标签虽然还没有在国际上形成统一的标准，但是其很可能成为技术性贸易壁垒。发达国家早于发展中国家完成工业化进程，并且具有较好的低碳技术，其在国内推行的碳认证标准将高于国际标准。而一旦发达国家的标准国际化，将很可能成为新型的技术性贸易壁垒。

中国是世界上最大的发展中国家以及出口大国，中国出口的大部分产品都是高能耗、高排放的高碳产品，如机电、建材、化工、钢铁等，这些高碳产品占据了中国出口市场的一半以上的比重。发达国家率先建立了碳足迹评价标准并且掌握着核心低碳技术，而中国国内技术水平较低，产品的生产和加工方法中会产生较高的碳排放。这就使得中国的产品想取得碳标签，需要引进较高的技术和大量的资金投入，这将增加企业成本。

碳认证是以生命周期分析为基础，计算产品从原料、生产、流通、消费以及回收整个周期的碳排放。一旦碳认证和碳标签制度得以推广，作为中国出口的重要目的国的美国和欧盟，在流通环节上由于贸易距离带来的运输环节的碳排放增加。并且加工贸易的增加使得加工生产过程的碳排放，将使得中国出口的产品的碳排放被高估。发达国家将更倾向于购买地理位置较近的产品，这将大大削弱中国出口产品的竞争力。

第二，影响消费者的产品评价。

碳标签直观地为消费者展示产品的碳排放信息，有利于引导消费对低碳产品的选择，逐步实现低碳消费；间接地影响产业的产品开发和节能环保，进而有利于拉动企业的低碳生产。

已有研究结果表明碳标签对消费者的产品评价具有显著的正向影响，碳标签产品更容易获得消费者的认可。并且有结果证明文化因素对消费者产品评价具有重要影响。碳标签可以引导消费者对产品的选择，而碳标签的影响作用主要受到三个因素影响，分别是年龄、环境保护知识以及低碳品牌营销活动，研究表明，年龄越年轻、环保知识掌握程度越高的消费者具有更强的环保意识和社会责任意识，使得他们对碳标签产品的需求越大。国内外大多文献也表明低碳品牌的促销将很大影响碳标签产品的需求。

虽然有研究表明，消费者对产品的选择受到价格、款式、消费习惯等因素影响，碳标签只是次要因素，其对消费者产品评价的影响很有限。但是，低碳时代的到来，包括中国在内的世界各国的消费者的环保意识越来越强烈，受到技术水平和研究水平的限制，中国目前还没有出台碳足迹评价标准，中国的产品大部分也没有实施碳标签制度。在这种情形下，发达国家生产的贴有碳标签的产品，给中国消费者带来的直观影响，以及在碳标签盛行的发达国家市场上，不具有碳标签的中国产品，在消费者的产品选择中将处于劣势地位。

第三，推动中国低碳产业发展。

碳认证、碳标签制度将整个社会吸引到生产与消费环节以应对气候变化，虽然其会增加中国企业的生产成本，造成技术性贸易壁垒，影响中国出口产品的竞争力和消费者的产品评价。但是，碳标签为消费者提供更多的信息，有助于消费者判断和选择低碳产品，引导消费者参与建设低碳社会。从而有助于中国的企业更多地考虑开发低碳产品，运用低碳技术，淘汰高耗能企业。作为世界加工厂的中国，对于发达国家转移来的高碳生产线也有了更多的选择空间，将有利于绿色新型环保产业的发展。

可见，碳认证、碳标签的推广已经成为大势所趋，越来越多的国家和消费者在相关产品和服务上加注碳标签。作为世界上最大的发展中国家，以及世界上温室气体排放量最大的国家，中国必须在碳标签制度上采取积极有效的应对措施。中国政府应该努力达到碳足迹认证的标准，制定符合中国实际的碳标签制度。中国的企业也应该增强自主创新，引进低碳技术，积极参与到碳标签制度中来，以增强企业以及产品的竞争力。

4.1.4 碳关税与碳税、碳交易——基于福利的理论分析

从上文可知，碳税和碳市场均是应对气候变化的政策手段，前者是针对国内温室气体排放收税，后者是针对温室气体排放设定限制发放碳交易配额。我们在传统国际贸易理论分析框架的基础上，将碳税、碳市场和碳关税的影响因素都融入进来，从基本的效用函数和生产函数出发构建一个考虑气候变化问题的局部均衡的福利效应模型，通过数理分析来确定碳关税和碳

税、碳市场之间的关系。

1. 传统关税下的福利分析

我们首先考虑传统情况下征收进口关税时进口国和出口国福利的变化。我们假设有两个国家——进口国和出口国，一种商品。其中进口国为大国，进口国对进口征收关税会迫使其出口国把价格降低到比原先世界市场价格 Pw 低的 Pw^*（$Pw^* < Pw$），也就是将关税一部分转嫁给出口国。进口价格的降低意味着进口国的贸易条件得到改善。进口国在征收税率为 t 的关税后，进口数量是 Q_2、Q_3，这样，政府获得（$C+E$）的关税收入，其中 E 是大国贸易条件改善的得益。进一步的，生产者剩余增加了 A，消费者剩余减少了面积 $A+B+C+D$。这样，进口国征收进口关税的净福利变化是 $E-(B+D)$。进口大国征收进口关税后究竟是净所得还是净所失，决定于影响 E 和 $B+D$ 大小的因素，面积 E 的大小一是取决于出口国为了保持一定的出口量而愿意把出口价格 Pw^* 多大程度地压低到世界市场价格 Pw 以下，二是取决于进口国的进口数量。而 $B+D$ 的大小，除了决定于征收关税后国内价格和世界市场价格的差距外，还分别取决于供给弹性和需求弹性的大小。弹性大的供给曲线会给进口国造成更大的生产扭曲损失；弹性大的需求曲线也会给进口国造成更大的消费扭曲损失（见图 4-1）。

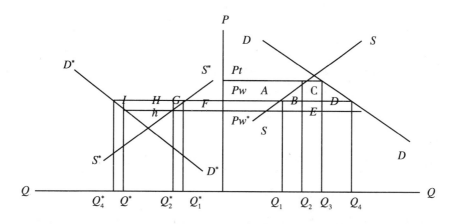

图 4-1　传统关税对进口国和出口国福利的影响

在进口国征收关税 t 之后，出口国为了使本国商品在进口国的售价不致因关税变得太高因此在出口价上从 Pw 减低到 Pw^*。进一步的，面积 $F+G+H+I$ 则表示出口价的减少使出口国生产者剩余的减少。如果出口国的出口价格与该商品国内销售价格并无二异，则国内消费者因价格降低而增加了的消费者剩余为 F。出口国因进口国征收关税导致了福利净损失为 $G+H+I$。

2. 碳关税下进出口国福利效应的分析

我们接着通过一个简单的碳关税局部均衡模型来分析进口国征收碳关税所造成的贸易效应和对全球生产和福利产生的影响。首先从基本的效用函数和生产函数着手，仍然假定只有两个国家（进口国和出口国），进口国大多为发达国家，出口国为发展中国家，进口国在国内开征了碳税的同时也对不承担减排义务国家的出口征收碳关税，以达到限制出口国家减排、减缓气候变化的目的。

为了简便的分析，我们给出两国的生产函数和效用函数，

进口国生产成本函数：
$$TC=TC(q_s) \tag{4.1}$$

出口国的生产函数为：
$$TC^*=TC(q_s^*) \tag{4.2}$$

进口国效用函数：
$$U=U(q_d) \tag{4.3}$$

出口国效用函数：
$$U^*=U(q_d^*) \tag{4.4}$$

效用函数为二次可微凹函数，一阶导数为正，二阶导数为负，消费者追求效用最大化，意味着消费者的边际效用等于市场价格。进口国消费者需要支付的价格等于国际市场价格加上碳关税。因此，对于进口国消费者个人来说，
$$p+\beta=U'(q_d) \tag{4.5}$$

对于出口国的消费者而言，

$$p = U'(q_d^*) \tag{4.6}$$

进口国国内征收 ε 的国内碳税，生产者会使边际成本等于价格，若出口国生产者也面临碳税 ε^*，那么出口国生产者会按边际成本等于征收碳税后的价格来安排生产：

$$p + \beta - \varepsilon = TC'(q_s) \tag{4.7}$$

$$p - \varepsilon^* = TC'(q_s^*) \tag{4.8}$$

全球供需平衡，则

$$q_s + q_s^* = q_d + q_d^* \tag{4.9}$$

式（4.6）～式（4.9）所描述的市场均衡取决于 5 个内生变量（价格和四个产量）以及外生的政策变量（碳关税和碳税）。对式（4.6）～式（4.9）进行差分：

$$dp + d\beta = U''(q_d)dq_d \tag{4.10}$$

$$dp = U''(q_d^*)dq_d^* \tag{4.11}$$

$$dp + d\beta - d\varepsilon = TC''(q_s)dq_s \tag{4.12}$$

$$dp - d\varepsilon^* = TC''(q_s^*)dq_s^* \tag{4.13}$$

$$dq_s + dq_s^* = dq_d + dq_d^* \tag{4.14}$$

由式（4.11）～（式 4.13）分别算出 dq_d、dq_d^*、dq_s、dq_s^* 代入式（4.12），可以得到

$$\frac{dp}{d\beta} = \frac{(TC''(q_s))^{-1} - (U''(q_d))^{-1}}{(U''(q_d))^{-1} + (U''(q_d^*))^{-1} + (TC''(q_s))^{-1} - (TC''(q_s^*))^{-1}} < 0 \tag{4.15}$$

由式（4.15）可知，碳关税对世界价格有消极影响，碳关税越高，价格越低。

$$\frac{dp}{d\varepsilon} = \frac{-(TC''(q_s))^{-1}}{(U''(q_d))^{-1} + (U''(q_d^*))^{-1} - (TC''(q_s))^{-1} - (TC''(q_s^*))^{-1}} > 0 \tag{4.16}$$

进口国碳税对世界价格的导数为正，意味着进口国国内碳价格越高，世界价格也越高。

在分析碳关税造成的社会福利时需要考虑二氧化碳排放的外部性问题，我们把这个外部性设成不变的参数 σ。由于产品的碳密集度不尽相同，单位产品的负外部性也是不同的，国外的碳密集度与国内碳密集度的比率记为 γ。另外，我们假定进口国有一单位的家户，出口国有 α 单位的家户，那么共有 $1+\alpha$ 的家户，那么由于温室气体排放造成的总的外部性为

$$(1+\alpha)\sigma(q_s+\gamma q_s^*) \tag{4.17}$$

社会福利是效用函数减去生产成本加上生产后的外部效应，因此进口国和出口国的福利分别为

$$W=U(q_d)-TC(q_s)-(1+\alpha)\sigma q_s \tag{4.18}$$

$$W^*=U(q_d^*)-TC(q_s^*)-(1+\alpha)\sigma\gamma q_s^* \tag{4.19}$$

征收进口碳关税 β，对进口国和出口国福利的影响效应分别为

$$\frac{\mathrm{d}W}{\mathrm{d}\beta}=\left(\frac{\partial W}{\partial q_d}\right)\left(\frac{\mathrm{d}q_d}{\mathrm{d}\beta}\right)-\left(\frac{\partial W}{\partial q_s}\right)\left(\frac{\mathrm{d}q_s}{\mathrm{d}\beta}\right) \tag{4.20}$$

$$\frac{\mathrm{d}W^*}{\mathrm{d}\beta}=\left(\frac{\partial W^*}{\partial q_d^*}\right)\left(\frac{\mathrm{d}q_d^*}{\mathrm{d}\beta}\right)-\left(\frac{\partial W^*}{\partial q_s^*}\right)\left(\frac{\mathrm{d}q_s^*}{\mathrm{d}\beta}\right) \tag{4.21}$$

其中

$$\left(\frac{\partial W}{\partial q_d}\right)=U'(q_d)=p+\beta \tag{4.22}$$

$$\left(\frac{\partial W^*}{\partial q_d^*}\right)=U'(q_d^*)=p \tag{4.23}$$

$$\left(\frac{\partial W}{\partial q_s}\right)=-TC'(q_s)=-(p+\beta-\varepsilon)-(1+\alpha)\sigma \tag{4.24}$$

$$\left(\frac{\partial W^*}{\partial q_s^*}\right)=-TC'(q_s^*)-\gamma(1+\alpha)\sigma=-(p-\varepsilon^*)-(1+\alpha)\gamma\sigma \tag{4.25}$$

给定全球资源的限制，价格 p 可以忽略。进口关税对产量的影响等于关税对价格的边际效应乘以价格对产量的效应，即

$$\mathrm{d}q/\mathrm{d}\beta=(\mathrm{d}q/\mathrm{d}p)(\mathrm{d}p/\mathrm{d}\beta) \tag{4.26}$$

$$\frac{\mathrm{d}W}{\mathrm{d}\beta}=\beta\left(\frac{\mathrm{d}q_d}{\mathrm{d}p}\right)\left(\frac{\mathrm{d}p}{\mathrm{d}\beta}\right)-(\beta-\varepsilon+(1+\alpha)\sigma)\left(\frac{\mathrm{d}q_s}{\mathrm{d}p}\right)\left(\frac{\mathrm{d}p}{\mathrm{d}\beta}\right) \tag{4.27}$$

$$\frac{\mathrm{d}W^*}{\mathrm{d}\beta} = -(-\varepsilon^* + (1+\alpha)\gamma\sigma)\left(\frac{\mathrm{d}q_s^*}{\mathrm{d}p}\right)\left(\frac{\mathrm{d}p}{\mathrm{d}\beta}\right) \tag{4.28}$$

由式（4.27）和式（4.28）可以推导出碳关税对进出口国的福利影响：

第一，对进口国的影响。

（1）进口国国内碳税越高，进口国征收碳关税越能够增加进口国福利。

（2）若进口国国内碳税等于外部性 $\varepsilon = (1+\alpha)\sigma$，且需求价格弹性大于供给价格弹性 $\mathrm{d}q_d/\mathrm{d}p > \mathrm{d}q_s/\mathrm{d}p$，则 $\mathrm{d}W/\mathrm{d}\beta > 0$，碳关税越高越能提高进口国福利。

（3）若进口国国内碳税等于外部性 $\varepsilon = (1+\alpha)\sigma$，且需求价格弹性小于供给价格弹性 $\mathrm{d}q_d/\mathrm{d}p < \mathrm{d}q_s/\mathrm{d}p$，则 $\mathrm{d}W/\mathrm{d}\beta < 0$，碳关税越低越能提高进口国福利。

第二，对出口国的影响。

（1）如果出口国不征收国内碳税，进口国碳关税越高，对出口国福利的影响就越小。

（2）出口国碳密集度越高，即 $\gamma > 1$，进口国越有可能征收碳关税，这样可以从国外转移生产以降低环境成本。

（3）若是出口国国内征收等于其外部性的碳税，即 $\varepsilon^* = (1+\alpha)\sigma$，那么，进口国征收碳关税对出口国福利没有没有影响，此时进口国不应该征收碳关税。

4.1.5　碳关税对全球福利的影响

1. 传统关税对全球福利影响

传统大国征收进口关税的情况下，如图 4-2 所示，全球的净福利就是进口国和出口国的净福利之和：$E - (B+D) - (G+H+I) = E - (B+D+G+H+I)$。可见，一般情况下进口大国征收关税对作为一个整体的进出口双方只有净损失，进口国作为一个大国多少还能用关税利得来弥补亏损，而出口国由于进口国的关税则是净亏损。

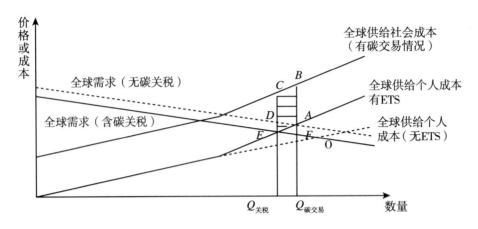

图 4—2　碳关税下的全球福利变化

2. 碳关税对全球福利的影响

我们运用一个简单的线性的供求曲线的局部均衡分析图，并结合实际情况来简单阐述碳关税对全球福利的影响。同样假定有进口国和出口国两个国家，在气候变化的背景下，商品生产会带来二氧化碳排放的增加，碳密集型商品的生产导致的二氧化碳排放高于其他商品。首先我们给定一般情况下的全球供求曲线，对于私有部门而言，排放的外部性会使私有部门不考虑二氧化碳排放问题，因而私有部门的供给曲线要下移，与需求曲线交于 O 点。为了达成《京都议定书》的减排目标，有部分国家和地区已经设定了"限定和贸易（Cap and Trade）"体系，在该体系下实施碳市场交易。在排放体系的制约下，一国需承担减排的义务，其生产会受到影响，因而供给曲线会向上有一定的扭曲，达到新的均衡点为 A 点，此时的价格要高于不考虑气候变化问题时的均衡点 O（见图 4—2）。

但是除了采用碳市场的方式促进减排，一国还可能对进口商品征收碳关税的方式来对不承担减排义务的国家施加压力。进口关税的征收提高了进口国内商品价格，从而减少了国内需求，若其他国家需求不变，则国际需求减少，需求曲线下移，国际均衡价格由 A 点移到 E 点，有所下降。价格的下跌进一步引起国外厂商减少生产，而国内厂商由于碳市场交易的限制也减少生产，从而全球供给减少。也就是说碳关税造成了消费者损失和生产者损失 ADE。但是由于气候变化会带来全球生产的外部性从而产生利得 $ABCE$，因而总体来看获得了 $ABCD$ 的利得，这意味着碳关税的征收对全球福利是有利的，即使是很低的碳关税税率也能引起全球福利的提高。

第一，碳税征收情景。

我们同样用上文分析进口国出口国福利的框架来分探究全球社会福利的情况。我们容易得出全球福利函数：

$$WW = U(q_d) + U(q_d^*) - TC(q_s) - TC(q_s^*) - (1+\alpha)\sigma(q_s + \gamma q_s^*)$$

$$\text{s. t. } dq_s + dq_s^* = dq_d + dq_d^* \tag{4.29}$$

现在要征收进口碳关税 β，碳关税对全球社会福利的影响效为求导：

$$\frac{dWW}{d\beta} = \left(\frac{\partial WW}{\partial q_d}\right)\left(\frac{dq_d}{d\beta}\right) + \left(\frac{\partial WW}{\partial q_d^*}\right)\left(\frac{dq_d^*}{d\beta}\right) - \left(\frac{\partial WW}{\partial q_s}\right)\left(\frac{dq_s}{d\beta}\right) - \left(\frac{\partial WW}{\partial q_s^*}\right)\left(\frac{dq *_s}{d\beta}\right)$$

$$\tag{4.30}$$

因此，碳关税对全球福利的影响可以写成：

$$\frac{dWW}{d\beta} = (p+\beta)\left(\frac{dq_d}{d\beta}\right) + p\left(\frac{dq_d^*}{d\beta}\right) - (p+\beta-\varepsilon+(1+\alpha)\sigma)\left(\frac{dq_s}{d\beta}\right) -$$

$$(p-\varepsilon^*+\gamma(1+\alpha)\sigma)\left(\frac{dq_s^*}{d\beta}\right) \tag{4.31}$$

给定全球资源的限制，价格 p 可以忽略。进口关税对产量的影响等于关税对价格的边际效应乘以价格对产量的效应，即 $dq/d\beta = (dq/dp)(dp/d\beta)$。

$$\frac{dWW}{d\beta} = \beta\left(\frac{dq_d}{dp}\right)\left(\frac{dp}{d\beta}\right) - (\beta-\varepsilon+(1+\alpha)\sigma)\left(\frac{dq_s}{dp}\right)\left(\frac{dp}{d\beta}\right) -$$

$$(-\varepsilon^*+\gamma(1+\alpha)\sigma)\left(\frac{dq_s^*}{dp}\right)\left(\frac{dp}{d\beta}\right) \tag{4.32}$$

将需求和供给函数代入上式，得到

$$\frac{dWW}{d\beta} = \beta\left(\frac{1+(d\beta/dp)}{U''(q_d)}\right)\left(\frac{dp}{d\beta}\right) - (\beta-\varepsilon+(1+\alpha)\sigma)$$

$$\left(\frac{1+(d\beta/dp)}{TC''(q_s)}\right)\left(\frac{dp}{d\beta}\right) - (-\varepsilon^*+\gamma(1+\alpha)\sigma)\left(\frac{1}{TC''(q_s^*)}\right)\left(\frac{dp}{d\beta}\right)$$

$$\frac{\mathrm{d}WW}{\mathrm{d}\beta} = \left\{\beta\left(1+\frac{(\mathrm{d}\beta/\mathrm{d}p)}{U''(q_d)}\right) - \left[\beta-\varepsilon+(1+\alpha)\sigma\right]\left(1+\frac{(\mathrm{d}\beta/\mathrm{d}p)}{TC''(q_s)}\right)\right.$$
$$\left. -\left[\varepsilon^*+\gamma(1+\alpha)\sigma\right]\left(\frac{1}{TC'(q^*)}\right)\right\}\left\{\left(\frac{\mathrm{d}p}{\mathrm{d}\beta}\right)\right\} \quad (4.33)$$

设置 β 为零，简化式（4.33），上式可写为

$$\frac{\mathrm{d}WW}{\mathrm{d}\beta} = \left\{\left[\varepsilon-(1+\alpha)\sigma\right]c\left(\frac{(u^*+c^*)}{(u+c)}\right) - \left[\varepsilon^*-\gamma(1+\alpha)\sigma\right]c^*\right\}\left\{\frac{(u+c)}{\Sigma}\right\}$$
$$(4.34)$$

从而，可以得出以下结论：

（1）进口国国内碳价格 ε 越高，对进口征收碳关税越能提高全球福利，并且全球福利提高也就越多。

（2）如果出口国的国内碳税 ε^* 越高，碳关税的征收将引起的全球福利下降的也越多。

（3）如果国内碳税恰好等于外部性 $\varepsilon=(1+\alpha)\sigma$，只要出口国的国内碳税低于外部性 $\varepsilon^*\leqslant\gamma(1+\alpha)\sigma$，进口国征收碳关税将提高全球福利。

（4）如果进口国和出口国均有相同的边际成本和边际效用（$u=u^*$；$c=c^*$），以及相同的国内碳价格（$\varepsilon=\varepsilon^*$），出口国的碳密集度更高的话，全球福利将会增加。

第二，碳市场情景。

如果建立碳市场交易机制，碳关税的福利影响可以从全球福利函数对碳关税求导计算出来。在这种情况下，碳价格是内生的，等于碳排放配额的公开拍卖价格。

$$\left(\frac{\mathrm{d}WW}{\mathrm{d}\beta}\right)_{trade} = \left(\frac{\partial WW}{\partial q_d}\right)\left(\frac{\mathrm{d}q_d}{\mathrm{d}\beta}\right) + \left(\frac{\partial WW}{\partial q_d^*}\right)\left(\frac{\mathrm{d}q_d^*}{\mathrm{d}\beta}\right) -$$
$$\left(\frac{\partial WW}{\partial q_s}\right)\left(\frac{\mathrm{d}q_s}{\mathrm{d}\beta}\right) - \left(\frac{\partial WW}{\partial q_s^*}\right)\left(\frac{\mathrm{d}q_s^*}{\mathrm{d}\beta}\right) \quad (4.35)$$

也就是在排放限额的约束下，碳交易对排放量有一定的限定为 qs。

$$\left(\frac{\mathrm{d}WW}{\mathrm{d}\beta}\right)_{trade} = (p+\beta)\left(\frac{\mathrm{d}q_d}{\mathrm{d}\beta}\right) + p\left(\frac{\mathrm{d}q_d^*}{\mathrm{d}\beta}\right) - (p-\varepsilon^*+\gamma(1+\alpha)\sigma)\left(\frac{\mathrm{d}q_s^*}{\mathrm{d}\beta}\right) \quad (4.36)$$

在全球资源的限制下，价格 p 可以不考虑，再进一步将碳关税的数量效应分解，上式可简化为：

$$\left(\frac{\mathrm{d}WW}{\mathrm{d}\beta}\right)_{trade} = \beta\left(\frac{\mathrm{d}q_d}{\mathrm{d}p}\right)\left(\frac{\mathrm{d}p}{\mathrm{d}\beta}\right) - (-\varepsilon^* + \gamma(1+\alpha)\sigma)\left(\frac{\mathrm{d}q_s^*}{\mathrm{d}\beta}\right) \quad (4.37)$$

我们考虑出口国国内没有碳税只是碳交易的情况，这个时候碳交易形成碳价格 ε^*。考虑征收碳关税的情况，将上文消费和生产函数代入式（4.33）：

$$\frac{\mathrm{d}WW}{\mathrm{d}\beta} = \beta\left(\frac{1+(\mathrm{d}\beta/\mathrm{d}p)}{U''(q_d)}\right)\left(\frac{\mathrm{d}p}{\mathrm{d}\beta}\right) - (-\varepsilon^* + \gamma(1+\alpha)\sigma)\left(\frac{1}{TC''(q_s^*)}\right)\left(\frac{\mathrm{d}p}{\mathrm{d}\beta}\right)$$

$$(4.38)$$

$$\frac{\mathrm{d}WW}{\mathrm{d}\beta} = \left\{\beta u\left(\frac{u^* + c^*}{u + u^* + c^*}\right) - (-\varepsilon^* + \gamma(1+\alpha)\sigma)c^*\right\}\left(\frac{\mathrm{d}p}{\mathrm{d}\beta}\right) \quad (4.39)$$

由式（4.17）可知，$\mathrm{d}p/\mathrm{d}\beta < 0$ 碳关税对世界价格有消极影响，碳关税越高，价格越低，所以当式（4.39）右边大括号部分大于零，全球福利就会因碳关税的征收而减少。

4.1.6 基于全球福利的最优碳关税的确定

在上文福利分析的基础上，我们给出最优碳关税的界定和测算方法。最优关税一般指的是使进口国本国福利达到最大的关税水平，而碳关税是欧美发达国家在全球气候变化的背景下提出向发展中国家征收的特别关税，最优关税的确定不能仅仅由进口发达国家的福利最大化来决定，应该考虑到发展中国家的利益，所以我们用全球福利的最大化来作为约束条件，提出一个最优碳关税的决定方法。

1. 碳税情景下的最优碳关税

如果将全球福利最大化的碳关税作为最优碳关税，给定进口国和出口国国内碳价格 ε 和 ε^*，那么这个最优碳关税可以通过式（4.34）进行计算得到：

$$\beta = [\varepsilon - (1+\alpha)\sigma]\left(\frac{(u^* + c^*)}{c(u+c)}\right) - [\varepsilon^* - \gamma(1+\alpha)\sigma]\left(\frac{1}{c^*}\right) \quad (4.40)$$

我们假定进口国和出口国的效用函数和成本函数相同，这个最优碳关税即为

$$\beta' = \{[\varepsilon - (1+\alpha)\sigma] - [\varepsilon^* - \gamma(1+\alpha)\sigma]\} \left(\frac{u}{(u+c)}\right) \qquad (4.41)$$

最优碳关税为出口国国内碳税与外部性的差异与进口国国内碳税与外部性差异的比值，若两国有相同的碳定价机制，最优碳关税即为零，当两国拥有相同的碳密集度（$\gamma=1$），且出口国国内没有碳定价机制的时候，最优碳关税可简化为由进口国国内碳税计算出来：

$$\beta' = \varepsilon \left(\frac{u}{(u+c)}\right) \qquad (4.42)$$

也就是说最优碳关税是进口国国内碳税、边际效用和边际成本的函数，是国内碳税按边际效用占边际效用与边际成本之和的比例。

2. 碳市场情景下的最优碳关税

由式（4.39）的一阶条件，可以算出此时的最优碳关税，也就是最大化全球福利的碳关税：

$$\beta_{trade} = [-\varepsilon^* + \gamma(1+\alpha)\sigma]c^* \left(\frac{u+u^*+c^*}{u(u^*+c^*)}\right) \qquad (4.43)$$

可以看出，碳市场交易情景下最优碳关税大于 γ，也就是出口国的碳密集度，直到出口国国内碳价格可以将外部性完全抵消；出口国供给曲线斜率越高，进口国国内效用曲线斜率越低，最优碳关税税率就越高；在碳交易机制下，越高的出口国碳价格，最优的碳关税税率将越低。

本节从气候变化问题着手，围绕哥本哈根会议上热点讨论的碳关税问题，提出一个局部均衡的分析框架，对碳关税下进口国和出口国的福利效应进行了分析，研究得出：进口国征收碳关税能提高本国福利水平，减低出口国的福利水平。但具体福利变化程度取决于进口国国内碳税、出口国是否征税国内碳税、进出口国国内碳密集度水平等情况。由于碳关税的征收减少了世界范围内的二氧化碳排放，所以从气候变化的角度，全球福利因为碳关税而增加并能弥

补碳关税带来的扭曲损失；由于温室气体排放是全球公共品，用全球福利最大化代替进口国福利最大的约束条件提出最优碳关税的方案，进一步的分析表明：最优碳关税取决于需求函数和供给函数的值，由出口国国内碳税与外部性的差异与进口国国内碳税与外部性差异的比值来决定，国内碳价格或碳税越高，能保证全球福利的最优碳关税税率也就越低。

从以上分析可以看出，理论上如果碳关税政策能够被正确实施，那么就可以减少温室气体排放，提高全球的福利水平。从公共物品理论的角度来看，气候是公共物品，征收碳关税可以迫使企业在生产中将环境成本内化到产品中去，从而大幅增加能源密集部门的生产成本，对未实行减排的国家的低廉和碳密集产品的生产形成成本上升的压力，从而对所谓"搭便车"国家形成贸易制裁的威胁。但现实中该税种很可能会导致贸易争端，这是由于发达国家实施碳关税政策，将赢得产品成本上的优势，加剧发达国家与发展中国家之间的矛盾，扰乱国际贸易秩序，引发贸易战。从发展中国家的角度来看，全球气候变化主要是由发达国家在工业化过程中排放的温室气体所导致，而发展中国家正处于工业化过程中，高排放阶段暂时无法避免，因此应对气候变化必须遵循"共同但有区别的责任"原则。而且发达国家在消费发展中国家的产品时，却把污染留在了发展中国家，如果针对发展中国家的产品征收碳关税，是不合理的。

碳关税的气候政策反映了全球环境经济一体化的时代特点，一国开始实施碳关税的政策会引发其他国家相应出台类似的政策工具。发展中国家是碳关税政策的受害者，作为碳密集型商品的主要出口国，面对发达国家碳关税的贸易保护政策，一方面要积极参与国际气候谈判和气候政策的制定，另一方面要推进气候外部性内部化，在国际谈判中尽可能地提出低碳关税税率的诉求，减少碳关税带来的损失。

4.1.7 碳关税的多国博弈分析

发达国家特别是法国和美国提出碳关税措施的出发点在于逼迫不承担减排

义务的国家加入全球减排体系。如果这些国家实施了碳关税，根据上文可以测算出基于全球福利的最优碳关税。碳关税的政策是否能真正在促进全球气候合作上起到积极作用，能在多大程度上产生效果，是我们需要了解的问题。本报告在拉姆齐模型的基础上建立一个气候变化和碳关税的增长模型——碳关税的全球气候合作模型，通过理论上的分析来判断碳关税政策下的全球多国博弈会带来怎样的国际合作状态。

1. 多国博弈模型的建立

本节博弈分析我们借鉴莱斯曼、马斯金斯基和埃登霍夫（Lessmann，Marschinski & Edenhofer）的动态气候变化博弈模型，并站在发展中国家的角度建立碳关税多国博弈模型。首先我们给出偏好、技术、气候变化、贸易和关税这四个层次的函数。

（1）偏好。

偏好函数建立在拉姆齐模型的基础上：

$$welfare = \int_0^\infty e^{-\rho t} l_{it} U(c_{it}/l_{it}) \, dt \tag{4.44}$$

其中，U 是效用函数，l 为总人口，时间偏好为 ρ，c/l 为单位资本消费。

假定各国商品是不完全替代的，效用是由国内消费 c^d 和国外消费 c^f 共同决定的，用阿明顿 CES 函数来表示。

$$c_{it} = \left[s^d (c_{it}^d)^{\rho^A} + \sum_j s_j^f (c_{ijt}^f)^{\rho^A} \right]^{(1/\rho^A)} \tag{4.45}$$

弹性 σ^A 是由参数 $\rho^A \in (0,1)$ 决定的，$\sigma^A = 1/(1-\rho^A)$，s^d 和 s^d 是对国内商品和国外商品偏好的比例参数。

（2）技术。

我们假定一国生产函数用 CD 函数形式，有两种投入要素：资本 k 和劳动力 l。

$$F(k_{it}, l_{it}) = (k_{it})^\beta (a_{it} l_{it})^{(1-\beta)} \tag{4.46}$$

技术是规模收益不变的要素的边际生产率递减，生产参数 a 是外生的，以固

定的增长率 gr 增长，给劳动力的扩张带来技术进步，资本可由投资进行累积。

$$\frac{\mathrm{d}a_{it}}{\mathrm{d}t} = gr \times a_{it} \tag{4.47}$$

$$\frac{\mathrm{d}k_{it}}{\mathrm{d}t} = in_{it} \tag{4.48}$$

（3）气候变化。

我们将温室气体的排放视做生产的副产品，排放密集度的自动减少率为 v，可随着投资 im 和减排资本 km 提高，参数 $iekm$ 指的是投资的效率。

$$e_{it} = \sigma_{it} y_{it} \exp(-vt) \tag{4.49}$$

$$\sigma_{it} = (1 + km_{it})^{-\psi} \tag{4.50}$$

$$\frac{\mathrm{d}km_{it}}{\mathrm{d}t} = iekm \times im_{it} \tag{4.51}$$

进一步，参考派特斯·彻尔—霍尔德（Petschel-Held et al.，1999）的气候模型，大气中温室气体的总排放量 ce 因为各国的排放而增长。

$$\frac{\mathrm{d}ce_t}{\mathrm{d}t} = \sum e_{jt} \tag{4.52}$$

温室气体的集中度为 $conc$。

$$\frac{\mathrm{d}}{\mathrm{d}t} conc_t = Bce + \beta^P \sum e_{jt} - \sigma^P (conc_t - conc_0) \tag{4.53}$$

温室气体的集中度通过下式决定全球平均气温 $temp$。

$$\frac{\mathrm{d}}{\mathrm{d}t} temp_t = \mu \log(conc_t / conc_0) - \alpha^P (temp_t - temp_0) \tag{4.54}$$

气温变化导致了气候变化，从而破坏了一定的经济产出，我们参考诺德霍斯和杨（Nordhaus & Yang，1996）提出的机理：

$$\Omega_{it} = 1 / (1 + daml_i (temp_t)^{dam2_i}) \tag{4.55}$$

$$y_{it} = \Omega_{it} F(k_{it}, l_{it}) \tag{4.56}$$

（4）贸易和碳关税。

国际贸易建立在出口和进口最终平衡的基础上，全球总的出口流量等于总进口流量。

$$\int_0^\infty \sum_j p_{ijt}^x m_{ijt} \, \mathrm{d}t = \int_0^\infty \sum_j p_{ijt}^x x_{ijt} \, \mathrm{d}t \tag{4.57}$$

从 j 国进口到 i 国记为 m_{ij}，从 i 国出口到 j 国记做 x_{ij}，全球的国际贸易是进出口平衡的，即 $m_{ij} = x_{ij}$。进口商品在征收进口碳关税后成为进口国的消费品。

$$c_{ijt}^f = (1 - \tau_{ij}) m_{ijt} \qquad (4.58)$$

$$tr_{ijt} = \tau_{ij} m_{ijt} \qquad (4.59)$$

tr 为税收收入，国内产出由消费、投资、出口来带动。

$$y_{it} = c_{it} + in_{it} + im_{it} + \sum_j x_{ijt} \qquad (4.60)$$

将碳关税的税收收入纳入阿明顿等式中：

$$c_{it} = \left[s^d (c_{it}^d)^{\rho^A} + \sum_j s_j^f (c_{ijt}^f + tr_{ijt})^{\rho^A} \right]^{(1/\rho^A)} \qquad (4.61)$$

2. 纳什均衡求解

在模型的基础上我们重复三个步骤，直到达到收敛，可求到均衡解。

第一步，我们找到排放的纳什均衡 $e = \{e_t\}, e_t = (e_{1t}, \cdots, e_{Nt})$，这是由投资 in 和减排资本 im，局内人对其他局内人排放的自私选择为 $e = G(e)$，通过最大化福利来找出这个 G。

$$\forall_i \max_{\{in_t, im_t\}} welfare_i$$

$$\text{s. t.} \quad m_{ijt} = \overline{m_{ijt}}, x_{ijt} = \overline{x_{ijt}}, e_{kt} = \overline{e_{kt}}, k \neq i$$

第二步，在第一步求出均衡排放 e 的基础上，寻求均衡的贸易流量 (m, x)，给定碳关税的约束条件，$tr = H(tr)$，由最优化来进行计算。

$$\max_{\{in_t, im_t, m_{ijt}, x_{ijt}\}} \sum \delta_i welfare_i$$

$$\text{s. t.} \quad e_{it} = \overline{e_{it}}, tr = \overline{tr}$$

参数 δ_i 是各国在社会福利函数中的权重。

第三步，利用解决最大化问题的拉格朗日乘子式中的价格信息，作为决定贸易盈余或赤字的临时预算约束。

3. 多国合作博弈模型的结论

通过模型我们得出结论，碳关税可以迫使更多国家加入自主减排的领域；

如果没有碳关税，最大的合作只有 3～4 个成员方；如果设定一个碳关税税率，在碳关税弹性为 1.5～4 的时候可能会引致更大范围的国家之间的气候合作（见图 4—3）。

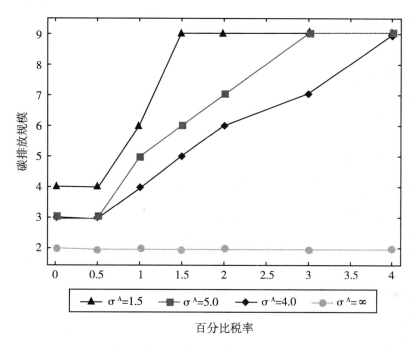

图 4—3　碳关税下的国际合作规模

也就是说，在现有的状态下，发展中国家是没有意愿和义务加入到强制减排队伍中，但是在欧美国家碳关税的压力下，发展中国家会被强制加入到减排的全球合作中，但是能够达到这一效果的碳关税税率弹性须限定在一定范围之内。

4.2　碳关税对中国对外贸易的影响

4.2.1　碳关税贸易环境效应的 CGE 模型构建

1. 碳关税的 CGE 模型

关于气候变化的研究层出不穷，在碳税、碳关税、碳市场、碳泄漏、碳足迹等方面的问题已有不少理论方面的研究，另外关于气候变化温室气体减排方面也有一些运用模型展开的应用研究，主要有：用结构分解分析方法分析美国经济中的二氧化碳排放问题；应用系统国际协会（IIASA）的整体估测模型；附有能源模块的计量经济学 I/O 模型方法；GEM 温室气体排放模型；欧盟的大规模分地区的 E3ME 模型；等等。总体来看，关于气候变化的应用研究中运用的最广数理模型为——可计算的一般均衡模型（Computable General Equilibrium，简称 CGE）。

CGE 模型最早是由挪威学者莱福·约汉森（Leif Johanson）开发出来的，自 20 世纪 70 年代以来得到蓬勃发展，成为经济学和环境学研究的重要方法，用于分析税费改革、全球贸易流动和贸易自由化、经济一体化、农业市场价格改革、不完全竞争和市场行为、收入分配、能源和环境政策等诸多领域。当气候变化问题成为焦点，围绕气候变化问题目前应用的 CGE 模型主要有：OECD 的 GREEN 模型，主要用于温室气体减排与经济发展的适应性研究；用于研究澳大利亚的多群体 CGE 模型；用于对匈牙利财政改革中整合进气体污染环境税测评的 FEIM 模型；多部门多区域的全球发展的 G-Cubed 模型；美国能源部的 SGM 模型；美国西北太平洋国立实验室的 MINICAN 模型；荷兰的 Worldscan；国际应用系统研究所的 HASA 模型等。1974 年胡德森和乔根森（Hudson & Jorgenson）建立了第一个能源—环境 CGE 模型，用 9 部门动态 CGE 模型分析了美国能源税政策的影响，模拟的时间跨度从 1975 年至 2000 年；1990 年乔根森和威尔考斯肯（Jorgenson & Wilcoxen）用一个 35 部门的动态 CGE 模型模拟了环境政策调整对美国经济增长带来的影响，在此基础上，这两人又分析了通过能源税来减少或者保持目前二氧化碳排放量的成本；乔根森等还进一步分析了当二氧化碳排放量稳定在 1990 年水平时，所对应的能源税的征收情景和对居民的福利造成的分配效应；威利和威格尔（Whalley & Wigle）建立了一个五部门静态 CGE 模型分析了二氧化碳减排 50% 采用征收能源税等四种减排途径对全球的影响；哥尔德等（Goulder et al.，1999）用 CGE 模型分析了包括能源税在内的多种美国环境保护政策下的成本和整体福利影响；谢剑建立了 7 个生产部门、3 个污染消除部门的关于中国环境政策的 CGE 模型，以中国 1990 年的投入产出表为基础，评价了中国的污染控制政策的实施效果及其对经济的影响；贺菊煌等人建立了 9 部门的 CGE 模型分析了中国征收碳税对国民经济各方面的影响，沈可挺用此模型分析了中国实施 CDM 项目的二氧化碳减排资源问题；林伯强（2008）用 CGE 模型论证了能源价格上涨对中国经济的紧缩作用。以中国为研究背景的 CGE 模型目前大多由中外学者合作推出，尚处于起步阶段，利用 CGE 模型进行能源环境政策方面的分析还有较大的发展空间。

可计算的一般均衡模型是建立在瓦尔拉斯一般均衡理论基础上的反映所有市场活动的经济模型。通过一组方程来描述供给、需求和市场关系，在一系列优化条件（生产者利润优化、消费者效用优化、进口收益利润和出口成本优化等）的约束下，求解这组方程，得出可以使得各个市场都达到均衡时的数量和价格向量，均衡包括产品市场均衡、要素市场均衡、居民收支均衡、政府预算均衡、国际市场均衡等。本报告是关于碳关税经济和环境影响效应的研究，相当于探究在碳关税的冲击下，经济主体引起经济行为和决策的反应会对特定部门乃至整个系统造成的影响，因此，很有必要将整个经济体纳入到分析范围，这些也是采用 CGE 模型恰好能够解决的问题。

我们建立一个静态的、可计算的一般均衡模型来研究碳关税对中国宏观经济的影响。模型由 5 个主体部分组成，分别是生产模块、收入支出模块、对外贸易模块、投资模块、宏观闭合与均衡模块，此外扩展模块包括碳关税的征收和使用、环境指标及福利指标的衡量等。整个模型包括 341 个方程、368 个变量、27 个外生变量和 489 个参数。其中方程数加上外生变量数等于变量数，从而保证模型有解。

由于碳关税是我们研究的对象，根据中国进出口对外贸易的总体情况及投入产出表对所有生产部门的划分情况，我们将所有生产和服务部门划分成 10 个生产部门及产品，分别为农业、重工业、轻工业、交通、建筑、服务、煤炭、石油、天然气和电力。假设每个部门生产单一的产品，前六个部门与产品和服务的生产相关，后四个部门主要与能源的供应和分配有关，称为能源部门。我们研究的经济主体包括生产者、居民、政府等。这些经济主体按照一定的行为规则进行活动：

生产者在技术约束下以利润最大化为决策目标，消费者在收入约束下以效用最大化为决策目标。经济主体根据价格信号进行决策，市场是完全竞争的，参与者只能得到零纯利润，每个主体都是价格的接受者。

生产要素投入包括资本、劳动力、能源和其他中间投入，其中能源包括煤炭、石油、天然气、电力。假定能源和资本、劳动力之间具有替代性，不同能源之间也具有替代性；其他中间投入品之间没有替代性，它们与能源、资本、劳动力之间也没有替代性。

在考虑进口出口的价格时，我们假定中国的进出口不影响国际价格，在既定的国际价格下，进口需求和出口供给都能实现。

劳动力可以在部门之间完全流动，各部门的工资率相等。劳动总供应量外生给定，资本可以在部门之间流动，外生给定固定资本总量。

2. 碳关税 CGE 模型的方程表达

（1）生产模块。

假设完全竞争的市场，所有部门规模收益不变，在生产技术的约束下，厂商按成本最小化原则进行要素投入和产品产出决策。生产函数形式为多层嵌套常替代弹性函数（Constant Elasticity of Substitution，简称 CES）。关于能源、资本、劳动力之间的嵌套结构，存在以下三种形式：

（资本－能源）－劳动。此结构采用资本与能源先组成"资本－能源 CES 合成品"，再与劳动构成"（资本－能源）－劳动 CES 合成品"。这种形式借鉴了布尼奥科斯（Burniaux）等 1992 年推出的 GREEN 模型。

（资本－劳动）－能源。此结构采用资本与能源先组成"资本－劳动 CES 合成品"，再与能源构成"（资本－劳动）－能源 CES 合成品"。曼尼和瑞彻尔斯（Manne & Richels）于 1992 年推出的 Global2001 模型就采用资本要素和劳动要素组合成一级 CES 生产函数，然后再与能源要素形成二级 CES 生产函数的形式。

（劳动－能源）－资本。此结构采用资本与能源先组成"资本－能源 CES

合成品"，再与资本构成"（劳动－能源）－资本 CES 合成品"。

　　一般而言，选择何种模式取决于资本、劳动、能源三者之间的关系。但是三者之间任两者的关系通常具有很大的复杂性和不确定性。如替代弹性不同的生产部门之间有很大的区别；而资本、劳动力、能源的任两者之间常在某些情况下表现出互补的关系，又在其他的地方表现出替代的关系。若想用模型来全面地反映资本、劳动和能源之间的关系，就会非常复杂（不同的生产部门需要采用不同的生产函数结构，且采用不同的替代弹性）。为了简化模型，我们假定所有生产部门的生产函数结构相同，这也是 CGE 模型经常采取的生产函数处理办法。肯姆福特（Kemfert）采用 1960～1993 年德国工业的总体数据，对上述三种生产函数的结果进行了计量分析，结果表明，（资本－能源）－劳动的生产函数结构在统计意义上是最有效的。此外，国内也有学者通过计量经济估算法，运用 1980～1996 年中国工业总量数据对理论上的 3 种三要素二级嵌套CES 生产函数进行了模拟，认为（资本－能源）－劳动 CES 嵌套结构符合中国工业生产现状。根据已有研究成果，本报告借鉴大多数能源政策 CGE 模型采用的（能源－资本）－劳动嵌套结构，其中能源合成品由煤炭、石油、天然气和电力以 CES 函数形式构成，并采用 Leontief 函数形式描述中间投入品和（资本－能源）－劳动合成品的线性关系，如图 4—4 所示。

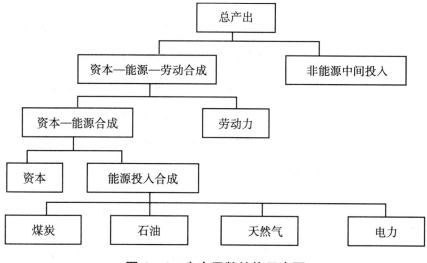

图 4—4　生产函数结构示意图

① 能源合成品方程。

如图 4—4 所示，生产函数的第一层为四种能源（煤炭、石油、天然气、电力），以 CES 函数形式构成能源合成品。

$$Coal_i = \left(\frac{1}{A_{energy,i}}\right)^{1-\sigma_{energy,i}} \alpha_{coal,i}^{\sigma_{energy,i}} \left(\frac{P\_energy_i}{PQ_{coal}}\right)^{\sigma_{energy,i}} Energy_i \tag{4.62}$$

$$Oil_i = \left(\frac{1}{A_{energy,i}}\right)^{1-\sigma_{energy,i}} \alpha_{oil,i}^{\sigma_{energy,i}} \left(\frac{P\_energy_i}{PQ_{oil}}\right)^{\sigma_{energy,i}} Energy_i \tag{4.63}$$

$$Gas_i = \left(\frac{1}{A_{energy,i}}\right)^{1-\sigma_{energy,i}} \alpha_{gas,i}^{\sigma_{energy,i}} \left(\frac{P\_energy_i}{PQ_{gas}}\right)^{\sigma_{energy,i}} Energy_i \tag{4.64}$$

$$Elec_i = \left(\frac{1}{A_{energy,i}}\right)^{1-\sigma_{energy,i}} \alpha_{elec,i}^{\sigma_{energy,i}} \left(\frac{P\_energy_i}{PQ_{elec}}\right)^{\sigma_{energy,i}} Energy_i \tag{4.65}$$

$$P\_energy_i = \left(\frac{1}{A_{energy,i}}\right)\left[\alpha_{coal,i}^{\sigma_{energy,i}} PQ_{coal}^{1-\sigma_{energy,i}} + \alpha_{oil,i}^{\sigma_{energy,i}} PQ_{oil}^{1-\sigma_{energy,i}}\right.$$
$$\left. + \alpha_{gas,i}^{\sigma_{energy,i}} PQ_{gas}^{1-\sigma_{energy,i}} + \alpha_{elec,i}^{\sigma_{energy,i}} PQ_{elec}^{1-\sigma_{energy,i}}\right]^{1/(1-\sigma_{energy,i})} \tag{4.66}$$

其中，$Energy_i$ 是第 i 个生产部门对能源合成品的需求量；$Coal_i$ 是第 i 个生产部门对煤炭的需求量；Oil_i 是第 i 个生产部门对石油的需求量；Gas_i 是第 i 个生产部门对天然气的需求量；$Elec_i$ 是第 i 个生产部门对电力的需求量；P_Energy_i 是第 i 个生产部门所采用能源合成品的价格；PQ_{coal} 是煤炭生产者价格；PQ_{oil} 是石油生产者价格；PQ_{gas} 是天然气生产者价格；PQ_{elec} 是电力价格；$A_{energy,i}$ 是第 i 生产部门能源和成品的转移参数；$\alpha_{coal,i}$ 是第 i 生产部门能源合成品中的煤炭的份额参数；$\alpha_{oil,i}$ 是第 i 生产部门能源合成品中的石油的份额参数；$\alpha_{gas,i}$ 是第 i 生产部门能源合成品中的天然气的份额参数；$\alpha_{elec,i}$ 是第 i 生产部门能源合成品中的电力的份额参数；而 $\alpha_{coal,i} + \alpha_{oil,i} + \alpha_{gas,i} + \alpha_{elec,i} = 1$，意味着各种能源总份额之和为 1；$\sigma_{energy,i}$ 是第 i 生产部门各种能源之间的替代弹性参数。

② 资本—能源合成品方程。

$$Kd_i = \left(\frac{1}{A_{KE,i}}\right)^{1-\sigma_{KE,i}} \alpha_{K,i}^{\sigma_{KE,i}} \left(\frac{P\_ke_i}{R_i}\right)^{\sigma_{KE,i}} KE_i \tag{4.67}$$

$$Energy_i = \left(\frac{1}{A_{KE,i}}\right)^{1-\sigma_{KE,i}} (1-\alpha_{K,i})^{\sigma_{KE,i}} \left(\frac{P\_ke_i}{P\_energy_i}\right)^{\sigma_{KE,i}} KE_i \tag{4.68}$$

$$P\_ke_i = \left(\frac{1}{A_{KE,i}}\right)\left[\alpha_{K,i}^{\sigma_{KE,i}}R_i^{1-\sigma_{KE,i}} + (1+\alpha_{K,i})^{\sigma_{KE,i}}P\_energy_i^{1-\sigma_{KE,i}}\right]^{1/(1-\sigma_{KE,i})}$$

$$(4.69)$$

其中，KE_i 是第 i 个生产部门对资本能源合成品的需求量；Kd_i 是第 i 个生产部门对资本需求量（即第 i 生产部门的资本存量）；P_ke_i 是第 i 个生产部门所用资本能源合成品的价格；R_i 是第 i 个生产部门所用资本价格（即第 i 生产部门的资本回报率）；A_{KE}，i 是第 i 生产部门资本能源合成品的转移参数；α_K，i 是第 i 生产部门资本能源合成品中资本的份额参数；$\sigma_{KE,i}$ 是第 i 生产部门资本与能源合成品之间的替代弹性系数。（资本—能源）—劳动合成品方程——部门总产出的方程

由于生产函数第四层采用了 Leontif 函数形式，（资本—能源）—劳动合成品的值可转化为部门总产出：

$$KE_i = \left(\frac{1}{A_{X,i}}\right)^{1-\sigma_{X,i}}\alpha_{KE,i}^{\sigma_{X,i}}\left(\frac{P\_kel_i}{P\_ke_i}\right)^{\sigma_{X,i}}X_i \tag{4.70}$$

$$Ld_i = \left(\frac{1}{A_{X,i}}\right)^{1-\sigma_{X,i}}(1-\alpha_{KE,i})^{\sigma_{X,i}}\left(\frac{P\_kel_i}{W_i}\right)^{\sigma_{X,i}}X_i \tag{4.71}$$

$$P\_kel_i = \left(\frac{1}{A_{X,i}}\right)\left[\alpha_{KE,i}^{\sigma_{X,i}}P\_ke_i^{1-\sigma_{X,i}} + (1-\alpha_{KE,i})^{\sigma_{X,i}}W_i^{1-\sigma_{X,i}}\right]^{1/(1-\sigma_{X,i})} \tag{4.72}$$

其中，X_i 是第 i 生产部门总产出；KE_i 是第 i 生产部门对资本能源劳动合成品需求量；Ld_i 是第 i 生产部门劳动需求量；P_kel_i 是第 i 生产部门资本能源劳动合成品价格；PX_i 是第 i 生产部门产出品价格；A_X，i 是第 i 生产部门资本能源劳动合成品的转移参数；W_i 是第 i 生产部门的工资率；α_{KE}，i 是第 i 生产部门资本能源劳动合成品中资本能源合成品的份额参数；$\sigma_{X,i}$ 是第 i 生产部门资本能源合成品与劳动之间的替代弹性参数。

③ 中间投入品方程及其他。

$$Int_i = \sum_j \alpha_{i,j}X_j (i=1,\cdots,6; j=1,\cdots,10) \tag{4.73}$$

其中，Int_i 是生产部门对第 i 中商品的需求量；$\alpha_{i,j}$ 是投入产出系数（第 j 生产部门生产单位产品所需第 i 种商品的数量）。生产部门对能源投入品的需求

也为：

$$Int_7 = \sum_j Coal_j \tag{4.74}$$

$$Int_8 = \sum_j Oil_j \tag{4.75}$$

$$Int_9 = \sum_j Gas_j \tag{4.76}$$

$$Int_{10} = \sum_j Elec_j \tag{4.77}$$

因为第 i 生产部门利润为零的方程在此层可写为：

$$KE_i \times P\_ke_i + Ld_i \times W_i + \sum_{j=1}^{6}(Int_{j,i} \times PQ_j) = X_i \times PX_i \times (1-itax_i) \tag{4.78}$$

其中，PQ_j 为第 j 种商品的价格；$itax_i$ 为第 i 生产部门的间接税、费率（由基年数据校准而得）；$Int_{j,i}$为第 u 生产部门对第 j 种商品的需求量。

上式的左边为总投入的价值，右边为总产出的价值，即：

$$KE_i \times P\_ke_i + Ld_i \times W_i = X_i \times \left[PX_i \times (1-itax_i) - \sum_{j=1}^{6}(a_{j,i} \times PQ_j)\right] \tag{4.79}$$

化简为

$$KE_i \times P\_ke_i + Ld_i \times W_i = X_i \times P\_kel_i \tag{4.80}$$

其中，

$$P\_kel_i = PX_i \times (1-itax_i) - \sum_{j=1}^{6}(a_{j,i} \times PQ_j) \tag{4.81}$$

（2）收入支出模块。

① 要素收入。

要素收入指来自各个生产部门的劳动和资本回报，主要为劳动和资本要素收入。

$$YL_i = W_i \times Ld_i \tag{4.82}$$

$$YK_i = R_i \times Kd_i \tag{4.83}$$

其中，YL_i 为第 i 生产部门的劳动报酬；YK_i 为第 i 生产部门的资本报酬。

模型假设要素收入的最初分配中，劳动报酬全部为居民所得，而资本报酬由企业、居民和国外共同获得。

② 企业收入支出。

企业收入来自资本报酬和政府对企业的转移支付，企业支出主要包括对居民的转移、对政府缴纳的税费，两者的差额为企业储蓄。模型假定企业对居民的转移支付函数、向政府缴纳的税费、税费率都是外生的，可由基年数据校准而得到

$$EnSav = \kappa\_e \times \sum_i YK_i + GtoEn - EnTax - EntoH \qquad (4.84)$$

其中，$EnSav$ 为企业储蓄；$GtoEn$ 为政府对企业的转移支付；$EnTax$ 为企业对政府所缴纳的税费；$EntoH$ 为企业对居民的转移支付；κ_e 为资本收入对企业的分配系数。

$$EntoH = e\_h \times \kappa\_e \times \sum_i YK_i \qquad (4.85)$$

其中，e_h 为企业对居民的转移支付参数

$$EnTax = etax \times \kappa\_e \times \sum_i YK_i \qquad (4.86)$$

其中，$etax$ 为企业对政府缴纳的税费率。

③ 居民收入支出。

居民收入来源于要素回报，即劳动和资本。此外，居民收入还包括企业、政府和世界其他地区的转移支付。居民的支出为各种商品的最终消费和对政府缴纳的税费，收入支出的差额即为居民储蓄。

$$YH = \sum_i YL_i + \kappa\_h \sum_i YK_i + EntoH + GtoH + WtoH \qquad (4.87)$$

其中，YH 为居民总收入；$GtoH$ 为政府对居民的转移支付；$WtoH$ 为世界其他地区对居民的转移支付；κ_h 为资本收入对居民的分配系数。

$$HSav = mps \times YH \times (1 - htax) \qquad (4.88)$$

其中，$HSav$ 为居民储蓄；$htax$ 为居民向政府缴纳税费率；mps 为居民储蓄率。

资本收入对居民的分配系数、居民储蓄率和居民向政府缴纳的税费率参数

均外生给定（其值由基年数据校准可得）。模型假设居民的效用函数为 Stone-Geary 函数，允许不同合成商品之间的不完全替代，由预算约束下的效用最大化原则，居民对各种商品的消费函数可用线性支出系统（Linear Expenditure System，简称 LES）描述如下：

$$CD_i \times PQ_i = cles_i \times YH(1-htax)(1-mps) \tag{4.89}$$

其中，$cles_i$ 为居民对第 i 类商品的消费份额参数（由基年数据校准可得）；CD_i 为居民对第 i 类商品的总消费。

④ 政府收入支出。

政府的经常性收入来自生产税费、关税、居民所缴纳税费、企业所缴纳税费和世界其他地区对政府的转移支付；而政府的经常性支出为政府对各种商品的最终消费、对居民的转移支付、对企业的转移支付和对出口的补贴；政府的储蓄为两者的差额。

$$GR = IndTax + Tariff + HTax + EnTax + WtoG \tag{4.90}$$

其中，GR 为政府的经常性收入；$IndTax$ 为政府的生产间接税费收入；$Tariff$ 为政府的关税收入；$HTax$ 为政府从居民缴纳税费所得收入；$WtoG$ 为世界其他地区对政府的转移支付。

$$IndTax = \sum_i itax_i \times PX_i \times X_i \tag{4.91}$$

$$Tariff = \sum_i mtax_i \times \overline{PWM_i} \times \overline{ER} \times M_i \tag{4.92}$$

$$HTax = htax \times YH \tag{4.93}$$

其中，$mtax_i$ 为政府对第 i 种进口商品所征收关税税率；PWM_i 为第 i 种进口商品的世界价格；M_i 为第 i 种商品进口额；ER 为汇率。

关税税率由基年数据校准可得，可进口商品的世界价格外生给定，汇率也外生给定（取基年值）。

$$GovSav = GR - GtoEn - GtoH - ExSub - GdTot \tag{4.94}$$

其中，$GovSav$ 为政府储蓄；$GtoEn$ 为政府对企业的转移支付；$GtoH$ 为政府对居民的转移支付；$ExSub$ 为政府对出口的补贴；$GdTot$ 为政府对各种商品的消费支出总和。

$$GD_i \times PQ_i = gles_i \times GdTot \qquad (4.95)$$

$$ExSub = \sum_i esub_i \times PE_i \times E_i \qquad (4.96)$$

其中，E_i 为第 i 种商品出口额；GD_i 为政府对第 i 种商品的消费；PE_i 为第 i 种出口商品的国内价格；$esub_i$ 为政府对第 i 种出口商品的补贴率；$gles_i$ 为第 i 种商品消费在政府商品总消费支出中所占的份额参数。

$esub_i$ 和 $gles_i$ 等参数值由基年数据校准而得。模型假设政府支出项中，政府对居民的专题支付、对企业的转移支付、对各种商品的消费支出总和保持不变，也由基年校准得到。

⑤ 国民收入。

$$GDPVA = \sum_i (YK_i + YL_i) + IndTax + Tariff - ExSub \qquad (4.97)$$

$$RGDP = \sum_i (CD_i + GD_i + ID_i + DST_i + \overline{PWE_i} \times$$

$$ER \times E_i - \overline{PWM_i} \times ER \times M_i) \qquad (4.98)$$

$$PIndex = GDPVA/RGDP \qquad (4.99)$$

其中，$GDPVA$ 为名义国内生产总值；$RGDP$ 为实际国内生产总值；$PIndex$ 为 GDP 平减指数；ER 为汇率；E_i 为第 i 种商品出口额；PWE_i 为第 i 种出口商品的世界价格；ID_i 为用作资本品的第 i 种商品的需求；DST_i 为作为库存的第 i 中商品额。

（3）对外贸易模块。

① 进口。

国内销售的商品有两个来源：国内生产（D）和进口（M）。本模型采用大多数 CGE 模型的阿明顿（Armington）假设，即这两类商品是不完全替代的，这一假设与大多数部门商品既进口又出口，即双向贸易的事实相符。国内消费者在一定的相对价格和可替代程度的条件下，选择进口品与国内产品之间的最优消费比例，即实现成本的最小化。同样，采用 CES 函数来表示国内生产和进口构成的组合品 Q，也称为 Armington 商品。

$$Q_i = A_{Q,i}[\alpha_{M,i}M_i^{\rho_{Q,i}} + (1-\alpha_{M,i})D_i^{\rho_{Q,i}}]^{1/\rho_{Q,i}} \tag{4.100}$$

$$\frac{M_i}{D_i} = \left(\frac{\alpha_{M,i}}{1-\alpha_{M,i}}\frac{PD_i}{PM_i}\right)^{\sigma_{Q,i}} \tag{4.101}$$

$$PQ_i \times Q_i = PM_i \times M_i + PD_i \times D_i \tag{4.102}$$

其中，Q_i 为国内销售的第 i 种商品的销售额；$A_{Q,i}$ 为第 i 种 Armington 商品的转移参数；$\alpha_{M,i}$ 为第 i 种 Armington 商品中进口品的份额参数；$\sigma_{Q,i}$ 为进口品与国内产品间的替代弹性参数；$\rho_{Q,i}=(\sigma_{Q,i}-1)/\sigma_{Q,i}$。

对于商品的进口，本模型采用小国假设，因为中国在国际市场上只是价格接受者，不受中国进口需求的影响，这与大多数研究中国问题的 CGE 模型一样，那么

$$PM_i = \overline{PWM_i}(1+mtax_i)\overline{ER} \tag{4.103}$$

其中，$mtax_i$ 为政府对第 i 种进口商品所征收关税税率；PM_i 为第 i 种进口商品的国内价格；$\overline{PWM_i}$ 为第 i 种进口商品的世界价格；$\overline{ER}$ 为汇率。

② 出口。

国内生产的产品流向也有两种：其一是在国内销售（D），其二是用于出口（E）。模型假设同样采用不完全替代。国内生产者确定国内供给和出口的最优销售比例，最大化其收入。采用不变转换弹性（Constant Elasticity Transformation，简称 CET）函数来表示出口和国内销售之间的合成：

$$X_i = A_{Ex,i}[\alpha_{E,i}E_i^{\rho_{Ex,i}} + (1-\alpha_{E,i})D_i^{\rho_{Ex,i}}]^{1/\rho_{Ex,i}} \tag{4.104}$$

$$\frac{E_i}{D_i} = \left(\frac{1-\alpha_{E,i}}{\alpha_{E,i}}\frac{PE_i}{PD_i}\right)^{\sigma_{Ex,i}} \tag{4.105}$$

$$PX_i \times X_i = PE_i \times E_i + PD_i \times D_i \tag{4.106}$$

其中，$A_{Ex,i}$ 是国内产品的转移参数；$\alpha_{E,i}$ 是国内产品中出口品的份额参数；$\sigma_{Ex,i}$ 为出口品与国内产品间的替代弹性参数；$\rho_{Ex,i}=(\sigma_{Ex,i}-1)/\sigma_{Ex,i}$

对于商品的出口，本模型仍采用小国假设，因为中国在国际市场上只是价格接受者，不受中国出口量的影响，这与大多数研究中国问题的 CGE 模型一样，那么

$$PE_i(1-esub_i) = \overline{PWE_i}(1+Ctariff_i)\overline{ER} \tag{4.107}$$

其中，$esub_i$ 为政府对第 i 种出口商品的补贴率；PE_i 为第 i 种出口商品的国内价格；$\overline{PWE_i}$ 为第 i 种出口商品的世界价格；$Ctariff$ 为碳关税税率。

上述变量和参数中，$\overline{PWE_i}$ 外生给定（取基年价格），而政府对第 i 种商品补贴率 $esub_i$ 由基年数据校准而得。

（4）投资模块。

模型将总投资额 $Invest$ 分解为库存 Dst_i 和固定资产投资总额 $Fxdinv$。假设库存 Dst_i 与第 i 个部门的产出 X_i 比例固定（此比例由基年数据校准而得）。因而，固定资产投资总额可以由总投资额减去库存得到。

$$FxdInv = Invest - \sum_i Dst_i \times PQ_i \tag{4.108}$$

$$Dst_i = dstr_i \times X_i \tag{4.109}$$

其中，$FxdInv$ 是社会总固定资产投资额；$Invest$ 是指社会总投资额；Dst_i 指作为库存的第 i 种商品额；$Dstr_i$ 为第 i 种商品库存量与产量间比值。

假定固定资产投资总额在各个部门间的分配由外生给定的比例参数决定，即：

$$Dk_i \times Pk_i = FxdInv \times kshr_i \tag{4.110}$$

$$Pk_i = \sum_j sf_{ji} \times PQ_j \tag{4.111}$$

其中，Dk_i 是第 i 部门固定投资额；Pk_i 是第 i 部门资本品的价格；$kshr_i$ 是第 i 部门的固定投资份额参数；sf_{ij} 是第 j 部门资本品组成系数。

根据每个部门的资本品组成系数（sf_{ij}），可将部门投资额 DK_j 转化成对用作资本品的第 i 种商品的需求 ID_i：

$$ID_i = \sum_j sf_{ji} \times Dk_j \tag{4.112}$$

其中，ID_i 为对用作资本品的第 i 种商品的需求。上述参数中，各部门资本组成系数矩阵 sf_{ij} 外生给定。

（5）宏观闭合与均衡模块。

① 宏观闭合。

宏观闭合有两层含义：宏观账户的平衡和关于宏观调整行为的假设，CGE

模型中有三个主要的宏观平衡关系，即政府财政收支平衡、国际收支平衡和储蓄—投资平衡。

第一，政府预算的闭合法则。

根据政府收支模块，政府的储蓄（或赤字）为经常性收支之间的差值。政府的闭合法则可以有两种方式：一是选择政府储蓄为外生，从而使其征收的某种税费率或是政府转移支付内生以实现平衡；二是政府征收的各种税费率和转移支付外生给定不变，而使政府的储蓄或赤字内生决定。

模型中采用的是第二种闭合法则，税费率由基年数据校准而得。

第二，国际收支平衡闭合法则。

世界其他国家和地区的收入来自对中国商品和服务的出口（即中国的进口）及其在中国的资本收益；而其支出为对中国商品和服务的进口（即中国的出口）和对中国政府和居民的转移支付。收入与支出两者之间的差值为国外储蓄。即

$$\sum_i \overline{PWM_i} \times \overline{ER} \times M_i + \kappa\_\omega \sum_i YK_i$$
$$= \omega \sum_i \overline{PWE_i} \times \overline{ER} \times E_i + WtoH + WtoG + Fsav \qquad (4.113)$$

其中，$WtoH$：世界其他国家和地区对居民的转移支付；$WtoG$：世界其他国家和地区对政府的转移支付；$Fsav$：世界其他国家和地区的储蓄；κ_ω：资本报酬在国外的份额参数。

$$WtoH = \delta_h (\sum_i \overline{PWE_i} \times \overline{ER} \times E_i - \sum_i \overline{PWM_i} \times \overline{ER} \times M_i) \qquad (4.114)$$

$$WtoG = \delta_g (\sum_i \overline{PWE_i} \times \overline{ER} \times E_i - \sum_i \overline{PWM_i} \times \overline{ER} \times M_i) \qquad (4.115)$$

其中，δ_h：转移支付参数（世界其他国家和地区对居民的转移支付）；δ_g：转移支付参数（世界其他国家和地区对政府的转移支付）。

在国际收支平衡方程式（4.112）中，选择国外储蓄为外生变量，其值由基年数据确定。

第三，储蓄—投资闭合法则。

本模型采用新古典闭合法则。这种闭合法则认为投资等于储蓄，即模型是

"储蓄驱动"的。系统中所有的储蓄，包括居民储蓄、企业储蓄、政府储蓄和国外储蓄都将转化为投资，即

$$Invest = Saving \tag{4.116}$$

$$Saving = HSav + GovSav + EnSav + FSav \tag{4.117}$$

其中，$Saving$：总储蓄；$Invest$：总投资；$HSav$：居民总储蓄；$GovSav$：政府储蓄；$EnSav$：企业储蓄；$FSav$：世界其他国家和地区储蓄。

根据 Walras 一般均衡原理，上述三项宏观经济平衡存在多余限制，应该取消其中一项。本模型去掉式（4.115），可用它来检验模型解的一致性。

② 均衡条件。

本模型的均衡条件包括三种市场出清：商品市场出清、劳动力市场出清和资本市场出清。

第一，商品市场的均衡。

在国内市场，商品的供给来源于国内厂家的生产和国外进口，而需求分为中间消费品（中间投入品）Int 和最终消费品。最终消费品又分为居民消费品 CD、政府消费品 GD、投资品 ID 和库存品 Dst，即

$$Q_i = Int_i + CD_i + GD_i + ID_i + Dst_i \tag{4.118}$$

第二，劳动力市场均衡。

本模型选择比较静态长期闭合中关于劳动市场的假设，认为经济在外来冲击下经过了充分调整，劳动力市场实现充分就业，劳动力的总供给量外生给定，通过相对工资率的调节来与劳动需求量达到平衡。这意味着劳动力可以在部门间完全流动，而部门间劳动力的完全流动将会造成完全一致的相对工资率。在这种情况下，劳动力市场出清是指各个部门内生决定的劳动力需求总和等于外生给定的劳动力供应量。

$$W_i = WL \tag{4.119}$$

$$\sum_i Ld_i = \overline{TotLs} \tag{4.120}$$

其中，WL 为平均相对工资率；Ld_i 为第 i 部门劳动需求量；$\overline{TotLs}$ 为劳动力总供给量，外生，由基年数据给定。

第三，资本市场均衡。

模型假定长期条件下，资本可以在部门间流动，给定不同部门的资本回报率扭曲系数，资本将转向回报率更高的部门。资本出清要求所有行业的资本需求必须等于外生给定的固定资本总量。

$$R_i = kdist_i \times AR \qquad (4.121)$$

$$\overline{TotKs} = \sum_i Kd_i \qquad (4.122)$$

其中，R_i，第 i 部门资本回报率；AR，平均资本回报率；$Kdist_i$，第 i 部门资本回报率扭曲系数，外生给定，由基年数据校准得到；$\overline{TotKs}$，资本总供给量，外生给定，由基年数据给定。

（6）扩展模块。

① 碳关税的征收和使用。

我们假定进口国对出口国出口商品征收碳关税，而碳关税是按照出口商品的内涵碳进行征收，由于每种出口商品的完全碳排放系数的获得难度较大，出于计算的可行性考虑，各种商品碳排放主要来自于化石燃料的燃烧，所以可以通过之前投入产出表计算出的各部门最终产品对能源产业各部门的完全消耗系数，再由能源产业不同能源品种的二氧化碳排放系数来间接估算各个部门的完全碳排放系数，从而进一步核算出碳关税征收的税基。碳关税的征收，也即是按照出口商品生产过程中消耗的能源（包括煤、石油、天然气等一次性能源）所排放的二氧化碳量进行征收。出口商品作为国民产出的一部分，碳关税的征收影响着商品和服务的生产，进而对整个国民产出都产生着影响。

我们在之前已核算出各个部门的产品和服务对于各种能源的直接消耗，得到各部门提供最终产品时的消耗矩阵（$Coal_i$，Oil_i，Gas_i），然后乘以能源部门单位价值能源产品燃烧的二氧化碳排放系数 $cemi$，单位为吨碳/吨标煤，以及将能源数量由价值型转换成实物型的转换因子 $epri$，单位为吨标煤/亿元人民币，再者，考虑到能源的碳氧化率，即能源中碳元素的氧化率，就可以得到第 i 产业部门生产所排放的二氧化碳量 CE_i（二氧化碳 $Emission$）。

$$CE_i = Coal_i \times epri_{coal} \times cemi_{coal} \times oxir_{coal} + Oil_i \times epri_{oil} \times cemi_{oil} \times oxir_{oil}$$

$$+ Gas_i \times epri_{gas} \times cemi_{gas} \times oxir_{gas} \tag{4.123}$$

由各产业部门的生产造成的二氧化碳排放量，我们通过出口产品和服务占总产出的比例来算出第 i 部门商品和服务的出口所产生的二氧化碳排放量 $CESi$，单位为百万吨。

$$CES_i = CE_i \times \frac{E_i}{X_i} \tag{4.124}$$

将各行业的二氧化碳排放量加总即是出口商品和服务的总的二氧化碳排放量，也就是可以说是出口商品和服务的内涵碳总量：

$$CES = \sum_i CES_i = 10^{-6} \sum_{i=1}^{10} \frac{E_i}{X_i} \times (Coal_i \times epri_{coal} \times cemi_{coal} \times oxir_{coal}$$

$$+ Oil_i \times epri_{oil} \times cemi_{oil} \times oxir_{oil} + Gas_i \times epri_{gas} \times cemi_{gas} \times oxir_{gas}) \tag{4.125}$$

假设碳关税税率为 $Ctariff$（Carbon Tariff），单位为美元/吨二氧化碳，碳关税的税基为各个部门对能源（煤炭、石油、天然气、电力）的使用之后排放的二氧化碳排放量 CES，那么出口国缴纳的碳关税总和为 $RCtariff$，单位为亿元人民币。

$$RCtariff = 10^{-8} Ctariff \times ER \times CES \tag{4.126}$$

将对出口那部分商品和服务从量计征的碳关税税率转化为对整个产出计征的从价税税率 CTR，用这种转化来简单评价碳关税对国民产出和收入的影响，转换方式如下：

$$CTR_{coal} = \frac{10^{-8} \times Ctariff \times ER \times \left(\sum_{i=1}^{10} Coal_i \times epri_{coal} \times cemi_{coal} \times \frac{E_i}{X_i} \right)}{PD_{coal} \times D_{coal} + PM_{coal} \times M_{coal} - PD_{coal} \times E_{coal}} \tag{4.127}$$

$$CTR_{oil} = \frac{10^{-8} \times Ctariff \times ER \times \left(\sum_{i=1}^{10} Oil_i \times epri_{oil} \times cemi_{oil} \times \frac{E_i}{X_i} \right)}{PD_{oil} \times D_{oil} + PM_{oil} \times M_{oil} - PD_{oil} \times E_{oil}} \tag{4.128}$$

$$CTR_{gas} = \frac{10^{-8} \times Ctariff \times ER \times \left(\sum_{i=1}^{10} Gas_i \times epri_{gas} \times cemi_{gas} \times \frac{E_i}{X_i}\right)}{PD_{gas} \times D_{gas} + PM_{gas} \times M_{gas} - PD_{gas} \times E_{gas}}$$

$$(4.129)$$

通过这样的转化，碳关税的经济和环境效应就能较便捷地核算出来。首先，进口国征收碳关税会对出口国生产商品的生产成本造成影响，进而影响国际市场上的商品价格，从而影响生产者对能源要素的需求，以及商品的产出和出口；其次，在一价定律下，国内商品价格将随国际市场价格波动，对进口国国内居民收入和居民福利产生影响；最后，名义 GDP 也将会因碳关税的支出，厂商产出和居民收入的变化受到影响。

② 生产者角度。

对能源要素需求的影响

$$Coal_i = \frac{1}{A_{energy,i}}\bigg)^{1-\sigma_{energy,i}} \alpha_{coal,i}^{\sigma_{energy,i}} \left[\frac{P\_energy_i}{PQ_{coal}(1+CTR_{coal})}\right]^{\sigma_{energy,i}} Energy_i \quad (4.130)$$

$$Oil_i = \left(\frac{1}{A_{energy,i}}\right)^{1-\sigma_{energy,i}} \alpha_{oil,i}^{\sigma_{energy,i}} \left[\frac{P\_energy_i}{PQ_{oil}(1+CTR_{oil})}\right]^{\sigma_{energy,i}} Energy_i \quad (4.131)$$

$$Gas_i = \left(\frac{1}{A_{energy,i}}\right)^{1-\sigma_{energy,i}} \alpha_{gas,i}^{\sigma_{energy,i}} \left[\frac{P\_energy_i}{PQ_{gas}(1+CTR_{gas})}\right]^{\sigma_{energy,i}} Energy_i \quad (4.132)$$

$$\left[\begin{array}{l} \alpha_{coal,i}^{\sigma_{energy,i}} PQ_{coal}(1+CTR_{coal})^{1-\sigma_{energy,i}} + \alpha_{oil,i}^{\sigma_{energy,i}} PQ_{oil}(1+CTR_{oil})^{1-\sigma_{energy,i}} \\ + \alpha_{gas,i}^{\sigma_{energy,i}} PQ_{gas}(1+CTR_{gas})^{1-\sigma_{energy,i}} + \alpha_{elec,i}^{\sigma_{energy,i}} PQ_{elec}(1+CTR_{elec})^{1-\sigma_{energy,i}} \end{array}\right]^{1/(1-\sigma_{energy,i})}$$

$$(4.133)$$

③ 居民角度。

$$CD_i \times PQ_i(1+CTR_i) = YH(1-htax)(1-mps) \times cles_i \quad (4.134)$$

④ 名义 GDP 角度。

$$GDPVA = \sum_i (YK_i + YL_i) + Indtax + Tariff - Exsub - RCtariff$$

$$(4.135)$$

（7）环境指标。

从环境效应的角度来看，碳关税的征收也将对二氧化碳的排放量造成影响。我们具体的来测算出口产品的内涵碳（Embodied Carbon）的数值。《联合国气候变化框架公约》（UNFCCC）中将内涵碳的概念定义为："商品从原料的取得、加工、运输到称为消费者所购买到手中，这段过程所排放的二氧化碳。"也就是说任何一种商品的生产都会直接或间接的产生二氧化碳的排放，我们将一种商品在整个生产过程中所排放的二氧化碳定义为内涵碳或隐含碳。

众多学者对内涵碳的问题进行了研究和讨论。潘（Pan，2008）等研究发现，2002年中国净出口的隐含能源和隐含排放分别占当年一次能源总消费和总排放的16%和19%；如果从消费端核算，2006年中国二氧化碳排放将由以生产端核算的5 500吨下降为3 840吨，且2001~2006年的年均排放增长速度将由12.5%下降为8.7%，在后京都时代的减排责任分配中，应充分重视贸易中的隐含碳排放转移；以消费端为基础的排放核算原则有利于国际排放责任的分配，可以避免发达国家向中国等发展中国家引起的"碳泄漏"。魏本勇等（2009）对2002年中国贸易隐含碳的研究也发现，中国存在一个显著的隐含碳出口行为；2002年为满足国外需求而出口的国内碳排放261.19百万吨二氧化碳，约占当年国内一次能源消费碳排放量的23.45%。IEA对中国出口隐含碳的评估认为，2004年中国与能源相关的隐含二氧化碳排放出口占国内生产排放总量的34%；若考虑扣除进口的隐含碳排放，中国对外贸易引起的二氧化碳净出口可能为国内排放总量的17%左右。王和沃森的研究也得到类似的结论，他们发现，由于对外贸易，2004年中国净出口了大约11.09亿吨的二氧化碳排放，占中国当年二氧化碳排放总量的23%，其中，货物出口产生了大约14.9亿吨二氧化碳排放。这就表明，中国二氧化碳排放的相当部分是由其他国家消费中国制造的产品引起的，发达国家的消费需求是引起中国出口贸易隐含碳出口增加的重要原因。韦伯等（Weber et al.，2008）的研究发现，2005年中国约1/3的总排放是出口需求；1987~2002年中国出口的隐含碳排放占总排放的比例增加了9%，发达国家的消费需求是这一增长趋势的主要驱动因素。水斌和哈瑞斯（Bin Shui & Harris，2006）对中美贸易的研究发现，在1997~2003年，中国碳排放总量的7%~14%是为了满足美国的消费需求而产生的。对中英贸易中隐含二氧化碳排放的分析也表明，为满足英国的消费需求，2004年中国出口了 186 吨的二氧化碳排放，占当年中国总排放的 4％。张晓平（2009）的分析则表明，2000～2006 年，中国本土每年提供给美国和欧盟消费需求的出口产品产生的二氧化碳排放分别占中国总排放的 6％～7％和 4.8％～6.5％；扣除相应的进口排放，中美和中欧贸易净转移到中国的二氧化碳排放分别占到中国二氧化碳总排放的 4.1％～5.1％和 1.8％～4.0％。最近，徐等学者的研究也发现，2002～2007 年，中国出口到美国的隐含能源和隐含二氧化碳排放分别占其国内总能源消费和总二氧化碳排放的 12％～17％和 8％～12％。因而，从消费的角度看，中国所消耗的能源和排放的碳中有相当部分是被用于生产满足国外消费者生产和生活需求的出口产品。中国能源消耗及二氧化碳等温室气体排放的快速增长，除了国内投资和消费需求膨胀的原因，国外消费需求所引起的中国出口的迅速增加也起了重要的加速作用。中国不是碳排放的唯一责任方，国外消费者，尤其是发达国家的消费者，也对中国日益增长的温室气体排放负有相应责任。

碳关税的征收对象所含的内涵碳出自生产国，由生产国完全承担了消费国的能耗和环境污染。计算进出口商品的内涵碳要衡量商品的生产过程中直接和间接消耗的化石能源，也就是说每个阶段的中间投入品消耗的能源也要考虑在内。我们采用内涵分析常用的投入产出法（Li & Hewitt，2008），运用贸易国各自的投入产出表分别计算两国贸易商品的碳排放系数，对中欧、中美主要贸易商品的内涵碳进行测度。投入产出表全面系统地反映一定时期内国民经济各部门之间的投入产出关系，揭示生产过程中各部门之间相互依存和相互制约的经济技术联系。

碳关税是欧美等发达国家向中国等发展中国家的出口商品征收的特别关税。这些商品的生产在发展中国家，而消费却在发达国家，发展中国家承担了这些商品生产全过程的温室气体排放。所以我们进一步来考察碳关税的征收会造成的环境效应。进口国向出口国征收碳关税，出口国出口厂商生产受到负面影响，虽然从短期来看国民经济会受到消极影响，但是出口国生产过程中排放的二氧化碳量相应会减少，因此获得正的环境效应。这个指标可以通过各个行业的二氧化碳排放量加总 CES 来考察。

（8）福利指标。

为了考察居民的福利，采用应用较广的希克斯等价变动（Hicksian Equivalent Variation）来衡量碳关税对出口国国内居民福利产生的影响。碳关税虽然不直接对居民征收，但是出口国厂商缴纳碳关税之后会影响销售价格，进而会影响到消费者的福利水平。我们采用的希克斯等价变动方法是以政策实施前的商品价格为基础，测算居民在政策前后的效应变化，即：

$$EV = E(U^s, PQ^b) - E(U^b, PQ^b)$$
$$= \sum_i PQ^b(i) \times CD^s(i) - \sum_i PQ^b(i) \times CD^b(i)$$

$$(4.136)$$

其中，EV 为居民的等价变动；$E(U^s, PQ^b)$ 为居民在碳关税征收前的效用（以政策变动前价格的支出函数计算）；$E(U^b, PQ^b)$ 为居民在碳关税征收后的效用（以政策变动前价格的支出函数计算）；CD^b：碳关税征收前居民对第 i 类商品的消费；CD^s：碳关税征收之后居民对第 i 类商品的消费。

当希克斯等价变动为正值时，说明居民的福利在政策实施后得到了改善；相反，若希克斯等价变动为负值，则表明政策实施后，居民福利受到损失。

4.2.2　碳关税 CGE 模型数据处理与参数估计

本章对碳关税静态可计算的一般均衡模型进行数据处理和参数估计。用 2007 年中国的投入产出表编制中国 2007 年 10 部门（农业、重工业、轻工业、交通、建筑、服务、煤炭、石油、天然气和电力）宏观社会核算矩阵和细分社会核算矩阵，作为碳关税 CGE 模型的数据来源，并对模型参数进行估计。运用 GAMS 软件求解 CGE 模型，将碳关税 CGE 模型编写成程序语言，得出结论。

1. CGE 模型数据处理

我们首先对本报告 CGE 模型的变量进行一个综合，得出模型的变量表

（见附录1），随后对模型的数据处理和参数估计进行进一步的分析。

（1）社会核算矩阵基本原理。

社会核算矩阵（Social Accounting Matrix，简称 SAM）是满足可计算的一般均衡模型要求的最通用的基准数据组织形式。社会核算矩阵是一种描述经济系统运行的、矩阵式的、以单式记账形式反映复式记账内容的经济核算表，它将描述生产的投入产出表与国民收入和生产账户结合在一起，全面地刻画了经济系统中生产创造收入、收入引致需求、需求导致生产的经济循环过程，清楚地描述了特定年份一国或一地区的经济结构和社会结构。社会核算矩阵在投入产出表的基础上增加了各类机构的信息，如居民、政府和世界其他地区的收入流，以二维表形式全面反映了整个经济活动的收入支出情况，不仅反映了生产部门之间的联系，还能反映非生产部门之间以及非生产部门和生产部门之间的联系，从而反映政策变动对经济整体的全面影响。另外，社会核算矩阵中商品部门、活动部门和机构部门都可根据所分析的问题的需要加以集结或细分。社会核算矩阵是目前最常用的组织核算数据的工具之一。社会核算矩阵以矩阵的形式表示各个账户之间的交易，通常用行表示收入，用列表示支出，根据收支平衡原则，每一列所有元素之和应该恰等于相应的行中所有元素之和。表4—3给出一个最简单的社会核算矩阵，复杂的社会核算矩阵都是在这个基础上进行拓展和延伸的。结合本章碳关税对中国的影响进行分析，我们编制中国的10个生产部门、家庭、劳动力、政府、国际市场的社会核算矩阵作为基准均衡数据集。

表 4—3　　　　　　　　　　社会核算矩阵的简单描述

收入	支出					汇总
	1	2	3	4	5	
1 商品	A	C	G	I	E	需求
2 居民	Y	—	—	—	—	居民收入
3 政府	Ti	Td	—	—	—	政府收入

收入	支出					汇总
	1	2	3	4	5	
4 资本账户	—	Sh	Sg	—	Sf	储蓄
5 其他地区	M	—	—	—	—	进口
汇总	供给	居民支出	政府支出	投资	外汇收入	

（2）宏观社会核算矩阵。

宏观核算矩阵的编制通常分为两个过程，首先编制宏观社会核算矩阵，然后在宏观社会矩阵的基础上编制细分的社会核算矩阵。宏观社会矩阵提供整个经济活动的一个粗略的宏观层面的描述，缺乏详细的部门和机构信息，同时为详细社会核算矩阵中的子矩阵提供控制数字。表 4—4 是宏观社会矩阵的各项数据来源的简单描述；表 4—5 给出了本报告所编制的宏观社会核算矩阵的基本结构；表 4—6 给出中国 2007 年的宏观社会矩阵结果。

由于统计口径不同等方面的原因，不同数据来源所统计的数据之间很可能出现不一致的情况。本报告编制 2007 年的社会宏观核算矩阵，数据源以 2007 年投入产出表为基础，参考《中国财政年鉴》、国际收支平衡表、资金流量表、《中国经济年鉴》等统计资料，另外，部分数据还由国家统计局、国家税务总局、人力资源和社会保障部等官方网站查询所得。由于社会核算矩阵所需部分数据无法在现有统计资料中直接得到，还需在目前已有数据的基础上进行计算并做相应调整，我们将各个考察指标的来源和计算方法列表如下（见表 4—4）。此外，为了保证数据的准确性，无法统计或统计口径相对不一致的数据我们根据社会核算矩阵行列平衡的原则，用行列余量计算所得。

在原始宏观社会核算矩阵表的基础上，为了保证 SAM 的行列平衡，我们用 Excel 规划求解的方法，确保从投入产出表中获得的数据不变，设定政府—企业以及和资本相关的 10 个向量作为可变单元格，调频的目标函数为可变单元格数值变化率的平方和最小，从而宏观社会核算矩阵的行列对应相等。由此，得到最终的 2007 年中国宏观社会核算矩阵（见表 4—6）。

宏观社会矩阵描述

表4—4	商品	活动	要素		居民	企业	政府	国外	资本账户	存货变动	汇总
			劳动	资本							
商品		中间投入			居民消费		政府消费 出口补贴	出口	固定资本	存货变动	总需求
活动	总产出										总产出
要素 劳动		劳动报酬									要素收入
要素 资本		资本回报									
居民			劳动收入	资本收入		企业转移支付	政府转移支付	国外转移支付			居民总收入
企业				资本收入			政府转移支付				企业总收入
政府	关税	生产税			居民直接税费	企业直接税费					政府总收入
国外	进口			国外资本投资收益							外汇支出
资本账户					居民储蓄	企业储蓄	政府储蓄	国外储蓄			总储蓄
存货变动									存货变动		存货变动
汇总	总供给	总投入	要素支出		居民支出	企业支出	政府支出	外汇收入	总投资	存货变动	

表 4—5　　　　　　　　　　　**宏观社会核算矩阵数据来源**

行账户	列账户	数据来源
商品	活动	2007 年投入产出表
	家庭	2007 年投入产出表整理
	政府	2007 年投入产出表"政府消费"＋中国财政年鉴"出口退税"
	国外	2007 年投入产出表、海关统计年鉴整理
	资本	2007 年投入产出表
	存货变动	2007 年投入产出表
活动	商品	2007 年投入产出表
劳动力	活动	2007 年投入产出表
资本	活动	2007 年投入产出表
家庭	劳动力	2007 年投入产出表
	资本	2007 年资金流量表"住户财产收入"
	企业	行余量
	政府	中国财政年鉴 2008 "抚恤和社会福利救济费"
	国外	2007 年国际平衡收支表"职工报酬＋经常转移项下其他部门"
企业	资本	列余量
	政府	中国财政年鉴 2008
政府	商品	中国财政年鉴 2008
	活动	2007 年投入产出表
	家庭	中国财政年鉴 2008
	企业	行余量
	国外	2007 年国际收支平衡表整理
国外	商品	2007 年投入产出表
	资本	2007 年国际收支平衡表"国外资本投资收益"
资本	居民	2007 年资金流量表"住户部门总储蓄来源"
	企业	列余量
	政府	2007 年资金流量表"政府部门总储蓄来源"——"政府债务支出"
	国外	列余量
存货变动	资本账户	2007 年投入产出表整理

表 4—6

2007 年中国宏观社会核算矩阵

		商品	活动	要素 劳动力	要素 资本	居民	企业	政府	国外	资本账户	存货变动	汇总
商品			552 815.16			96 552.62		38 484.07	95 540.99	105 435.87	5 483.55	894 312.26
活动		818 858.96										818 858.96
要素	劳动		110 047.30									110 047.30
要素	资本		117 477.78									117 477.78
居民				110 047.30	16 012.51		31 531.68	758.15	3 238.02			161 587.67
企业					96 994.56		10 156.27	3 639.54				100 634.10
政府		1 432.75	38 518.72			3 185.58			16 895.13			70 188.45
国外		74 020.55			4 470.71							78 491.26
资本账户						61 849.47	58 946.15	27 306.69	−37 182.88		5 483.55	11 0919.42
存货变动										5 483.55		5 483.55
汇总		894 312.26	818 858.96	110 047.30	117 477.78	161 587.67	100 634.10	70 188.45	78 491.26	110 919.42	5 483.55	

（3）细分社会核算矩阵。

在宏观社会核算矩阵的基础上，我们进一步编制详细分解的社会核算矩阵。本模型将活动和商品账户都分为 10 个部门，农业、重工业、轻工业、交通、建筑、服务、煤炭、石油、天然气和电力。这 10 个部门与投入产出表 42 部门相对应的关系如下：农业部门对应投入产出表中 01 农业部门；重工业对应代码 04 金属矿采选业、05 非金属矿及其他矿采选业以及 12～22 部门；轻工业对应 6～10 部门；交通对应部门 27 交通运输及仓储业；建筑对应部门 26 建筑业；服务业相对较为分散，对应于代码 25、28～42 以及部分 23 部门；煤炭对应于 2 煤炭开采和洗选业以及燃气生产和供应业；石油对应于代码 3 石油和天然气开采业和 11 石油加工、炼焦及核燃料加工业；天然气按 1997 年 124 部门投入产出表中比例对应于部分代码 3 部门；电力为代码 23 电力、热力的生产和供应业部门，其中 1% 归在服务部门中，比例按 1997 年 124 部门对应比例确定。具体部门划分参见表 4－7，由于篇幅限制，本书不列举完成后的 2007 年中国细分社会核算矩阵。该细分矩阵作为 CGE 模型的数据源，为进一步碳关税环境和经济效应的模拟分析奠定了基础。

表 4－7　　　　　　　细分 SAM 部门划分与 I—O 表对应关系

本模型部门	42 部门投入产出表	122 部门投入产出表	具体部门列举
农业	01	01～06	农林牧渔业
重工业	04～05、12～22	09～12、38～85	金属矿采选业、非金属矿及其他矿采选业、化学工业、非金属矿物制品业、金属冶炼及压延加工业、金属制品业、通用、专用设备制造业、交通运输设备制造业、电气机械及器材制造业、通信设备、计算机及其他电子设备制造业、仪器仪表及文化办公用机械制造业、工艺品及其他制造业、废品废料回收业
轻工业	06～10	13～35	食品制造及烟草加工业、纺织业、纺织服装鞋帽皮革羽绒及其制品业、木材加工及家具制造业、造纸印刷及文教体育用品制造业

续表

本模型部门	42 部门投入产出表	122 部门投入产出表	具体部门列举
交通	27	90～98	交通运输及仓储业
建筑	26	89	建筑业
服务	23*、25、28～42	86*、88、99～123	电力、热力的生产和供应业、水的生产和供应业、邮政业、信息传输、计算机服务和软件业、批发和零售业、住宿和餐饮业、金融业、房地产业、租赁和商务服务业、研究与试验发展业、综合技术服务业、水利、环境和公共设施管理业、居民服务和其他服务业、教育、卫生、社会保障和社会福利业、文化、体育和娱乐业、公共管理和社会组织
煤炭	2、24	07、87	煤炭开采和洗选业、燃气生产和供应业
石油	3**、11	08**、36、37	石油和天然气开采业、石油加工、炼焦及核燃料加工业
天然气	3**	08**	石油和天然气开采业
电力	23*	86	电力、热力的生产和供应业

注：* 电力和热力部门比例按 1997 年 124 部门对应比例确定；** 石油和天然气按 1997 年 124 部门投入产出表中对应部门比例细分。

2. CGE 模型参数估计

（1）参数标定。

用标定法估计的参数主要包括两类：一类是将社会核算矩阵中的相关数据带入模型方程中求解得出的，主要包括各行为方程中除了弹性系数以外的份额参数和转移参数；二是可以通过社会核算矩阵直接求得的模型中的其他参数。本报告 CGE 模型中包括的参数列表见附录 2。

在给定基年商品和要素价格的情况下，可以由社会核算矩阵得出所有商品和要素的实际数量，从而推导出模型的参数。由于 CGE 模型中多有价格都是相对价格，所以我们假定基年所有商品和要素的价格为 1，进而求解参数。

根据模型方程推导得出各个份额参数和转移参数的求解方法如下（变量名称之后加 0 表示为基年数据）：

$$\alpha_{coal,i}=Coal0_i^{1/\sigma_{energy,i}}/(Coal0_i^{1/\sigma_{energy,i}}+Oil0_i^{1/\sigma_{energy,i}}+Gas0_i^{1/\sigma_{energy,i}}+Elec0_i^{1/\sigma_{energy,i}})$$
(4.137)

$$\alpha_{oil,i}=Oil_i^{1/\sigma_{energy,i}}/(Coal0_i^{1/\sigma_{energy,i}}+Oil0_i^{1/\sigma_{energy,i}}+Gas0_i^{1/\sigma_{energy,i}}+Elec0_i^{1/\sigma_{energy,i}})$$
(4.138)

$$\alpha_{gas,i}=Gas0_i^{1/\sigma_{energy,i}}/(Coal0_i^{1/\sigma_{energy,i}}+Oil0_i^{1/\sigma_{energy,i}}+Gas0_i^{1/\sigma_{energy,i}}+Elec0_i^{1/\sigma_{energy,i}})$$
(4.139)

$$\alpha_{elec,i}=Elec0_i^{1/\sigma_{energy,i}}/(Coal0_i^{1/\sigma_{energy,i}}+Oil0_i^{1/\sigma_{energy,i}}+Gas0_i^{1/\sigma_{energy,i}}+Elec0_i^{1/\sigma_{energy,i}})$$
(4.140)

$$A_{energy,i}=(\alpha_{coal,i}^{\sigma_{energy,i}}+\alpha_{oil,i}^{\sigma_{energy,i}}+\alpha_{gas,i}^{\sigma_{energy,i}}+\alpha_{elec,i}^{\sigma_{energy,i}})^{1/(1-\sigma_{energy,i})}$$
(4.141)

$$\alpha_{K,i}=\left[1+\frac{P\_energy0_i}{R0_i}\times\left(\frac{Energy0_i}{Kd0_i}\right)^{1/\sigma_{KE,i}}\right]^{-1}$$
(4.142)

$$A_{KE,i}=\frac{KE0_i}{(\alpha_{K,i}\times Kd0_i^{\rho_{KE,i}}+(1-\alpha_{K,i})\times Energy0_i^{\rho_{KE,i}})^{1/\rho_{KE,i}}}$$
(4.143)

$$\alpha_{KE,i}=\left[1+\frac{W0_i}{P\_ke0_i}\times\left(\frac{Ld0_i}{KE0_i}\right)^{1/\sigma_{X,i}}\right]^{-1}$$
(4.144)

$$A_{X,i}=\frac{X0_i}{(\alpha_{KE,i}\times KE0_i^{\rho_{KE,i}}+(1-\alpha_{KE,i})\times Ld0_i^{\rho_{K,i}})^{1/\rho_{X,i}}}$$
(4.145)

$$\alpha_{M,i}=\frac{1}{1+(D0_i/M0_i)^{1/\sigma_{Q,i}}}$$
(4.146)

$$A_{Q,i}=\frac{Q0_i}{[\alpha_{M,i}\times M0_i^{\rho_{Q,i}}+(1-\alpha_{M,i})D0_i^{\rho_{Q,i}}]^{1/\rho_{Q,i}}}$$
(4.147)

$$\alpha_{E,i}=\frac{1}{1+(E0_i/D0_i)^{1/\sigma_{Ex,i}}}$$
(4.148)

$$A_{Ex,i}=\frac{X0_i}{[\alpha_{E,i}\times E0_i^{\rho_{Q,i}}+(1-\alpha_{E,i})D0_i^{\rho_{Ex,i}}]^{1/\rho_{Ex,i}}}$$
(4.149)

由上文投入产出表核算所得的宏观和细分社会核算矩阵的数据，我们可以直接求得一些参数的数值，其中包括各种税费率、各种分配参数和比例参数等，结果详见表 4—8。

表 4—8   由 SAM 直接得到参数列表

参数	求解方式
$itax_i$	政府向各部门征收的生产税费/各生产部门的总产出
κ_e	企业的资本收入/整个社会的资本总收入
e_h	企业对居民的转移支付/企业的资本总收入
$etax$	企业缴纳的直接税费/企业资本收入
κ_h	居民资本总收入/社会资本总收入
$htax$	居民向政府缴纳的税费/居民基年总收入
mps	基年居民储蓄额/居民的可支配收入
$cles_i$	基年居民对某些商品的消费额/居民对商品的总消费
$mtax$	政府在每种进口商品上征收的关税/该进口商品的进口额
$esub_i$	政府在美洲出口商品的退税补贴/该商品出口额
$gles_i$	政府对第 i 种商品的消费额/政府商品消费总额
κ_ω	国外资本报酬所得/社会总资本报酬
δ_h、δ_g	由基年数据代入方程式（4.52）和（4.53）标定得到
$dstr_i$	第 i 种商品库存量/对应产品的产量
$kshr_i$	各部门资本回报/总资本回报

（2）外生参数。

在 CGE 模型中，替代弹性是外生给定的较为重要的参数。理想状态下，这些参数可以由计量经济学方法估计得出，但由于对数据要求较高，出于可得性考虑，具有较大的难度。本报告通过文献比对，在已有研究的基础上，根据本模型的特点加以调整，以获得本模型的替代参数值，见表 4—9。

表 4—9   CGE 模型替代弹性参数值

	农业	重工业	轻工业	交通	建筑	服务	煤炭	石油	天然气	电力
$\sigma_{X,i}$	0.6	0.6	0.6	0.6	0.6	0.6	0.6	0.6	0.6	0.6
$\sigma_{KE,i}$	0.85	0.85	0.85	0.85	0.85	0.85	0.85	0.85	0.85	0.85
$\sigma_{energy,i}$	1.5	1.5	1.5	1.5	1.5	1.5	1.5	1.5	1.5	1.5
$\sigma_{O,i}$	3.0	2.0	2.0	2.0	2.0	2.0	4.0	4.0	4.0	4.0
$\sigma_{Ex,i}$	4.0	3.0	3.0	3.0	3.0	3.0	5.0	5.0	5.0	5.0

其他外生参数包括资本系数组成矩阵 sf_{ij}，资本存量 Kd_i，各种能源的二氧化碳排放系数、转换因子、汇率等。资本系数组成的值我们参考已有文献的原始数据，再根据模型的基年数值进行调整得到，具体数值见表 4－10。

表 4－10　　　　　　　　　　　　资本系数组成矩阵

	农业	重工业	轻工业	交通	建筑	服务	煤炭	石油	天然气	电力
农业	0.0239	0.0130	0.0146	0.0257	0.0183	0.0196	0.0201	0.0117	0.0000	0.0240
重工业	0.2553	0.3796	0.4840	0.4034	0.4079	0.1749	0.3565	0.3012	0.2419	0.4214
轻工业	0.0034	0.0024	0.0025	0.0038	0.0028	0.0030	0.0031	0.0019	0.0010	0.0036
交通	0.0052	0.0037	0.0069	0.0062	0.0040	0.0041	0.0050	0.0064	0.0011	0.0050
建筑	0.6561	0.5788	0.4632	0.5032	0.5220	0.7205	0.5678	0.6496	0.7401	0.4921
服务	0.0562	0.0225	0.0287	0.0579	0.0450	0.0779	0.0475	0.0292	0.0159	0.0540
煤炭	0.0000	0.0000	0.0000	0.0000	0.0000	0.0000	0.0000	0.0000	0.0000	0.0000
石油	0.0000	0.0000	0.0000	0.0000	0.0000	0.0000	0.0000	0.0000	0.0000	0.0000
天然气	0.0000	0.0000	0.0000	0.0000	0.0000	0.0000	0.0000	0.0000	0.0000	0.0000
电力	0.0000	0.0000	0.0000	0.0000	0.0000	0.0000	0.0000	0.0000	0.0000	0.0000

各部门的资本存量等于第 i 部门资本折旧值和该部门折旧率之比。其中，资本折旧值来源于投入产出表，折旧率的数值来自已有文献。二氧化碳排放系数和碳氧化率参考张中祥；转换因子由 2008 年中国统计年鉴"能源消费总量及构成"中的"能源投入实物量"与 2007 年投入产出表中各能源"价值投入量"之比得到。汇率数值来源于 2008 年中国统计年鉴"2007 年人民币对美元年平均汇价"，值为 760.40 元人民币＝100 美元。具体外生参数数值见表 4－11：

表 4－11　　　　　　　　　　　碳排放外生参数取值

	煤炭	石油	天然气
二氧化碳排放系数	0.724	0.586	0.448
转换因子	230 054.04	38 904.10	181 330.43
碳氧化率	0.90	0.98	0.99

3. 模型求解软件

(1) CGE 模型的求解。

对于可计量的一般均衡模型，很多软件都可以进行求解，包括 Mathematics 和 MATLAB 中的求解非线性方程组程序，不同的方法有着不同的语言和特性。针对 CGE 模型求解也有不少工具软件，如 GAMS (General Algebraic Modeling System，一般性代数仿真系统)、GEMPACK (General Equilibrum Modeling Package，一般均衡建模工具包)、MPS/GE (Mathematical Programming System for General Equilibrium，一般均衡数学编程系统)、Hercules、Eviews 等。对混合整数规划问题，则采用亚利桑那大学的 Marsten 及巴尔迪摩大学的 Singhal 共同发展的 ZOOM (Zero/One Optimization Method) 算法。本报告 CGE 模型的求解我们运用 GAMS 软件 Version22.6 进行。

(2) GAMS 软件求解。

GAMS 软件最早是由美国的世界银行 (World Bank) 的米尔奥斯和布鲁克 (Meeraus & Brooke) 所发展。数值算法方面，对线性与非线性规划问题，GAMS 使用由新南韦尔斯大学的默塔 (Murtagh)、斯坦福大学的吉尔 (Gill)、玛莉 (Marray)、桑德斯 (Saunders)、赖特 (Wright) 等所发展的 MINOS 算法。MINOS 是 Modular In-core Non-linear Optimization System 的缩写，这个算法综合了缩减梯度法和准牛顿法，是专门为大型、复杂的线性与非线性问题设计的算法。GAMS 是一种针对线性、非线性和混合整数优化模型建模需要而开发的通用建模系统，特别适合用于求解大规模、较为复杂，需要进行更多调整和处理流程才能建立的精确数学模型。该系统具有许多优良的特性，如具有较好的差错功能，并且输出文件比较系统，大大方便了研究者进行各种分析，在 CGE 模型求解中运用非常广泛。

本模型求解的详细 GAMS 程序代码请见附录 3。

(3) 模型的有效性检验。

在应用 CGE 模型进行政策模拟之前，应该对模型的有效性进行检验。主要包括以下几个方面：①初始数据平衡性检验：检验模型是否能够再生基年的均衡数据集。②价格齐次性检验：由于在一般均衡中，经济主体只针对相对价格的变动有反应，因此，当所有价格同比例变动时，模型中的实务变量的值不变。为了检验价格齐次性，本模型将汇率 ER 的值增加 10%，重新运行模型，结果所有的价格和价值变量相应增加 10%，而实际变量保持不变，即通过价格齐次性检验。③实际变量齐次性：由于 CGE 模型规模收益不变的假定，如果除比率变量和价格变量之外的多有实际变量都等幅变动，那么所有内生的实际变量应该相应变动，而价格不受影响。按照以上标准检验本 CGE 模型，均能通过检验，表明该模型符合一般均衡理论，我们接下来对模型求解的结果进行分析，并剖析相应的政策内涵。

4.2.3　碳关税对中国经济环境影响的模拟分析

在上两章所建立的碳关税静态可计算的一般均衡模型和参数估计的基础上，运用 GAMS 软件，设置四种碳关税征收情景（20 美元/吨二氧化碳、30 美元/吨二氧化碳、40 美元/吨二氧化碳、50 美元/吨二氧化碳），与基准不征收碳关税情景比较，模拟贸易伙伴国对中国出口商品征收碳关税措施会对中国的宏观经济、能源环境产生的影响和碳减排效应，并针对各个行业部门受碳关税征收之后的具体变化情况进行详细剖析。

1. 碳关税的经济环境影响效应

（1）碳关税征收情景设计。

这一部分运用 CGE 模型模拟边境税收调节对中国对外贸易的影响。在可计算一般均衡模型的基础上，我们设定 5 个情景对碳关税的征收效果进行模拟操作。假定一开始每吨碳征收 20 美元，然后每年提高 10 美元，一直到 50 美元为止，这有四个情景，另外还要加上一个基准情景，即不征收碳关税的情景。这个碳关税说明了边境调节在不同碳价格上所产生的效应，同样适用于许可政策下类似的均衡许可价格的效应分析。运用一般均衡模型，可以分析碳关税政策实施前后进出口额、总投资、实际GDP、劳动要素收入、二氧化碳减排等方面带来的影响，并进一步的从农业、重工业、轻工业、交通、建筑、服务、煤炭、石油、天然气和电力这十个行业出发，具体考察碳关税征收的实际影响，从而对碳关税的经济环境效应做出具体的评价和判断。

（2）宏观经济影响分析。

我们首先来分析中国贸易伙伴对中国出口征收碳关税会对宏观经济造成的影响。我们选取实际GDP、总投资、要素收入、出口额等作为主要宏观经济指标，通过GAMS软件运行求出在不同碳关税征收情景下相对于基准情景而言这些指标的变化率。碳关税的征收让出口厂商承担了额外的生产成本，这就对大部分出口部门的产出下降，要素收入减少，从而社会总消费减少，长期来看厂商会将这部分成本转嫁到消费者身上，国内商品的相对价格提高，这又进一步导致了出口的减少，消费者劳动收入的减少，又导致进口的减少，所以总体来看碳关税的征收对整个国民经济造成了负面影响。

根据CGE模拟的结果报告（见表4-12），随着碳关税税率的提高，各项宏观经济指标均是负增长，而且随着碳关税征收税率的提高，各项宏观指标的损失率也是越来越大。从实际GDP来看（见图4-5），在碳关税税率为20美元/吨二氧化碳时实际GDP降低0.18%，到碳关税为50美元/吨二氧化碳时实际GDP降低0.79%；资本要素收入在碳关税为20美元/吨二氧化碳时降低0.56%，碳关税为50美元/吨二氧化碳时降低两个百分点；劳动要素收入的变动大于资本要素收入，在碳关税分别为20美元/吨二氧化碳、30美元/吨二氧化碳、40美元/吨二氧化碳、50美元/吨二氧化碳时，分别下降1%、2%、3%、4%左右；由于碳关税直接对出口产生影响，因此出口额的变动也是最显著的，在碳关税分别为20美元/吨二氧化碳、30美元/吨二氧化碳、40美元/吨二氧化碳、50美元/吨二氧化碳时，出口额分别下降2.2%、3.5%、4.6%、5.9%。

碳关税税率	20 美元/吨二氧化碳	30 美元/吨二氧化碳	40 美元/吨二氧化碳	50 美元/吨二氧化碳
实际 GDP 变化率	−0.183	−0.380	−0.584	−0.790
资本要素收入变化率	−0.569	−1.087	−1.563	−2.004
劳动要素收入变化率	−1.170	−2.208	−3.143	−3.994
出口额变化率	−2.235	−3.463	−4.681	−5.891

表 4−12　　　　　　　　宏观经济指标变化率　　　　　　　　单位：%

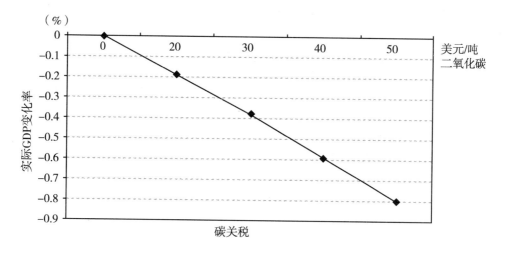

图 4−5　征收碳关税对 GDP 的影响

以希克斯变动（EV）来衡量的居民福利在碳关税下也是间接受到了影响，主要是在碳关税实施之后，生产厂商生产成本的上升推动了国内商品价格的提高，相当于碳关税一部分转嫁给了国内居民，因此居民福利受到了损害，并且碳关税的税率越高，居民的福利损失就越大。在碳关税分别为 20 美元/吨二氧化碳、30 美元/吨二氧化碳、40 美元/吨二氧化碳、50 美元/吨二氧化碳时，如图 4−6，居民福利分别下降 0.9%、1.6%、2.2%、2.8%。

（3）环境和能源影响分析。

① 减排影响分析。碳关税的提出主要是发达国家出于发展中国家对生产造成的二氧化碳排放不征收碳税的考虑，从这个角度来看，碳关税征收的表面目

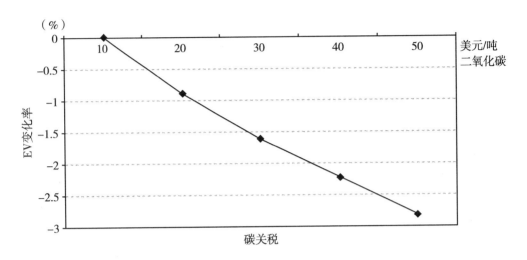

图4-6 碳关税对居民福利的影响

的是减少二氧化碳排放。而事实上，假若发达国家对发展中国家的出口按照商品生产过程中排放的二氧化碳量征收特别关税，那么发展中国家厂商的生产成本上升，在这一部分额外减排成本完全转嫁给消费者之前，厂商会减少生产和出口，这样就会产生了减排的效果。

我们按照2007年投入产出表的数据来核算出口商品的总的二氧化碳排放量为7 004亿吨二氧化碳，见表4-13。若按20美元/吨二氧化碳、30美元/吨二氧化碳、40美元/吨二氧化碳、50美元/吨二氧化碳的税率来征收碳关税，那么出口商要缴纳的关税额分别为159.8万亿元、213万亿元、266万亿元、106.5万亿元人民币。

表4-13 出口缴纳的碳关税额

出口排放量（吨）	20美元/吨二氧化碳（亿元）	30美元/吨二氧化碳（亿元）	40美元/吨二氧化碳（亿元）	50美元/吨二氧化碳（亿元）
1 065 180.97	1 597 771.45	2 130 361.93	2 662 952.42	1 065 180.97

注：按2007年汇率折算的人民币价格。

从碳减排率来看（见图4-7），碳关税的征收会导致碳减排的增加，而且碳关税税率越高，碳减排效应就越明显，但是碳减排率的增长幅度也趋缓，原因在于随着碳减排量的增加，减少单位碳排放越来越难。

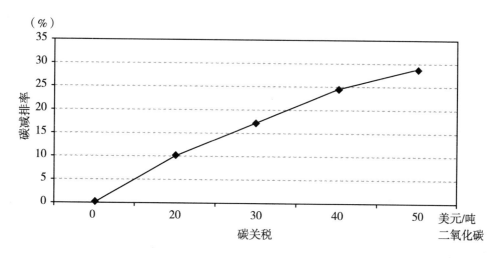

图 4-7　碳关税对碳减排率的影响

我们以碳关税造成的实际 GDP 的损失与碳减排量之比来衡量碳边际减排成本，如图 4-8 可知碳减排成本随碳关税税率的提高而提高，当碳关税的税率分别为 20 美元/吨二氧化碳、30 美元/吨二氧化碳、40 美元/吨二氧化碳、50 美元/吨二氧化碳时，碳边际减排成本分别为 284.92 元、327.65 元、367.76 元、405.63 元。

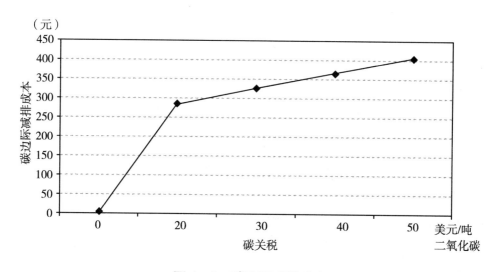

图 4-8　碳边际减排成本

② 能源需求影响分析。碳关税的征收将导致出口厂商的产出和出口的减

少，从而对中国能源需求也相应减少，可见碳关税对能源需求有抑制作用。而且针对二氧化碳排放征收碳关税将导致生产要素从高能耗部门向低能耗部门转移，促进了资本和劳动生产要素对能源的替代作用，从一定程度上降低了单位产值的能源消耗量。从万元 GDP 能耗来看，当碳关税为 20 美元/吨二氧化碳时，万元 GDP 能耗由基准年的 1.27212 吨标煤降低到 1.16518 吨标煤（见图 4—9）。

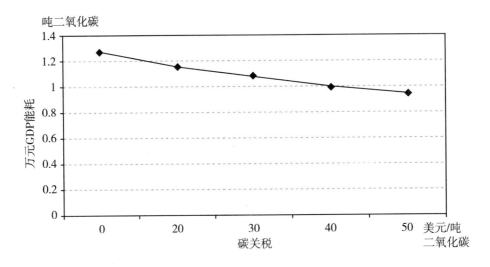

图 4—9 碳关税对万元 GDP 的影响

从能源种类来看，碳关税的征收对不同能源（煤炭、石油、天然气和电力）需求的影响不尽相同，其中影响最大的为煤炭和天然气，随着碳关税税率的提高，煤炭和天然气的需求降低率幅度最大，为 10％～30％；而石油受碳关税影响的需求变化率大约从 4％上升到 15％；电力受到影响的变动幅度最小，从 2％变动到 6％。从能源结构来看，碳关税会导致能源在不同能源种类之间的替代，从煤炭和天然气的需求转换为对石油和电力的需求，主要原因在于煤炭的二氧化碳排放系数较高，造成的二氧化碳排放更多。另外，电力的使用增长可以有效替代直接使用一次能源。因此在所有能源部门的需求降低的同时，能源结构中石油和电力由于替代效应，在能源总需求的份额有所上升。

2. 碳关税影响的分行业分析

碳关税的 CGE 模型中我们设定了 10 个行业：农业、重工业、轻工业、交通、建筑、服务、煤炭、石油、天然气和电力。碳关税的征收在各个行业之间的影响是不尽相同的，总体来看，碳关税的征收使得厂商生产成本上升，并进一步推动要素价格，从而厂商会减少出口乃至整体生产，并且二氧化碳排放越多的部门受到的影响越大。

（1）各部门产出的影响。

从二氧化碳排放量来看（见表 4—14），各个部门使用煤炭造成的二氧化碳排放量最大，占比约为 60%，其次是石油，天然气所占的份额较小，这与中国能源使用结构也是相对应的（见图 4—10）。在 CGE 模型的十个部门中，二氧化碳排放量最大的为石油和重工业部门，其次为煤炭、服务部门，二氧化碳排放最小的为建筑部门。

表 4—14　　　　　　　各部门二氧化碳排放量一览表　　　　单位：亿吨二氧化碳

部门	煤炭	石油	天然气	总排放量
农业	1 052.75	1.44	0.09	1 054.27
重工业	18 796.45	3 377.54	558.94	22 732.93
轻工业	2 620.80	613.26	70.26	3 304.32
交通	7 844.12	1 515.06	97.68	9 456.86
建筑	202.10	48.53	6.02	256.65
服务	13 225.98	2 914.68	299.41	16 440.07
煤炭	16 387.12	2 654.41	19.35	19 060.87
石油	10 244.47	28 415.72	269.57	38 929.77
天然气	591.07	1 878.38	5.05	2 474.50
电力	9 213.04	2 440.95	372.04	12 026.03
合计	80 177.91	43 859.96	1 698.41	125 736.28

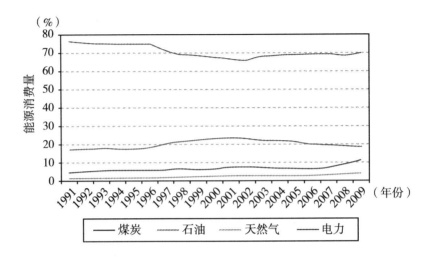

图4-10 中国能源消费结构

我们来看碳关税的征收对各个部门总产出的影响（见表4-15），总体来看，除了轻工业和建筑业外，其他部门的总产出均降低，下降最多的为煤炭和天然气部门，其次为石油和电力。在非能源部门中受碳关税征收负面影响最大的是交通部门和重工业部门，随后是服务和农业部门，而且随着碳关税税率的提高，各部门总产出的变化方向保持不变，变化幅度越来越大。

表4-15　　　　　　　　分部门总产出变化率　　　　　　　单位：%

部门＼碳关税税率	20美元/吨二氧化碳	30美元/吨二氧化碳	40美元/吨二氧化碳	50美元/吨二氧化碳
农业	−0.039	−0.926	−0.155	−0.224
重工业	−0.498	−1.002	−1.503	−1.995
轻工业	0.129	0.237	0.328	0.408
交通	−0.795	−1.533	−2.221	−2.868
建筑	0.402	0.653	0.799	0.870
服务	−0.165	−0.322	−0.472	−0.613
煤炭	−11.564	−20.734	−28.183	−34.352
石油	−5.693	−10.759	−15.311	−19.433
天然气	−10.535	−19.117	−26.241	−32.244
电力	−1.929	−3.644	−5.187	−6.591
所有部门	−0.568	−1.093	−1.581	−2.036

一次能源部门的产出减少，一方面是出于碳关税征收后的成本上升，另一方面是其他部门对这三种能源的需求也由于碳关税而降低，导致煤炭、石油和天然气这三个能源部门的总产出下降幅度为最大。电力部门受到影响相对较小，主要是由于来源于风电、水电、核电的电力是清洁能源，对传统的能源有替代作用。如果这个替代弹性足够大，应该会出现碳关税的征收带来电力部门产出增加的情况。

轻工业和重工业由于碳关税征收出现了产出的正向增长态势，主要还是由于这两个部门生产过程中二氧化碳的排放量较小，碳关税的征收对其影响不大，而且再加上一定的替代效应的影响，分别在碳关税税率为 30 美元/吨二氧化碳时实现了 0.24% 和 0.65% 的增长。

（2）各部门能源合成品需求的影响。

在 CGE 模型的生产模块中，采用了（资本—能源）—劳动的 CES 嵌套结构，其中能源合成品是由煤炭、石油、天然气和电力四种能源以 CES 函数形式构成。在贸易伙伴国征收碳关税的情景下，各个部门对能源合成品的需求会受到负面影响。表 4-16 是在不同碳关税税率下模拟得出的各个部门能源合成品需求量的变化。在碳关税影响下，各个部门的能源合成品总需求均减少，并且减少的幅度随碳关税税率的提高而增大。而且即使是总产出增加的轻工业和建筑部门，对能源合成品的需求也是减少的，这说明这两个部门对其他两者要素（劳动和资本）的依赖性更大。在能源部门中，能源合成品需求减少最多的是煤炭和天然气，石油和电力变动幅度大约为前两个的一半；在非能源部门中，对能源合成品的需求除了建筑部门减少幅度最小，其余部门的减少幅度相差不大。以 20 美元/吨二氧化碳的碳关税税率为例，对应农业、重工业、轻工业、交通、建筑和服务部门的能源合成品需求变动福利依次为 -3.6%、-3.36%、-3.27%、-3.3%、-2.47%、-3.77%。

表 4—16　　　　　　　　　部门能源合成品需求量变化　　　　　　单位：%

碳关税税率 部门	20 美元/吨 二氧化碳	30 美元/吨 二氧化碳	40 美元/吨 二氧化碳	50 美元/吨 二氧化碳
农业	−3.601	−6.785	−9.635	−12.210
重工业	−3.364	−6.370	−9.081	−11.546
轻工业	−3.275	−6.154	−8.716	−11.020
交通	−3.304	−6.280	−8.987	−11.466
建筑	−2.475	−4.830	−7.061	−9.170
服务	−3.771	−7.076	−10.011	−12.645
煤炭	−14.954	−26.399	−35.404	−42.648
石油	−6.897	−12.941	−18.293	−23.074
天然气	−12.402	−22.322	−30.417	−37.135
电力	−6.711	−12.346	−17.163	−21.341
所有部门	−4.763	−8.903	−12.553	−15.806

　　从资本投入来看（见表 4—17），产出减少造成资本投入减少，但由于各个部门对能源合成品需求的减少，要素替代效应下对资本投入需求增加，这样的正反双重作用下各个部门对于资本投入的影响不尽相同。受总产出增加的影响，轻工业和建筑部门对资本投入品的需求有所增加，而且这两个部门是资本投入增长幅度最大的部门；对于重工业和电力部门，虽然总产出是减小的，但是这两个部门对资本投入的需求反而有所增长，说明这两个部门选择用资本投入品来代替能源投入品，以规避碳关税征收带来的能源品成本的增加，而且替代效应超过了总产出减少的影响；其他部门的资本投入均下降了，表明替代作用引起的资本投入增加并没有超过总产出减少的产出效应带来的资本投入减少。这三种情况均随着碳关税税率的提高而影响越来越大。交通部门的情况较为特殊，当碳关税税率为 20 美元/吨二氧化碳时，资本投入较基准情景减少；但碳关税税率提高到 30 美元以上时，资本投入较基准情景增加。这说明随着碳关税税率的提高，交通部门的资本投入对能源投入的替代效应越来越显著。

表 4—17　　　　　　　　　　各部门资本投入的变化率　　　　　　　　单位：%

碳关税税率 部门	20 美元/吨 二氧化碳	30 美元/吨 二氧化碳	40 美元/吨 二氧化碳	50 美元/吨 二氧化碳
农业	−0.112	−0.212	−0.302	−0.384
重工业	0.365	0.662	0.908	1.116
轻工业	0.338	0.648	0.935	1.203
交通	−0.008	0.003	0.028	0.064
建筑	0.696	1.245	1.689	2.055
服务	−0.128	−0.238	−0.335	−0.422
煤炭	−10.612	−19.088	−26.019	−31.797
石油	−3.541	−6.773	−9.745	−12.499
天然气	−9.839	−17.895	−24.612	−30.300
电力	1.004	1.935	2.803	3.615

从劳动投入来看（见表 4—18），除煤炭、石油和天然气这三个能源部门的劳动力投入降低，其他部门的劳动力投入均有所增加。煤炭、石油和天然气这三个能源部门的劳动投入降低主要是由于碳关税征收导致这三个部门的总产出降低，产出效应大于替代效应，从而劳动的投入也有所降低；农业、重工业、交通、服务、电力部门的总产出虽然有所降低，但由于碳关税使得能源相对价格提高，厂商将使用劳动力投入来替代能源资本合成品，替代效用大于产出效应，劳动力投入增加。对于轻工业和建筑业，产出效应和替代效应的双重正面推动作用下，对劳动力的需求大大增加，是所有部门中变化幅度最大的两个部门。

表 4—18　　　　　　　　　各部门劳动力投入变化率　　　　　　　　单位：%

碳关税税率 部门	20 美元/吨 二氧化碳	30 美元/吨 二氧化碳	40 美元/吨 二氧化碳	50 美元/吨 二氧化碳
农业	−0.112	−0.212	−0.302	−0.384
重工业	0.365	0.662	0.908	1.116
轻工业	0.338	0.648	0.935	1.203

续表

部门 \ 碳关税税率	20 美元/吨二氧化碳	30 美元/吨二氧化碳	40 美元/吨二氧化碳	50 美元/吨二氧化碳
交通	−0.008	0.003	0.028	0.064
建筑	0.696	1.245	1.689	2.055
服务	−0.128	−0.238	−0.335	−0.422
煤炭	−10.612	−19.088	−26.019	−31.797
石油	−3.541	−6.773	−9.745	−12.499
天然气	−9.839	−17.895	−24.612	−30.300
电力	1.004	1.935	2.803	3.615

　　为了更清楚地描述碳关税的征收对各部门能源、资本和劳动力投入带来的影响，我们综合这三个要素，碳关税税率为 30 美元/吨二氧化碳的情景作图如下（见图 4－11）。

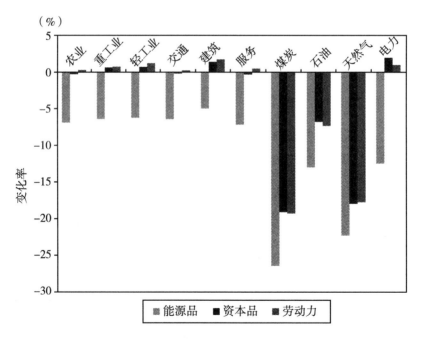

图 4－11　各部门投入品变化率

　　由图 4－11 我们可知，征收碳关税之后，中国各个部门对能源投入品的需求均减少，但对资本和劳动投入品的需求各个部门有所不同。煤炭、石油和天然气这三个能源部门的资本和劳动力投入品减少，并且减少的幅度为最大，征收碳关税后在要素替代作用下，大量生产要素从这三个部门转移到其他部门，从而影响到了产业结构。总产出增加的轻工业和建筑部门的资本和劳动力投入也增加，资本和劳动力对能源的替代弥补了能源减少带来的损失，才能实现总产出的增加。重工业、交通和电力部门这三个部门的资本和劳动力投入也增加，但是这三个部门的增加没有能抵消能源投入减少带来的负面影响，因此，这三个部门的总产出也是减少的。农业和服务业这两个部门的资本投入品减少、劳动投入品增加，看出主要是劳动密集型的行业，更倾向于用劳动力替代资本和能源，并且劳动投入品的增加未能抵消掉能源、资本投入下降对部门产出的影响。

（3）能源投入品结构分析。

碳关税 CGE 模型假定能源合成品由煤炭、石油、天然气和电力四种能源以 CES 函数形式构成，为了考察生产过程中不同行业部门对不同能源投入品（包括煤炭、石油、天然气、电力）的需求变化情况，我们进一步分析碳关税征收之后对各种能源投入品的份额的影响。对于煤炭投入品，从表 4－19 来看，所有部门的煤炭投入份额都减少了；对于石油投入品（见表 4－20），除了建筑和天然气部门的石油投入品份额有所降低，其他部门均有所增加。

表 4－19　　　　各部门煤炭投入品在能源合成品中的份额变化率　单位：%

部门 ＼ 碳关税税率	20 美元/吨二氧化碳	30 美元/吨二氧化碳	40 美元/吨二氧化碳	50 美元/吨二氧化碳
农业	−8.566	−15.547	−21.356	−26.272
重工业	−8.267	−15.036	−20.692	−25.495
轻工业	−8.421	−15.329	−21.110	−26.027
交通	−8.828	−15.934	−21.781	−26.682
建筑	−9.023	−16.290	−22.274	−27.289
服务	−8.358	−15.206	−20.929	−25.792
煤炭	−6.708	−12.320	−17.097	−21.223

续表

部门 \ 碳关税税率	20 美元/吨二氧化碳	30 美元/吨二氧化碳	40 美元/吨二氧化碳	50 美元/吨二氧化碳
石油	−8.584	−15.511	−21.222	−26.017
天然气	−9.414	−17.019	−23.356	−28.648
电力	−2.719	−5.076	−7.146	−8.985
合计	−7.022	−12.766	−17.565	−21.641

表 4—20　　　各部门石油投入品在能源合成品中的份额变化率　　　单位：%

部门 \ 碳关税税率	20 美元/吨二氧化碳	30 美元/吨二氧化碳	40 美元/吨二氧化碳	50 美元/吨二氧化碳
农业	0.397	0.647	0.785	0.835
重工业	0.725	1.256	1.636	1.898
轻工业	0.556	0.907	1.100	1.170
交通	0.109	0.187	0.240	0.274
建筑	−0.106	−0.238	−0.390	−0.556
服务	0.625	1.054	1.332	1.491
煤炭	2.436	4.494	6.243	7.740
石油	0.376	0.691	0.957	1.184
天然气	−0.549	−1.142	−1.766	−2.408
电力	6.817	13.127	18.995	24.477
合计	0.492	0.808	0.992	1.074

天然气的投入只有重工业、交通和建筑这三个天然气初始份额为零的部门保持不变，其他部门的份额均减少（见表 4—21）；电力投入品而言，所有行业的电力投入都增加了（见表 4—22）。

表 4-21　各部门天然气投入品在能源合成品中的份额变化率　单位：%

部门 ＼ 碳关税税率	20 美元/吨 二氧化碳	30 美元/吨 二氧化碳	40 美元/吨 二氧化碳	50 美元/吨 二氧化碳
农业	−6.661	−12.310	−17.166	−21.389
重工业	0.000	0.000	0.000	0.000
轻工业	−7.046	−12.999	−18.105	−22.536
交通	0.000	0.000	0.000	0.000
建筑	0.000	0.000	0.000	0.000
服务	−6.982	−12.872	−17.918	−22.290
煤炭	−5.313	−9.918	−13.931	−17.521
石油	−7.212	−13.186	−18.222	−22.525
天然气	−8.067	−14.765	−20.424	−25.273
电力	−1.260	−2.465	−3.606	−4.686
合计	−5.886	−2.465	−15.233	−19.014

表 4-22　各部门电力投入品在能源合成品中的份额变化率　单位：%

部门 ＼ 碳关税税率	20 美元/吨 二氧化碳	30 美元/吨 二氧化碳	40 美元/吨 二氧化碳	50 美元/吨 二氧化碳
农业	2.165	4.179	6.068	7.853
重工业	2.498	4.809	6.964	8.989
轻工业	2.327	4.448	6.400	8.211
交通	1.872	3.702	5.495	7.253
建筑	1.653	3.262	4.831	6.364
服务	2.397	4.600	6.644	8.554
煤炭	4.240	8.160	11.813	15.238
石油	2.144	4.224	6.249	8.225
天然气	1.202	2.326	3.383	4.384
电力	8.698	17.096	25.233	33.140
合计	3.210	6.232	9.097	11.828

碳关税之后厂商对于电力投入的偏好增加。由此，部门之间的能源投入品结构的变化与能源需求总量的能源的份额变化率相似，绝大多数部门的石油和

电力投入品在增加，而煤炭和天然气投入的份额是在减少的，石油和电力对煤炭和天然气的替代效应较为显著；有一部分部门在征收碳关税之后只有电力投入增加，意味着电力的替代效应大于了石油。

3. 碳关税征收模拟结果小结

本报告建立了一个碳关税的静态可计算的一般均衡模型，用2007年中国投入产出表构建了中国2007年十部门（农业、重工业、轻工业、交通、建筑、服务、煤炭、石油、天然气和电力）宏观社会核算矩阵，作为模型的数据来源，并对模型参数进行估计。运用GAMS软件，将碳关税CGE模型编写成程序语言，模拟四种碳关税征收情景（20美元/吨二氧化碳、30美元/吨二氧化碳、40美元/吨二氧化碳、50美元/吨二氧化碳）下的宏观经济和减排效应，并针对各个行业部门的具体影响进行分析。

（1）宏观经济效应。

碳关税的征收对中国国民经济造成一定的负面影响，引起实际GDP的下降，原因在于碳关税的征收提高了出口厂商的生产成本，也带动了要素价格的提高，厂商的生产和出口都受到了较强的抑制，因而国民总产出有所下降。

（2）能源总量效应和结构效应。

碳关税的征收对中国能源需求的造成较为显著的抑制作用。碳关税导致出口厂商生产的减少，对能源的总需求降低，对各种能源的总需求均降低，对能源合成品的需求量降低。煤炭和天然气的需求量降低率幅度最大，其次是石油，需求变化率降低幅度最小的为电力。能源需求量和单位产值的能耗随着碳关税税率的提高而降低，并且降低越来越多。

由于不同能源之间的替代效应，石油和电力的需求量占能源总需求量的份额有所上升，替代了一定份额的煤炭和天然气的需求。碳关税的征收对能源结构的调整起到了一定的积极作用，有利于中国能源结构的改善。

（3）减排效应。

碳关税的提出目的在于减少二氧化碳排放，缓解气候变化。中国的贸易伙伴国对中国出口商品征收碳关税会引起出口和产出的减少，商品生产过程中造成的二氧化碳排放减少，但是边际减排成本递增。能源部门中石油和煤炭的减排潜力也较大，非能源部门中减排比例最大的为重工业和电力部门。

（4）产业结构效应。

碳关税的征收导致了大部分产业产出的减少，也在一定程度上引起了要素在不同产业之间的微调，能源部门的总产出下降幅度最大，非能源部门中交通和重工业的产出下降幅度最大，而轻工业和建筑这类劳动密集型产业的产出却增加，这表明碳关税引起生产要素从二氧化碳排放量大的部门向二氧化碳排放量小的部门转移，促进了产业结构的调整。

（5）居民福利效应。

以希克斯等价变动衡量居民福利变化表明，碳关税的征收导致居民福利受到损失。

4.3　碳关税对中国对外贸易特定行业的影响：以钢铁行业为例

钢铁是典型的高碳产品，钢铁也是中国重要的出口产品，作为美国碳关税征收的目标国家与目标产品，碳关税的征收将给中国的钢铁出口贸易带来严重影响。作为碳关税条款的制定国家以及中国最重要的贸易伙伴的美国，一旦对中国开征碳关税，将对会中美钢铁贸易带来怎样的影响？本章主要研究碳关税一旦征收，将对中国对美国的钢铁出口带来的影响。

4.3.1　中美钢铁贸易现状

1. 中国钢铁产量

中国是世界上最大的钢铁生产国。据中国统计年鉴数据显示，新中国成立初期，中国的钢铁产量只有 15.8 万吨，居世界第 26 位。改革开放以来，中国的钢铁工业进入高速发展的轨道。1996 年中国钢铁产量首次突破 1 亿吨大关，跃居世界第一位。此后，中国钢铁产量连年快速增长，连续保持着世界第一的位置，2003 年突破 2 亿吨，2005 年突破 3 亿吨。

2009 年开始中国经济进入新一轮的增长，中国粗钢产量 5.73 亿吨，占全球粗钢产量的 46.6%。2011 年中国粗钢产量 6.84 亿吨，占世界粗钢总产量的 45.06%，而世界粗钢产量第二位和第三位的日本和美国，粗钢产量分别为 1.1 亿吨和 0.8 亿吨。

根据世界钢铁协会发布的 2014 年全球钢铁统计数据，2014 年全球粗钢产量达到 16.62 亿吨，同比增长 1.2%，粗钢产量创出历史新高。2014 年全球粗钢产量增长主要受亚洲、北美和中东带动，而其他地区产量均低于 2013 年。中国粗钢产量达到 8.23 亿吨，同比增长 0.9%，占全球比重从 2013 年的 49.5%升至 49.7%（见图 4-12）。可见，中国已当之无愧地成为世界最大的钢铁生产国。

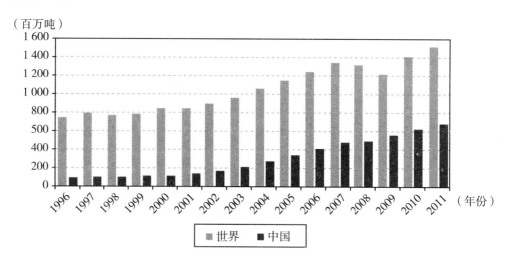

图 4-12　1996~2011 年全球粗钢产量

资料来源：历年《中国统计年鉴》整理所得。

2. 中国钢铁贸易现状

（1）中国钢铁进出口贸易量。

作为世界第一个钢铁生产国，也就决定了中国将成为一个钢铁贸易大国。

处于工业化进程中的中国曾经一度是钢材进口大国，根据联合国商品贸易统计数据库的统计，2003 年中国的钢材进口量达到最大值 3 717 万吨，之后逐年下降。随着中国钢铁产业的发展，生产技术水平的提高和工业化进程的加速，中国的钢材出口量不断增加。2006 年，中国扭转了钢材净进口的局面，实现了钢材净出口量 24 482 万吨，钢材贸易顺差 64 亿美元。

2014 年我国出口钢材 9 378 万吨，同比增长 50.5%；进口钢材 1 443 万吨，增长 2.5%，折合净出口粗钢 8 153 万吨，占我国粗钢总产量的 10.2%。需要引起注意的是，尽管 2014 年钢材出口增长迅猛，但出口单价却比 2013 年下降明显，且钢材进、出口价格之间的"剪刀差"也越来越大。2014 年全国钢材出口平均价格约为 755.3 美元/吨，而 2013 年的平均价格在 854.0 美元/吨，每吨下降了 98.7 美元，下降幅度为 11.6 个百分点；与此同时，2014 年全国钢材进口平均价格约为 1 241.3 美元/吨，而 2013 年的价格为 1 211.1 美元/吨，每吨增长了 30.2 美元，增长幅度为 2.5 个百分点；进、出口钢材的平均价格差达到了 486.0 美元/吨，比 2013 年的 357.1 美元/吨放大了 128.9 美元/吨，放大幅度高达 36.1%（见表 4—23）。

表 4—23　　　　　　中国钢材进出口数量与金额　　　　单位：万吨，万美元

年份	出口		进口		差额	
	数 量	金 额	数 量	金 额	净出口量	净出口额
2000	621	222 933	1 596	853 572	−975	−630 639
2001	474	186 705	1 722	896 359	−1 248	−709 654
2002	545	218 279	2 449	1 236 555	−1 904	−1 018 276
2003	696	310 496	3 717	1 991 581	−3 021	−1 681 084
2004	1 423	833 376	2 930	2 078 471	−1 507	−1 245 095
2005	2 052	1 307 968	2 582	2 460 845	−530	−1 152 877
2006	4 298	2 622 956	1 850	1 982 660	2 448	640 295
2007	6 265	4 413 283	1 687	2 055 261	4 578	2 358 022
2008	5 923	6 344 213	1 543	2 343 253	4 380	4 000 960
2009	2 460	2 227 185	1 763	1 947 977	697	279 209

续表

年份	出口		进口		差额	
	数量	金额	数量	金额	净出口量	净出口额
2010	4 256	3 681 932	91	760 015	4 165	2 921 917
2011	4 888	5 126 622	78	782 835	4 810	4 343 786
2012	5 573	5 152 255	1 136	645 839	4 437	4 506 416
2013	6 231	5 321 274	1 408	1 705 229	4 823	3 616 045
2014	9 378	7 083 203	1 443	1 791 196	7 935	5 292 007

资料来源：历年《中国统计年鉴》整理所得。

（2）中国钢铁出口贸易伙伴。

中国钢铁出口的目的国比较集中，根据联合国数据库的统计，韩国一直以来是中国最大的钢铁出口国。2011 年，中国向韩国出口钢铁的金额为 92.9 亿美元，占中国向世界钢铁出口总额的 16.76％，较 2010 年下降了 0.31 个百分点。美国是中国钢铁出口的另外一个大国，2008 年和 2009 年居第 2 位，2010 年和 2011 年下降为第 4 位。2011 年，中国向十大目的地国家出口钢铁的总额为 278.5 亿美元，占钢铁出口总额的 50.22％，较 2010 年上升了 1.79 个百分点（见表 4—24）。

表 4—24　　　　　　　　　中国前十大钢铁出口国　　　　　　　单位：万美元

排名＼年份	2011		2010		2009		2008	
	世界	5 546 248	世界	3 956 495	世界	2 366 009	世界	7 095 103
1	韩国	929 720	韩国	675 586	韩国	427 036	韩国	1 468 594
2	日本	358 128	印度	280 033	美国	156 167	美国	744 347
3	印度	287 346	日本	195 897	印度	103 575	日本	310 618
4	美国	279 547	美国	180 088	日本	97 472	阿拉伯	295 674
5	泰国	195 444	越南	175 943	越南	93 581	意大利	293 115
6	越南	168 327	巴西	138 361	哈萨克斯坦	78 802	印度	225 127
7	比利时	157 230	泰国	118 851	阿尔及利亚	62 731	越南	220 555
8	新加坡	141 810	意大利	114 141	泰国	60 441	比利时	215 311
9	意大利	135 871	俄罗斯	91 211	伊朗	58 915	沙特阿拉伯	189 640
10	巴西	131 855	印度尼西亚	87 668	新加坡	58 520	新加坡	185 182

资料来源：根据联合国商品贸易统计数据库（UN COMTRADE）历年数据整理所得。

（3）中国钢铁出口贸易商品结构。

中国钢材的出口结构比较集中（见表 4—13）。中国钢材出口产品主要有板材、管材、角型材、线材和铁道用材，其中板材和管材的出口比重最大，角型材和线材次之，铁道用材出口比重最小。1996～2000 年，板材的出口比重维持的 50％以上；2001 年开始下降，至 2003 年达到最小值 26.19％；2004 年又开始回升，2010 年板材出口比重达到最大值 58.31％。2011 年中国板材出口量为 2 658 万吨，比 2010 年增加 176 万吨，占钢材出口量的 54.3％，比 2010 年下降了 3.93 个百分点。管材的出口比重一直维持在 17％～30％。2011 年管材出口量为 1 066 万吨，同比上升了 26.27％，占钢材出口量的 21.83％，比 2008 年上升了 1.81 个百分点。

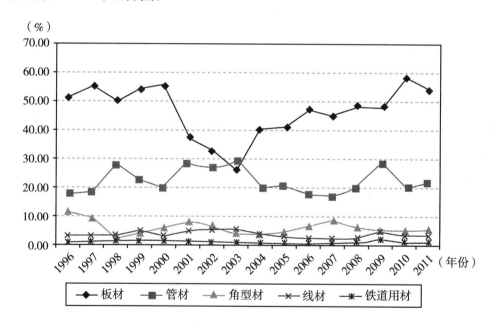

图 4—13　中国钢材出口产品结构

资料来源：根据联合国商品贸易统计数据库（UN COMTRADE）历年数据整理所得。

可以看出，中国的钢材市场虽然在世界占据一定地位。但是，由于中国的钢铁企业众多，但是普遍规模较小，大多数企业设备陈旧，技术水平低，因为受到钢铁行业高利润的诱惑，纷纷盲目投资与钢铁行业。一味追求产量而忽视技术和质量，导致中国生产的钢材产品以螺旋钢、线材等低技术含量的产品为主，供大于求，大量出口。而热轧薄板、冷轧薄板等高技术含量的产品的产量远远不能满足国内需求，只能依靠大量进口，尤其是板材产品，对国外市场的依赖性太大。

3. 中美钢铁贸易现状

（1）中美钢铁进出口贸易量。

美国是中国钢铁贸易的重要出口目的国。1995 年中国钢铁向美国的出口额为 2.4 亿美元，占对世界出口总额的 4.59%。从此一直快速增长，2008 年中国钢铁对美国的出口额达到最大值 74.4 亿美元，占对世界出口总额的 10.49%，成为中国钢铁出口的第二大出口国。由于美国金融危机的爆发，中国钢铁产业受到世界经济紧缩和钢铁需求量锐减的刺激。2009 年中国对美国钢铁的出口额为 15.6 亿美元，同比下降 79.02%。此后，中国对美国的钢铁出口额恢复上涨，2011 年出口额为 28 亿美元，占对世界出口额的 5.04%（见图 4—14）。

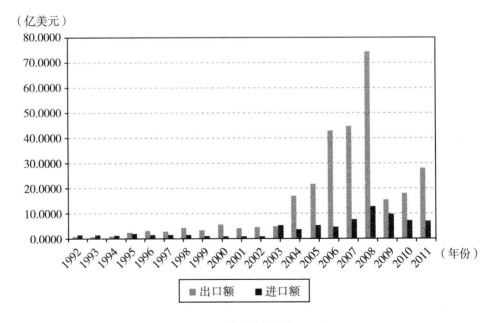

图 4—14 中美钢铁进出口额

资料来源：根据联合国商品贸易统计数据库（UN COMTRADE）历年数据整理所得。

从出口数量上看，如图 4-15 所示，2006 年中国对美国的钢材出口量达到最大值 532.7 万吨，2006 年中国钢材出口总量为 4 298 万吨，对美国的出口量占 12.4%。2008 年中国出口至美国的钢材总量是 492.9 万吨，占对世界出口量的 8.32%。由于受到美国金融危机的影响，中国的钢材出口遭受到美国内需减小的冲击，中国对美国钢材的出口量大幅减少。2011 年，中国对美国出口的钢材总量为 140.5 万吨，占对世界出口总量的 2.87%。

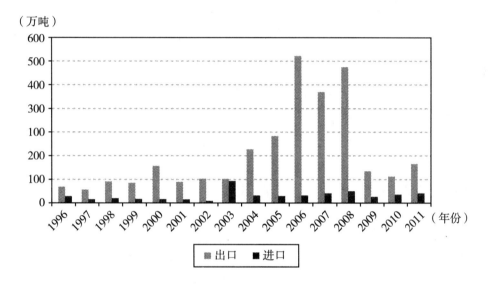

图 4-15 中美钢材进出口量

资料来源：根据联合国商品贸易统计数据库（UN COMTRADE）历年数据整理所得。

（2）中美钢铁贸易出口产品结构。

中国出口美国的钢材产品比较集中，以板材和管材为主，线材次之，角型材和铁道用材最少。2006 年板材出口达到最大值为 143.9 万吨，占钢材出口总量的 27%；管材出口占 43.61%，角型材出口占 1.6%，线材出口占 3.14%，铁道用材出口占 0.7%。2008 年，管材出口量达到最大值 338.9 万吨，占钢材出口总量的 68.75%；板材占出口总量的 16.31%，角型材出口占 0.3%，线材出口占 3.05%，铁道用材出口占 1.03%。2009 年，由于受到美国金融危机的影响，各种钢材产品的出口量有所下降，管材的出口比重下降，板材的出口比重上升。2011 年，板材、管材、角型材、线材和铁道用材的出口比重各占

40.85％、36.84％、1.06％、8.28％和2.89％（见图4—16）。

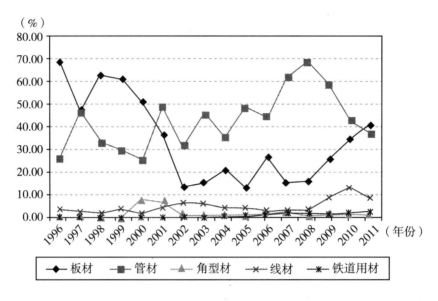

图4—16 各类钢材产品出口占比

资料来源：根据联合国商品贸易统计数据库（UN COMTRADE）历年数据整理所得。

将板材和管材产品进行进一步的细分。可以看出，板材主要分为非合金板材和合金板材两类。出口市场以非合金板材为主，非合金板材的出口量远远高于合金板材。2011年出口非合金板材55万吨，出口合金板材15.6万吨。而合金板材中，以出口硅电钢和不锈钢为主，高速钢几乎不出口。可以看出，受生产能力和技术的约束，高技术产品的硅电钢和高速钢生产不足，主要依靠进口，2010年以后有所改善，高附加值产品不锈钢产品还能大量出口（见表4—25）。

表4—25　　　　　　　　　　板材细分产品进出口量　　　　　　　　单位：百吨

年份	非合金板材	合金板材			
	总量	总量	硅电钢	高速钢	不锈钢
2000	6 575.19	42.98	0.22	0.08	27.72
2001	2 553.53	49.7	0.18	0.09	22.42
2002	927.03	54.9	0.56	0.09	51.96
2003	161.98	93.86	0.18	0.03	79.91

年份	非合金板材	合金板材			
	总量	总量	硅电钢	高速钢	不锈钢
2004	3 394.55	873.85	3.15	0.47	517.05
2005	2 296.79	513.39	11.67	0.81	439.8
2006	14 054.53	1 189.46	17.08	0	1 093.53
2007	5 912.07	1 381.02	42.81	0	1 154.14
2008	7 180.16	1 912.27	97.72	0	1 399.49
2009	1 920.1	359.59	64.37	0	250.4
2010	2 973.79	1 153.76	137.01	0	915.96
2011	5 499.61	1 565.8	167.8	0.43	927.22

资料来源：根据联合国商品贸易统计数据库（UN COMTRADE）历年数据整理所得。

管材贸易产品主要分为无缝管和管材配件。出口市场，金融危机前，无缝管的出口量较大，如表4—26所示。2008年出口无缝管231.7万吨，出口管材配件25.7万吨。受到金融危机的冲击，2009年后无缝管的出口量大幅下降，2011年仅出口无缝管16.7万吨。管材配件的出口量虽然也有所下降，但是受到的影响较小，2011年管材配件出口量为27.3万吨。2010年和2011年无缝管的出口量都小于管材配件。无缝管出口以铁圆断面为主，管材配件出口以法兰为主。

表4—26　　　　　　管材细分产品进出口量　　　　单位：百吨

年份	无缝管				管材配件			
	总量	铁圆断面	不锈钢圆断面	其他合金圆断面	总量	法兰	肘弯套管	焊件
2000	1 161.33	63.16	16.43	0	826.35	0.76	16.73	2.2
2001	1 402.35	77.71	8.24	0.4	1 084.1	1.14	20.07	2.17
2002	1 036.97	72.35	19.45	0.35	1 150.21	3.38	33.09	3.79
2003	1 629.52	46.84	23.58	19.1	1 232.49	1.77	32.09	5.23
2004	2 347.08	101.78	42.54	31.95	1 666.69	3.18	47.51	10.1
2005	4 858.68	185.61	54.43	43.82	2 042.8	7.73	53.26	12.29

续表

年份	无缝管				管材配件			
	总量	铁圆断面	不锈钢圆断面	其他合金圆断面	总量	法兰	肘弯套管	焊件
2006	8 291.02	773.17	95.71	114.74	2 833.34	37.83	63.27	19.06
2007	8 871.29	988.24	154.51	189.2	3 205.92	54.73	36.13	29
2008	23 166.72	393.59	128.72	174.99	2 565.2	64.45	29.6	16.62
2009	4 250.71	128.28	87.03	87.58	1 603.72	22.44	16.16	9.52
2010	1 214.71	167.65	126.72	128.47	2 279.63	33.58	24.6	14.05
2011	1 665.06	248.7	188.96	542.32	2 725.19	64.91	35.87	18.14

资料来源：根据联合国商品贸易统计数据库（UN COMTRADE）历年数据整理所得。

再从中美钢材进出口产品的单价来分析。对于各种钢材产品，中国从美国进口的价格都高于中国向美国出口的价格。其中，线材的进口价格与出口价格的差距最大，2010年线材进口价格是出口价格的10.13倍，2011年为4.49倍。其次是管材，2007年管材进口价格是出口价格的7.65倍，之后逐渐下降至2011年的3.16倍。板材、角型材、铁道用材的进口价格分别是出口价格的2.99倍、1.99倍和0.62倍（见表4—27）。

表4—27　　　中国进口美国钢材单价与中国钢材出口美国单价比值

年份	板材	角型材	线材	管材	铁道用材
2000	2.19	4.00	1.60	7.59	0.86
2001	1.67	4.12	1.87	6.06	0.56
2002	1.48	2.56	3.69	5.29	0.12
2003	0.41	1.75	5.51	6.13	0.16
2004	1.36	1.27	2.72	5.99	0.24
2005	1.23	2.89	6.03	7.04	0.31
2006	3.29	3.36	9.27	8.75	0.38
2007	3.90	3.44	4.90	7.65	2.18
2008	2.32	2.97	4.46	7.03	0.71
2009	1.32	1.96	6.28	6.52	0.40
2010	2.24	2.13	10.13	4.17	0.50
2011	2.29	1.99	4.49	3.16	0.62

资料来源：根据联合国商品贸易统计数据库（UN COMTRADE）历年数据整理所得。

可以看出，中国虽然是钢铁贸易大国，但并不是钢铁贸易强国。美国钢材的出口价格高于中国钢材的出口价格，中国出口的钢材大部分是低技术水平的，采取的是低价出口的策略。

4.3.2　碳关税对中美钢铁贸易的影响

西方发达国家经历了近 200 年的发展，已经成功走过了工业化进程，而仅仅经历了 30 年改革开放的中国，依然是一个发展中国家，正处于经济发展、工业化建设和城市化高速发展的时期。中国的大部分出口行业还是高能耗、低技术、高污染碳排放密集型行业。美国是中国最重要的贸易伙伴国，机电产品、钢铁、水泥等高碳产品一直占据中国对美国出口市场的重要比重，美国一旦征收碳关税，无疑将对中国的出口造成严重影响。

1. 碳关税对中美钢铁贸易影响的定量分析

（1）钢铁出口量与钢铁价格线性关系。

首先利用线性回归模型，分析钢材的出口量与价格之间的线性关系。表 4—28 列出了 1996～2011 年中国对美国出口钢材的情况。

表 4—28　　　　　　　中国钢铁产量与中美钢铁贸易量

年份	出口额（美元）	出口量（吨）	出口单价（美元/吨）	钢材产量（吨）
1996	264 528 500	542 218	487.8637	93 380 200
1997	237 237 400	413 572	573.6302	99 789 300
1998	342 906 500	732 962	467.8367	107 378 000
1999	291 836 400	705 077	413.9071	121 097 800
2000	497 843 500	1 300 144	382.9141	131 460 000
2001	378 097 400	756 311	499.9232	160 676 100
2002	388 157 200	839 057	462.6112	192 515 900
2003	509 847 400	823 870	618.8445	241 080 100
2004	1 328 000 000	1 941 707	683.8565	319 757 200

年份	出口额（美元）	出口量（吨）	出口单价（美元/吨）	钢材产量（吨）
2005	1 924 000 000	2 427 048	792.5641	377 711 400
2006	3 826 000 000	5 327 423	718.1442	468 933 600
2007	3 712 000 000	4 053 551	915.7608	565 608 700
2008	6 689 000 000	4 928 759	1 357.177	604 602 900
2009	1 744 000 000	1 123 086	1 553.216	694 054 000
2010	1 436 000 000	937 184	1 532.585	802 765 800
2011	2 325 000 000	1 404 644	1 655.034	886 195 700

资料来源：根据《中国统计年鉴》和联合国商品贸易统计数据库（UN COMTRADE）历年数据整理所得。

上表所示中国对美国钢材出口贸易状况表现为中国钢材产量、对美国出口数量以及对美国出口总额。中国对美国的钢材出口量主要受到出口价格以及中国本身钢材产量的影响。通过中国对美国钢材的出口金额和出口量的比值可以得到中国对美国出口钢材的价格。因此，以出口量 Q 为因变量，出口价格 P 以及总产量 TP 为自变量，使用 EViews 软件进行回归分析。得出线性关系方程式：

$$Q = 2247574 - 5700.356\,P + 0.011430\,TP$$
$$(0.0222)\quad(0.0535)\qquad(0.0231)$$

$R\text{-}squared = 0.880835$

从得出的结果可以看到，该模型的拟合度较高，各系数都比较显著。我们关注的是出口价格 P 的系数，为 $-5\,700.356$，可以说明在钢材的产量不变的情况下，出口价格每提高 1 美元/吨，中国对美国钢材的出口量就减少了 5 700 吨。

为了使研究方便，考虑到通过对数据进行对数化，容易得到平稳的序列，但是不会改变变量的特征，因此对以上数据去自然对数后，得出新的变量序列，并对其进行回归得出结果：

$$LNQ = -6.13 - 1.715\,LNP + 1.621\,LNTP$$
$$(0.1977)\quad(0.0255)\qquad(0.0022)$$

$R\text{-}squared = 0.613206$

从回归结果可以看出，但钢材出口价格上升1个百分点时，中国对美国出口的钢材数量将减少1.715个百分点。

（2）碳关税征收方案对出口量的影响。

由于目前世界上还没有制定统一的关税税率，中国社科院金融研究所相关研究认为，如果发达国家子2020年前后实施碳关税，其征收水平很可能会在30～60美元/吨碳，本报告效仿大部分已有文献的做法，取30～60美元/吨碳的不同等级的碳关税税率来进行分析。

根据已有文献研究的模拟方案，每吨碳30美元，对金属矿业的冲击为关税变化率3.7%。也就是说，征收每吨碳30美元的碳关税，相当于钢铁出口价格提高了3.7%。根据取对数后得出的回归方程，出口量将变化了$-1.71544\times$3.7%=-6.35%，也就是说，在30美元/吨的碳关税税率下，钢材的出口价格上升3.7%，中国对美国钢材的出口量下降6.35%。以此类推，可以得出在40美元/吨、50美元/吨、60美元/吨的碳关税税率下的变化情况，如表4-29所示：

表4-29　　　　　　　　不同税率下钢材出口量变化率　　　　　　单位：%

碳关税税率	30美元/吨	40美元/吨	50美元/吨	60美元/吨
钢材价格变化率	3.70	4.93	6.17	7.40
钢材出口量变化率	−6.35	−8.46	−10.58	−12.69

可以看出，美国征收碳关税后对于中国向美国出口的钢材产品，在价格硬性上升的情况下，显著削弱了中国钢铁产品在美国市场的竞争力，使得中国对美国的钢材出口量大幅度下降。

2. 碳关税对中美钢铁贸易影响的定性分析

（1）消极影响。

① 增加出口产品成本，降低产品竞争力，限制出口规模。美国是中国产品的第一大出口国。2011年中国对美国出口总额为3 244.53亿美元，占中国对世界出口总额的17.12%。中国无疑是美国碳关税征收的目标国家，而美国碳关

税征收的对象主要是机电产品、钢铁制品等高碳产品。从中国对美国的出口结构看，中国出口美国的前十大类商品为机电产品，家具、玩具、杂项制品，纺织品，鞋靴、伞等轻工艺品，贱金属及制品，塑料、橡胶，化工产品，运输设备，光学、钟表、医疗设备以及皮革制品。这十类产品占中国对出口美国所有产品的93.1%，其中机电产品就占所有出口产品的48.5%。可以看出，中国对美国出口产品的种类比较集中，且这些产品中有大量的高能耗、高排放的高碳产品。虽然在中国对美国的主要出口产品中，一些劳动密集型产业出口的单位碳价值率并不高，但是据统计，2008年规模以上纺织企业中约70%平均利润率只有0.1%，机电产品的理论率大多也在5%~10%，因此这些行业对税率波动的敏感度也最高。

通过比较中国出口美国的市场的主要产品以及碳关税条款所规定的清单产品，可以发现，中国出口美国市场的主要产品几乎没有哪种不在条款所规定的清单产品之列。一旦美国碳关税的征收开始实施，将导致中国对美国出口机电产品、钢铁等高碳产品的价格提高，使得中国制造在美国市场的竞争力下降，中国的出口贸易将受到严重影响。从本报告对中国出口美国钢材产品的定量计算也可以看出，美国一旦对中国征收30美元/吨碳的碳关税，将使得中国出口美国的钢材量减少6.35%。

② 贸易环境恶化，影响中美贸易关系。美国是全球经济第一大国，也是温室气体排放的第一大国，却曾经因为仅考虑本国经济发展的利益，拒绝签订《京都议定书》。在低碳经济时代到来之际，美国也认识到参与国际气候谈判的重要性。美国此次提出碳关税意图也是以保护环境之名，实行贸易保护。这必然受到包括中国在内的发展中国家的强烈反对，为了维护自己的利益，发展中国家也必然改变国内对于高碳产品的关税政策，这样很可能助长贸易保护主义的滋生，带来贸易摩擦的加剧，造成世界贸易格局的混乱，这也必然阻碍中国工业化进程的脚步。

据统计，从美国《清洁能源与安全法案》通过开始短短11天时间内，美国就连续对中国钢绞丝、钢铬栅板、金属丝网托盘、无缝管、铜版纸、油井管、磷酸二氢钾、磷酸氢二钾和焦炭酸钾9种高碳排放产品进行贸易救济调查并征收了惩罚性关税。作为世界两个最大的经济体，中国和美国也将卷入这场贸易战争中，中美的贸易关系受到影响，使得两国居民的福利受到影响。

（2）积极影响。

① 转变外贸发展模式。

中国是世界第一出口大国，但是中国绝不是世界第一出口强国。无论从出口产品结构、出口产品竞争力还是自主创新能力来看，中国在世界的排名都比较落后。一直以来中国以劳动密集型产品的出口为主，中国的经济发展也建立在资源的极度浪费和环境的严重污染的基础之上。根据中国统计年鉴资料，中国的能源消费一直以煤炭为主，2011 年中国能源消费总量为 3 438 002 万吨标准煤，其中煤炭消费量占 68.4%。从万美元国内成产总值能耗来看，中国一直高于世界平均水平，2008 年中国万美元国内生产总值能耗为 7.86 吨标准煤/万美元，是世界平均水平的 2.67 倍，是高收入国家平均水平的 4.3 倍，是美国的 4 倍。

中国出口的工业产品，一直以高能耗、高排放、高污染的高碳产品为主，这也使得中国已经超过美国成为世界上温室气体排放量最大的国家。根据中国统计年鉴资料，2007 年中国二氧化碳排放总量为 65.33 亿吨，占世界二氧化碳排放总量的 21.32%，美国二氧化碳的排放总量为 58.323 亿吨。

在低碳经济时代到来的今天，全球气候谈判也在如火如荼地进行，美国碳关税的提出也给中国敲响了警钟，为了迎合低碳经济的浪潮，缓解由于高碳产品与美国等发达国家产生的贸易摩擦，势必会逼迫中国转变贸易模式。中国传统的对外贸易发展模式是，以货物贸易为主的贸易结构、过于偏重加工贸易的贸易方式、以中低端制成品为基础的产品结构和过分依赖少数发达国家的市场结构。这种传统的贸易模式，在全球低碳经济浪潮中显得越来越难以维持。因此，碳关税的征收是对中国经济发展和外贸模式转变的一种外力驱动和激励。

② 促进企业提高自主创新能力，开拓新市场。

碳关税的提出使得生产技术水平落后，以粗放型发展模式生产低价格的高碳产品的企业，面临成本增加，竞争力降低的威胁，使得一部分高排放产品从中国出口市场中淘汰，为其他企业的成长和发展提供空间，也有助于服务贸易的发展。同时，也使得企业为了生存，避免被淘汰，进行自主创新，提高技术水平。

低碳经济时代的到来，使得传统的高碳产业的发展受挫的同时，也为绿色环保新型产业的发展带来了机遇。为了抓住机会，迅速向低碳经济转型，中国将大力发展绿色环保产业，尤其是新能源领域。"十一五"期间，中国新能源呈跳跃式发展，到 2010 年年底，中国新能源年利用量总计 3 亿吨标准煤，占当年能源消费总量的 9.6%。为了推进新能源产业的发展并完成截至 2020 年的碳减排目标，能源局组织编制了规划期为 2011～2020 年的新能源产业发展规划，将累计增加直接投资 5 万亿元。虽然在大多数传统工业上，中国与发达国家相比比较落后，但是在新能源领域以及绿色环保新兴产业领域，中国有望与发达国家竞争。

由于中国的出口市场集中在美国、欧盟，中国的出口产品对于这些市场的依赖度比较高，美国、欧盟等发达国家一旦对中国征收碳关税，会使得中国出口企业调整出口贸易的地理结构，开拓新市场，实现出口市场的多元化，从而建立新的竞争力。

第5章

气候变化背景下中国外贸发展方式转变

5.1 技术进步与贸易减排

5.1.1 技术进步的现状、度量和影响

1. 中国技术进步发展概况

理论上来说，技术进步既会减少二氧化碳排放又会增加二氧化碳排放，中国技术进步对二氧化碳排放的具体影响怎样？需要利用实际数据进行经验检验。我们将测算 1978 年以来中国的技术进步和二氧化碳排放变化情况，并进行统计分析，了解中国技术进步和二氧化碳排放情况，同时也为后续经验研究提供数据支持。本章大部分数据来源于《中国统计年鉴（1979～2011 年）》、《中国科技统计年鉴（1996～2011 年）》、《新中国六十年统计资料汇编》和《中国能源统计年鉴（1986～2011 年）》。

技术进步是无形变量，主要的衡量指标有研发支出、专利数量和全要素生

产率。我们将采用全要素生产率和研发支出来分析中国技术进步的概况。

（1）技术进步的界定。

技术进步是影响经济增长和二氧化碳排放的关键因素（Jaffe et al.，2003），但是长期以来各界对技术进步的内涵并未形成统一的认识，我们将首先界定技术进步的含义。

（2）技术进步的含义。

技术（Technology）是指人们利用各种稀有资源从事各类经济活动的有效手段，不仅包括生产设备、产品等物化形式，还包括各种知识形态的形式，例如，工艺规程、制造技能以及生产组织管理方法等。技术可以分为硬技术和软技术，硬技术主要是指各种具体的技艺和制造过程、方法等；软技术则是指新的政策、组织与管理方法、决策方法等软性技术。有了技术的定义，就可以确定技术进步的具体内涵。技术进步（Technological Change/Technological Progress）有狭义和广义之分，狭义的技术进步是指具体技术的革新和改进，包括人的劳动技能的提高、采用新设备和对旧设备的改造、采用新工艺和对旧工艺的改造、采用新材料、采用新能源、生产新产品和对旧产品的改造、采用新技术和降低生产消耗等（李京文，1997）。广义的技术进步是经济学研究中的概念，泛指一切使生产函数移动的力量，即产出中不能用生产要素投入解释的部分都归功于技术进步。

根据技术进步的概念，有关技术进步的经济学研究最早要追溯到亚当·斯密在《国富论》中关于经济增长来源的论述，他认为经济增长来源于劳动生产率的提高，是狭义技术进步的内容之一。对真正经济学意义上技术进步的研究起始于索洛（Solow，1956），他将资本和劳动要素之外的经济增长归结于技术进步，提出了全要素生产率的概念。之后，大量学者从不同方面研究了技术进步的相关问题，包括研发的激励理论（Tirole，1988）、创新投入和产出的测量（Griliches，1984；Griliches，1998）、研发过程外部性的测度和分析（Jaffe，1998）、生产力增长的分析和测量（Jorgenson & Stiroh，2000）、新技术的扩散（Geroski，经济增长、技术进步与二氧化碳排放之间的内在关系）、市场结构对创新的影响（Sutton，1998）、创新相关的市场失灵以及合适的政策应对

（Martin & Scott，2000）、公共财政支持研发的经济效应（David et al.，2000）、专利制度的经济效应（Jaffe，2000）以及技术进步在内生宏观增长模型中的作用（Romer，1986；Lucas，1988；Grossman & Helpman，1991；Aghion & Howitt，1992）。

根据熊彼特（Schumpeter，1942）的研究，技术进步过程可以分为三个阶段——发明（Invention）、创新（Innovation）和扩散（Difussion）。通过这三个阶段，新的、好的技术遍布市场。发明是新产品或者生产过程的第一次发展，可能会受专利保护，但是许多发明并未得到专利的保护。多数发明实际上并不总是可以到达第二个阶段——创新，只有当新产品或者过程商业化时，即当发明可以在市场上出售时，才能从发明到创新。如果厂商发现了一个从来没有商业化的现存技术思想，并将基于这一思想的产品或者过程带到市场中，就可以在没有发明的情况下实现创新。发明和创新阶段主要来源于私人企业的"研发"（Research and Development，简称 R&D)。最后，厂商或者个人的使用推动创新的推广，这一过程称为扩散。新技术累积的经济或者环境影响来源于所有的这三个阶段，综合在一起就是技术进步过程。我们所考虑的技术进步过程则不仅仅包括上述三个阶段，还会考虑第四个阶段——使用（Utilization），这一阶段并不是技术进步的过程，但是在分析进步的环境影响时，却至关重要。因为扩散过程仅是指的技术的推广，并未强调其使用，而在分析技术的环境影响时，技术的使用才是影响环境的关键。如厂商研制出新的高效汽车引擎，每公里污染排放更少，企业将这一引擎商业化，用于市场上可以买到的汽车中，个人可能购买这些车带来新技术的扩散，至此已经完成了熊彼特所定义的技术进步过程，可以看到的是，此处并未真实地显示出技术进步对环境的影响，只有通过最后的使用，新技术的环境影响才显现出来。如果开这些车代替原来的车（使用），总的污染排放可能会减少。但是，若较高效率带来边际成本的下降，使消费者增加汽车的使用，那么高效率带来的排放减少可能部分或者全部被过多地使用汽车而抵消。

我们所提的技术进步是主要是指广义的技术进步，是经济增长中不能生产要素投入所解释的部分，包含了技术进步的所有过程（包括使用过程）；部分内容涉及了狭义的技术进步，也进行了具体说明。

（3）技术进步的分类。

技术进步从不同的角度可以分为不同的类型。根据对生产要素投入影响的不同，技术进步可以分为劳动节约型、资本节约型和中性技术进步。劳动节约型技术进步，又称哈罗德中性技术进步，是指随着技术进步，单位产出所需要的劳动投入下降；资本节约型技术进步，又称希克斯中性技术进步，是指随着技术进步，单位产出所需要的资本投入下降；中性技术进步，又称索洛中性技术进步，是指随着技术进步，单位产出所需要的资本和劳动投入呈相同比例下降。假定产出为 Y_t，有两种生产要素投入资本 K_t 和劳动 L_t，技术进步为 A_t。劳动节约型技术进步下生产函数的表述为：

$$Y_t = F(K_t, A_t L_t) \tag{5.1}$$

资本节约型技术进步下生产函数的表述为：

$$Y_t = F(A_t K_t, L_t) \tag{5.2}$$

中性技术进步下生产函数的表述为：

$$Y_t = A_t F(K_t, L_t) \tag{5.3}$$

根据技术进步是否对二氧化碳排放有直接影响，技术进步可以分为低碳技术进步和非低碳技术进步。低碳技术进步是能够减少二氧化碳排放或者实现二氧化碳零排放的技术进步，非低碳技术进步则是对二氧化碳排放没有直接影响的技术进步。国际能源署（International Energy Agency，简称 IEA）在 2008 年发布的《能源技术展望 2008》（Energy Technology Perspectives 2008）中，选出了电力部门、建筑部门、交通部门和工业部门 17 项关键技术，将其命名为低碳技术。王文军等（2011）将能够减少温室气体排放的技术和无碳技术成为低碳技术。石敏俊和周昇吕（2010）认为低碳技术包括能源技术进步，也包括发展低碳能源，促进能源结构转换。刘丹鹤等（2010）认为低碳技术涉及电力、交通、建筑、化工和石化等传统部门，也涉及新能源及可再生能源、煤的清洁高效利用、油气资源和煤层气的勘探开发、二氧化碳捕获与埋存等众多新领域，可以分为减碳技术、无碳技术与去碳技术三种类型。潘家华等（2010）

将低碳技术界定为提高能效、利用零碳能源、工程和生物措施固碳等有效控制温室气体排放的相关技术，例如在节能、煤的清洁高效利用、油气资源和煤层气的勘探开发、可再生能源及新能源、二氧化碳捕获与封存（Carbon Dioxide Capture and Storage，简称 CCS）等领域开发的新技术，涵盖电力、交通、建筑、冶金、化工、石化、交通等部门。

根据技术进步的来源，可以将技术进步分为生产技术进步和治污技术进步。生产技术进步是指生产领域的技术进步，而治污技术进步是指治理环境污染的技术进步。

2. 技术进步的度量

技术进步是一个无形的变量，无法直接进行度量，目前研究通常采用三种指标间接度量技术进步：R&D 支出、专利数量和全要素生产率。

R&D 支出是从投入方面对技术进步的度量。任何技术的开发都是需要投入的，R&D 支出为技术研发的投入，平均来说，若各种技术本身的开发效率差不多，则投入越多，技术进步也就越多。但是 R&D 支出作为技术进步的代理变量存在一些不理想之处，例如，数据的准确性问题，R&D 支出通常包括两个部分——政府 R&D 支出和私人部门 R&D 支出。政府支出的统计相对准确，而私人部门的数据主要靠主动报告，且多数研发都是由中小企业进行的，多数中小企业并没有专门的 R&D 列支，夸大和遗漏在所难免。

专利数量是从产出方面对技术进步的度量。由于技术是一种知识，具有公共物品的性质，技术成果作为一种知识产权受到专利的保护，就可以把专利看成是技术进步的结果。但是以专利数量作为技术进步的代理变量则存在以下几个问题：首先，专利之间无可比性。有的专利是重大技术进步和突破，具有很高的商业价值，而有的专利并没有多大价值，甚至完全不用于生产中，不能改变"生产函数"，就不属于技术进步的范畴，专利数量不能反映技术进步的真实内容。其次，专利不能反映全部技术创新，有的企业处于商业秘密的考虑，研制出的新产品、新材料、新工艺等并不申请专利，而是通过其他途径进行保护，当以专利数量来衡量技术进步时，这部分技术进步则被忽略。

全要素生产率是指生产要素（如资本和劳动等）投入之外的技术进步和能力实现等导致的产出增加，是剔除要素投入贡献后得到的残差，最早由索洛（Solow，1956）提出。常用的全要素生产率的测算方法有两种：索洛余值法和前沿分析法。

索洛余值法就是根据索洛（1956）所提出的索洛残差的概念，从产出增长率中扣除各投入要素的增长贡献率，从而得到全要素生产率。假定总量生产函数为：

$$Y_t = A_t K_t^\alpha L_t^\beta \tag{5.4}$$

其中，Y_t 为实际产出，A_t 为技术进步水平，K_t 为资本投入，L_t 为劳动投入，α 为资本投入的产出弹性，β 为劳动投入产出弹性。对上式关于时间 t 求导并除以实际产出 Y_t，可以得到全要素生产率的表达式：

$$\frac{\dot{A}_t}{A_t} = \frac{\dot{Y}_t}{Y_t} - \alpha \frac{\dot{K}_t}{K_t} - \beta \frac{\dot{L}_t}{L_t} \tag{5.5}$$

索洛余值法提供了根据理论模型计算技术进步的具体方法，但也存在着明显的缺陷。一方面，该方法建立在新古典完全竞争和规模收益不变的假设基础上，约束条件很强，往往难以满足；另一方面，具体估算中，常以资本存量代替资本服务，忽略了新旧资本设备生产效率的差异以及能力实现的影响（郭庆旺、贾俊雪，2005）。

索洛余值法在测算全要素生产率时隐含地假定所有生产单位的生产活动均有效，这同现实并不相符，因而允许存在技术无效率的前沿技术分析（Frontier Productivity Analysis）方法逐渐发展起来并广泛地用于全要素生产率的测算，该方法将全要素生产率分解为前沿技术和技术效率，分别表示最优的生产技术和决策单位实际生产技术与最优生产技术的差距。前沿分析方法主要有随机前沿分析（Stochastic Frontier Analysis，简称 SFA）和数据包络分析（Data Envelopment Analysis，简称 DEA）。

随机前沿分析方法由艾格纳等（Aigner et al.，1977）以及缪森和伯洛克

(Meeusen & Broeck, 1977) 提出, 模型的一般形式为:

$$y_{it} = f(x_{it}, t)\exp(v_{it} - u_{it}) \tag{5.6}$$

其中, y_{it} 表示生产者 i 在时期 t 的产出, x_{it} 为一组投入向量, t 为时间趋势, $f(x_{it}, t)$ 为前沿生产函数, 表示经济中最优生产技术; v_{it} 为观测误差和其他随机因素, u_{it} 为技术非效率项。技术效率（TE）为实际产出期望与随机前沿产出期望的比值:

$$TE_{it} = \frac{E[f(x)\exp(v-u)]}{E[f(x)\exp(v-u)\,|\,u=0]} = \exp(-u_{it}) \tag{5.7}$$

$u_{it}=0$ 时, $TE_{it}=1$, 技术有效; $u_{it}>0$ 时, $TE_{it}<1$, 技术无效。地区 i 时期 t 到时期 $t+1$ 的技术效率变化指数和前沿技术变化指数可以定义为:

$$效率变化指数 = TE_{i,t+1}/TE_{i,t} \tag{5.8}$$

$$技术变化指数 = \left\{\left[1+\frac{\partial\ln f(x_{i,t},t)}{\partial t}\right]\times\left[1+\frac{\partial\ln f(x_{i,t+1},t+1)}{\partial(t+1)}\right]\right\}^{1/2} \tag{5.9}$$

数据包络分析是由查理斯等（Charnes et al., 1978）和卡韦等（Cave et al., 1982）提出, 经过法尔等（Fare et al., 1994）发展的一种线性规划技术, 这种方法不需要任何生产函数的假设, 利用投入和产出的数据求解每一个时期的生产最优实践前沿面, 将每一个决策单元同最优实践前沿进行对比, 从而对效率变化和技术进步进行测度。一个最优生产前沿面可以由三种等价的方式表述: 投入要求集、产出可能性集和曲线图。我们主要从投入角度介绍 DEA 方法。在估算出边界生产函数和距离函数后, 可以求解全要素生产率。目前研究所是采用 Malmquist 指数法, 以 t 期技术为参照系, 基于投入的 Malmquist 生产率指数为:

$$M_i^t = D_i^t(x_t, y_t)/D_i^t(x_{t+1}, y_{t+1}) \tag{5.10}$$

其中, D_i 为距离函数, 下标 i 表示基于投入的距离函数, 上式测度了从时期 t 到 $t+1$ 的技术效率变化。同理, 以 $t+1$ 期技术为参照系的 Malmquist 生产率指数为:

$$M_i^{t+1} = D_i^{t+1}(x_t, y_t)/D_i^{t+1}(x_{t+1}, y_{t+1}) \tag{5.11}$$

为了避免选择生产技术参考系的随意性, 通常取上述两个指数的几何平均

值来计算从时期 t 到 $t+1$ 生产率变动的 Malmquist 指数：

$$M_i(x_{t+1},y_{t+1};x_t,y_t) = \left[\frac{D_i^t(x_t,y_t)}{D_i^t(x_{t+1},y_{t+1})} \times \frac{D_i^{t+1}(x_t,y_t)}{D_i^{t+1}(x_{t+1},y_{t+1})} \right]^{\frac{1}{2}} \quad (5.12)$$

其中，$(x_t,\ y_t)$ 和 $(x_{t+1},\ y_{t+1})$ 分别表示 t 期和 $t+1$ 期的投入和产出向量；$D_i^t(\cdot)$ 和 $D_i^{t+1}(\cdot)$ 分别表示以 t 期和 $t+1$ 期数据为参考集的不同期的技术效率水平，如 $D_i^t(x_{t+1},\ y_{t+1})$ 代表以第 t 期技术（即以第 t 期的数据为参考集）表示的 $t+1$ 期技术效率水平。当该指数大于 1，表示全要素生产率呈增长趋势；反之则为下降趋势。Malmquist 指数又可分解为技术效率变化指数（TE）和技术进步指数（TC）：

$$M_i(x_{t+1},y_{t+1};x_t,y_t) = \underbrace{\frac{D_i^t(x_t,y_t)}{D_i^{t+1}(x_{t+1},y_{t+1})}}_{TE} \underbrace{\left[\frac{D_i^{t+1}(x_{t+1},y_{t+1})}{D_i^t(x_{t+1},y_{t+1})} \times \frac{D_i^{t+1}(x_t,y_t)}{D_i^t(x_t,y_t)} \right]^{\frac{1}{2}}}_{TC}$$

$$(5.13)$$

TE 是规模报酬不变且要素自由处置条件下的相对效率变化指数，该指数测度了从时期 t 到 $t+1$ 每个观察对象到最优生产前沿的追赶程度。TC 是技术进步指数，测度的是技术边界从时期 t 到 $t+1$ 的移动。

上述三个技术进步的代理变量均有利弊，但是由于缺乏更好的数据，在进行经验检验时，我们选择研发支出和以 DEA 测算的全要素生产率分别作为技术进步的代理变量，因为相比与专利数量，这两个指标更具有可信性，更能代表技术进步的整体情况。

3. 全要素生产率的测算

以全要素生产率来反映技术进步的思想最早来源于索洛，他将经济增长中要素投入外的因素均归结外技术进步，通过增长核算得到了全要素生产率，将其作为技术进步的指标。但是早期利用索洛余值测算全要素生产率的方法因其所有生产者在技术上充分有效的假定受到了学者的质疑，越来越多的研究利用前沿分析方法来测算全要素生产率，包括随机起前沿分析和数据包络分析。随机前沿分析时以回归为基础的参数方法，需要对生产函数和随即项概率分布进行假定，生产函数不同，结果会存在较大差别，且如果经验研究的样本量较少，随机前沿分析结果会存在较大误差。数据包络分析属于非参数方法，不需要对生产函数进行任何假设，可以避免较强的理论约束，因此我们采用数据包括分析来测算中国全要素生产率。

前面已经分析了对 Malmquist 指数分解的方法，求解这一指数关键在于距离函数的估计。距离函数的确定需要依据相应的投入—产出数据求解线性规划问题。假定经济中存在 N 个经济体，生产的要素投入为资本 K 和劳动 L，产出为 Y，要素投入规模报酬不变，单个个体生产要素投入则分别为 k 和 l，产出为 y，则距离函数可以通过求解如下问题获得：

$$D_i^t(x_i^t, y_i^t) = \left[\max \phi_i^t(x_i^t, y_i^t)\right]^{-1}$$
$$s.t. \ \mathbf{Y}_t \lambda_i - \phi_i^t(x_i^t, y_i^t) y_i^t \geq 0$$
$$k_i^t - \mathbf{K}_t \lambda_i \geq 0$$
$$l_i^t - \mathbf{L}_t \lambda \geq 0$$
$$\lambda_i \geq 0 \tag{5.14}$$

其中，i 和 t 分别表示经济体和时期，$\mathbf{Y}_t$ 为产出矩阵向量，为 N 个经济体的产出，λ_i 为大于 0 的权重参数向量，ϕ 表示产出水平与潜在产出之间的距离，是距离函数的倒数。求得距离函数之后，就可以利用式（5.13）求出全要素生产率 Malmquist 指数、技术效率变化指数和技术进步指数。

（1）变量和数据选取。

选取 1978～2010 年 29 个省、自治区和直辖市的面板数据来测算 Malmquist 生产率指数，将 1996 年开始分离的重庆数据并入四川省，西藏因数据缺乏不包括在样本内，另外，我们将省、自治区和直辖市统称为"省"。Malmquist 指数法的关键是投入和产出变量的选取。要素投入数据选择物质资本和劳动力两个指标，物质资本用各地区资本存量表示，劳动力指标选择各地区从业人口数量；产出指标用经过价格指数（1978＝100）平减的地区实际 GDP 表示。劳动力和产出数据均来源于历年《中国统计年鉴》和《新中国 60 年统计资料汇编（1949～2004）》。

对于资本存量数据，目前国内还没有建立统一的数据库，我们借鉴张军等（2004）所采用的"永续盘存法"进行估算，其具体估算公式为：

$$K_t = (1-\delta)K_{t-1} + I_t/P_t \tag{5.15}$$

其中，K_t 为 t 年的实际资本存量，K_{t-1} 为 $t-1$ 年的实际资本存量，δ 为折旧率，I_t 为 t 年的名义投资，P_t 为固定资产投资价格指数。根据张军等（2004）名义投资以固定资本形成总额来表示，折旧率选取 9.6%，初始资本存量由基年固定资本形成总额除以 10% 获取，文中基年是 1978 年。但是需要注意的是，张军等（2004）是以 1952 年价格估算的各省资本存量，我们需要以 1978 年价格估算的各省资本存量，因此需要重新设定基年资本存量。根据张军等（2004）的研究，初始资本存量可以由固定资本形成总额除以 10% 获取，以各省 1978 年固定资本形成总额除以 10% 为其初始资本存量；另外，统计年鉴上没有 1990 年之前的固定资产投资价格指数，所以选取各省零售价格指数来代替。

（2）结果分析。

获得相应指标后，采用投入导向的 DEA 方法，运用 DEAP2.1 软件，得到各省市区 1978～2010 年 Malmquist 生产率指数。结果如表 5－1 所示，限于篇幅，只列出了样本期内全国各省及东部、中部、西部地区的平均 Malmquist 生产率指数（1978 年的 Malmquist 生产率指数为 1）。

表 5－1　　　　1978～2010 年 Malmquist 全要素生产率指数变化趋势及指数分解

年份	技术效率变化指数	技术进步指数	Malmquist 生产率指数
1978～1979	0.991	1.134	1.124
1979～1980	0.969	1.037	1.005
1980～1981	1.067	1.008	1.076
1981～1982	0.908	0.797	0.724
1982～1983	1.152	1.096	1.262
1983～1984	0.969	1.241	1.202
1984～1985	0.956	1.006	0.961

续表

年份	技术效率变化指数	技术进步指数	Malmquist 生产率指数
1985~1986	0.959	0.73	0.7
1986~1987	1.081	1.576	1.704
1987~1988	0.8	0.946	0.756
1988~1989	1.239	0.933	1.156
1989~1990	1.036	0.835	0.865
1990~1991	0.865	0.978	0.846
1991~1992	1.176	0.722	0.848
1992~1993	0.993	1.27	1.261
1993~1994	0.987	1.071	1.057
1994~1995	0.98	1.018	0.998
1995~1996	0.952	0.917	0.873
1996~1997	0.807	1.059	0.854
1997~1998	1.168	0.821	0.958
1998~1999	0.93	0.976	0.907
1999~2000	0.981	1.44	1.412
2000~2001	1.132	0.721	0.816
2001~2002	1.055	0.792	0.836
2002~2003	0.998	1.223	1.22
2003~2004	0.826	0.792	0.654
2004~2005	1.013	0.881	0.892
2005~2006	1.142	1.157	1.321
2006~2007	1.118	1.216	1.36
2007~2008	0.83	0.942	0.782
2008~2009	1.189	0.86	1.023
2009~2010	0.987	1.1	1.086

① 全要素生产率变化趋势。

表 5-1 为全国平均全要素生产率的时间序列数据，可以看出，1978~2010

年中国全要素生产率呈现显著的波动性[①]。1982～1984 年，生产率显著增长，主要原因是技术进步，说明中国经济改革带来了明显的技术进步，也就是明显的"增长效应"，这与吴（Wu，2003）的研究相同。不同的是，他除发现技术进步的"增长效应"外，还发现了技术效率改善的"水平效应"，而我们并没有发现技术效率改善。在 1992 年之后，1992～1994 年，全要素生产率显著提高，主要动力来自技术进步，而之后全要素生产率则不断下降，至 2000 年，这一局面有所改善；2008 年受全球金融危机影响，全要素生产率显著下降，比 2007 年下降了 11.8%，之后开始逐渐好转（见图 5-1）。

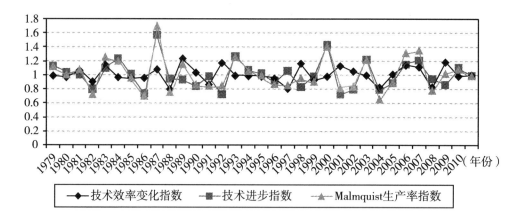

图 5-1　1979～2010 年 Malmquist 全要素生产率指数变化趋势及其分解

② 省际全要素生产率的变化。

表 5-2 为中国各省 1978～2010 年全要素生产率平均值，总体来看，全国整体全要素生产率呈下降趋势，下降了 0.8%，从其分项构成来看，技术效率指数上升了 0.1%，说明总体来说中国技术效率有所改善，技术进步指数下降了 0.1%，技术进步出现了倒退现象。分地区来看，东部地区全要素生产率平均下降了 0.4%，中部则上升了 0.2%，西部下降了 1.6%，从各分项来看，东部地区技术进步效率指数下降了 0.1%，技术进步指数下降了 0.2%；中部地区技术效率指数上升了 0.3%，技术进步指数下降了 0.1%；西部地区技术效率指

---

① 表中年份数据形式是根据 Malmquist 指数的意义来确定的，因为该指数均表示的是相比与前一年，本年的全要素生产率变化情况，因此相比于前一年，本年全要素生产率的增长率等于 Malmquist 指数减 1。

数未保持不变，技术进步指数下降了 1.6%。从各个省份来看，部分省份的全要素生产率改善，但幅度较小，而部分省份全要素生产率则出现下降趋势。天津、浙江和安徽的全要素生产率平均增长率最大，在其全要素生产率增长中技术进步贡献了全要素生产率增长的大部分份额，说明省际全要素生产率的增长主要是技术进步推动的，而技术效率改善的速度明显落后于技术进步的速度，这与郑京海等（2005）研究结论一致。

表5-2　　　　各省 1978～2010 年平均 Malmquist 指数及分解

省份	技术效率变化指数	技术进步指数	Malmquist 指数（TFP）
北京	0.994	0.977	0.971
天津	1.006	1.017	1.023
河北	0.998	0.995	0.993
辽宁	0.994	0.99	0.984
上海	1.003	1.007	1.010
江苏	0.997	0.99	0.986
浙江	1.007	1.012	1.019
福建	0.994	0.989	0.982
山东	0.998	1.000	0.998
广东	0.995	1.001	0.996
海南	0.998	0.997	0.994
山西	1.000	0.954	0.955
吉林	1.000	0.999	0.999
黑龙江	1.006	1.011	1.016
安徽	1.007	1.011	1.018
江西	1.000	0.981	0.981
河南	1.007	1.006	1.013
湖北	1.003	1.017	1.020
湖南	1.001	1.010	1.011
内蒙古	1.000	0.982	0.981
广西	1.000	0.968	0.968

续表

省份	技术效率变化指数	技术进步指数	Malmquist 指数（TFP）
四川	1.000	0.991	0.991
贵州	1.000	0.969	0.969
云南	1.001	0.986	0.987
陕西	0.999	1.003	1.003
甘肃	1.000	0.950	0.949
青海	1.000	1.001	1.002
宁夏	1.000	0.995	0.995
新疆	1.000	0.990	0.99
东部平均	0.999	0.998	0.996
中部平均	1.003	0.999	1.002
西部平均	1.000	0.984	0.984
全国平均	1.001	0.990	0.992

4. 研发支出概况

研发支出作为技术进步和创新的来源，与技术进步成正比，也可以作为衡量中国技术进步情况的指标。20 世纪 90 年代以来，中国研发经费内部支出不断增加，从 1995 年的 348.69 亿元增加到了 2010 年的 7 062.58 亿元，增长了 19 倍多，年均增加 20.3%，占国内生产总值比重从 0.57% 上升到了 1.76%（见图 5—2）。

从东部、中部、西部看，三大区域间研发经费支出差异较大，东部地区研发经费支出最多，中部其次，西部最少（见表 5—3）。1998 年，东部、中部、西部研发经费投入分别为 314.9 亿元、86.3 亿元和 84.2 亿元，占全国研发经费支出的比例为 64.9%、17.8% 和 17.3%；2010 年，东部、中西部研发经费支出增长到了 4 986.9 亿元、1201.5 亿元和 872.8 亿元，占全国研发经费支出比例分别为 70.6%、17% 和 12.4%，研发经费支出年均增长率分别为 23.7%、22.5% 和 19.7%[①]。可见无论是绝对量、相对量还是增速上，东部地区都具有

---

① 各省的研发经费支出数据只有 1998 年之后的，所以分地区描述以及省际描述时，数据选取区间为 1998～2010 年，西藏由于数据缺乏未包含在内。

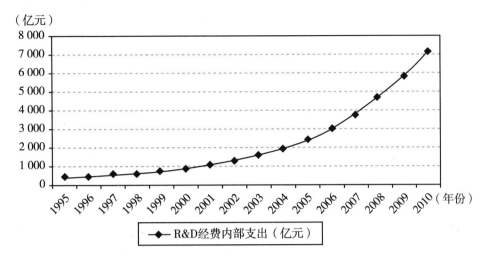

图 5—2 中国 1995～2010 年研发经费内部支出变化趋势

资料来源:《中国科技统计年鉴》。

绝对优势,中部则好于西部。从这个意义上来说,东部地区技术进步速度最快,中部其次,西部技术进步速度则最慢。

表 5—3 各省 1998～2010 年研发经费支出概况 单位:亿元

省份	1998 年	2000 年	2006 年	2007 年	2008 年	2009 年	2010 年
北京	103.3	155.7	433.0	505.4	550.3	668.6	821.8
天津	12.5	24.7	95.2	114.7	155.7	178.5	229.6
河北	9.6	26.3	76.7	90.0	109.1	134.8	155.4
辽宁	26.3	41.7	135.8	165.4	190.1	232.4	287.5
上海	45.3	73.6	258.8	307.5	355.4	423.4	481.7
江苏	36.0	73.0	346.1	430.2	580.9	702.0	857.9
浙江	11.0	33.5	224.0	281.6	344.6	398.8	494.2
福建	6.2	21.2	67.4	82.2	101.9	135.4	170.9
山东	23.1	52.0	234.1	312.3	433.7	519.6	672.0
广东	40.9	107.1	313.0	404.3	502.6	653.0	808.7
海南	0.7	0.8	2.1	2.6	3.3	5.8	7.0
山西	6.9	9.9	36.3	49.3	62.6	80.9	89.9

续表

省份	1998年	2000年	2006年	2007年	2008年	2009年	2010年
吉林	8.0	13.4	40.9	50.9	52.8	81.4	75.8
黑龙江	13.9	14.9	57.0	66.0	86.7	109.2	123.0
安徽	8.7	20.0	59.3	71.8	98.3	136.0	163.7
江西	4.4	8.2	37.8	48.8	63.1	75.9	87.2
河南	11.8	24.8	79.8	101.1	122.3	174.8	211.2
湖北	23.7	34.8	94.4	111.3	149.0	213.4	264.1
湖南	8.9	19.2	53.6	73.6	112.7	153.5	186.6
内蒙古	1.2	3.3	16.5	24.2	33.9	52.1	63.7
广西	1.6	8.4	18.2	22.0	32.8	47.2	62.9
重庆	5.3	10.1	36.9	47.0	60.2	79.5	100.3
四川	30.2	44.9	107.8	139.1	160.3	214.5	264.3
贵州	2.6	4.2	14.5	13.7	18.9	26.4	30.0
云南	4.5	6.8	20.9	25.9	31.0	37.2	44.2
陕西	28.3	49.5	101.4	121.7	143.3	189.5	217.5
甘肃	6.9	7.3	24.0	25.7	31.8	37.3	41.9
青海	0.8	1.3	3.3	3.8	3.9	7.6	9.9
宁夏	0.9	1.6	5.0	7.5	7.5	10.4	11.5
新疆	1.9	3.2	8.5	10.0	16.0	21.8	26.7

从各个省份研发支出的绝对量来看，1998年研发经费支出最多的省份排第一位的是北京，第二位的是上海，第三位的是广东，前十位中东部地区占了六名；2010年研发经费支出最多的省份为江苏，其次为北京，第三位为广东，前十位中东部地区占了八个。可以看出，研发经费支出较多的省份多数位于东部地区。1998年研发经费支出后十名的省份分别为重庆、云南、江西、贵州、新疆、广西、内蒙古、宁夏、青海和海南，其中八个省份属于西部地区；2010年研发经费支出后十名为吉林、内蒙古、广西、云南、甘肃、贵州、新疆、宁夏、青海和海南，其中仍有八个省份属于西部地区。可见研发经费支出较少的省份则主要集中于西部地区，西部地区省份中，研发经费支出最多的是四川，

其次为陕西。2010 年，中部地区省份中，研发经费支出最多的是湖北，高于全国研发支出平均水平。另外，各省之间研发支出差距较大，2010 年研发支出最多的省份江苏，是研发支出最少省份海南的 122 倍。

如图 5－3 所示，从东部、中部和西部 1998～2010 年研发经费内部支出变化趋势来看，东部地区研发支出一直高于中部和西部地区，到 2010 年已达5 000 亿元，且增长快于中部和西部地区，因而与其差距也越来越大。1998～2005 年，中部和西部地区的研发支出都极低且相近，从 2006 年开始逐步拉开距离。到 2010 年，中部地区的研发支出已高于 1 000 亿元，而西部地区的研发支出仍低于 1 000 亿元。

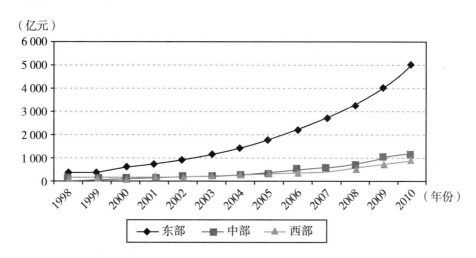

图 5－3 东部、中部和西部 1998～2010 年研发经费内部支出变化趋势
资料来源：根据历年《中国科技统计年鉴》整理而得。

从 1998～2010 年各个省份研发支出的年均增长率来看，如图 5－4 所示，多数省份的年均增长率在 20％左右（26 个），少数省份位于 30％以上（4 个）。全国研发支出的平均增长率为 23％，14 个省份的研发支出增长率高于全国平均增长率，其中，增长最快的是内蒙古，增长率为 35％，其次为浙江，增长率为 34％，之后是广西，增长率为 33％。云南（19％）、吉林（19％）、黑龙江（18％）、四川（18％）、北京（17％）、陕西（17％）和甘肃（15％）研发支出的年均增长率低于 20％，增长最慢的省份是甘肃，为 15％。总体而言，东部地区省份研发支出基数大，增长相对缓慢，而中部、西部地区基数小，增长相对较快。

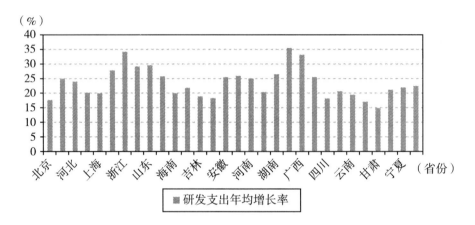

图 5—4   各省份 1998～2010 年研发经费内部支出年均增长率

资料来源：根据历年《中国科技统计年鉴》整理。

综合上述分析，1998～2010 年中国研发支出不断增加，总量上呈现东强中西弱的局面，但是中部和西部地区各省份的研发支出增长速度则较快。

5. 技术进步影响碳排放的机制分析

20 世纪 70 年代以来，随着环境质量的持续恶化，各国政府、国际组织和学术界逐渐开始关注经济增长与环境质量之间的关系。进入 21 世纪，气候变暖问题成为全球社会关注的主要问题之一，学者将经济增长与环境关系的主要兴趣点转移到了经济增长与关键温室气体——二氧化碳之间的关系，技术进步在其中所扮演的角色也受到较多的关注，涌现了大量相关研究，多数研究普遍认为经济增长导致二氧化碳排放增加，加剧全球气候变暖，而技术进步会减少二氧化碳排放，改善全球气候变暖，但是很少有研究论证技术进步与二氧化碳排放之间的内在关系，本部分将主要分析技术进步影响二氧化碳排放的内在机制。

技术进步是减少还是增加二氧化碳排放与技术进步实现路径和特点密切相关。如果技术进步来自低碳技术进步以及人力资本增加等，则技术进步会通过低碳技术研发及产业结构调整减少二氧化碳排放；如果原有技术为肮脏技术[①]，技术进步会通过路径依赖（Path Dependence）效应而增加二氧化碳排放，也可能会通过促进经济增长，增加能源消耗的规模效应以及机器替代劳动的替代效应增加排放。

（1）技术进步减少二氧化碳排放的机制。

技术进步减少二氧化碳排放的途径有两个：一是通过低碳技术进步，增加非化石能源的利用，提高能源利用效率，减少二氧化碳排放；二是通过推动经济向以知识为要素投入的经济增长方式转变，减少高耗能、高排放产业在国民经济中的比重，从而实现减排。

低碳技术进步能够显著地减少二氧化碳排放。低碳技术分为两大类：能源技术以及碳捕集和封存（Carbon Capture and Store，简称 CCS）技术。能源技术包括了低碳能源技术以及提高传统能源利用效率的技术。低碳能源技术进步会增加新型的低碳甚至是零碳可再生能源的使用，包括太阳能、风能、水能、生物质能、地热能和海洋能等，降低对化石能源的过度依赖，减少二氧化碳排放。目前，全球很多发达国家正在投入大量人力和资金，进行可再生能源的研发和利用。据英国石油公司发布的《BP 世界能源统计 2012》，2011 年全球各种可再生能源消费量为 1.948 亿吨油当量，其中美国和欧盟的可再生能源消费量分别为 0.453 亿和 0.809 亿吨油当量，占全球可再生能源消费的比例分别为 23.25% 和 41.53%。未来可再生能源将进一步发展，根据《BP2030 世界能源展望》的预测，2010～2030 年，全球可再生能源保持年均 8.2% 的增速。提高传统能源利用效率的技术进步包括研发新的低能耗、低排放新产品代替原有高能耗、高排放产品和提高产品生产效率，降低单位产品能耗等，都可以降低能源消耗，减少二氧化碳排放。国际能源署（International Energy Agency，简称 IEA）2011 年发布的《能源技术愿景 2010》（Energy Technology Perspective 2010）认为能源效率的提高是减少二氧化碳排放最有效的手段，OECD 国家能源效率的

[①]　肮脏技术（Dirty Technology）是指高耗能和高污染排放的技术。肮脏技术和清洁技术均属于具体的硬技术。

提高有效地降低了最终能源消费的增长，如果没有1973年以来能源效率的改善，到2006年，OECD[①]国家最终能源使用将比2006年实际能源使用量高63%。

CCS技术是一项集二氧化碳捕集、运输和封存三个环节的系统低碳技术，具体步骤是将二氧化碳捕获，之后利用管道或船舶运送到封存地，最后压缩注入地下，达到彻底减排的目的。它是减缓气候变化、减少二氧化碳排放的基础技术之一，对工业非常重要，因为它是诸如钢铁和水泥等工业品生产实现高度减排的唯一方法。目前CCS技术中二氧化碳的捕集和运输技术发展较快，封存技术发展则相对较慢。二氧化碳捕集方面，在许多标准的工业过程中已经有分离二氧化碳的经验。例如，天然气生产过程中，需要将二氧化碳分离出来，类似的，在生产氨或氢的工厂中，移除二氧化碳是其过程的一部分。二氧化碳排放主要来自化石燃料的燃烧，特别是发电方面，逐渐开发出了燃烧后捕集、燃烧前捕集和富氧燃烧捕集三个过程来捕集燃煤和燃气发电厂排放出来的二氧化碳。已经有数座采用氨洗法从烟气中脱除二氧化碳排放的设备和纯氧燃烧设备在钢铁企业250MW级示范。在诸如钢铁和水泥等工业还暂未有大规模研发相关的捕集过程，但是已有的捕集过程会提供很好的经验借鉴。二氧化碳运输方面，一旦捕集过二氧化碳后，就需要将其压缩以方便运输和储存。目前主要通过管道、海运或者公路罐车运输二氧化碳。北美已经有30多年的二氧化碳运输技术经验，每年有超过30吨的二氧化碳通过美国和加拿大境内6 200千米的高压管道进行运输。二氧化碳封存方面，需要将二氧化碳注射入深低下岩层，通常在1 000米以上，因为在这个深度，温度和压力会使二氧化碳保持液态。合适的封存地包括油田层、气田层和盐水层，它们都有不透水的岩石以阻止二氧化碳重回表面。三种类型的封存地已经安全保存液体和气体数百万年，如果仔细选择，它们也可以安全地长期储存二氧化碳。二氧化碳注入地下后，还需要一系列的敏感和监测技术来监测二氧化碳在岩层的移动和变化，监测、报告和验证过程对项目管理也非常重要，它们向公众和规制者确保二氧化碳安全地

---

① OECD的11个国家是澳大利亚、丹麦、法国、德国、意大利、日本、挪威、瑞典、英国和美国，占整个OECD国家最终能源消费的比例超过75%。

储存。虽然 CCS 的三个环节的技术都是现成的，但是全流程技术集成和规模化问题还很不成熟，多数项目处于规划研究阶段。根据全球 CCS 研究所的统计，截至 2012 年 9 月，全球 CCS 大规模整合项目（Large Scale Integrated Project）[①]有 75 个，其中 16 个正在运作或在建，捕集能力为每年 3 600 万吨二氧化碳，另外 59 个处于规划阶段，潜在的捕集能力为每年 1.1 亿吨二氧化碳；2011 年到 2012 年，有 8 个处于不同阶段的项目因为各种原因而搁浅。

根据内生经济增长理论（Romer，1986；Lucas，1988），知识存量和人力资本的增加均会推动技术进步，而此类技术进步则会改变传统依靠要素投入扩张型的增长模式，使经济增长的主要驱动力转移到知识和人力资本上面，降低对自然资源的过度依赖，同时还可以推动产业结构调整，实现产业结构高级化，减少二氧化碳排放。一方面，知识存量和人力资本的不断增加可以低成本地不断复制并实现经济规模报酬递增，提高劳动生产率，对自然资源进行科学、合理、集约、高效地配置，降低单位产出能耗；另一方面，以知识推动的经济增长模式下，从供给方面来看，教育、文化和研究开发是主导产业和部门；从需求方面来看，高技术产品和信息化的新知识成为主要的消费品，因此无论从供给还是从需求方来看，经济发展的主要驱动属于低碳产品和产业，改变了以工业为主的高污染、高排放的产业结构，降低了高排放行业在经济增长中所占比重，使产业结构逐步优化，兼顾实现经济发展和二氧化碳减排。

我们可以将技术进步减少二氧化碳排放机制用图 5—5 来表示：

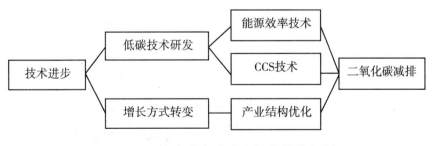

图 5—5　技术进步减少二氧化排放机制

[①]　大规模整合项目是指每年二氧化碳捕集、运输和储存量至少为 80 万吨煤电厂或者至少为 40 万吨的其他排放密集工业企业（包括天然气电力厂）。大规模整个项目是全球 CCS 技术示范，对二氧化碳减排非常重要。

（2）技术进步增加二氧化碳排放的机制。

技术进步在实现二氧化碳减排的同时也会因路径依赖效应、规模效应和替代效应增加二氧化碳排放。

路径依赖是指人类社会中的技术演进或制度变迁有类似于物理学中的惯性，即一旦进入某一路径（无论是"好"还是"坏"），就可能对该路径产生依赖。路径依赖的概念最早就是从技术变迁分析中产生的，之后由北岛（North，1990）将这一概念引入了制度变迁问题的研究中。显而易见，技术进步存在一定的路径依赖，当初始技术为肮脏技术时，私人部门发现进行肮脏技术研发利润更高，未来技术进步就属于肮脏技术进步（Acemoglu et al.，2009）。阿格赫恩等（Aghion et al.，2011）的经验研究证实了技术进步路径依赖的存在性。因此，如果企业原本技术属于肮脏技术，若不存在政府干预，企业未来进行技术转换的激励微乎其微，只会在原有技术上进行改进，改进后的技术本质上仍然属于肮脏技术，而且由于技术进步，企业会进一步增加产出，可能会导致二氧化碳排放大幅度增加。多数清洁技术属于新型技术，而世界上多数技术仍属于肮脏技术，由于存在路径依赖效应，技术进步可能会增加二氧化碳排放。

自亚当·斯密在《国富论》中将经济增长归因于社会分工和劳动生产率提高以来，技术进步对经济增长的推动作用得到了经济学家的广泛认同。不论是以索洛（Solow，1956）为代表的新古典增长理论还是罗默（Romer，1986）和卢卡斯等（Lucas et al.，1988）为代表的新增长理论，均认为技术进步是经济持续增长的源泉和主要动力。技术进步在推动经济增长，扩大经济规模的同时，可能会增加能源和资源消耗，进一步导致二氧化碳排放增加。可以将这一过程理解为技术进步通过经济规模效应增加二氧化碳排放。

技术的不断进步会使部分行业利用机械设备来代替劳动以提高生产效率和降低人工成本。例如，汽车生产线和农业机械化等。而大量机械设备的使用，在降低人工投入的同时，会增加能源的消耗，带来二氧化碳排放的增加，这一现象在早期完成工业化的国家十分突出。这一过程可以理解为技术进步通过替代效应增加了二氧化碳排放。可以将上述技术进步增加二氧化碳排放的机制以图5—6来表示。

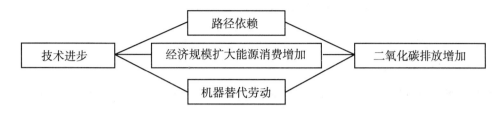

图 5—6　技术进步增加二氧化碳排放的机制

5.1.2　技术进步、国际贸易与碳排放

我们将构造技术进步与二氧化碳排放的理论模型进一步分析二氧化碳排放变化路径和政府最优政策选择。首先，将二氧化碳排放引入新古典增长模型框架内，分析了技术进步对二氧化碳排放的影响以及实现经济可持续增长的条件；其次，考虑开放条件下，国际贸易引致的技术溢出对二氧化碳排放的影响；最后，将技术进步内生化，并考虑了技术进步的路径依赖效应，确定了实现长期经济增长、二氧化碳减排的条件以及政府最优政策选择。

1. 新古典增长框架下技术进步对二氧化碳排放的影响

技术进步对二氧化碳排放有重要影响，杰夫等（Jaffe et al.，2003）对技术进步和环境进行了系统性地论述。早期经济学研究对环境问题的关注点主要是经济增长与环境的关系，焦点问题是资源和环境约束对经济增长的影响以及经济增长对环境的影响，对技术进步的作用提及甚少。例如，罗马俱乐部提出的"增长极限说"认为不可再生资源会约束经济的长期增长，而达斯古普塔和希尔（Dasgupta ＆ Heal，1974）和斯蒂格利茨（Stiglitz，1974）等则持不同意见，他们认为技术一定且自然资源存量有限时，只要人口增长率为正，人均消费仍可能持续增长，自然资源并不能对经济增长形成硬约束。关于经济增长对环境影响的研究则无一例外地认为经济增长恶化了环境（Foster，1973；Gruver，1976）。

随着数据的可得性以及研究方法的进展，部分学者开始重新审视经济增长对环境的影响，最著名研究是格罗斯曼和克鲁格（Grossman & Krueger，1991）、沙菲克和班德亚帕德耶（Shafik & Bandyopadhyay，1992）以及帕纳约托（Panayotou，1993）提出的环境库兹涅茨曲线假说，即经济增长和污染排放之间呈现"倒U型"关系，这一假说中其实也包含了早期关于技术进步对环境影响的探讨，格罗斯曼和克鲁格（Grossman & Krueger，1991）认为经济增长通过规模效应、结构效应和技术效应影响污染排放，规模效应正向影响污染物排放；结构效应不确定，可能增加也可能减少污染排放；技术效应则会减少排放。之后大量学者从理论角度分析了EKC假说，也涉及了技术进步对环境的影响，代表性研究有塞尔登和宋（Selden & Song，1995）、麦康奈尔（McConnell，1997）、约翰和皮贝尼诺（John & Pecchenino，1994）、安德内和莱文森（Andreoni & Levinson，2001）以及布鲁克和泰勒（Brock & Taylor，2010）等。新古典增长模型是动态一般均衡模型，可以很好地解释技术进步和环境之间的动态关系，而且也不用考虑污染外部性问题，受到了学者的青睐，例如塞尔登（Selden & Song，1995）以及麦康奈尔（McConnell，1997）就是利用这一框架以治污支出的多少来衡量技术效应，治污支出越多，治污技术[①]越先进，技术效应也就越大，但是他们并没有考虑直接的技术进步，而是利用其他变量间接代理的技术进步。而且从前面关于技术进步影响二氧化碳排放机制的分析可知，治污技术进步可以直接减少二氧化碳排放，而生产技术进步则可能增加二氧化碳排放，因此，需要同时考虑这两种技术进步形式。布鲁克和泰勒（Brock & Taylor，2010）扩展了传统的索洛模型，将生产技术进步和治污技术进步同时引入，证实了经济增长和碳排放之间的"倒U型"关系。国内学者从理论角度解释了EKC曲线的研究则较少，陆旸和郭路（2008）在塞尔登（Selden & Song，1995）的基础上分别考虑了污染与产出的关系及环境支出的变化趋势。我们也将利用新古典增长框架分析技术进步对二氧化碳排放的影响，但是与上述研究不同的是，我们是在Ramsey模型基础上直接引入了生产技术进步和治污技术进步并求解的稳态均衡，分析二氧化碳排放的变化路径。

① 此处治污技术也就是我们在前面所定义的低碳技术进步，是可以减少二氧化碳排放的硬技术。

（1）模型设定与求解。

① 厂商。存在大量相同的厂商，产品市场完全竞争，生产要素市场完全竞争，厂商雇佣工人和租用资本生产同质的消费品 Y。产品生产函数采用科布道格拉斯（C—D）形式：

$$Y_t = F(K_t, B_t L_t) = K_t^\alpha (B_t L_t)^{1-\alpha} \tag{5.16}$$

K_t 是资本投入，L_t 是劳动投入，B_t 是技术水平，以固定速率 g_B 增长，即

$$B_{t+1} = (1+g_B) B_t \tag{5.17}$$

当 $B_0 = 1$ 时，

$$B_t = (1+g)^t \tag{5.18}$$

生产函数满足一切优良的性质，规模报酬不变，边际产出为正且递减，同时满足稻田条件。定义

$$\hat{y}_t = Y_t / B_t L_t \tag{5.19}$$

为人均有效产出，

$$\hat{k}_t = K_t / B_t L_t \tag{5.20}$$

为人均有效资本存量，

则人均有效产出可以表示为：

$$\hat{y}_t = f(\hat{k}_t) = \hat{k}_t^\alpha \tag{5.21}$$

为了分析二氧化碳排放变化情况，假定产品生产带二氧化来碳排放，单位产品生产带来 P 单位的二氧化碳排放，是产出的副产品[①]。二氧化碳排放还受到减排活动 Φ 的影响，减排受到产出 Y_t、减排投入 I_t 以及减排技术 A_t 的影响，根据布鲁克和泰勒（Brock & Taylor，2010），减排活动规模报酬不变[②]，是产出和减排投入的增函数，且严格凹。假定减排方程为 C—D 函数形式，即

$$\Phi(Y_t, I_t) = A_t Y_t^\beta I_t^{1-\beta}, \tag{5.22}$$

[①] 这一方法广泛地用于经济增长与环境的相关研究中，柯普兰和泰勒（Copeland & Taylor，1994）、安德内和莱文森（Andreoni & Levinson，2001）以及布鲁古和泰勒（Brock & Taylor，2010）等均采用了这一方法分析了经济增长对环境的影响。

[②] 减排规模报酬不变是指减排投入增加 n 倍，排放也减少 n 倍。

其中，$0<\beta<1$，减排外生技术进步速率为 g_A，即

$$A_{t+1}=(1+g_A)A_t \tag{5.23}$$

当减排活动为 Φ 时，排放减少 $P\Phi$ 单位，则总的排放就等于生产排放减去减排活动减少的排放：

$$E_t=PY_t-P\Phi(Y_t,I_t) \tag{5.24}$$

减排投入来自产出，假定产出中用于减排的份额为 θ，减排规模报酬不变，则上式可以表述为：

$$E_t=PY_t[1-\Phi(1,I_t/Y_t)]=PY_tb(\theta) \tag{5.25}$$

其中，$b(\theta)$ 是减排强度方程，假定满足以下条件：$b(0)=1$、$b'(\theta)<0$ 和 $b''(\theta)>0$，采用的具体形式为

$$b(\theta)=(1-\theta)^{\varphi} \tag{5.26}$$

其中，$\varphi>1$。以人均有效形式表述的碳排放变化方程为：

$$\hat{e}_t=Py_tb(\theta) \tag{5.27}$$

由于产出中 θ 份额用于减排[①]，则用于支付工资和资本租借的部分为 $(1-\theta)Y_t$。厂商选择投入的资本存量 K_t 和雇佣的劳动数量 L_t 以最大化其利润 π_t[②]：

$$\pi_t=(1-\theta)F(K_t,B_tL_t)-R_tK_t-w_tL_t \tag{5.28}$$

R_t 是资本租借价格，等于资本利息率 r_t 加上折旧率 δ。一阶条件为：

$$r_t+\delta=(1-\theta)\frac{\partial Y_t}{\partial K_t} \tag{5.29}$$

$$w_t=(1-\theta)\frac{\partial Y_t}{\partial L_t} \tag{5.30}$$

人均有效形式为：

$$r_t+\delta=(1-\theta)f'(\hat{k}_t) \tag{5.31}$$

$$w_t=(1-\theta)[f(\hat{k}_t)-\hat{k}_tf'(\hat{k}_t)]A_t \tag{5.32}$$

---

① 布鲁克和泰勒（Brock & Taylor，2010）发现减排投入占国民生产总值的比重并未出现显著变化，基本保持稳定。基于此本文假定减排投入份额保持不变。

② 唯一的最终产品，产品价格标准化为1。

② 家户。考虑一个代表性无穷期寿命的家户，时间是离散的，$t=0,1,\cdots$。家户的每一个成员从当前消费 c_t 中获取效用，瞬时效用函数为 $u(c_t)$，假定为固定相对风险规避（CRRA）效用函数形式：

$$u(c_t)=\frac{c_t^{1-\sigma}-1}{1-\sigma} \tag{5.33}$$

其中，σ 为相对风险规避系数，同时也决定了家庭在不同时期转换消费的愿望，当前和未来消费的替代弹性为 $1/\sigma$，与消费水平无关。σ 越小，当前和未来消费的替代弹性越大，意味着消费者越能承担消费变化，愿意以未来消费来代替当前消费；σ 越大，当前和未来消费的替代弹性越小，消费者更加不愿意以未来消费代替当前消费。可以看出，瞬时效用函数效用水平边际递增（$u'(c_t)>0$）和边际效用水平递减（$u'(c_t)<0$），并且满足稻田条件：$\lim\limits_{c_t\to 0}u'(c_t)=\infty$ 和 $\lim\limits_{c_t\to\infty}u'(c_t)=0$。家户 t 时期总人口为 L_t，假定人口增长率为常数 n，即 $L_{t+1}=(1+n)L_t$。如果 $L_0=1$，则 t 时刻总人口 $L_t=(1+n)^t$。则代表性家户 t 时期的终生效用为：

$$U=\sum_0^\infty\beta^t u(c_t)L_t \tag{5.34}$$

其中，$0<\beta=1/(1+\rho)<1$ 为折现因子，其中 $\rho>0$ 为时间偏好率，ρ 越大表示消费者更偏好于当前消费而不是未来消费。家户的每一成员有一单位劳动禀赋，无弹性地向厂商提供劳动获得工资 w_t，同时拥有资本，向厂商出租以获取利息收入 r_t，家户初始资本存量水平为 K_0。家户收入主要用于消费和资本积累。家户的预算约束为：

$$K_{t+1}-K_t=r_t K_t+w_t L_t-C_t \tag{5.35}$$

K_{t+1}、K_t 分别为 $t+1$ 时刻和 t 时刻家户拥有的资本存量，r_t 为利息率，C_t 为家户消费。由于是个体决策，需要将预算约束转变为人均有效形式：

$$\hat{k}_{t+1}=(1+r_t-n-g_B)\hat{k}_t+\frac{w_t}{A_t}-\hat{c}_t \tag{5.36}$$

家户持有的资本现值的极限不能为负，即横截条件为：

$$\lim_{i\to\infty}\frac{K_{t+i}}{\prod\limits_{j=1}^{i-1}(1+r_{t+j})}\geqslant 0 \tag{5.37}$$

以人均有效形式来表述则为：

$$\lim_{i \to \infty} \frac{(1+n)^{t+i}(1+g_B)^{t+i}\hat{k}_{t+i}}{\prod_{j=1}^{i-1}(1+r_{t+j})} \geqslant 0 \tag{5.38}$$

对于家户而言，家户成员视利息率和工资既定，在预算约束下，选择无限多个消费 $\hat{c}_t$ 以及资本持有量 $\hat{k}_{t+1}$ 以最大化其终生效用 U，家户问题为：

$$\max_{\{c_t\}_{t=0}^\infty} U = \sum_0^\infty \beta^t u(A_t \hat{c}_t) L_t$$

$$\text{s. t. } \hat{k}_{t+1} = (1+r_t-n-g_B)\hat{k}_t + \frac{w_t}{A_t} - \hat{c}_t \tag{5.39}$$

利用拉格朗日方程求解个体无穷期最优化问题：

$$L = \sum_0^\infty \beta^t u(A_t \hat{c}_t) L_t + \sum_0^\infty \lambda_t \left((1+r_t-n-g_B)\hat{k}_t + \frac{w_t}{A_t} - \hat{c}_t - \hat{k}_{t+1}\right) \tag{5.40}$$

其中 λ_t 为 t 时期一单位资本的影子价值，一阶条件为：

$$\frac{\partial L}{\partial \hat{c}_t} = \beta^t u'(c_t) A_t L_t - \lambda_t = 0$$

$$\frac{\partial L}{\partial \hat{k}_{t+1}} = -\lambda_t + \lambda_{t+1}(1+r_{t+1}-n-g_B) = 0 \tag{5.41}$$

根据一阶条件可得消费欧拉方程：

$$u'(c_t) = \beta(1+r_{t+1}-n-g_B)(1+n)(1+g_B)u'(c_{t+1}) \tag{5.42}$$

将消费者瞬时效用函数代入上式可得：

$$\frac{\hat{c}_t}{\hat{c}_{t+1}} = \left[\frac{(1+g_B)^{1-\sigma}(1+n)(1+r_{t+1}-n-g_B)}{1+\rho}\right]^{\frac{1}{\sigma}} \tag{5.43}$$

利用泰勒公式，上式可以简化为：

$$\frac{\hat{c}_t}{\hat{c}_{t+1}} = \left(\frac{1+r_{t+1}-\sigma g_B}{1+\rho}\right)^{\frac{1}{\sigma}} \tag{5.44}$$

定义人均有效消费的增长率为 $\hat{g_c}$，由上式可得：

$$\hat{g_c} = \ln \frac{\hat{c}_t}{\hat{c}_{t+1}} = \frac{1}{\sigma}(r_{t+1}-\sigma g_B-\rho) \tag{5.45}$$

（2）平衡增长路径。

一个竞争性均衡包括家户配置 $\{\hat{c}_t, \hat{k}_{t+1}\}_{t=0}^{\infty}$、厂商配置 $\{K_t, L_t\}_{t=0}^{\infty}$ 和价格体系 $\{r_t, w_t\}_{t=0}^{\infty}$，满足条件：在给定 $\{r_t, w_t\}_{t=0}^{\infty}$ 时，$\{\hat{c}_t, \hat{k}_{t+1}\}_{t=0}^{\infty}$ 求解了家户效用最大化问题；在给定 $\{r_t, w_t\}_{t=0}^{\infty}$ 时，$\{K_t, L_t\}_{t=0}^{\infty}$ 求解了厂商利润最大化问题；产品市场、劳动市场以及资本市场出清。

产品市场出清时，

$$K_{t+1}=(1-\delta)K_t+(1-\theta)Y_t-C_t \tag{5.46}$$

劳动市场完全就业，劳动市场出清；资本市场，家庭出租全部的资本给厂商，资本市场出清。

以人均有效形式表述的均衡条件为：

$$\frac{\hat{c}_t}{\hat{c}_{t+1}}=\left(\frac{1+r_{t+1}-\sigma g_B}{1+\rho}\right)^{\frac{1}{\sigma}} \tag{5.47}$$

$$\hat{k}_{t+1}=(1-\theta)\hat{y}_t+(1-\delta-n-g_B)\hat{k}_t-\hat{c}_t \tag{5.48}$$

$$r_t+\delta=(1-\theta)f'(\hat{k}_t) \tag{5.49}$$

$$w_t=(1-\theta)\left[f(\hat{k}_t)-\hat{k}_t f'(\hat{k}_t)\right]A_t \tag{5.50}$$

稳态时，$\hat{k}_{t+1}=\hat{k}_t=\bar{k}$，$\hat{c}_{t+1}=\hat{c}_t=\bar{c}$，由此可得：

$$(1-\theta)f'(\bar{k})=\rho+\delta+\sigma g_B \tag{5.51}$$

$$\bar{c}=(1-\theta)f(\bar{k})-(\delta+n+g_B)\bar{k} \tag{5.52}$$

由此可以求出稳态时人均有效资本存量：

$$\bar{k}=\left[\frac{\alpha(1-\theta)}{\rho+\delta+\sigma g_B}\right]^{\frac{1}{1-\alpha}} \tag{5.53}$$

平衡增长路径时，人均有效资本存量增长率、产出增长率和消费增长率为0，则总产出增长率、资本增长率和消费增长率关系为 $g=g_B+n$。给定初始资本存量 K_0，整个经济会收敛于稳态。则当经济处于平衡增长路径时，由二氧化碳排放的方程可得总排放增长率 g_E 为：

$$g_E=\alpha g_K+(1-\alpha)(g_B+n)-g_A \tag{5.54}$$

将资本增长率 g_K 代入上式可以得出平衡增长路径上二氧化碳排放变化路径：

$$g_E = g_B + n - g_A \tag{5.55}$$

当 $g_B > 0$ 且 $g_E < 0$ 时，经济可以实现可持续发展，即经济增长的同时二氧化碳排放减少。产品生产技术进步保证经济增长，而减排技术进步则可以实现排放的不断减少。此处我们不考虑政府政策的因素，假定减排投入强度不变，在后面的分析中，我们会放松这一假定，考虑政府环境规制引入的经济效应以及环境效应。当确定经济初始变量，我们就可以写出二氧化碳排放变化的方程：

$$E_t = B_0 L_0 Pb(\theta)(1+g_B+n-g_A)^t \left[\frac{\alpha(1-\theta)}{\rho+\delta+\sigma g_B} \right]^{\frac{\alpha}{1-\alpha}} \tag{5.56}$$

从上式我们可以看出，生产技术进步既可能增加二氧化碳排放又可能减少碳排放。一方面，生产技术进步有利于经济增长会带来二氧化碳排放的增加；另一方面，生产技术进步可以提高生产效率，减少了生产投入，可能会减少二氧化碳排放。减排技术进步则可以明显地减少二氧化碳排放。人口增长率的提高会通过规模效应增加二氧化碳排放。减排投入强度的提高也会减少二氧化碳排放，可以预见的是，当考虑了政府政策，政府环境规制的设定可能会提高减排投入强度，从而减少排放。时间贴现因子 ρ 增加，二氧化碳排放减少，因为随着 ρ 增加，消费者更加偏爱当前消费，减少了储蓄，导致生产可用资本减少，降低了二氧化碳排放。相对风险规避系数 σ 提高，消费者更加不愿意以当前消费来替代未来消费，与时间贴现因子相同，最终会导致二氧化碳排放减少。

2. 内生增长与二氧化碳排放

20 世纪 80 年代，新古典增长模型中外生技术进步的假定受到了以罗默（Romer，1986）和卢卡斯（Lucas，1988）为代表的新经济增长理论的质疑，部分学者开始在内生增长框架内分析经济增长与环境的关系，代表性研究有斯托基（Stokey，1998）、阿格赫思和豪威特（Aghion & Howitt，1998）、格里莫和罗赫（Grimaud & Rouge，2003）以及斯马尔德斯等（Smulders et al.，

2011)，得到的结论也基本上与新古典增长模型框架下的研究一致，是对其进一步补充。但是已有这些理论研究多是认为技术进步可以减少二氧化碳排放，并没有考虑技术进步增加二氧化碳排放的路径，有关技术进步增加二氧化碳排放的机制，前面已经有所述及，此处不再赘述，我们将利用内生增长模型综合考虑技术进步减少二氧化碳排放和技术进步增加二氧化碳排放的机制。

我们将在阿格赫思和豪威特（Aghion & Howitt，1992）模型基础上构建一个包含最终产品部门、中间产品部门和研发部门的三部门模型分析内生技术进步和二氧化碳排放。

① 消费者。考虑一个无限期连续时间的代表性消费经济体。代表性消费者即时效用函数为 $u(c_t)=c_t$，则消费者终身效用函数为：

$$U = \int_0^{+\infty} e^{-\rho t} c_t \mathrm{d}t \tag{5.57}$$

其中，$\rho>0$ 为时间贴现率，等于市场利息率 r_t；c_t 代表居民在 t 时刻的消费量。

② 生产者。最终产品市场为完全竞争市场，其生产函数服从科布—道格拉斯形式，可以表示为：

$$Y_t = (A_t L_t)^{1-\alpha} \sum_1^{N_t} (q_{jt} x_{jt})^\alpha \tag{5.58}$$

其中，A_t 表示劳动节约型技术进步，L_t 表示劳动，x_{jt} 为 t 时刻生产所需第 j 种中间品的数量，q_{jt} 表示中间品 j 的先进程度，N_t 为中间产品种类数。最终产品可用于消费、投资和中间品的生产。其中生产一单位的中间产品，需要一单位最终产品投入。最终产品价格标准化为 1，p_{jt} 表示第 j 种中间品的价格，w_t 表示工资。

根据生产者利润最大化原理：

$$\max_{L_t, x_s} (A_t L_t)^{1-\alpha} \sum_{j=1}^{N_t} (q_{jt} x_{jt})^\alpha - w_t L_t - p_{jt} x_{jt} \tag{5.59}$$

可得中间产品需求函数为：

$$x_{jt} = \left[\frac{\alpha (A_t L_t)^{1-\alpha} q_{jt}^\alpha}{p_{jt}} \right]^{1/(1-\alpha)} \tag{5.60}$$

根据中间产品需求函数知，中间产品需求弹性为常数 $1/(1-\alpha)$，一单位最终产品可以产出一单位中间产品，利用中间产品利润最大化得到中间产品 j 价格为 $1/\alpha$，这说明以单位最终产品衡量的中间产品价值相同，与其质量无关。将其代入式（5.45）可得中间产品生产函数：

$$x_{jt} = \alpha^{2/(1-\alpha)} A_t L_t q_{jt}^{\alpha/(1-\alpha)} \tag{5.61}$$

由此可得生产中间产品 j 的利润以及国内生产总值[①]的表达式为：

$$\pi_{jt} = \left(\frac{1-\alpha}{\alpha}\right) \alpha^{2/(1-\alpha)} A_t L_t q_{jt}^{\alpha/(1-\alpha)} \tag{5.62}$$

$$GDP_t = \alpha^{2\alpha/(1-\alpha)} (1-\alpha) A_t L_t \sum_{j=1}^{N_t} q_{jt}^{\alpha/(1-\alpha)} \tag{5.63}$$

假设二氧化碳排放仅来自中间产品部门生产过程中[②]，不同中间产品部门二氧化碳排放水平不同，与其部门排放强度[③]以及生产中间产品数量有关。即中间产品 j 生产过程中二氧化碳排放的表述为：

$$E_{jt} = q_{jt}^{\lambda} x_{jt} \tag{5.64}$$

其中，E_{jt} 为中间产品 j 生产的二氧化碳排放量，q_{jt}^{λ} 为部门二氧化碳排放强度，与部门生产技术水平有关，λ 为衡量产品技术水平对二氧化碳排放影响的方向和程度的参数，假定 $\lambda<0$，生产技术进步降低了部门排放强度，减少二氧化碳排放。总的二氧化碳排放量为：

$$E_t = \sum_{j=1}^{N_t} E_{jt} = \alpha^{2/(1-\alpha)} A_t L_t \sum_{j=1}^{N_t} q_{jt}^{\alpha/(1-\alpha)+\lambda} \tag{5.65}$$

通过对比式（5.64）和式（5.65）可得：

$$E_t = GDP_t \times \alpha^2 (1-\alpha)^{-1} \sum_{j=1}^{N_t} q_{jt}^{\lambda} \tag{5.66}$$

从式（5.66）知，二氧化碳排放量由经济规模和技术水平决定。经济规模

[①] 国内生产总值是一国一定时期内最终产品价值的总和，根据前文假定，最终产品中有一部分用于中间产品的生产，所以 $GDP_t = Y_t$ 用于中间产品生产的部分 $= Y_t - \sum_{j=1}^{N_t} p_{jt} x_{jt}$。

[②] 二氧化碳排放是来自中间产品生产或是最终产品生产的假定并不影响分析结果。

[③] 排放强度是指单位产品生产的二氧化碳排放量。

的扩大会增加二氧化碳排放，而根据式（5.63）知，技术进步会推动经济增长，意味着技术进步推动经济增长间接增加了二氧化碳排放；同时，技术进步也会直接减少二氧化碳排放。

假定每个中间产品行业都有企业引进新技术，以概率 T_{it} 推动技术进步，成功实现技术进步的企业垄断中间产品市场，获取垄断利润。研发市场完全竞争，企业可以自由进入。技术进步所带来产品质量增进相同，提高了 μ_t。新技术引进需要一定的成本，最终产品是唯一投入。不同的政策和原有技术水平都会影响技术进步成功概率。如果政府制定了一系列鼓励创新的政策，技术进步的概率会大大提高；如果中间产品生产原有技术水平已经很高，则技术进步空间有限，技术进步成功概率会较小。中间产品部门 j 技术进步成功概率 T_{jt} 为：

$$T_{jt} = \eta_t R_{jt} q_{jt}^{-\alpha/(1-\alpha)} \tag{5.67}$$

η_t 为政策因素，R_{jt} 为技术引进成本，$q_{jt}^{-\alpha/(1-\alpha)}$ 衡量的是现有技术水平对技术进步成功概率的影响。技术进步成功后，企业可以获取垄断利润 π_{jt}，实际影响企业决策的是垄断利润的现值。企业风险中性，则技术进步成功后获取垄断利润的现值可以表示为：

$$V_{jt} = \frac{\pi_{jt}}{r_t + T_{jt}} \tag{5.68}$$

研发市场完全竞争，技术进步获得收益与成本相抵消，则 $T_{jt}V_{jt} = R_{jt}$，结合式（5.62）和式（5.63）和研发市场完全竞争条件可得技术进步成功概率为：

$$T_{jt} = \eta_t \left(\frac{1-\alpha}{\alpha}\right)\alpha^{2/(1-\alpha)} A_t L_t - r_t \tag{5.69}$$

新技术成功引进后可以使产品质量提高 μt，则技术进步率 g 为：

$$g = T_{jt}\mu_t = \left[\eta_t \left(\frac{1-\alpha}{\alpha}\right)\alpha^{2/(1-\alpha)} A_t L_t - r_t \right]\mu_t \tag{5.70}$$

据此可以得出 GDP 增长率 g_{GDP} 和二氧化碳排放增长率 g_E 变化关系式：

$$g_{GDP} = g_A + g_L + \frac{\alpha}{1-\alpha}g \tag{5.71}$$

$$g_E = g_{GDP} + \lambda g \tag{5.72}$$

结合式（5.71）和式（5.72）可得：

$$g_E = g_A + g_L + \left(\frac{\alpha}{1-\alpha} + \lambda\right)g \tag{5.73}$$

式（5.73）综合了技术进步增加二氧化碳排放和减少二氧化碳排放的两种机制，是二氧化碳排放变化路径，可以看出，技术进步对二氧化碳排放增长率的影响取决于 $\alpha/(1-\alpha)$ 与 λ 的大小。如果 $\alpha/(1-\alpha) > -\lambda$，则技术进步增加了二氧化碳排放，技术进步直接减少的二氧化碳排放不足以抵消技术进步推动经济增长所带来的二氧化碳排放的增加，技术进步在实现经济增长的同时，增加了二氧化碳排放；如果 $\alpha/(1-\alpha) < -\lambda$，则技术进步会减少二氧化碳排放，技术进步直接减少的二氧化碳排放量足以抵消技术进步推动经济增长所带来的二氧化碳排放的增加，同时实现了经济增长和二氧化碳排放减少。

3. 技术外溢、国际贸易对二氧化碳排放的影响

技术进步是实现二氧化碳减排的关键因素，一般而言，新技术总是出现在发达国家，新技术从发达国家向发展中国家的扩散和外溢成为发展中国家通过技术进步实现减排的一个关键途径。贸易开放和外商直接投资是影响新技术使用率的关键因素之一（Copeland，2011）。一些技术包含在资本品中，贸易过程会带来知识的外溢；一些以知识为基础的技术，通过跨国公司的自然人流动来扩散；还可以通过研究进口的新技术产品来复制一些技术。另外，贸易还会通过市场压力对技术使用有间接效应，国内厂商面对新产品或者国外竞争厂商新技术引致成本下降的压力，会增加研发投入，推动技术进步。希尔（Reppelin-Hill，1999）考察了钢铁行业开放度和清洁技术扩散速度的关系，结果发现贸易越开放，清洁技术扩散越快。彭水军和刘安平（2010）也指出自由贸易能促进清洁生产技术和环保技术的国际转移。波普（Popp，2011）在分析清洁技术国际转移时指出国际贸易日益成为发展中国家新技术的主要来源[①]。分析国际

---

① 波普（Popp，2011）概括向发展中国家转移清洁技术的途径分别是：国际贸易、外商直接投资和授权许可经营。

贸易带来的技术外溢对于全面了解技术进步对二氧化碳排放的影响具有重要意义，本节将借鉴皮萨里德斯（Pissarides，1997）内生增长模型，引入国际贸易引致技术进步与污染排放，分析国际贸易的环境效应。

假定存在两个代表性国家，南方国家和北方国家，两个国家的唯一区别在于技术水平，南方国家技术先进，北方国家技术落后。每个国家存在一个代表性消费者，从每时期的消费 C 和环境质量 Q 中获取效用，其中，$Q = \overline{Q} - E$，$\overline{Q}$ 是环境质量的最高水平，E 是资源消耗量，此处环境质量也就意味着资源中未消耗的部分。环境质量是流量，每一期均会回归到最高水平 $\overline{Q}$，资源消耗和污染一一对应，E 即为污染排放。假定跨期效用方程为固定相对风险规避系数（CRRA）形式：

$$U = \int_0^\infty e^{-\rho t} \frac{(CQ^\phi)^{1-\sigma} - 1}{1-\sigma} \mathrm{d}t \tag{5.74}$$

其中，ρ 为时间贴现率，σ 为相对风险规避系数（跨期消费替代弹性），ϕ 衡量的是消费者都会环境质量的看重程度。

消费者最大化其跨期效用，要满足下述预算约束：

$$C + I \leqslant Y = L^\alpha E_Y^\beta \int_0^{M_s} x_i^{1-\alpha-\beta} \mathrm{d}i \tag{5.75}$$

上式可以看出最终产品可以用于消费和投资。最终产品的生产需要投入劳动力、资源和一系列资本。L 为最终产品生产所需劳动投入，劳动力市场无弹性供给；E_Y 为资源消耗，产品生产中资源消耗会带来污染，满足 $P = \phi E_Y$，ϕ 为参数；x_i 为第 i 类资本投入数量，已知的资本种类为 M_s，$0 < \alpha$，β，$\alpha + \beta < 1$ 为常数。假定最终产品市场完全竞争，价格标准化为 1。资本品生产与最终产品一一对应，单位资本产出需要一单位最终品。资本品市场为垄断竞争市场，一种资本品由一个资本生产者生产，资本生产者将资本生产出来并将以价格 p_i 其出售给产品生产者。

根据罗默（Romer，1990），我们利用资本种类数量来衡量技术进步，假定技术进步只与资本种类数量有关，资本种类数量越多，技术进步越快。假定北方技术水平通过原创性研发获取[①]，而南方技术进步则通过贸易引致的技术模仿获取。为了简化分析，假定北方技术进步外生，由北方内部因素决定，技术进步率为 g。北方已知的资本种类为 M_N，由前面可知，南方已知资本种类为 M_S，满足 $M_S < M_N$。假定南方技术进步除了学习模仿外还需要资源投入，其运动方程为：

$$\dot{M}_S = \varphi E_M H(M_S, M_N) \tag{5.76}$$

其中，φ 为常数，表示学习和投入后技术进步的效果，E_M 为资源投入，技术进步同样需要资源投入；$H(M_S, M_N)$ 为学习函数，表示南方的学习吸收能力[②]，取决于南方已有的技术水平和北方技术水平，$H(\cdot)$ 为一次齐次函数，且是 M_S 和 M_N 的单调增函数。因为南方已有技术水平越高，学习起来也就更快。另外，北方技术水平越高，南方面对的技术也就越多，越有利于南方的学习，给定一定的研发投入，学习速度也就越快。$H(\cdot)$ 为一次齐次函数也就意味着上式可以改写为：

$$\dot{M}_S = \varphi E_M M_S H(1, M_N/M_S) = \varphi E_M M_S H(M_N/M_S) \tag{5.77}$$

因此南方技术进步率为：

$$\frac{\dot{M}_S}{M_S} = \varphi E_M H(M_N/M_S) \tag{5.78}$$

均衡就是消费者选择消费最大化其效用，生产者在给定要素价格下，选择投入以最大化其利润，同时实现市场出清。

最终产品市场完全竞争，可知要素投入根据其边际产出定价：

$$p_i = (1 - \alpha - \beta) L^\alpha E_Y^\beta x_i^{-\alpha-\beta} \tag{5.79}$$

---

① 北方国家，即发达国家，主要的技术进步均是依靠研发投入进行原创性创新获取的；而发展中国家技术则更多的是通过对北方技术的模仿获取的。这一假定在许多文献中也多有涉及，例如，格罗斯曼和赫尔普曼（Grossman & Helpman, 1991）的研究。

② 学习能力描述的是一国开展研发以理解、实施和使用到该国的技术的能力。这会影响新技术在发展中国家扩散的速度。学习吸收能力依赖于工人的技术文化和技能，受教育、政府机构的力量和金融市场（Popp, 2011），也就是与本国技术相关的各类因素。

$$p_E = \beta L^{\alpha} E_Y^{\beta-1} \int_0^{M_s} x_i^{1-\alpha-\beta} \mathrm{d}i \tag{5.80}$$

上式给出了 i 类资本需求的表达式。资本品生产商选择生产的数量以最大化其利润：

$$\pi_i = p_i x_i - x_i \tag{5.81}$$

将 p_i 代入式（5.81），其一阶条件为：

$$x_i = \left[\frac{1}{(1-\alpha-\beta)^2 L^{\alpha} E_Y^{\beta}}\right]^{1/-\alpha-\beta} \tag{5.82}$$

式（5.82）给出了第 i 种资本的供给数量，结合第 i 类资本的需求表达式，可得：

$$p_i = \frac{1}{1-\alpha-\beta} \tag{5.83}$$

式（5.83）为资本价格，可知资本价格与资本种类无关。第 i 类资本品生产厂商的利润为：

$$\pi_i = \frac{\alpha+\beta}{1-\alpha-\beta}\left[\frac{1}{(1-\alpha-\beta)^2 L^{\alpha} E_Y^{\beta}}\right]^{1/-\alpha-\beta} \tag{5.84}$$

由于资本品价格与种类 i 无关，式（5.80）可以简化为：

$$p_E = \beta M_S L^{\alpha} E_Y^{\beta-1} x_i^{1-\alpha-\beta} \tag{5.85}$$

资源投入可以在生产和技术学习间流动，均衡时资源在两种活动的回报必然相等。均衡时，生产中资源回报为 p_E。而在技术学习中，资源的回报 p_M 为多增加一单位资源投入实现技术进步可能带来的利润的折现值。

$$r p_M - \dot{p}_M = \tilde{\pi}_i \tag{5.86}$$

$\dot{p}_M$ 为资源回报的变化，均衡时 $\dot{p}_M = 0$，$\tilde{\pi}_i$ 为资本生产厂商的期望利润，即实现技术进步后的利润，即 $\tilde{\pi}_i = \frac{\partial \dot{M}_S}{\partial E_M}\pi_i$。则技术学习中资源投入的回报为：

$$p_M = \frac{\partial \dot{M}_S}{\partial E_M}\pi_i/r = \left(\varphi E_M M_S H(M_N/M_S)\frac{\alpha+\beta}{1-\alpha-\beta}\left[\frac{1}{(1-\alpha-\beta)^2 L^{\alpha} E_Y^{\beta}}\right]^{1/-\alpha-\beta}\right)/r \tag{5.87}$$

均衡时 $p_E = p_M$ 时，可以得到用于生产的资源投入数量与技术进步之间的关系：

$$E_Y = \frac{\beta r}{\varphi(\alpha+\beta)(1-\alpha-\beta)H(M_N/M_S)} \tag{5.88}$$

稳态时，北方技术进步假定外生为 g，由式（5.55）可知，南方技术进步率与北方相同，也为 g。结合式（5.78）得：

$$g = \varphi E_M H(M_N/M_S) \tag{5.89}$$

对于消费者而言，消费者最大化其跨期效应式（5.74），满足跨期预算约束式（5.75），结果满足凯恩斯—拉姆齐规则，消费增长率 g_C 满足：

$$g_C = \sigma^{-1}(r-\rho) \tag{5.90}$$

消费增长率也就是长期增长率，结合式（5.88）、式（5.89）和式（5.90），我们可以找出稳态时用于生产的资源投入：

$$E_Y = \frac{\beta\rho + \beta\sigma\varphi H(M_N/M_S)E}{[\varphi(\alpha+\beta)(1-\alpha-\beta)+\beta\sigma\varphi]H(M_N/M_S)} \tag{5.91}$$

稳态时的污染排放为：

$$P = \varphi\frac{\beta\rho + \beta\sigma\varphi H(M_N/M_S)E}{[\varphi(\alpha+\beta)(1-\alpha-\beta)+\beta\sigma\varphi]H(M_N/M_S)} \tag{5.92}$$

式（5.92）反映了南方污染排放变化与技术进步的关系，从上式可以看出，$H(M_N/M_S)$ 越大，污染排放越少，两者间呈反向关系。若要分析贸易对南方国家污染排放的影响，需要分析贸易 $H(M_N/M_S)$ 的影响。由前面可知，随着贸易的不断发展，南方面临的北方资本种类会增加，即 MN 会增加，$H(M_N/M_S)$ 会增加，推动南方技术进步，也就意味着贸易外溢推动南方技术技术进步，最终会减少污染排放。

5.1.3 技术进步对碳排放影响的实证研究

国内外关于技术进步对碳排放影响的研究多是采用因素分解法、通过计量方程回归分析或者基于 IPAT 模型等方法，都只是将技术进步作为影响碳排放的一个因素，而直接探讨技术进步对碳排放影响的研究则相对较少。而且现有的研究多是只考虑了当期技术进步对碳排放的影响，实际上，技术进步和碳排放的累积影响可能会非常大，一般的时间序列和面板分析不能准确揭示技术进步对中国碳排放的影响。另外，各地区经济发展水平和禀赋存在差异，还需要考虑各地区不同的情况。基于此，本章分别构建了考虑技术进步滞后影响的向量误差修正模型和动态面板模型，实证检验技术进步对中国二氧化碳排放的影响。

1. 基于时间序列的实证检验

（1）研究方法和数据。

① 研究方法。

由前面分析知，人口、经济发展水平、技术进步和单位能源消费是影响二氧化碳排放的重要因素，因此，我们构建如下非结构方程来考察碳排放和技术进步的长期均衡关系：

$$CE_t = f(IS_t, TFP_t, PG_t, P_t) \tag{5.93}$$

其中，CE_t、IS_t、TFP_t、PG_t 和 P_t 分别表示碳排放量、能源结构碳强度、技术进步、人均 GDP 和人口。

通过上述非结构化方程，可以得到向量自回归模型。向量自回归（VAR）模型是把系统中每一个内生变量作为系统中所有内生变量的滞后值的函数，能较好地对具有相关性的时间序列系统进行预测，并可考察扰动项对变量系统的动态影响，其表达式如下：

$$y_t = A_1 y_{t-1} + \cdots + A_p y_{t-p} + Bx_t + \varepsilon_t \qquad t = 1,2,3,\cdots,T; \varepsilon_t \sim i.i.d(0,\Omega) \tag{5.94}$$

其中，y_t 是 k 维内生变量向量，x_t 是 d 维外生变量向量，p 是滞后阶数，T 是样本个数。$A_1,\cdots,A_p$ 和 B 是待估计系数矩阵，ε_t 是随机扰动向量，为零均值独立同分布的白噪声向量。如果所选取的变量是平稳时间序列，可以直接使用 VAR 模型估计；但如果变量不平稳，就要考虑采用 VEC 模型，VEC

模型要求变量间存在协整关系，可以认为 VEC 模型是含有协整约束的 VAR 模型，多用于具有协整关系的非平稳时间序列模型。

上式可以写为：

$$\Delta y_t = \alpha\beta' y_{t-1} + \sum_{i=1}^{p-1} \Gamma_i \Delta y_{t-1} + \varepsilon_t \qquad t = 1, 2, 3, \cdots, T \qquad (5.95)$$

式中每个方程的误差项都具有平稳性，用误差修正模型表示为：

$$\Delta y_t = \alpha ecm_{t-1} + \sum_{i=1}^{p-1} \Gamma_i \Delta y_{t-1} + \varepsilon_t \qquad t = 1, 2, 3, \cdots, T \qquad (5.96)$$

其中，$ecm_{t-1} = \beta' y_{t-1}$ 是误差修正项，反映变量间的长期均衡关系，系数矩阵 α 反映了变量间偏离长期均衡状态时，将其调整到均衡状态的调整速度，所有作为解释变量的差分项的系数反映各变量的短期波动对作为被解释变量的短期变化的影响。

② 变量选取和数据来源。

碳排放量（CE_t），数据来源于估算。能源结构碳强度（IS_t），等于各种能源消费的碳排放总量除以总的能源消费量，二氧化碳还没有成熟的减排技术，各种能源的排放系数基本不变，因此能源结构的变化决定了能源结构碳强度变化，即能源结构碳强度反映了能源结构对碳排放的影响，清洁能源在能源消费中所占比例越高，能源消费带来的碳排放就越少。能源强度越高，煤、石油、天然气在能源结构中比重越大，碳排放也就越多。各种能源燃烧的碳排放量等于各自的消费量除以转化率再乘以其碳排放系数，如公式所示：$q_i = (E_i/\alpha_i)\beta_i$。其中 i 表示能源种类，这里主要指煤炭、石油和天然气三种能源，q_i 表示第 i 类能源的碳排放量，α_i 表示 i 类能源的转化率，β_i 表示第 i 类能源的碳排放系数。各类能源转化率系数（各类能源折标准煤系数）分别为：1 千克原煤＝0.7143 千克标准煤，1 千克原油＝1.4286 千克标准煤，1 立方米天然气＝1.3300 千克标准煤[①]，各类能源排放系数分别为：煤炭为 1.86 吨/吨[②]；石油

———————

① 资料来源于《中国能源统计年鉴》（2010）附录 4。

② 资料来源于英国石油公司（British Petroleum，简称 BD）每年出版的世界能源统计评论。

和天然气分别为 3.12 吨/吨和 0.00209 吨/立方米[①]。E_i 表示第 i 类能源消费量，等于能源消费总量乘以各种能源占能源消费总量的比重。由此可得出能源结构碳强度（IS_t）的表达式为：$IS_t = \sum_{i=1}^{3} q_{it}/E_t$。$E_t$ 表示能源消费总量。能源消费总量（E_t）数据来源于历年《中国统计年鉴》，各种能源的碳排放量（q_i）和 E_i 通过计算而得。技术进步，用全要素生产率（TFP）来衡量，此处采用前面利用 DEA 方法估算出来的 Malmquist 指数来表示。人均 GDP（PG_t），反映了经济体的经济发展水平，不同的经济发展水平其碳排放量也有所不同，用经过价格指数（1978＝100）平减的实际人均 GDP 表示，数据来源于历年《中国统计年鉴》。人口（P_t），人口变化会对碳排放带来显著的影响，人口的增加可能会带来碳排放量的增多，人口数据来源于历年《中国统计年鉴》。

避免数据的剧烈波动并消除时间序列中存在的异方差现象，对各个变量数据分别取自然对数，记为：$\ln Q_t$、$\ln IS_t$、$\ln TFP_t$、$\ln PG_t$ 和 $\ln P_t$。

（2）模型估计和结果分析。

① 平稳性检验。

现代计量经济学要求计量模型建立在变量平稳的基础上，而现实中许多经济变量通常不是平稳的，直接进行简单的计量回归易产生"伪回归"问题。因此，首先要对变量进行平稳性检验，确定其平稳性及单整阶数。常用的方法有扩展的 Dichey-Fuller（ADF）和非参数的 PP 法，本书采用 ADF 检验，结果见表 5—4。

由检验结果可以看出，变量 $\ln CE_t$、$\ln IS_t$、$\ln TFP_t$、$\ln PG_t$ 和 $\ln P_t$ 在 1％ 和 5％的显著性水平下的 ADF 统计值都大于其相应的临界值，表明五个变量都是非平稳的，而其相应的一阶差分序列 ADF 统计值都小于临界值，表明五个变量的差分序列是平稳的，即这些变量是一阶单整的。

[①]　资料来源于二氧化碳信息分析中心。

表 5—4 ADF 平稳性检验结果

变量	检验形式	ADF 统计值	临界值	结论
	(c, t, k)			
$\ln CE_t$	$(c, t, 1)$	-3.1	-4.31	不平稳
$\ln IS_t$	$(c, t, 1)$	-1.03	-4.30	不平稳
$\ln TFP_t$	$(c, 0, 0)$	-2.31	-3.67	不平稳
$\ln PG_t$	$(c, 0, 2)$	0.44	-3.69	不平稳
$\ln P_t$	$(c, t, 1)$	-0.65	-4.31	不平稳
$\Delta\ln CE_t$	$(c, 0, 1)$	-3.13	-2.97	平稳
$\Delta\ln IS_t$	$(c, t, 1)$	-4.6	-4.32	平稳
$\Delta\ln TFP_t$	$(c, t, 0)$	-6.21	-4.32	平稳
$\Delta\ln PG_t$	$(c, t, 1)$	-4.03	-3.58	平稳
$\Delta\ln P_t$	$(0, 0, 2)$	-1.93	-1.61	平稳

注：检验类型 (c, t, k) 表示单位根检验中含有常数项、时间趋势项及滞后的阶数，滞后阶数按 SC 最小原则确定。

② 协整检验。

建立 VEC 模型前，首先要验证变量间是否存在协整关系，只有存在协整关系的变量才可以建立 VEC 模型。时间序列分析中，每一个序列单独来说可能是非平稳的，但这些序列的线性组合却可能有不随时间变化的性质，这种平稳的线性组合说明变量间是协整的，意味着这些非平稳变量之间存在长期稳定的均衡关系。协整检验要求变量是单整变量，且单整阶数相同，由上述平稳性结果可知所有变量均为一阶单整变量，因此可以对变量进行协整关系分析。常用的协整检验方法主要包括基于回归残差的协整检验和基于回归系数的 Johansen 协整检验。前者适合对两变量的模型进行协整检验，后者适合对多变量模型的协整检验，本书采用 Johansen 极大似然法对多变量系统进行协整检验。

在进行 Johansen 检验之前，首先要确定 VAR 模型的合理滞后阶数。滞后阶数的选择既要有足够的滞后项，又要有足够的自由度，使模型具有较强的解释能力同时又能消除误差项的自相关。通过估计一个无约束 VAR 模型并使用赤池（AIC）和施瓦茨（SC）信息准则来选取最优的滞后阶数，通过多次检验发现，当滞后阶数为 2 时，AIC 和 SC 值最小，再结合 LR 统计量，最终选定无约束 VAR 模型的最优滞后阶数为 2。基于 VAR 模型的协整检验滞后期是无约束 VAR 模型一阶差分变量的滞后期，因此确定协整检验的滞后期为 1。根据数据特点，选取序列有线性趋势但协整方程只有截距的检验形式。协整检验结果见表 5—5。结果显示，在不存在协整方程和最多存在一个协整方程的原假设下，迹统计量值均大于 5% 显著水平的临界值，而其他假设条件下的迹统计量都小于 5% 水平的临界值，所以接受变量间存在两个协整关系的假设，最大特征值检验也得到同样的结论，综上所述，变量间存在两个协整关系，根据经过标准化后的协整系数，选取一个能准确反映变量间关系的协整方程，其表达式为（括号内为标准差）：

$$\ln CE_t = 4.532\ln IS_t - 1.752\ln TFP_t + 2.070\ln PG_t + 1.550\ln P_t + 9.414\ln CE + ecm$$
$$\qquad (1.143) \qquad (0.176) \qquad (0.116) \qquad (0.357) \quad (7.318) \quad (5.97)$$

表 5—5　　　　　　　　　Johansen 协整与最大特征值检验结果

原假设	备择假设	特征值	迹统计量	5% 水平临界值	概率
Johansen 协整检验					
$r=0$	$r=1$	0.818585	111.3284	76.97277	0.0000
$r\leqslant 1$	$r=2$	0.659907	61.82635	54.07904	0.0087
$r\leqslant 2$	$r=3$	0.370134	30.54883	35.19275	0.1455
$r\leqslant 3$	$r=4$	0.301554	17.14363	20.26184	0.1272
最大特征值检验					
$r=0$	$r=1$	0.818585	49.50202	34.80587	0.0005
$r\leqslant 1$	$r=2$	0.659907	31.27752	28.58808	0.0221
$r\leqslant 2$	$r=3$	0.370134	13.40520	22.29962	0.5176
$r\leqslant 3$	$r=4$	0.301554	10.40804	15.89210	0.2986

其中，ecm 为误差项，需要对误差项进行单位根检验以确定协整关系的平稳性，ADF 检验结果显示，误差项的 ADF 统计量值为 −3.28，小于 5% 显著水平的临界值 −2.97，所以其在 5% 显著水平下是平稳的，即协整关系平稳有效。

协整方程表明，1978～2008 年，中国的二氧化碳碳排放量与能源结构碳强度、技术进步、人均 GDP 和人口之间存在着稳定的长期均衡关系，所有变量在 5% 的置信水平下通过 t 统计量检验，且模型具有较高的拟合度。从协整结果来看，长期内，能源结构碳强度、人均 GDP 和人口同中国二氧化碳排放呈正相关关系，技术进步同二氧化碳排放呈负相关关系。能源结构碳强度、人均GDP 和人口每变动 1 个百分点，分别带动二氧化碳排放同向变动 4.53、2.07和 1.55 个百分点；全要素生产率每变动 1 个百分点，带动二氧化碳排放相反方向变动 1.75 个百分点。这和国内大部分研究结论基本一致，能源结构碳强度、人均 GDP 和人口的上升增加二氧化碳排放，技术进步则减少了碳二氧化排放。

（3）向量误差修正模型。

如果系统变量不平稳，不能直接利用 VAR 模型来考察变量之间的关系。VEC 模型可以较好地克服 VAR 的不足，系统变量不平稳且存在协整关系时可以通过建立 VEC 模型来考察变量间的相互调整速率及短期互动影响并观察变量间的因果关系。在进行 VEC 检验之前，先对模型的平稳性进行检验，通过检验，发现所有特征根均落在单位圆内或圆上，表明 VEC 模型稳定，模型得出的结果也较为可靠。表 5—6 为向量误差修正模型的估计结果。

表 5—6　　　　　　　　向量误差修正模型估计结果

误差修正项	D（lnCE）	D（lnPG）	D（lnTFP）	D（lnIS）	D（ln$P$）
CointEq1	−0.65327 [−3.80890]	−0.43532 [−3.44349]	−0.06412 [−3.01457]	−0.08957 [−2.44159]	0.012487 [2.47333]
D（lnCE（−1））	1.275488 [3.38048]	−0.14329 [−0.97417]	0.472207 [0.57058]	−0.01842 [−0.43151]	0.000244 [0.04156]
D（lnPG（−1））	0.544939 [2.00724]	1.063065 [5.31242]	2.29356 [2.03711]	−0.02654 [−0.45714]	−0.00654 [−0.81805]
D（lnTFP（−1））	−0.0546 [−1.35484]	0.019882 [0.66932]	0.32171 [1.92494]	0.004512 [0.52346]	−0.00046 [−0.38679]
D（lnIS（−1））	4.889135 [3.19501]	2.169184 [1.92317]	−1.74163 [−0.27444]	0.627021 [1.91578]	0.008502 [0.18874]
D（ln$P$（−1））	6.404135 [2.77016]	8.751371 [3.28178]	43.44385 [2.89557]	1.496475 [1.93394]	0.668958 [6.28154]

注：D（·）表示一阶差分，CointEq1 为误差修正项，［］中为 t 值。

由表 5—6 估计结果可知，模型误差修正项系数为负，说明模型具备误差修正机制，进一步证明了各变量之间的长期均衡关系。

短期来看，第一，人均 GDP、能源结构强度和人口的增加都会增加二氧化碳排放，且效果显著；而全要素生产率的提高会降低二氧化碳排放，但 t 统计量的值不显著，即短期技术进步对碳排放的影响效果不明显，这可能是因为技术进步对二氧化碳排放的影响要考虑其时滞和积累问题，在短时期内很难将技术进步快速转变为二氧化碳排放的减少。第二，人均 GDP 受到能源结构的影响，其他变量的影响不显著。因为目前中国正处于工业化阶段，主要的燃料仍以化石燃料为主，经济的发展离不开能源的大量消费，所以能源结构的提高（即煤、石油、天然气等化石燃料在整个能源结构中比重上升）推动了人均 GDP 的增加；技术对人均 GDP 影响不显著是因为创新需要一段时间的积累，且创新后的扩散和应用却要经过很长时间才能体现出来，短期内技术进步对人均 GDP 的作用还不能显现出来。第三，人均 GDP 增加会推动技术进步。随着经济发展，对创新的要求越来越高，会推动一国技术水平的不断进步。碳排放、能源结构强度和人口的变化对技术没有显著影响。

2. 基于向量误差修正模型的格兰杰（Granger）因果检验

协整关系的存在并不表明变量之间必然有经济意义的因果关系，需要用 Granger 因果检验来考察变量间的因果关系。Granger 因果检验要求变量必须是平稳的，直接对时间序列进行 Granger 因果检验会造成伪回归，而向量误差修正模型中的变量具有平稳性特征，从而保证了 Granger 因果检验的有效性。因此可以采用基于向量误差修正模型的 Granger 因果检验来考察变量间的短期关系，结果见表 5—7。

表 5—7　　　　　　　　　　　**Granger 因果检验结果**

	D (lnCE)	D (lnPG)	D (lnTFP)	D (lnIS)	D (ln$P$)
D (lnCE)		0.948998 (0.33)	0.325557 (0.5683)	0.186198 (0.6661)	0.001727 (0.9668)

续表

	D (lnCE)	D (lnPG)	D (lnTFP)	D (lnIS)	D (ln$P$)
D (lnPG)	4.029002* (0.0447)		4.149833* (0.0416)	0.208975 (0.6476)	0.669202 (0.4133)
D (lnTFP)	1.835587 (0.1755)	0.447991 (0.5033)		0.27401 (0.6007)	0.149606 (0.6989)
D (lnIS)	10.20807* (0.0014)	3.698591 (0.0545)	0.075318 (0.7837)		0.035624 (0.8503)
D (ln$P$)	3.133451 (0.0767)	10.77005* (0.001)	8.384316 (0.0038)	3.740128 (0.0531)	

注：D（·）表示一阶差分，（）中为 P 值，＊表示在 5% 显著水平下接受 Granger 因果关系。

由 Granger 因果检验结果可知，短期内人均 GDP 和能源结构强度是二氧化碳排放的单向 Granger 原因，而技术进步则不是二氧化碳排放的 Granger 原因，这也验证了向量误差修正模型得出来的结论，即短期内人均 GDP 和能源结构强度对二氧化碳排放有显著影响，人均 GDP 和能源结构强度的提高会带来二氧化碳排放的增加，而技术进步对二氧化碳排放没有显著影响。人均 GDP 的提高是技术进步的 Granger 原因，这也符合误差修正模型所得出的结论，人均 GDP 的提高会带来技术进步。

3. 基于面板数据的实证检验

在前面，我们利用时间序列数据分析了中国技术进步和二氧化碳排放的关系，包括长期均衡关系、Granger 因果关系以及相互动态影响效应。本节将利用中国省际面板数据进一步实证分析技术进步对二氧化碳排放的影响，充分考虑了中国区域经济发展不平衡。中国区域经济发展差异较大，仅利用全国样本不足以反映不同区域技术进步对二氧化碳排放的影响，在对全国样本进行实证分析后，我们进行了分区域实证分析。

（1）模型设定及数据。

与前面类似，考虑人口、经济发展水平和技术进步对二氧化碳排放的影响，构建如下面板计量方程：

$$\ln I_{it} = \beta_0 + \beta_1 \ln P_{it} + \beta_2 \ln A_{it} + \beta_3 \ln T_{it} + \alpha_i + \varepsilon_{it} \tag{5.98}$$

另外，考虑到技术创新后的扩散应用要经过时滞，我们在式（5.83）中引入技术进步的一期滞后项。受固定成本等因素的影响，短期内，企业生产设备等固定成本不会发生显著变化，二氧化碳排放在时间上也可能会存在一定的持续性，前一年的二氧化碳排放多，后一年二氧化碳排放可能仍较多，我们以上一年二氧化碳排放量作为固定成本投入等影响二氧化碳排放的因素，在式（5.83）中再加入二氧化碳排放量的滞后项，修正后的模型为：

$$\ln CE_{it} = \beta_0 + \beta_1 \ln P_{it} + \beta_2 \ln PG_{it} + \beta_3 \ln T_{it} + \beta_4 \ln T_{it-1} + \beta_5 \ln CE_{it-1} + \alpha_i + \varepsilon_{it}$$

$$\tag{5.99}$$

其中，下标 i 表示省份，t 表示年份；CE 表示二氧化碳排放量，P 表示人口规模，PG 表示人均财富，T 表示技术，T_{it-1} 和 CE_{it-1} 分别表示滞后一期的技术和二氧化碳排放量，a_i 表示个体异质项，通常是由省份没有观测到的因素引起的，ε_{it} 为随机误差项。

由于中国经济改革和发展是循序渐进式的，不同阶段采取的政策、方针有所不同，对二氧化碳排放量可能会有一定的影响。因此，在模型中引入时间虚拟变量来控制时间不同对二氧化碳排放的影响。中国经济发展以及技术革新与政策方针和外商直接投资的发展是分不开的，根据中国经济发展及外商投资的特点，把 1979~2008 年分为 3 个时间段，即 1979~1991 年、1992~1998 年和 1999~2008 年。选取 1992 年和 1998 年作为拐点是因为：1992 年邓小平南方讲话后，市场经济快速发展，外资吸收量迅速上升，技术水平加速升级；1998 年亚洲金融危机，全球经济走势低迷，影响了中国经济的发展及技术革新。1999 年后中国相继实施了西部大开发、振兴东北老工业基地和促进中部崛起的战略，经济和技术水平都有了较快的发展。引入时间虚拟变量后式（5.84）变为：

$$\ln CE_{it} = \beta_0 + \beta_1 \ln P_{it} + \beta_2 \ln PG_{it} \beta_3 \ln T_{it} + \beta_4 \ln T_{it-1} + \beta_5 \ln CE_{it-1}$$

$$+ \beta_6 YR7991 + \beta_7 YR9298 + \alpha_i + \varepsilon_{it} \tag{5.100}$$

$YR7991$、$YR9298$ 表示时间段虚拟变量，当其中某一个时间虚拟变量取值为 1 时，另外两个都取 0。数据来源及处理方法之前相同，主要变量的描述性统计见表 5—8。

表 5—8 变量描述性统计

指标	区域	均值	最大值	最小值	标准差
二氧化碳排放量（万吨）	全部	12 417.44	87 559.20	172.29	11 833.63
	东部	17 792.76	87 559.20	172.29	15 594.68
	中部	12 704.23	52 113.39	4 334.25	7 558.12
	西部	7 286.72	44 204.09	687.48	7 524.68
Malmquist 指数	全部	1.07	3.13	0.08	0.50
	东部	1.32	3.13	0.40	0.49
	中部	1.07	2.67	0.08	0.53
	西部	0.79	1.57	0.08	0.31
人口（万人）	全部	4 010.70	11 388.62	364.14	2 668.85
	东部	4 019.21	9 544.00	540.30	2 762.54
	中部	4 905.13	9 918.00	2 184.60	2 003.57
	西部	3 285.79	11 388.62	364.14	2 815.25
人均 GDP（元）	全部	2 222.39	27 189.46	190.93	2 824.08
	东部	3 659.71	27 189.46	283.65	3 969.54
	中部	1 457.23	5 616.62	248.33	1 147.48
	西部	1 235.46	7 429.89	190.93	1 047.29

从表中可以看出地区间的异质性表现十分明显，均值统计表明：东部地区二氧化碳排放、Malmqusit 指数和人均 GDP 指标显著高于中、西部，而中部地区的这些指标则高于西部地区。这符合中国目前经济发展状况，总体来看，东部地区技术进步最快，经济发展水平最高，与之相应的能源消耗最多，二氧化碳排放量也最多，中部地区其次，西部地区最后。

（2）估计方法。

由式（5.100）可以看出，因变量的滞后项出现在方程的右边，故会导致内生性问题，依据传统的固定效应或随机效应模型 OLS 回归，可能会造成估计系数有偏。另外考虑到所采用的数据是面板数据以及影响因素具有动态变化的特征，本书采用动态广义矩法（Generalized Method of Moments，简称 GMM）对模型进行计量分析。动态 GMM 估计不仅可以有效地解决序列相关问题，而且可以避免解释变量的内生性。动态 GMM 估计分为差分 GMM 和系统 GMM。安德森和萧（Anderson & Hsiao，1981）通过一阶差分并选用因变量 2 阶滞后项及 2 阶差分滞后项作为工具变量，这种方法估计出的系数从理论上来说是一致估计，但不是有效的；阿雷拉诺和邦德（Arellano & Bond，1991）在安德森和萧（Anderson & Hsiao，1981）基础上提出了差分广义矩估计法（DIF-GMM），该方法选取 $t-2$ 期前的因变量的滞后项作为因变量一阶差分滞后项的工具变量，从而得到一致且有效的估计结果。然而，进一步研究认为差分 GMM 估计量有限样本的特性较差，较易受到弱工具变量的影响，估计时易出现偏误。阿雷拉诺和包威尔（Arellano & Bover，1995）和布伦德尔和邦德（Blundell & Bond，1998）提出了系统广义矩法（SYS-GMM），该方法相对于差分 GMM 增加了因变量的一阶差分的滞后项作为初始水平方程的工具变量，这一方法比差分 GMM 更有效，且具有更好的有限样本性质，在经验研究中已经有非常广泛的运用。

（3）实证结果分析。

利用相关数据，分别运用差分 GMM 和系统 GMM 估计方法，对式（5.85）进行估计，另外设定技术进步（ln$t$）为内生变量，具体结果如表 8 所示。

从估计结果可以看出，一步差分 GMM 的 Sargan 检验的 p 值为 0.0358，拒绝了差分 GMM 工具变量有效的原假设，即工具变量与误差项相关。接着考察两步差分 GMM 估计法，AR（2）检验的 p 值为 0.2649，表明差分的误差项不存在二阶自相关，同时 Sargan 检验的 p 值为 1，说明两步差分 GMM 工具变量有效；但是在有限样本情况下，差分 GMM 的估计系数相对于系统 GMM 来说可能下偏（Blundell et al.，2000），差分 GMM 相对于系统 GMM 估计更不精确。最后，通过比较一步和两步系统 GMM 估计 Sargan 检验的 p 值可知，两步系统 GMM 估计量更加一致和有效。

从系统 GMM（两步）估计的方程的系数可以得出以下结论：

第一，技术进步会减少二氧化碳排放。本期技术进步和上期技术进步与二氧化碳排放呈负相关关系，本期技术进步对二氧化碳排放的影响弹性（－0.00968）要小于上期技术进步对二氧化碳排放的影响弹性（－0.0105），意味着本期技术进步并不能即时发挥效应，要经过一段时间的时滞才能起到减排的作用，这是因为新技术产生后其应用存在一定的时滞，技术扩散需要一个过程。但不论是本期还是上期技术进步对二氧化碳排放的影响都相对较小（系数较小），且本期技术进步在样本区间内不显著，说明 1979～2008 年技术进步对二氧化碳排放的影响有限，这可能源于两个方面的原因：一方面，中国正处于工业化阶段，经济增长是主要目标，大部分技术进步来自生产率的提高、管理水平提升、要素配置的改善等，而对减排作用更强的低碳技术进步则相对较少，非低碳的技术进步可能并不能减少碳排放甚至会增加碳排放；另一方面，企业作为技术创新和扩散主体缺乏低碳技术创新和扩散的激励。相比于传统生产技术，低碳技术的研发和使用投入的成本更多，且由于中国缺乏有效的碳市场，其回报相对较少，企业没有足够的激励研发并应用这些技术。

第二，上期碳排放显著正向影响本期二氧化碳排放。二氧化碳排放的一阶滞后系数为 0.619，在 1% 显著水平下显著，表明上期二氧化碳排放和本期二氧化碳排放显著正相关；其系数为所有自变量系数中最大的，对二氧化碳排放的影响也最大，上一年的二氧化碳排放每增加 1%，当年二氧化碳排放会增加 0.619%，意味着中国的二氧化碳排放具有明显黏性特点。这可能是因为当企业确定使用某种可能带来较多二氧化碳排放生产设备时，由于较高的固定成本和调整成本，企业会在一定时间内会继续使用该设备，导致了二氧化碳排放黏性的存在；另外，中国并未制定完备的二氧化碳排放监测制度，二氧化碳排放量不易获取，且缺乏惩罚机制，企业缺乏外部监管，不愿去投入资金更新已有设备来减少碳排放。

第三，经济发展和人口增长会增加二氧化碳排放。人均 GDP 的系数为

0.284，表明人均 GDP 每增加 1%，二氧化碳排放会增加 0.284%，即随着经济发展水平的提高，二氧化碳排放会逐渐增加，这和林伯强等（2010）得出的结论相同，经济发展水平对二氧化碳排放有显著的影响。纵观各国发展历史，经济发展与化石能源大量消耗是分不开的，中国目前正处于工业化阶段，经济快速发展，必然会消耗大量能源，二氧化排放量会显著增加。人口对二氧化排放有显著正向影响，从回归系数可以看出其影响甚至要大于经济发展的影响，人口每增加 1%，二氧化排放增加 0.346%。

第四，政策和经济环境变量对碳排放影响显著。从政策和经济环境虚拟变量系数来看，中国二氧化碳排放呈现出阶段性特点，1979～1991 年和 1992～1998 年的二氧化碳排放明显要高于 1999～2008 年的，且 1979～1991 年的二氧化碳排放大于 1992～1998 的二氧化碳排放。这是因为改革开放之初，经济建设是首要任务，对二氧化碳排放和环境问题缺乏认知，经济发展伴随着二氧化排放的大量增加；20 世纪初，经济进一步快速发展，设备技术都有了较大的改善，人们也开始意识到环境问题，逐步改善环境，碳排放相比改革开放之初开始减少；进入 21 世纪，全球气候变化问题引起人们的高度关注，成为一个世界性的问题，中国作为一个负责任的大国，积极地应对气候变化，采取各种措施减排措施，并取得了一定的效果。

4. 技术进步对不同地区碳排放影响的分析

前面基于全国 29 个省、自治区和直辖市的面板数据得到的是全国省级样本的技术进步对碳排放的影响，但是由表 5-9 描述性统计分析中可以看出，东部、中部和西部的技术进步和碳排放存在明显差异，技术进步对碳排放的影响可能会因区域不同而不同，因此为了考察这种区域差异，利用上文对区域的划分，获得东部、中部和西部地区三个子样本，对三个子样本进行回归分析。各地区所含省份变量选取、数据计算和统计口径与全体样本保持一致。估计方法为两步系统 GMM。回归结果如表 5-9 所示。

表 5—9　　　技术进步对中国二氧化碳排放影响的 GMM 估计结果

估计方法 / 自变量	差分广义矩法（DIF GMM）		系统广义矩法（SYS GMM）	
	一步 $lnce$	两步 $lnce$	一步 $lnce$	两步 $lnce$
L. $lnce$	0.144 *** (0.0523)	0.173 *** (0.0455)	0.607 *** (0.0281)	0.619 *** (0.0243)
lnt	0.0436 * (0.0243)	0.0304 ** (0.0119)	−0.000861 (0.0208)	−0.00968 (0.0108)
L. lnt	0.0477 * (0.0245)	0.0433 *** (0.00914)	−0.0134 (0.0213)	−0.0105 ** (0.00392)
lnp	−1.120 *** (0.256)	−1.028 *** (0.180)	0.319 *** (0.0361)	0.346 ** (0.153)
$lnpg$	0.866 *** (0.0584)	0.827 *** (0.0507)	0.299 *** (0.0262)	0.284 *** (0.0407)
$yr7991$	0.149 *** (0.0331)	0.130 *** (0.0202)	0.105 *** (0.0332)	0.0973 *** (0.0119)
$yr9298$	0.0784 *** (0.0200)	0.0690 *** (0.0121)	0.0178 (0.0197)	0.0144 ** (0.00699)
$Constant$	10.31 *** (1.889)	9.507 *** (1.169)	−1.211 *** (0.241)	−1.427 (1.115)
Sargan 检验	[0.0358]	[1.0000]	[0.0000]	[1.0000]
Arellano-Bond AR（2）检验	—	1.1148 [0.2649]	—	1.0539 [0.2919]

注：①L. $lnce$ 和 L. lnt 分别为滞后一期的碳排放和技术进步；② ***、** 和 * 分别表示 1%、5% 和 10% 的显著性水平下显著；③（ ）内为标准差，[ ] 内为 p 值；④Sargan 统计量来检验矩条件是否存在过度识别，原假设为过度确认是有效的，即工具变量是有效的，表中给出的是 Sargan 统计量对应的 p 值；⑤Arellano-Bond 的 AR（2）检验统计量用来考察一次差分残差序列是否存在二阶自相关，其原假设为不存在二阶自相关，即模型的设定是合理的。

从回归结果可以得出如下结论：

首先，各地区本期二氧化碳排放很大程度上取决于前期的二氧化碳排放，且较为显著，即存在明显的二氧化碳排放黏性特点。跨地区相比，二氧化碳排

放黏性从小到大依次为：东部地区、中部地区和西部地区。这是因为东部地区
经济发展水平最快，设备和技术更新较快，另外东部地区对环境问题监管程度
的相对较高，企业排放成本较高，促使企业着力减排，导致东部地区二氧化碳
排放黏性要小于中西部（见表 5—10）。

表 5—10　　　　　技术进步对不同地区二氧化碳排放影响的估计结果

变量	东部地区 lnce	中部地区 lnce	西部地区 lnce
L. lnce	0.608*** (0.0444)	0.804*** (0.0311)	0.915*** (0.0314)
lnt	−0.110** (0.0526)	0.0555*** (0.0107)	−0.0176 (0.0173)
L. lnt	−0.00574 (0.0485)	0.0336*** (0.0119)	−0.0540*** (0.0163)
lnp	0.435*** (0.0728)	0.0912*** (0.0273)	0.0461* (0.0266)
lnpg	0.278*** (0.0528)	0.116*** (0.0227)	0.0855** (0.0338)
yr7991	0.178** (0.0742)	−0.00624 (0.0246)	0.00307 (0.0298)
yr9298	0.0400 (0.0456)	−0.0183 (0.0137)	−0.00634 (0.0189)
Constant	−2.060*** (0.618)	0.291 (0.199)	−0.182 (0.217)
Sargan 检验	[1.0000]	[1.0000]	[1.0000]
Arellano-Bond AR（2）检验	1.0281 [0.3039]	0.87653 [0.3807]	0.83432 [0.4041]

注：同表 5—9。

其次，技术进步对二氧化碳排放的影响因地区的不同而有较大区别。东部
地区上期和本期的技术进步有利于二氧化碳排放的减少，且本期技术进步具有

更加显著的影响；中部地区上期和本期技术进步则增加了二氧化碳排放；西部地区上期和本期技术进步与二氧化碳排放呈负相关关系，且上一期技术进步影响显著。这是因为东部地区是中国改革开放的前沿阵地，经济基础雄厚，新技术的研发和扩散在这里非常迅速，本期的技术改进可以很快地投入使用；同时东部地区还是中国低碳技术的主要来源地。中部地区较早地承接东部地区一些传统产业的转移，如一些资源性产业等，这些产业具有高能耗和高污染特点，其技术进步主要集中于劳动生产率的提高，对环境的改善并未起到有利作用，反而进一步增加了二氧化碳的排放，而且中部地区监管相对来说更加宽松，增加了二氧化碳排放量。相比于中部地区，国家意识到经济的发展不能以环境恶化为代价，开始控制西部地区承接的相关产业，大力发展清洁能源和产业，且监管也更加严格，但是西部地区技术更新和应用较慢，需要经过时滞，因此上期的技术进步对二氧化碳排放的减少具有更显著的影响。

5.2　气候友好商品与贸易减排

气候友好商品贸易自由化是大势所趋。总体上看，在当前气候友好商品贸易格局中高收入国家占据比较优势。本节从规模、竞争力指数及贸易条件等方面评估中国气候友好商品的国际竞争力状况，结果显示虽然在规模上略占优势，但在交换条件上处于劣势，价值增值幅度小，在国际交换中处于不利位置上。大力发展中国气候友好产业势在必行。

5.2.1　气候友好商品的界定

针对全球变化，《联合国气候变化框架公约》（UNFCCC）确定的最终减排目标是"将大气中温室气体的浓度稳定在防止气候系统受到危险的人为干扰的水平"。为实现这一目标，国际社会已就温室气体减排展开了合作。于1997年12月通过的UNFCCC《京都议定书》规定，国家必须在第一承诺期（2008～2012

年）内，将温室气体排放量在 1990 年水平基础上削减 5%。在制定第二期承诺期（2013~2020 年）减排目标的多哈回合中，为了配合国际社会应对气候变化的努力，实现贸易与环境兼容的目标，WTO 成员在贸易领域的谈判中也就贸易与气候变化的互动关系进行了深入探讨。WTO 总干事拉米指出，多哈回合关于环境产品和服务贸易自由化的谈判可以取得贸易和环境同时受益的双赢效果，其中也包括气候友好商品的贸易自由化。大多数人认为贸易可以在支持应对气候变化努力方面大有作为，如减少化石燃料、寻找新能源和新科技、降低技术转让壁垒等。尽管 WTO 成员仍对气候友好商品的定义、范围、关税减让及自由化模式等方面存在分歧，但基本形成一个共识，就是气候友好商品贸易自由化有助于减少温室气体排放，能直接为解决气候问题做出贡献，同时促进贸易自身发展。因此，可以预期气候友好商品实现贸易自由化是发展的必然趋势。

气候友好商品属于环境友好商品的一部分。目前理论界尚未形成环境商品的统一定义，但仍可以从狭义定义和广义定义两个层面来进行界定。狭义的环境商品是指某一商品或服务的最终用途为解决某种特定的环境问题，如废水处理设备、大气污染控制设备等。广义的环境商品又称为环境有益商品，是指产品在其生命周期的各个阶段，包括生产、消费和处置阶段，与相同用途的产品相比，显著减轻对环境的损害，或者其生产和销售显著有利于对环境的维护。相应地，气候友好商品也未形成统一定义。不过，国际组织试图采用不完全列举的方法提取出属于气候友好型的环境产品。2007 年 4 月，环境商品和服务友好集团提交了 153 种环境商品的列表供 WTO 成员讨论，研究人员从中确定 43 种商品可以归类为气候友好商品。这些气候友好商品是：乙烯聚合物制电池隔膜及其他非泡沫塑料板、片、膜、箔，化纤长丝无纺织物、玻璃纤维制席，钢、铝制槽、罐、桶等容器，非电热的钢制家用器具及零件、蒸汽及过热水锅炉、辅助设备及零件，汽、水、其他燃气轮机及零件，装冷热换向阀空调器、热泵、制冷机组，利用温度变化处理材料的机器、装置，传动装置，交流发电机、风力发电机、其他原电池及原电池组、其他铅酸蓄电池，电气控制或电力分配基座，光敏半导体器件、光学元件，恒温恒压器等。

5.2.2 中国气候友好商品的竞争力状况

在全球气候友好商品市场上，发达国家占据主导地位。表5－11是针对上述43种可识别气候友好商品的贸易状况表，可以看出国际气候友好商品贸易的两个基本发展格局：一是进出口规模增长较快，高收入WTO成员的气候友好商品的进口、出口和进出口总额2005年的水平分别是2002年水平的1.7倍、1.8倍和1.7倍，低、中等收入WTO成员分别为1.9倍、2倍和1.6倍；二是总体上高收入WTO成员是气候友好商品的净出口国，顺差不断扩大，低、中等收入WTO成员是净进口国，逆差持续扩大。这些分析表明：一方面，气候友好商品进出口需求旺盛，贸易发展空间巨大；另一方面，高收入WTO成员在气候友好商品贸易中占有比较优势。

表5－11　　高、低和中收入WTO成员气候友好商品进出口额　单位：亿美元

年份	高收入WTO成员				低、中等收入WTO成员			
	进口	出口	总额	差额	进口	出口	总额	差额
2002	248.7	262.3	511	13.6	146.5	92.3	238.8	−54.2
2003	276.1	296.8	572.9	20.7	176.5	109.5	286	−67
2004	355.1	402.1	757.2	47	238.5	147.8	386.3	−90.7
2005	420.2	460.9	881.1	40.7	273.2	186.1	459.3	−87.1
2005/2002	1.7	1.8	1.7	1.6	1.9	2	1.6	1.7

资料来源：World Bank. International Trade and Climate Change：Economic，Legal，and Institution Perspectives [R]. Washington，D.C.，WB，2007.

气候友好商品贸易自由化是未来的发展方向，中国的气候友好商品的竞争力如何呢？以下从规模及变化趋势、贸易竞争力指数、贸易条件等方面来分析（见表5－12）。

表 5—12　　气候友好商品的进出口、竞争力指数和贸易条件指数汇总

HS 代码	名称	出口（千美元）	进口（千美元）	TC	TP	TI
392010	乙烯聚合物非泡沫塑料板	312 022	500 346	−0.23	0.39	0.59
560314	浸涂、覆盖化纤长丝无纺织物	35 229	42 021	−0.09	0.51	0.58
701931	玻璃纤维制席	33 911	2 153	0.88	0.49	0.50
730820	钢铁制塔楼及格钩杆	321 869	524	1	0.13	0.17
730900	装物料的钢铁槽、罐、桶等容器	237 381	62 353	0.58	0.58	1.14
732111	钢铁制家用炊事器具及加热板	825 909	7 009	0.98	2.78	19.36
732190	品目 7321 的零件	287 387	118 567	0.88	0.33	0.69
732490	未列名钢铁制卫生器具，包括零件	366 517	4 447	0.98	0.41	1.22
761100	铝制槽、罐、桶等容器	4 734	559	0.79	0.51	0.67
761290	铝制易拉罐及罐体等铝制容器	127 010	20 861	0.72	0.47	0.89
840219	未列名蒸汽锅炉，包括混合式锅炉	36 495	47 924	−0.14	0.3	1.17
840290	蒸汽及过热水锅炉零件	444 094	49 134	0.8	0.15	0.49
840410	蒸汽锅炉和过热水锅炉等设备	209 779	15 368	0.86	0.23	0.89
840490	8402010 所列设备的零件	65 133	16 156	0.6	0.12	0.95
840510	煤气、乙炔等水解气体发生器	10 656	85 148	−0.78	0.1	1.14
840681	汽轮机	11 789	17 611	0.51	0.27	0.10
841011	水轮机及水轮，P≤100kW	2 557	451	0.7	0.05	0.32
841090	水轮机及零件	119 956	181 019	−0.2	0.23	0.34

续表

HS 代码	名称	出口（千美元）	进口（千美元）	TC	TP	TI
841181	其他燃气轮机，P≤5 000kW	23	1 208	−0.96	0.07	—
841182	其他燃气轮机＞5 000kW	35 980	131 807	−0.57	1.88	—
841581	装冷热换向阀空调器	332 005	52 267	0.73	0.1	0.34
841861	热泵	600 109	335 159	0.28	0.06	0.68
841869	制冷机组	658 380	683 825	−0.02	0.3	1.40
841919	其他非电热的快速热水器	60 300	1 255	0.96	0.34	0.42
841940	提净塔、精馏塔	67 901	70 864	−0.02	0.26	3.08
841950	热交换装置	197 288	604 395	−0.51	1	1.22
841989	加氢反应器等装置	168 608	629 317	−0.58	0.01	0.09
841990	热水器及其他设备的零件	336 444	307 258	0.05	0.3	0.73
848340	传动装置	470 379	1 322 359	−0.48	0.68	0.41
848360	离合器及联轴器（包括万向节）	88 750	131 903	−0.2	0.18	1.36
850161	交流发电机，P≤75KVA	117 854	12 741	0.8	0.41	1.58
850162	交流发电机，76KVA＜P≤375KVA	58 960	3 154	0.9	0.12	—
850163	交流发电机，375KVA＜P≤750KVA	20 458	5 391	0.58	0.16	3.74
850164	大功率交流发电机	100 327	116 712	−0.08	0.45	2.69
850231	风力发电机组	78 019	371 956	−0.56	0.04	2.61
850680	其他原电池及原电池组	40 373	21 756	0.3	1.92	3.49
850720	其他铅酸蓄电池	1 321 787	103 461	0.85	1	1.09
853710	数控装置	1 194 483	2 237 168	−0.3	0.43	0.91
854140	光敏半导体器件；发光二极管	5 252 258	3 813 036	0.16	0.1	0.43

续表

HS代码	名称	出口 (千美元)	进口 (千美元)	TC	TP	TI
900190	其他未装配的光学元件	802 217	3 433 680	−0.62	0.63	0.66
900290	光学元件	424 083	217 758	0.32	0.72	0.47
903210	恒温器	210 418	178 495	0.08	0.48	0.66
903220	恒压器	16 287	12 784	0.12	0.13	1.70
合计	—	16 106 119	15 871 360	—	—	—
平均	—	—	—	0.01	0.46	1.56

资料来源：根据 2007 年和 2001 年海关统计年鉴进出口商品量值表整理。

5.2.3　进出口规模及变化趋势

2007 年中国上述 43 种气候友好商品的出口额为 161.1 亿美元，进口额为 158.7 亿美元，贸易顺差 2.3 亿美元。加入 WTO 之前的 2001 年出口额和进口额分别为 20.2 亿美元和 35.5 亿美元，贸易逆差 15.3 亿美元。2007 年的气候友好商品出口额和进口额分别是 2001 年相应数额的 8 倍和 4.5 倍。表明中国气候友好商品贸易增长较快，出口增速快于进口增速。同期，2007 年中国出口总额和进口总额分别是 2001 年相应指标的 4.6 倍和 3.9 倍[①]，表明气候友好商品的贸易发展速度快于贸易总体水平的发展速度。

1. 贸易竞争力指数

贸易竞争力指数是指某一产业或产品的净出口与其进出口总额之比。计算公式为：

$$TC=(X-M)/(X+M) \tag{5.101}$$

其中，TC 为贸易竞争力指数，X 为出口额，M 为进口额。TC 处在 [−1，1] 区间内，越接近 1，国际竞争力越强；越接近 0，则与国际水平相当；越接

---

① 本部分数据是通过对 2007 年和 2001 年海关统计年鉴进出口商品量值表整理而得到。

近-1，国际竞争力越弱。

从测算结果看，在43种商品中，贸易竞争力指数处在［0.5，1］区间的有19种，主要是玻璃、钢铁、铝及其制品、锅炉及其零件以及交流发电机等类型气候友好商品，具有较强的国际竞争力；处在［0，0.5］区间的有7种，主要是热泵、热水器、光学产品以及恒温恒压器等类型气候友好商品，竞争优势较小；处在［-1，0］区间的有17种，主要是非泡沫塑料、无纺织物、水解气体发生器、水轮机、温度变化相关装置、传动轴、大功率交流发电机、风力发电机组、电压数控装置等类型气候友好商品。贸易竞争力指数总体水平值是0.01，表明从价值角度来看中国气候友好商品的国际竞争力水平与国际水平相当。

2. 贸易条件分析

（1）利用物物交换价格条件指数进行静态分析。

计算公式为：

$$TP=(m/RM)/(x/RX)=PX/PM \tag{5.102}$$

其中，x 和 m 分别表示出口实物量和进口实物量，RM 和 RX 分别表示出口金额和进口金额。PX 表示出口价格，PM 表示进口价格。TP 指数是单位货币的进口实物量与单位货币的出口实物量之比，反映出单位外汇的出口实物量所能换回的价值相等的进口实物量。TP 指数也可表示成出口价格与进口价格之比，直接反映出进出口价格条件：如果 TP>1 则表明一国可以不到1个单位的实物出口换取1个单位的实物进口，如果 TP=1 则表明一国恰好以1个单位的实物出口换取1个单位的实物进口，如果 TP<1 则表明一国必须以多于1个单位的实物出口换取1个单位的实物进口。从实物角度来看，由于实物实际上是商品生产消耗资源能源的集中体现，所以，TP 指数可以从一个侧面反映出一国在贸易中的资源能源成本。TP 值越小，则资源能源成本越高；反之，则低。再从价值角度来看，TP 值又能反映出进出口商品增值的对比情况，TP 值越大，说明出口商品增值幅度大于进口商品增值幅度，对出口国家越有利；

反之，出口商品增值幅度小于进口商品增值幅度，对出口国家越不利。

针对上述 43 种商品计算的 TP 值大于 1 的只有 3 种，分别是钢制家用炊事器具及加热板、其他燃气轮机、其他原电池及原电池组。等于 1 的有两种，分别是热交换装置和其他铅酸蓄电池。其余全部小于 1，共计 38 种。其中在 [0.5，1] 区间的有 6 种，分别是无纺织物、钢和铝制槽、罐、桶等容器、传动装置、其他未装配光学元件、光学元件；在 [0.1，0.5] 区间的有 24 种，占绝大多数；在 [0，0.1] 区间的有 8 种，分别是水轮机及水轮、其他燃气轮机、热泵、加氢反应器等装置、风力发电机组、水解气体发生器、光敏半导体器件、装冷热换向阀空调器等。43 种商品，TP 值的算术平均值为 0.46。

上述数据充分显示中国气候友好商品贸易条件相当不利。从实物角度来说，平均而言，中国大概需用两件实物出口才能换回一件实物进口。换句话说，假如相同资源能源投入可以获得与国外相同的产出，那么中国在气候友好商品贸易中，大致需要消耗两个单位的资源能源才能换回国外消耗一个单位资源能源的产品。可见，中国在气候友好商品贸易中资源能源成本相当大，尤其是可再生能源相关产品的物物交换价格条件最不利，需 10 个单位以上的资源能源投入才能换回 1 个单位资源能源产出的产品。因此，虽然中国气候友好商品的出口额大于进口额，获得贸易顺差，但事实上是依赖于资源能源的粗放投入，依赖低价和数量取胜，与可持续发展的基本国策不相吻合，在国际交换中处于不利地位。

（2）利用商品贸易条件指数进行动态分析。

以 2001 年为基准年，计算 2007 年的商品贸易条件，公式是：

$$TT = (PX_1/PX_0)/(PM_1/PM_0) = (PX_1/PM_1)/(PX_0/PM_0) = TP_1/TP_0$$

(5.103)

其中，TT 是商品贸易条件指数，PX_1、PM_1 分别是 2007 年的出口价格和进口价格，PX_0、PM_0 分别是 2001 年的出口价格和进口价格，TP_1、TP_0 分别是 2007 年和 2001 年的 TP 指数值。它能动态地反映出 2007 年和 2001 年的贸易条件是改善还是恶化。如果 TT 值大于 1，表示贸易条件改善，反之，表示贸易条件恶化。

上述 43 种商品 TT 的值的计算结果显示，有 17 种商品的 TT 值大于 1；23 种商品的 TT 值小于 1；另外 3 种由于没有基期数据而无法计算 TT 值。从种类数量看，贸易条件恶化的商品种类多于贸易条件改善的商品种类；从 TT 值的算术平均值来看，该值为 1.56，显示贸易条件有所改善。

综上所述，在全球应对气候变暖、提倡节能减排、发展低碳技术的国际大背景下，中国气候友好商品的进、出口额均取得了快速增长，快于同期对外贸易的平均增速，而且由逆差转变为顺差。这似乎表明中国气候友好商品具有较强的国际竞争力。贸易竞争力指数分析进一步显示，总体上中国气候友好商品的贸易竞争力水平与国际水平相当，而且略占优势，其中占有比较优势的商品种类多于劣势商品种类。然而，这些表面印象只是单纯地从价值角度分析进出口金额的结果，而没有考虑其中的实物交换条件因素。在贸易条件的静态分析中，发现贸易顺差、正的竞争力指数的取得是依赖资源能源的粗放投入，依赖低价和数量取胜，使中国承受着巨大的资源能源和环境成本。而贸易条件的动态分析显示，虽然平均而言，贸易条件有所改善，但是从具体商品类别而言，贸易条件恶化的商品种类多于改善的商品种类。总之，中国气候友好商品贸易在规模上略占优势，在交换条件上处于深度劣势。造成这种局面的原因归纳起来主要有：一是低碳技术发展滞后，难以提高出口价格；二是资源能源粗放生产的模式没有改变；三是出口厂商拼价格、拼数量的经营理念没有转变。

5.2.4 气候友好产品贸易自由化

气候友好产品是一种特殊的环境产品，可以直接减少温室气体排放，支持国际社会应对气候变化的努力，为保护气候安全的目标做贡献。气候友好产品的贸易自由化因此受到广泛重视。目前，WTO 有关气候友好产品的贸易自由化进程正在推进中，但在定义和涵盖范围、自由化方法和模式等方面存在分歧。

1. 自由化方法问题

环境产品和服务友好集团主张对列表中的气候友好产品在最惠国待遇原则基础上对关税和非关税壁垒的永久性取消或削减进行谈判。然而，在谈判过程中，印度提出了项目方法（印度认为在列表方法下相同的 HS 代码往往同时包括环境用途产品和非环境用途产品，难以将后者从中分离出来，导致列入自由贸易的产品范围扩大化，因此他们主张对于经由政府主管部门批准的特定环境项目所涉及的任何产品和服务实现自由贸易。这种方法实现的自由贸易是暂时性的，随着环境项目而结束），阿根廷提出了整合方法（与项目方法类似，只不过主管机关需对用于各种经过批准的环境项目的产品作进一步识别，决定是否临时性地取消关税）。两种方法都基于对具有多种用途的产品是否真正用于环境目的有所顾虑。目前，谈判还没有对采取哪种自由化方法取得一致。

2. 自由化模式问题

复杂多变的政治经济利益关系使各国对气候友好产品的贸易自由化的模式存在较大分歧。不过，气候友好产品贸易自由化向前推进，仍有多种途径可供选择：一是气候友好产品作为环境产品的一部分实现自由贸易；二是国际社会针对气候友好产品达成独立的多边协定；三是借鉴《信息技术协定》和《政府采购协定》等诸边形式，在部分国家之间实现自由贸易，以期将来逐步实现多边的贸易自由化；四是无论气候友好产品贸易自由化在多边或诸边层面上进展如何，确信在自由贸易协定等各种形式的双边层面上会得到快速推进。

总之，气候友好产品贸易自由化有利于贸易与气候实现双赢，虽然一些具体问题没有解决，但仍可预期未来能够通过多边、诸边或双边途径向前推进，是发展的必然趋势。

5.3 应对气候变化合作与贸易减排

全球变暖，海平面上升，生态体系恶化，人类从未像今天这样面临如此重大的生存挑战。以政府间气候变化专门委员会（IPCC）第四次评估报告（2007）为代表的大多数观点认为，人类活动，对化石能源的消费产生的二氧化碳排放是导致气候变暖的重要原因。虽然科学家在气候变暖成因和影响上的学术争论一直存在，少数学者还持有不同甚至相反的观点（NIPCC，2008），但气候变暖导致严重的或不可逆转的破坏风险已成公认的事实，况且无论今后定论如何，当前缺乏充分的科学确定性也不能成为推迟采取减排行动的借口。

自 1992 年 6 月里约热内卢联合国环境与发展大会提交各国签署《联合国气候变化框架公约》以来，缔约方共举行了 17 轮谈判，期间虽也取得了《京都议定书》、"巴厘路线图"等标志性成果，但国际政治经济形势风云变幻，各国合作减排以应对气候变化的进程一直举步维艰。从首轮出现至今悬而未决的资金支持额度和技术转让问题，从启动谈判到正式生效历经十年的《京都议定书》，彻夜谈判最终勉强通过的"巴厘路线图"，都暴露出发达国家和发展中国家的各自利益与分歧。最近哥本哈根、坎昆和德班会议上的多边谈判一次又一次陷入僵局充分说明，分歧不但没有弥合，反而愈演愈烈。与此同时，部分发达国家却正在实施单边减排，例如，欧盟宣称 2012 年 1 月 1 日起对所有在欧盟境内飞行的航空公司征收碳排放税，澳大利亚从 2012 年 7 月 1 日开始对大约 500 家大型企业征收每吨 24.7 美元的碳排放税，这些措施一出现便遭到多国的联合抵制以及本国企业、消费者的强烈反对。

IPCC 第五次评估报告于 2014 年完成，其究竟会对 2020 年之后二氧化碳减排的国际行动方案产生怎样的作用现未可知，但在此之前应对气候变化的现实性和紧迫性（秦大河，2012）要求我们必须加速推进国际减排合作，并尽可能地将各国实施的单边减排与之相协调。那么，合作与不合作相比，一国的社会福利会因减排发生怎样的变化？发达国家和发展中国家都会从合作中得到好处吗，谁的收益比较大？发达国家对于减排技术的投入和创新水平较高，又可能向发展中国家转移资金和技术[①]，此时如何评价其自身的减排政策及其对本国福利的影响？我们将对这些问题做出初步回答。

5.3.1　以往研究述评

有关二氧化碳减排的具体政策研究可以归纳为以下三个方面：（1）碳税、配额交易机制和价格管制等措施的共同最优化优于单项措施的最优化（Roberts & Spence，1976；Weitzman，1978）；（2）从政策产生的经济影响看，不存在某项政策措施一定优于其他措施（Goulder & Parry，2008；Nordhaus，2007；Stavins，1995）；（3）减排措施的实施需要考虑决策带来的各种影响，例如投入创新的资本、排放量控制等（Fischer et al.，2003；Jung et al.，1996；Milliman & Prince，1989）。

1. 减排政策评价

庇古税（Pigou，1920）纠正了因为缺少对排放造成的环境损失的价格衡量而形成的扭曲（Pearce，1991），科斯提出了可交易的排放权机制（Coase，1960；Crocker，1966；Dales，1968；Montgomery，1972）。排放造成的环境损失与市场价格波动造成的损失相比，如果前者对社会福利的不利影响较小，那么更倾向于征收碳税。不过韦茨曼（Weitzman，1978）提出，同时使用价格和数量措施要好于任一单项措施，一个带有价格管制的排放权交易机制可以近似作为碳税和配额交易的政策组合。当碳价格达到价格上限时，会提供额外的排放权（Mckibbin & Wilcoxen，2002；Pizer，2002；Roberts & Spence，1976）；当碳价格低于价格下限时，政府会按合约价格买回排放权。

---

① 在《哥本哈根协议》中，发达国家同意在 2020 年以前，每年集资 1 000 亿美元，协助贫困国家适应气候变化，未来三年发达国家将先提供 300 亿美元。

2. 减排技术创新

通过排放控制引入碳价格是一种"引致型"创新（Induced Technological Change，简称 ITC）（Hicks，1932），可能影响技术创新的速度和途径。近年来，在环境政策的经济模型中越来越多地将技术创新视为内生而不是外生的因素（Edenhofer et al.，2006；Loschel，2002）。帕里（Parry，1998）在不考虑不确定性和企业异质性的条件下，帕里（Parry，1998）指出技术创新收益可能因为与技术溢出、环境损失下降相关的正外部性而得到提升。德尼科洛（Denicolo，1999）认为，碳税相比配额交易机制提供了更好的边际创新激励，并提高了社会福利。但费雪等（Fischer et al.，2003）却提出，当技术溢出较大时，配额交易机制比碳税带来了更高的社会福利，也指出了同时使用价格和数量措施的优越性。韦伯和诺伊霍夫（Weber & Neuhoff，2010）发现，技术创新有时会导致更高的碳价格，因为为了鼓励创新，政策制定者可能大幅减少排放权。

3. 国际减排合作

近年来，国内外学者开始提出不同方案以协调后京都时代发达国家和发展中国家的减排合作。其中，具有代表性的有"共同但有区别的趋同"方案（Hohne et al.，2006）、"温室发展权"方案（Baer et al.，2008），潘家华和陈迎（2009）基于人文发展理念的碳预算方案等。这些方案都考虑了历史排放责任、减排能力和人均排放差异等因素，从不同程度上体现了发展中国家的诉求。很多学者指出，"正义"将在未来气候谈判中发挥重要作用，因为其有助于解决气候变化问题中的公平性问题（Grasso，2007），不过在具有普遍约束力的国际正义缺失的情况下，各种合作方案的可行性最终很大程度上取决于国际气候谈判中各国或国家集团之间的讨价还价。

由上可知，以往研究在采用怎样的机制实施减排、如何公平地分配排放权、不同减排机制中技术创新的作用、评价减排效果和界定减排责任等方面进行了深入分析并取得了大量研究成果，但是在当前，发达国家和发展中国家已然形成减排资金与技术创新上的巨大差距、国内减排的政策基础和条件又有明显不同的条件下，一国参与国际减排合作的动力究竟从何而来尚不明确，应在探讨国际减排合作时嵌入考虑碳税、配额交易机制等单边政策及其福利分配效应。

5.3.2　基本模型

沿用韦伯和诺伊霍夫（Weber & Neuhoff，2010）的假定，设 $\theta = \Theta$ 表示一国企业集合里不同类型的企业，其以 CDF 的函数形式分布于 Θ，函数 $F(\theta)$：$\Theta \to [0,1]$，则所有企业类型的平均值为：

$$\mu = \int_\Theta \theta \, \mathrm{d}F(\theta) \tag{5.104}$$

其方差为：

$$\sigma^2 = \int_\Theta (\theta - \mu)^2 \, \mathrm{d}F(\theta) \tag{5.105}$$

基本模型的建立分为三个阶段（三个时期），$t \in \{0,1,2\}$。当 $t = 0$ 时（规制阶段），政策制定者决定一项政策 $R = (E, L, U)$，E 表示排放限额，L 表示价格下限，U 表示价格上限。如果企业的二氧化碳排放量超过了政策规定的排放限额 E，并无法在市场上购买额外的排放权，那么该企业必须按照每单位 U 的价格向政府购买额外的排放权；如果企业的二氧化碳排放量低于政策规定的排放限额 E，并且其无法在市场上出售没有用完的排放权，那么政府将按照每单位 L 的价格向该企业回购没有用完的排放权。当 $t = 1$ 时（创新阶段），企业可以进行减排技术创新，从而降低减排成本。当 $t = 2$ 时（实施阶段），每个企业决定自身的二氧化碳排放量。

1. 实施阶段（$t = 2$）

如果没有形成碳价格以及对排放量的限制，企业 θ 的二氧化碳排放量为 $e_0(\theta)$，即所谓的 Business as Usual（BAU）排放（Missfeldt & Hauff，2004）。考虑到企业 θ 的 BAU 排放还要受到宏观经济波动 $\tilde{\varepsilon}$ 的影响（$E(\tilde{\varepsilon}) = 0, E\tilde{\varepsilon}^2 =$

σ_t^2），实际的 BAU 排放为 $\hat{e}_0 = e_0(\theta) + \varepsilon$。根据卡茨曼（Weitzman，1978），企业 θ 将排放量降低至 $e \le \hat{e}_0$ 需要付出的减排成本为：

$$C(e, \hat{\rho}\theta \mid \hat{e}_0) = \frac{(\hat{e}_0 - e)^2}{2\hat{\rho}\theta} \tag{5.106}$$

其中，如果 $\hat{\rho} \ge 1$，表示企业获得了在创新阶段进行减排技术创新的成果。在其他条件不变的情况下，企业类型 θ 的取值越大，其边际减排成本 $(\hat{e} - e)/\hat{\rho}\theta$ 越小。假设每单位二氧化碳排放权的价格为 p，则企业在排放量为 e 时排放成本为：

$$TC(e, p, \hat{\rho}\theta \mid \hat{e}_0) = \frac{(\hat{e}_0 - e)^2}{2\hat{\rho}\theta} + pe \tag{5.107}$$

为使排放成本最小，企业的 θ 最优排放量为：

$$e^*(p, \hat{\rho}\theta \mid \hat{e}_0) = \hat{e}_0 - \hat{\rho}\theta p \tag{5.108}$$

此时，将式（5.108）代入式（5.107），最小排放成本为：

$$TC^*(p, \hat{\rho}\theta \mid \hat{e}_0) = \hat{e}_0 p - \frac{\hat{\rho}\theta p^2}{2} \tag{5.109}$$

2. 创新阶段（$t = 1$）

假设企业 θ 的创新活动水平为 y，成本为 $K(y)$，成果为 $\tilde{\rho}(y)$。当且仅当 $\tilde{\rho}(y) > 1$，创新活动获得了减排技术进步并被实施。那么，对应于某一创新水平 y 的创新活动成果的期望值为：

$$y = E[\max\{\tilde{\rho}(y), 1\} \mid y] - 1 \ge 0 \tag{5.110}$$

企业 θ 从创新活动中获得净收益的期望值为：

$$\pi(p, y, \theta) = \frac{\theta y p^2}{2} - K(y) \tag{5.111}$$

进一步地，假设 $K(y)$ 是连续可导的凸的增函数，则最优创新活动水平应满足净收益关于 y 的一阶极值条件 $K'(y) = \frac{\theta p^2}{2}$。为了方便讨论，设 $K(y) = cy^2/2$，其中 c 为正的常数，企业 θ 的最优创新活动水平为：

$$y^*(p,\theta)=\frac{\theta p^2}{2c} \qquad (5.112)$$

净利润的最大值为：

$$\pi^*(p,\theta)=\frac{\theta^2 p^4}{8c} \qquad (5.113)$$

3. 规制阶段（$t=0$）

政策制定者决定一项政策 $R=(E,L,U)$，包括排放限额 E 和在排放权二级市场上存在的价格区间 $[L,U]$。当市场价格 p 低于价格下限 L 时，政府愿意以 L 的价格回购没有用完的排放权；当市场价格 p 超过价格上限 U 时，政府可以以 U 的价格向企业出售额外的排放权。

此时，碳税政策可以表示为 $R=(E,\tau,\tau)$，其中 τ 为税率，$E\geqslant0$，即政策制定者将以固定的价格 τ 提供无限数量的二氧化碳排放权。由式（5.108）、式（5.109）和式（5.112），我们加总既定碳价格 p 条件下企业的排放量为：

$$Q(p,\varepsilon)=\int_\Theta e^*(p,(1+y^*(p,\theta))\theta\mid e_0(\theta)+\varepsilon)\mathrm{d}F(\theta)=e_0+\varepsilon-\mu p-\frac{\mu^2+\sigma^2}{2c}p^3 \qquad (5.114)$$

其中，$e_0=\int_\Theta e_0(\theta)\mathrm{d}F(\theta)$，即加总的 BAU 排放。如果企业在最优创新活动水平 $y^*(p,\theta)$ 上进行减排技术创新，则企业类型从 θ 提升至 $\hat\theta=(1+y^*(p,\theta))\theta$。令 $\beta=\frac{\mu^2+\sigma^2}{2\mu c}$，意为创新的程度，

$$Q(p,\varepsilon)=e_0+\varepsilon-\mu p(1+\beta p^2) \qquad (5.115)$$

对于 β 来说，以 Q_0 表示没有创新时的排放量（$\beta=0$ 或者 $c\to\infty$），$A_0=\mu p$ 代表没有创新时的减排，$A=A_0+A_1$ 代表有创新时的减排，则由式（5.100）得到 $\frac{Q_0-Q}{A_0}=\frac{A_1}{A_0}=\beta p^2$，$\beta=\frac{A_1}{p^2 A_0}$。所以，$\beta$ 本质上是既定碳价格或碳税下由于创新造成的减排与原减排之间的一种比例关系，更高的 β 值意味着更大的创新程度。

4. 福利函数

假设排放造成的环境损失为 $D(Q) = \dfrac{dQ^2}{2}$，其中 d 表示边际环境损失曲线 (Marginal Environmental Damage Curve) 的斜率，环境损失的期望值为：

$$\bar{D}(R) = E[D(Q(\tilde{p}, \tilde{\varepsilon})) \mid H(\tilde{p}, \tilde{\varepsilon}, R) = 0] \tag{5.116}$$

市场出清条件决定了碳价格的变化，即：

$$H(p, \varepsilon, R) = (U - p)(p - L)(E - Q(p, \varepsilon)) = 0 \tag{5.117}$$

规制政策 R 影响企业的排放量及其造成的环境损失水平，结合式（5.89）和（5.92），减排总成本可以表示为：

$$\bar{C}(R) = E[C(e^*(\tilde{p}, 1 + y^*(\tilde{p}, \tilde{\theta})\tilde{\theta}) \mid e_0 + \tilde{\varepsilon}),$$
$$(1 + y^*(\tilde{p}, \tilde{\theta})\tilde{\theta} \mid e_0 + \tilde{\varepsilon}) \mid H(\tilde{p}, \tilde{\varepsilon}, R) = 0] \tag{5.118}$$

同时，企业创新成本可以表示为：

$$\bar{K}(R) = \lambda E[K(y^*(\tilde{p}, \tilde{\theta})) \mid (\tilde{p}, \tilde{\varepsilon}, R) = 0] \tag{5.119}$$

其中 $\lambda \in [0, 1]$，即企业创新成本的多大比例作为社会成本。一般而言，企业通过知识产权保护获得创新带来的收益，政策制定者不会把企业创新的全部成本视为社会成本。综合式（5.116）、式（5.118）和式（5.119），社会福利 $\bar{W}(R)$ 可以表示为：

$$\bar{W}(R) = -\bar{C}(R) - \bar{D}(R) - \bar{K}(R) \tag{5.120}$$

为进一步明确社会福利，首先利用式（5.117）作为宏观经济波动 ε 和规制政策 R 的函数，确定碳价格 $p(\varepsilon, R)$，

$$p(\varepsilon, R) = \begin{cases} U & \text{if } \varepsilon \geqslant \bar{\varepsilon}(E, U) \\ L & \text{if } \varepsilon \leqslant \bar{\varepsilon}(E, L) \\ \eta p_0(\varepsilon, E) & \text{otherwise} \end{cases} \tag{5.121}$$

$$p_0(\varepsilon, E) = (e_0 + \varepsilon - E)/\mu \tag{5.122}$$

其中，$p_0(\varepsilon, E)$ 是没有创新时的碳价格，并且：

$$\overline{\varepsilon}(E, U) = \mu U(1 + \beta U^2) - (e_0 - E) \tag{5.123}$$

$$\overline{\varepsilon}(E, L) = \mu L(1 + \beta L^2) - (e_0 - E) \tag{5.124}$$

将 $p(\varepsilon, R)$ 代入式（5.117）、式（5.119）和式（5.120），得到：

$$\overline{C}(R) = \frac{\mu}{2} \int_{-\infty}^{+\infty} (1 + \beta p^2(\varepsilon, R)) p^2(\varepsilon, R) dG(\varepsilon) \tag{5.125}$$

$$\overline{D}(R) = \frac{d}{2} \int_{-\infty}^{+\infty} (e_0 + \varepsilon - \mu p)(\varepsilon, R)(1 + \beta p^2(\varepsilon, R))^2 dG(\varepsilon) \tag{5.126}$$

$$\overline{K}(R) = \frac{\lambda \mu}{4} \int_{-\infty}^{+\infty} \beta p^4(\varepsilon, R) dG(\varepsilon) \tag{5.127}$$

政府实施碳税 τ 相当于以价格 $L = U = \tau$ 提供无限数量的排放权，因此不妨设定 $R = (e_0, \tau, \tau)$，结合式（5.125）、式（5.126）和式（5.127），相应的福利函数为：

$$\overline{W}(\tau, \beta) = -\frac{\mu}{2}(1 + \beta \tau^2)\tau^2 - \frac{d}{2}[\sigma^2 + (e_0 - \mu \tau(1 + \beta \tau^2))^2] - \lambda \frac{\mu \beta \tau^4}{4} \tag{5.128}$$

针对创新程度 β 不同取值的讨论，具体结果如下：

（1）$\beta \to \infty$ 时，最优碳税 $\tau^* = 0$；

（2）$\beta > 0$ 时，当且仅当 $\mu d > (1 - \lambda) / (1 + 3\beta \tau^2)^2$，最优碳税 τ^* 下降；

（3）$\beta = 0$ 时，最优碳税 $\tau^* = \dfrac{de_0}{1 + \mu d}$。

5.3.3　基于两国博弈的模型拓展

1. 两国情景

假设存在两个国家，A 国和 B 国，分别满足以下条件：

（1）两国有关二氧化碳排放的政策彼此独立，不会互相影响；

（2）两国排放限额分别 e_{01} 为和 e_{02}，因为减少排放产生的所有成本各自承担；

（3）两国共同承担排放造成的环境损失，其中 A 国承担的部分占全部损失的比重为 k，B 国承担的部分占全部损失的比重为 $1-k$；

（4）两国均未与任何第三国存在二氧化碳减排方面的协定，各自的决策不受任何第三国的影响；

（5）由于 k 表示两国承担的环境损失，两国的 d 值视为相等。

由于两国各自承担减排成本，共同承担环境损失，而且 σ_ϵ^2 不会对两国合作减排的博弈过程产生任何影响，为了简化起见，假设 $\sigma_\epsilon^2 = 0$，福利函数（5.120）式变为如下形式，

A 国：

$$\overline{W}_1(\tau_1,\beta) = -\frac{\mu_1(1+\beta_1\tau_1^2)\tau_1^2}{2} - \frac{kd}{2}\big[(e_{01}+e_{02}) -$$

$$(\mu_1\tau_1(1+\beta_1\tau_1^2)+\mu_2\tau_2(1+\beta_2\tau_2^2))\big]^2 - \frac{\mu_1\beta_1\tau_1^4}{4} \quad (5.129)$$

B 国：

$$\overline{W}_2(\tau_2,\beta) = -\frac{\mu_2(1+\beta_2\tau_2^2)\tau_2^2}{2} - \frac{(1-k)d}{2}\big[(e_{01}+e_{02})-(\mu_1\tau_1(1+\beta_1\tau_1^2)+$$

$$\mu_2\tau_2(1+\beta_2\tau_2^2))\big]^2 - \frac{\mu_2\beta_2\tau_2^4}{4} \quad (5.130)$$

其中，k 是两国在二氧化碳排放造成的环境损失上的分摊，由以下因素共同决定：

（1）国土面积：国土面积大的国家将承担更多的排放，遭受更大的环境损失；

（2）人口密度：排放对居民造成固定不变的损害，人口越密集，排放的损害越大；

（3）环境承受力：对于特定国家，脆弱的环境导致 k 值较高。例如，印度尼西亚由众多岛屿组成，排放造成了气候变暖以及海平面上升，其将承担较大的损失；

（4）环境现状：环境状况越好的国家持续维持所付出的成本越大，因排放承担的环境损失较大，k 值较大。

当然，k 值的大小并非取决于一国，而同时与其他国家相关，意为因排放承担的相对损失。

2. 非合作博弈

合作是指两国签署协议共同减排，实现途径之一便是通过约定各自征收碳税的水平限制国内排放。如果两国不合作，那么对于 A 国，其将根据 B 国的碳税水平确定自身福利最大化时的最优碳税，B 国同理。

$$\frac{\partial W_1}{\partial \tau_1}=0, \frac{\partial^2 W_1}{\partial \tau_1^2}<0$$

$$\frac{\partial W_2}{\partial \tau_2}=0, \frac{\partial^2 W_2}{\partial \tau_2^2}<0$$

（1）当 $\beta=0$ 时，

此时，一国在已知另外一国碳税的情况下做出自身的最优选择，唯一的混合策略纳什均衡为：

$$\tau_1=kd(e_{01}+e_{02}-\mu_2\tau_2)/(1+\mu_1kd) \tag{5.131}$$

$$\tau_2=d(1-k)(e_{01}+e_{02}-\mu_1\tau_1)/(1+(1-k)\mu_2d) \tag{5.132}$$

式（5.131）和式（5.132）中的 k 和 τ 分别表示承担环境损失的比重以及衡量碳税的变量，对于 e_0 和 μ，假定两国取值相同[①]，采用韦伯和诺尹霍夫（Weber & Neuhoff, 2010）的数据，$\mu_1=\mu_2=33\times10^7$（$t\,CO_2$)^2/\$^{2}，$d=3.3\times10^{-9}$ \$^{2}/（$t\,CO_2$)^2，$e_{01}=e_{02}=13.5\times10^9$（$tCO_2$）。以 $k=0.5$ 为例，即两国平均分担因排放造成的环境损失，如图 5—7 所示。

图 5—8 中的交点对应的横纵坐标分别是 A 国和 B 国在不合作情况下的最优碳税率，以下将 k 取值 0.1～0.9，

据此，方程求解出 A 国碳税率 τ_1 与 k 的关系如下，如图 5—9 所示。

$$\tau_1=(d\times k\times(e_{01}+e_{02}))/(d\mu_2+dk\mu_1-dk\mu_2+1) \tag{5.133}$$

[①]　见下文关于 e_0 和 μ 取值的讨论和敏感性检验。

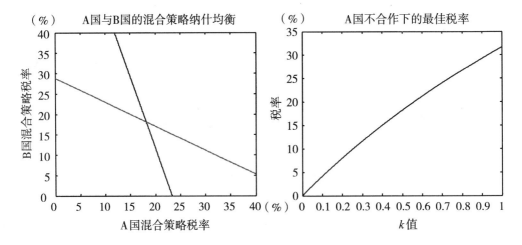

图5—7 两国不合作时混合策略纳什均衡($k=0.5$)及

A国不合作时税率与k值关系

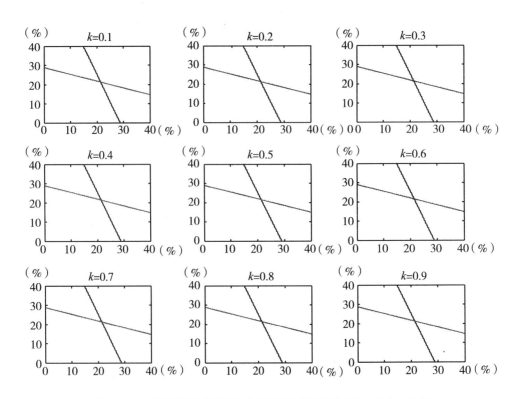

图5—8 两国不合作时混合策略纳什均衡 ($k=0.1\sim0.9$)

（2）当 $\beta>0$ 时，

对式（5.129）和式（5.130）求最大化条件下的不分解，$\beta=0.5$ 之后变化趋于平稳。当 $k=0.5$，两国最优碳税率的变化如图 5-9 所示，显然创新程度越高，两国最优碳税率越小。

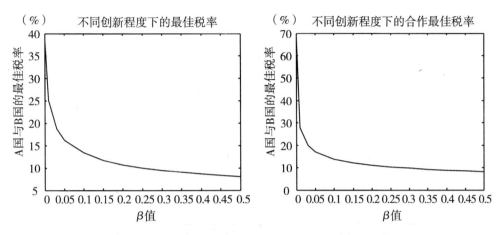

图 5-9 不同创新程度下不合作时的最优碳税率

3. 合作博弈

两国进行合作减排的前提是合作能够使双方福利均大于不合作时的情况，即两国将以整体福利最大化为目标。

（1）当 $\beta=0$ 时，

$$\overline{W}(\tau_1,\tau_2,0)=-\frac{\mu_1\tau_1^2+\mu_2\tau_2^2}{2}-\frac{d}{2}\left[(e_{01}+e_{02})-(\mu_1\tau_1+\mu_2\tau_2)\right]^2 \quad (5.134)$$

$$\frac{\partial W}{\partial \tau_1}=0$$

$$\frac{\partial W}{\partial \tau_2}=0$$

以上一阶极值条件生成的 Hessian 矩阵为负定，可以得到两国通过协议约定各自国内征收碳税的水平，即唯一的混合策略纳什均衡为：

$$\tau_1=d(e_{01}+e_{02}-\mu_2\tau_2)/(1+\mu_1 d) \quad (5.135)$$

$$\tau_2=d(e_{01}+e_{02}-\mu_1\tau_1)/(1+\mu_2 d) \quad (5.136)$$

很明显，式（5.135）和式（5.136）与 k 值无关，如图 5-10 所示。

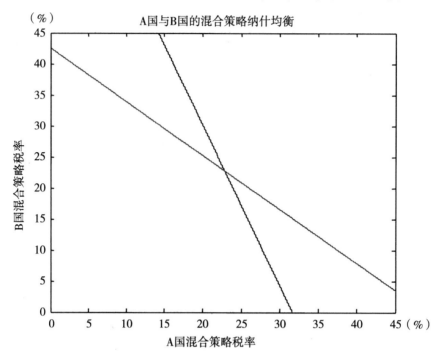

图 5-10 两国合作时混合策略纳什均衡

图 5-10 中的交点对应的横纵坐标分别是 A 国和 B 国在合作情况下的最优碳税率，将 k 取值 0.1～0.9，方程求解出 $\tau_2 = \tau_1 = 22.8227$，A 国和 B 国的最优碳税率相等。图 5-11 显示了 A 国合作与不合作时的最优碳税率随 k 值的变化，当 $k > 0.6573$，不合作时的最优碳税率更高。

（2）当 $\beta > 0$ 时，

$$\overline{W}(\tau_1, \tau_2, \beta) = -\frac{\mu_1(1+\beta_1\tau_1^2)\tau_1^2 + \mu_2(1+\beta_2\tau_2^2)\tau_2^2}{2} -$$

$$\frac{d}{2}[(e_{01}+e_{02}) - (\mu_1\tau_1(1+\beta_1\tau_1^2) + \mu_2\tau_2(1+\beta_2\tau_2^2))]^2 - \frac{\mu_1\beta_1\tau_1^4}{4} - \frac{\mu_2\beta_2\tau_2^4}{4}$$

$$(5.137)$$

对比图 5-12 可以发现，随着 β 取值不断增大，合作与不合作时的最优税率逐渐趋同，创新有助于减少合作与不合作情况下的税率差异，如图 5-12 所示。

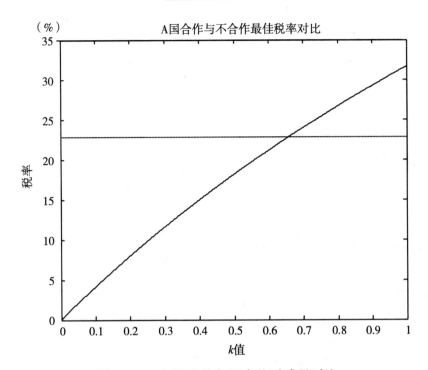

图5—11 A国合作与不合作时碳税对比

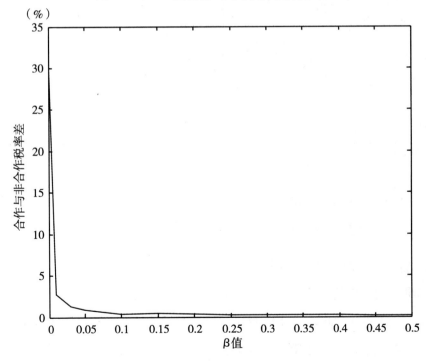

图5—12 合作与不合作情况下的税率之差 β 值的变化

4. 社会福利分析

(1) 合作补偿的影响（$\beta = 0$）。

① 无合作补偿时的社会福利分析。

在 k 值与最优碳税率关系分析的基础上，进一步考察减排带来的社会福利变化。两国如果合作，将 $\tau_2 = \tau_1 = 22.8227$ 代入得到 A 国的社会福利随 k 的增加趋于下降；如果不合作，结合式（5.137）得到 A 国的社会福利随 k 的增加趋于下降。如图 5－13 所示，如果一国分担的排放造成的环境损失较小，那么合作并不能带来收益，反而会带来较大的损失。当两国分担的排放造成的环境损失相对均等时，容易形成合作收益。此时，没有合作补偿的情况下，若有一国出现福利下降便会退出协议，合作意向较大的往往是 k 值适中的一方。经过计算，当 $4.78 < k < 5.73$ 时，合作可以使双方受益，因此倾向于协议减排。

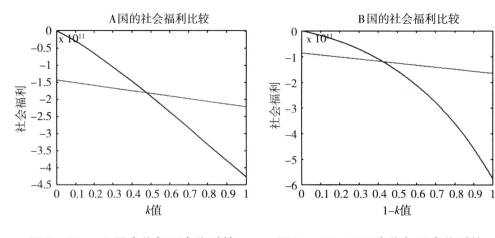

图 5－13A　A 国合作与不合作时的
社会福利对比

图 5－13B　B 国合作与不合作时的
社会福利对比

② 合作补偿时的社会福利分析。

如果两国合作后其中一国社会福利下降，那么另一国将会得到较大的福利提升，并给予多于该国福利下降数量的补偿来促成合作。由于福利增量的可交易性，一国合作减排的愿望不再取决于本国福利增量的大小，而是整体的福利增量。对于确定的 k 值，无论 A 国还是 B 国，其合作意愿如图 5－14 所示。

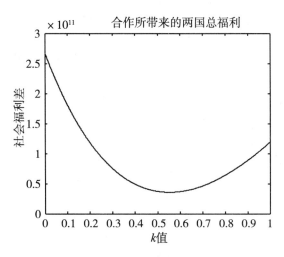

图 5—14　两国社会福利差与 k 的关系

显然，无论 k 值如何变化，一国均愿意进行合作，但如果其承担的环境损失非常大或者非常小，则其与对方的社会福利之差较大，合作意愿较强。反之，合作意愿较小。

（2）减排技术创新的影响（$\beta > 0$）。

由于只能获得不分解，我们以 $k = 0.5$ 的情况进行讨论。如图 5—15 和图 5—16 在不合作与合作两种情况下，创新不但可以降低碳税，也可以增加社会福利。

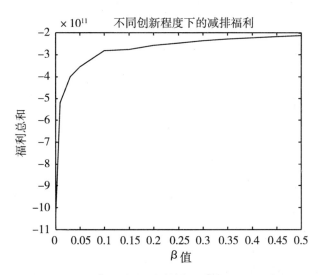

图 5—15　不合作时整体社会福利随 β 的变化

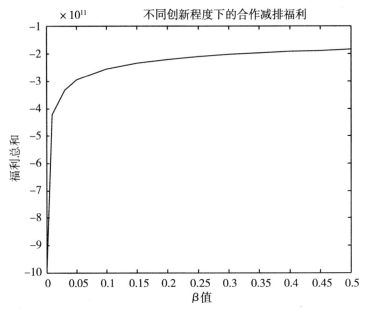

图 5－16　合作时整体社会福利随 β 的变化

另外，如图 5－17 所示，完全无创新时适当进行减排技术创新可以提升两国合作减排带来的额外福利，增强合作的意愿，但在一国具有一定技术创新水平的条件下，创新程度越高，合作意愿越小。

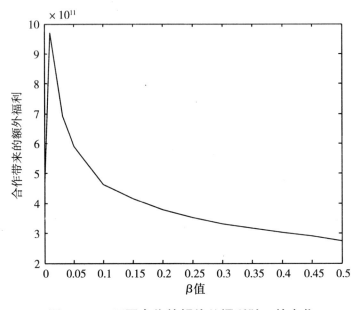

图 5－17　两国合作的额外总福利随 β 的变化

5.3.4　敏感性检验

敏感性检验目的在于考察参数赋值发生变化对结果的影响，以下分别就碳税和社会福利进行针对 d、μ 和 e 取值的敏感性检验。

1. 碳税的敏感性检验

对于 A 国，根据式（5.118），在 $k=0.5$ 的非合作情况下，

$$\frac{\partial \tau_1}{\partial \mu_1} \frac{\mu_1}{\tau_1} = \frac{\mu_1 dk}{(d\mu_2 + dk\mu_1 - dk\mu_2 + 1)} = 0.0792 \tag{5.138}$$

可见，碳税的影响十分微小，μ 改变 1%，碳税仅改变 0.0792%。同样地，其余参数的敏感性也较小。

$$\frac{\partial \tau_1}{\partial e_{01}} \frac{e_{01}}{\tau_1} = \frac{dke_{01}}{(e_{01} + e_{02})} = 8.2500 \times 10^{-10} \tag{5.139}$$

$$\frac{\partial \tau_1}{\partial d} \frac{d}{\tau_1} = \frac{1}{(d\mu_2 + dk\mu_1 - dk\mu_2 + 1)} = 0.8732 \tag{5.140}$$

2. 社会福利的敏感性检验

合作情况下无法计算碳税变化对社会福利的敏感性，因为 $\frac{\partial \overline{W}}{\partial \tau_1} = 0$，所以我们选择非合作情况下的 A 国进行检验。

$$\frac{\partial \overline{W}}{\partial \tau_1} \frac{\tau_1}{\overline{W}} = \left[-\mu_1 \tau_1^2 - d\mu_1 \tau_1 (e_{01} + e_{02} - \mu_1 \tau_1 - \mu_2 \tau_2) \right] /$$

$$\left\{ -\frac{\mu_1 \tau_1^2 + \mu_2 \tau_2^2}{2} - \frac{d}{2} \left[(e_{01} + e_{02}) - (\mu_1 \tau_1 + \mu_2 \tau_2) \right]^2 \right\} = 0.2538 \tag{5.141}$$

任意参数对于社会福利的敏感性等于其对碳税的敏感性乘以碳税对社会福利的敏感性，

$$\frac{\partial \overline{W}}{\partial \mu_1} \frac{\mu_1}{\overline{W}} = \frac{\partial \tau_1}{\partial \mu_1} \frac{\mu_1}{\tau_1} \frac{\partial \overline{W}}{\partial \tau_1} \frac{\tau_1}{\overline{W}} = 0.0792 \times 0.2538 = 0.0201 \tag{5.142}$$

$$\frac{\partial \overline{W}}{\partial e_{01}} \frac{e_{01}}{\overline{W}} = \frac{\partial \tau_1}{\partial e_{01}} \frac{e_{01}}{\tau_1} \frac{\partial \overline{W}}{\partial \tau_1} \frac{\tau_1}{\overline{W}} = 2.0939 \times 10^{-10} \tag{5.143}$$

$$\frac{\partial \overline{W}}{\partial d} \frac{d}{\overline{W}} = \frac{\partial \tau_1}{\partial d} \frac{d}{\tau_1} \frac{\partial \overline{W}}{\partial \tau_1} \frac{\tau_1}{\overline{W}} = 0.8732 \times 0.2538 = 0.2216 \tag{5.144}$$

从检验结果可以看出，改变参数取值并不会造成结果的剧烈变化，即以上研究结果的一致性较好。而且，排放限额 e 对碳税以及社会福利的影响几乎为0，影响最大的是环境损失程度 d，而 μ 的影响也较小。

5.3.5 结论与启示

综上所述，一国技术创新水平的提高会使本国用于排放控制的碳税征收趋于下降，同时增加社会福利。此时，与他国进行减排合作将降低该国最优碳税率，而且其技术创新水平越高，合作与不合作时的税率差异越小。随着各自技术创新水平的提高，两国合作减排的意愿逐渐增强，但当一国技术创新水平较高时，合作意愿会随之下降。另外，一国向他国转移减排技术或资金的情况下，如果该国遭遇环境损失较大或较小，则与他国合作减排的意愿较强。不存在技术或资金转移的情况下，如果该国遭遇环境损失较小，他国遭遇环境损失较大，两国合作减排会降低各自社会福利。当两国环境损失对等时，容易形成合作收益，合作意愿较强。

反观现实，美国、欧盟等是目前在减排方面资金投入最大、技术创新水平最高的国家和地区，这些发达国家和地区之间的减排合作日益频繁并已机制化。特别是，欧盟于 2002 年正式批准《京都议定书》，之后致力于建立欧盟碳排放权交易市场（EUETS），极大提升了区域减排合作的水平。但是，随着欧美与发展中国家在减排技术和资金投入上的差距日益扩大，双方合作减排的意愿大幅下降，这也表现为近年来世界气候大会上两大阵营的针锋相对。

近年来，中国等新兴经济体的国际地位进一步提升，发达国家的相对强势地位有所削弱，但中国人均国内生产总值已经超过世界中等收入国家，人均二氧化碳排放已经远超欧美以及世界平均水平，且两者还在同步上升。这些都意味着，中国提前面临被要求参与引领甚至引领应对气候变化的全球合作，同时可能将很快处于角色模糊与被转换的境地。因此，中国一方面需要加大对减排资金的投入和加快技术进步，提升低碳技术自主创新的水平，这不仅能在一定程度上缓解国内是否开征碳税的争议，而且有利于增强发达国家与中国减排合作的意愿；另一方面，中国应继续发挥作为"77＋1"和"基础四国"成员的作用，充实南南合作在减排技术、能力建设和机制创建方面的内容，共同探索气候变化谈判的新模式。

5.3.6　中日贸易发展和气候合作战略

当前，在经济社会发展都受到能源环境制约的大背景下，低碳经济的理念在全球范围内得到了广泛的认同。中国国内对低碳经济、低碳消费等概念的认识也在不断加深，中国推进低碳技术的步伐也逐步加快，但是作为一个发展中国家，低碳经济的建设将会面临很多未知的严峻挑战。作为中国的邻国，日本先进的节能减碳技术以及成熟的发展理念为中国提供了很好的借鉴，中国低碳经济建设对节能环保技术的迫切需求为日本能源及环保技术企业的海外扩张提供了广阔的市场。中日在气候友好商品贸易和低碳技术领域的合作有利于促进中日两国经贸、社会和环境的可持续发展。

1. 推动中日气候友好商品的贸易自由化

目前，虽然对于气候友好商品尚未形成统一的定义，但可以简单地理解为有利于减少温室气体排放和环境保护的商品。全球气候友好商品市场上发达国家占据主导地位，2005 年的进出口总额达到 881.1 亿美元，平均年增长率高达20%。然而，低中等收入 WTO 成员气候友好商品的进出口额 2005 年为 459.3

亿美元，与高收入国家相比还是有很大差距。目前，WTO 多边推进气候友好
商品自由贸易化的谈判尚未启动，但是可以先推进区域贸易自由化。中日在气
候友好商品贸易方面有较强的互补性。日本在高效太阳能电池片、节能型住宅
建筑、节能式信息设备系统、燃料电池汽车、混合动力汽车、新一代高效照
明、固定式燃料电池、先进道路交通系统、节能式信息设备系统、氢的生成和
储运装置等众多气候友好商品上具有比较优势；而中国在玻璃纤维制席、钢铁
制塔楼及格构杆、蒸汽及过热水锅炉等设备、交流发电机、生物质能替代燃
料、其他铅酸蓄电池、其他非热电的快速热水器等气候友好商品上具有竞争优
势。2009 年 6 月商务部陈德铭在第二次中日经济高层对话新闻吹风会上表示，
中方并不刻意追求中日贸易绝对平衡，仍然希望日本政府在高新技术设备的对
华出口方面能够迈出更加积极的步伐。对日本而言，中国广阔的市场也为日本
经济的复苏和繁荣创造了良好的机遇。因此，中日双方可以适当降低某些国内
短缺和缺乏竞争优势的商品的进口关税，减少技术性、知识产权贸易壁垒等的设
置，扩大市场准入制度，达成部分气候友好商品进出口的优惠措施。由此，可以
在一定程度上增加贸易利得，降低减排成本，推进低碳经济和社会的建设步伐。

2. 强化低碳技术的投资和合作

低碳技术包括提高能源效率的技术、减少非碳能源成本的技术以及减少碳
捕捉与封存成本的技术。日本是高新技术极其发达的国家，拥有最先进的环保
技术和节能技术，在低碳经济建设的口号下更是出台了一系列扶持低碳技术的
政策，使得日本在很多低碳技术领域都处在世界领先位置，包括高效天然气火
力发电、高效燃煤发电技术、二氧化碳的捕捉和封存技术、新型太阳能发电、
先进的核能发电技术、超导高效输送电技术、革新型材料和生产加工技术、革
新型制铁工艺、电子电力技术、氢的生成和储运技术等。中国的经济增长模式
正在快速转型，科技资本的加速增长正在对中国经济增长产生影响，非常期待
能与日本在低碳技术领域进行合作，从而推进中国经济增长方式和结构的转
变。对于日本而言，中国低廉的人力资本和优惠的外资政策也为日本跨国公司
投资中国创造了有利的条件。很多日本跨国公司出于技术流失的担忧，加大在

日本国内的投资力度并将部分高新技术和高附加价值的产品从中国撤回，这是不明智的做法。中国广阔的市场为世界各国提供了巨大的发展潜力，发达国家的企业都在积极进入中国，抢占竞争优势，日本企业的消极退出将失去未来的竞争机会和发展机会。因此，中日更应强化在高新技术企业的投资，加强在低碳技术领域的合作，推动更新、更先进技术的研究和开发，抢占低碳经济发展的先机。

3. 促进中日 CDM 项目的拓展和实施

中日近两年 CDM 项目的开展如火如荼，但是与中英 893 个 CDM 项目数相比，一半的数量都没达到，还是存在较大的差距。中国是世界上温室气体排放量最大的发展中国家，意味着也是减排潜力最大的国家，而且减排边际成本相对较低。日本是《京都议定书》的缔约国，同时拥有先进的低碳技术。中日两国开展 CDM 项目合作一方面可以实现日本在《京都议定书》中承诺的减排目标，降低减排成本；另一方面也能为中国引进足够的资金和先进的节能减碳技术，实现经济的可持续发展。中日 CDM 项目不应仅局限于新能源、可再生能源和节能、提高能效项目这两个类型，还可以向甲烷回收利用、燃料替代等中国具有开发潜力的类型发展。此外，中日 CDM 项目所在地 50% 以上集中于四川、福建、云南、甘肃、广西等省份，开展项目的日本公司也一半以上集中在三菱商事株式会社和丸红株式会社。因此，中日开展 CDM 项目还有很大的发展空间，应加强宣传工作，向其他中国省份和日本企业进行项目推广，组织政府、企业相关人员到项目执行方参观学习，发挥中介机构的引导作用，协助项目企业寻找到合适的合作方，简化项目执行程序，推进更多中日 CDM 项目的开展和实施。

4. 推动中日气候友好城市的建设

低碳经济和社会的建立离不开低碳消费，这就需要从消费者的角度灌输低碳经济观点、转变传统消费理念。气候友好城市的建立以城市为单位的生活方式的转变和城市功能的改善，有利于更快速地将低碳生活的理念传达给消费者。根据城市规模和受气候变化影响程度的不同，选择性地将中日两国部分城市联系起来，建立中日气候友好城市，宣传低碳生活理念，引导消费者购买低

"碳足迹"的商品，推广主动削减垃圾和节能居住的生活习惯，完善公共绿色能源交通体系，并对两国低碳城市的建设进程进行评选对比，加快低碳经济和低碳社会的建设步伐。

中日两国低碳经济的建设和合作需要政府、企业和非政府组织（NGO）三个层面的共同努力：政府带头出台激励中日合作的战略性纲领和政策，组织两国气候合作会议和论坛，建立气候友好城市间的对话；企业相互寻求合作的机会，促进气候友好商品贸易和技术投资，加强低碳技术研发，开展 CDM 项目的互惠合作；非政府组织（NGO）作为政府、企业和科研单位的中介，起着宣传和引导的重要作用。在全球气候变化的大背景下，面临从金融危机中复苏的难题，许多国家都把节能环保、新能源产业作为摆脱经济困境和推动经济发展的新引擎。顺应世界经济发展和产业升级的趋势，国际上的交流合作是重要的路径选择。尽管中日两国在政治、经济、文化等领域存在分歧和摩擦，但友好合作、共同发展始终是中日关系的主题。中日两国低碳经济建设的合作，有利于开创共同繁荣的局面，是走可持续发展之路的重要战略选择。

5.4 自由贸易区与贸易减排

在哥本哈根气候变化大会上，以美国、法国和英国等为代表的发达国家除在减排标准、期限与资金援助方面与"基础四国"、77 国集团为代表的发展中国家相持不下，前者还将争议的矛头直接对准如何就《京都议定书》被豁免国家采取惩罚性措施。其实，在峰会召开前，2009 年 6 月美国众议院通过的《美国清洁能源安全法案》已明确规定，从 2020 年开始，美国有权对包括中国在内的不实施碳减排限额国家的进口产品征收碳关税，此举顿时把众多发展中国家推向了风口浪尖。事实上，碳关税最初由欧洲国家设计提出，希望借此将美国《京都议定书》的"逃兵"拉回谈判桌，其意指欧盟对未遵守《京都议定书》的国家课征商品进口税，以避免在欧盟碳减排计划运行后商品生产遭受不公平竞争。当然，随后欧盟国家在大力推进低碳经济的同时，部分成员也在征收碳关税上一马当先。例如，尽管欧盟环境部长级会议和国内宪法委员会已经分别在 2009 年 11 月和 12 月接连否决了法国针对发展中国家的碳关税提案，但总统萨科齐仍于 2010 年 1 月宣称，政府将在国内碳税议案已获通过的基础上，努力推动在欧盟边境开征碳关税，以免受到"环境倾销"的不利影响。

很明显，碳关税是发达国家在环境问题上向发展中国家发难。后者普遍认为，虽然处于经济增长关键时期，既要承担减排责任，又要考虑经济收缩的风险，发展中国家仍愿以实际行动努力应对气候变化，但发达国家却置历史责任于不顾，刻意回避和拒不承认其业已完成的工业化过程造成的巨大环境损害，这对发展中国家极不公平。况且，这一单边措施严重违反了世界贸易组织多边规则，背离了《京都议定书》"共同但有区别的责任"原则。正如人们预料的那样，碳关税最终成为哥本哈根峰会贸易与环境领域最具争议性的问题。遗憾的是，与没有法律约束力的《哥本哈根协议》给世人留下的想象空间一样，有关碳关税是否应该以及何时征收的争论也并未随硝烟散去。那么，人们不禁要问，贸易政策究竟能否帮助我们减少全球碳排放？

5.4.1　碳减排目标下的单边贸易政策困境

有关运用贸易政策应对全球气候变化的首次官方表述出现于《国际贸易与气候变化报告》（World Bank，2007）。该报告认为，全球贸易自由化将是帮助发展中国家降低温室气体排放并适应气候变化的一个关键因素，而世界银行环境局局长沃伦·埃文斯（Warren Evans，2007）更是指出"由于全球排放目标与贸易目标是大多数国家和几乎所有世行客户国的共同政策，有必要将两个目标结合起来考虑"。不过，随后发达国家有关两者关系的阐述却传达出一个更为极端的信号：通过贸易保护平衡全球二氧化碳排放。例如，2008 年世界贸易组织全球公共论坛上，新西兰外交部气候变化问题大使阿德里安·马塞尔从贸易作为保护手段、胁迫手段及刺激和支持手段的角度提出，"削减温室气体排放是要产生经济代价的，尤其是对先行的国家。因此，在气候变化谈判达成协议前，国内产业享受一定的贸易保护合情合理"。2009 年，美国、法国等早有酝酿并已规划实践的单边保护措施——碳关税，更是明确了这一信号的政策指向。不难看出，尽管发达国家意识到开征碳关税的重要前提——低碳国内税对本国经济而言也是巨大挑战，但基于近十年来中国、印度等发展中国家大量能源密集型行业占据国际市场份额和出口数量均增长迅猛，对这些国家和地区的此类产品课以碳关税总体而言利多弊少，同时还有助于实现共同削减全球碳排放的目标。可是，事实果真如此吗？

如表5-13所示，12种产品中除电力品、钢铁和矿产品平均污染程度较高外，其余产品生产过程中二氧化碳排放量略有不同，但与二氧化碳排放量差异相比，后者更为显著。特别是，中国和印度较OECD国家在全部产品排放密度上普遍更高，且数量差距悬殊。可以认为，如果碳关税是一种单边贸易制裁行动，那么作为世界贸易组织成员，通过边境征税实施贸易政策只能针对不同产品，而非国家。因此，这种单边政策干预——碳关税无法充分考虑不同国家和地区整体二氧化碳排放的更显著差异，意图对高能耗、高排放产品的输入制造差别待遇，借以督促和迫使对方参与和加速共同减排，效果势必难达预期。

表5-13　　　　不同国家1995年1美元GDP二氧化碳排放量　　　单位：千克

	澳大利亚	加拿大	法国	德国	日本	韩国	英国	美国	巴西	印度	中国
农产品	0.6	0.7	0.2	0.3	0.3	0.4	0.3	0.5	0.3	0.7	1.3
矿产品	1.0	1.8	1.0	0.9	0.9	1.1	0.9	1.9	0.7	2.9	4.5
食品	0.6	0.4	0.2	0.2	0.2	0.4	0.4	0.5	0.3	1.2	1.8
纺织品	0.5	0.3	0.2	0.2	0.2	0.6	0.4	0.5	0.2	2.2	1.7
木制品	0.5	0.5	0.2	0.2	0.2	0.5	0.3	0.5	0.2	1.0	2.5
纸制品	0.5	0.8	0.2	0.2	0.6	0.6	0.3	0.4	0.4	3.1	3.0
化学品	1.0	1.6	0.5	0.5	0.5	1.3	0.7	1.0	0.7	3.9	4.9
非金属	1.6	1.2	0.6	0.6	0.6	1.5	0.7	1.3	1.0	6.9	6.1
钢铁	2.3	1.6	1.5	0.9	0.9	1.2	1.6	1.6	1.7	9.2	9.2
金属品	0.7	0.5	0.2	0.1	0.1	0.4	0.4	0.4	0.4	3.4	2.9
运输器	0.6	0.7	0.2	0.3	0.3	0.5	0.3	0.4	0.4	4.9	3.0
电力品	9.0	4.4	0.5	1.7	1.7	4.9	4.1	6.8	0.4	21.0	24.2

注：矿产品指经采掘、开采或冶炼的产品；食品指食物、饮料或烟草；纺织品指衣物、皮革或鞋类；金属品指金属制品或机器设备；运输器指汽车、火车或航空器；电力品指电力或汽油产品。

资料来源：Ahmad, N. and A. Wyckoff. Carbon Dioxide Emissions Embodied in International Trade of Goods [R]. OECD Science, Technology and Industry Working Papers, No. 2003, 2003, 15.

　　不仅如此，中国、印度等发展中国家还认为，《京都议定书》给予发展中国家碳减排豁免权，是基于这些国家和地区在全球气候变暖方面责任相对较小，时至今日，人均排放量仍相对较低。根据国际能源署（International Energy Agency，2009）的计算，2007 年中国人均排放二氧化碳 4.58 吨，OECD 国家平均为 10.97 吨。过去，发达国家在其工业化进程中排放大量二氧化碳并未受到任何约束，如今却要求发展中国家在几乎同样道路上承担巨大减排义务，有失公允。就中国本身而言，如果征收 30 美元/吨碳的关税，将导致进口总额下降 0.517%，出口总额下降 0.715%，拖累中国 GDP 下降 0.021%。而且，《京都议定书》只允许发达国家之间开展排放权交易，不允许发达国家和发展中国家之间同样的交易行为，所以即使中国愿意以国际通行价格（45 美元/每吨二氧化碳）购买排放权，来弥补经济增长的损失（60 美元/每吨二氧化碳），也不能如愿。

　　由此，如果碳关税确是一种以碳减排为目标的单边贸易政策，那么它既不能有效削减全球二氧化碳排放，同时又遭遇发展中国家的一致强烈反对，继而引发国际政治经济纷争。正如英国《经济学人》所言，从长远来看，征收碳关税这种气候保护主义不仅会损害贸易，而且不利于环境。面对日益加剧的气候变化，开放市场对于未来世界越来越重要，保持贸易往来将有助于各国适应气候变化。

5.4.2　低碳贸易协定的方案设计

　　令人欣慰的是，近些年来人们已经在思考如何建立全球或地区贸易自由化与环境政策之间的合理联系，以及应用多边或双边贸易协调机制谋求共同而有效地削减全球碳排放。例如，李和弗洛格特（Lee & Froggatt，2007）在欧盟—中国双边自由贸易协定的研究中提出，可以考虑运用区域政策引导双方生产和消费转向低碳产品，以降低地区碳排放，至于该协定是否有利于全球碳减排，视区域内外国家的相对排放强度而定。另外，一些现行的自由贸易协定已经增加了与环境有关的条款，美国—智利自由贸易协定取消了环境产品和服务的关税和非关税壁垒（USTR，2003），北美自由贸易协定建立了针对环境问题的争端解决机制，还创建美国—墨西哥—加拿大三方委员会以评估协定对环境的影响。

可见，以往利用区域贸易自由化促进碳减排的努力更多体现为传统自由贸易协定的自然延伸，强调在现有框架下引入环境约束作出减排激励并抑制本地区二氧化碳排放。不过，随着环境问题的日渐突出及其与贸易、金融政策的联系逐步加深，不仅在世界贸易组织以及各区域经贸集团，而且在"二战"以来国际货币基金组织等几乎全部国际协定中，环境问题的附属地位正在迅速改变。甚至有观点认为，由 WTO 和 IMF 主导的全球贸易和金融规则将伴随全球暖化而最终被环境驱动的新型经济协定完全取代。在此背景下，我们从传统贸易协定理论中提炼出区域性贸易政策安排的合理内核，探讨完全以削减二氧化碳排放为目标、以区域产品或国别政策为基础的低碳贸易协定的构建形式。

1. 给予低碳产品差别和优惠待遇

传统贸易协定以区域自由贸易和服务、投资便利化为目标，通过不断削减商品关税和非关税壁垒、降低服务流动和准入限制以及消除影响资本流动的各种障碍，实现区域共同市场或经济一体化。其中，涉及碳排放控制、可再生能源利用等的区域性政策安排多是从区内国家各自或共同环境政策目标出发，利用在自由化措施中附加环保约束削减成员间二氧化碳排放，较少关注区域协定对地区乃至全球碳减排的影响，尚不能称之为真正意义的低碳贸易协定。这里提出低碳贸易协定只选择对低碳密集型产品、低碳新技术和低碳生产过程的投入品采取各种形式的贸易鼓励措施，通过区域内贸易品结构的清洁化刺激这些低碳相关的生产、消费和贸易。依靠贸易内容和方向的调整直接削减碳排放，同时还需具体比较碳排放密集度的国别和产品差异，并且对那些低碳协定成员已加入其他对外贸易协定的情况以及区域性条款和 WTO 一般原则冲突之处作出规定。

2. 补偿地区减排造成的反竞争效应

按照维纳（Viner，1950）的关税同盟理论，相互给惠的区域贸易协定成员会因贸易转移效应对区域以外国家和地区形成价格优势，提高内部市场上原产地商品的竞争能力。相反地，为应对全球气候变化，如今多数国家在二氧化碳排放量方面已作出相应减排承诺，有的已采取征收国内碳税等形式为切实履行承诺提供制度保证，尤其《京都议定书》更是将包括欧盟在内的众多发达国家置于约束性减排的统一框架之下。与此同时，未作对等承诺或不受排放约束的其他国家和地区，特别是发展中经济体较前述区内生产者容易形成成本优势——反竞争效应，前文述及欧盟有关碳关税方案也正是出于规避反竞争效应的考虑。低碳贸易协定认为，应在同等水平减排承诺国家和地区间建立补偿协议，构建以生产补贴为主要形式的支付转移机制，尽可能抵消国内生产者因反竞争效应遭受的损失。当然，低碳贸易协定需充分考虑进口商为得到补偿购买碳排放权，而出口商为得到补偿出让排放权的市场交易，以及不同经济体会以不同速度和方式履行减排承诺等具体问题。

3. 对区外国家减排进行激励和惩罚

与区域贸易协定的外部排他性特征相似，为迫使那些未作出同等程度减排承诺或减排缓慢的国家和地区尽快融入全球碳减排进程，具有共同承诺的低碳贸易协定成员就包括低碳密集型产品在内的更大领域、更广部门和更多产品对前者进行奖罚。与《蒙特利尔议定书》（1987）和传统关税同盟不同之处在于，低碳贸易协定的主体和客体分别是共同减排的多数国家和未达减排一致要求的少数国家，而非单个对象，且后者目的在于督促外部国家和地区提高和加快减排水平与进度。其中，确定合适奖罚尺度并协调其与 WTO 一般措施的抵触是急需解决的首要问题，因为 WTO 现行地区一体化条款、环境政策例外与WTO 贸易政策规则之间的冲突可能会因此加剧。

5.4.3 低碳贸易协定的可能影响

20世纪40年代，贸易政策被普遍视为一国对外政策的独立分支，并期望通过WTO在该领域的协调合作共同防范重蹈"大萧条"覆辙。数十年来，以贸易政策为核心的对外经济政策在推动本国、地区及全球经济增长方面功不可没，同时其本身也频繁出现在社会、文化、环境等诸多领域，被赋予的社会经济目标、功能和内涵越发丰富。当前，在应对全球气候变化方面，低碳贸易协定运用贸易政策设计新型区域合作机制，解决单边碳减排政策困境，为区域和全球共同减排奠定一定制度基础。接下来一个关键问题是，低碳贸易协定究竟能够在多大程度上有助于减少二氧化碳排放？政策效果如何？

1. 低碳贸易协定有利于降低碳排放

就上述第一类协定而言，给惠低碳密集型产品能否减少碳排放取决于协定外国家和地区与协定成员在低碳产品上的相对排放强度。如果外部国家和地区较协定内成员排放水平更低，即使协定内低碳产品贸易受到激励，区域整体排放水平也会因协定实施而上升，且与贸易转移效应类似，低碳贸易协定可能使得部分协定外较低排放密集度产品的生产被协定内排放密集度较高的生产所取代，其排放水平仍会很高。不过，如果低排放密集型生产的协定外国家加入低碳贸易协定，重新获得市场准入机会以及布局协定内外生产，则在此过程中较原有成员更低的排放水平会使得区域二氧化碳排放下降。

在第二类协定中，通过补偿反竞争效应对国内生产商的影响以达到减排目标，同样有赖于协定内外生产商的相对排放强度。在此条件下，如果高排放国家不加入协定，排放量就会增加；如果促使高排放国家加入协定，有可能减少全球排放。

2. 低碳贸易协定会诱发更强贸易保护

第三类协定实施过程中，随着全球变暖日益加重和应对之策的频繁出台，依据该协定对外部国家和地区惩罚措施的力度将不断加剧，由低碳贸易协定引发的针对性贸易壁垒便不可避免。例如，若以协定成员每吨 50 美元或 100 美元货币化与碳排放有关的外部性内在化成本——国内碳税，相关贸易壁垒以及隐性竞争性补偿数额将十分庞大。最终，当低碳贸易协定取代贸易政策在国际协定中占据支配地位，由其带来的环保型贸易保护对于以 WTO 规则为基础的多边贸易体系而言将成为灾难。

3. 低碳贸易协定抑或减少全球贸易流量

皮戈特、沃利和威格尔（Piggott，Whalley & Wigle，1993）的早期研究认为，全球碳减排承诺可能大幅度缩小世界贸易规模。特别是，他们还模拟演示出国际贸易额在实行共同减排的 25% 的国家和地区出现下降。由第一类和第三类协定，考虑能源和其他投入品之间以及工业制成品和非贸易服务品之间的相对价格效应，通常情况下前者排放密集度又高于后者，则受到低碳贸易协定影响的内外部经济体自发改变生产和消费选择，高能耗、高排放的初级产品或中间品生产被抑制，从而引致全球贸易流量减少。

4. 低碳贸易协定可能逆转成员间贸易流向

同样因为能源价格效应，一方面，工业制成品出口大国无力继续进行高能耗、高排放生产；另一方面，区域性减排承诺带来的激励和惩罚迫使其加速改变生产类型和模式，生产转型压力和碳排放约束的共同作用可能使得这些国家和地区被迫向工业制成品净进口国转变。因此，低碳贸易协定在应对气候变化的同时，对全球贸易模式也产生重要影响，不单由其产生的贸易壁垒可能造成国际上商品流动障碍，将原本清晰的贸易流动置于更复杂情形而变得难以判断，且在某些特殊条件下成员间贸易流向还会发生逆转。

5.4.4　低碳贸易协定的局限性

低碳贸易协定在一定程度上解决了碳减排驱动的单边政策遭遇困境，为地区及全球合作减排提供了崭新范式与有效途径。诚然，构建该协定为各国共同应对气候变化提供了贸易政策上的新思路，预期政策效应也使其应用前景获得谨慎而乐观的评价。不过，一直以来WTO对各国及区域贸易政策的主导性角色，以及政策本身管理和实施的复杂性为低碳贸易协定发挥应有效力带来一些不确定性。

首先，如表5—14所示，相比部门和产品，不同国家整体二氧化碳排放密集度的差异更加显著。因此，第二和第三类协定政策重点便是以原产地规则为手段歧视高排放国家和地区。显然，国别歧视的区域化政策违反了WTO非歧视原则之一——最惠国待遇。另外，尽管WTO有关区域化条款（1994年关贸总协定（GATT1994）第24款）相对宽松，但若要使低碳贸易协定与GATT/WTO规则相容，仍应将其作为已有协定的补充或拓展，这又极大削弱了低碳贸易协定的相对独立性。

表5—14　　　　　　　　2006年主要OECD国家关税率　　　　单位：%

	矿产品	石油品	化学品	木制品	纺织品	服装	电力机械	运输设备
澳大利亚	2.7	0.0	1.8	3.4	6.8	15.4	3.0	6.2
加拿大	1.7	2.7	2.8	1.1	6.9	17.0	2.4	5.8
欧盟	1.9	2.7	4.6	1.1	6.6	11.5	2.5	4.1
日本	1.0	0.7	2.5	0.9	5.5	9.2	0.2	0.0
韩国	4.8	5.1	5.8	2.4	9.2	12.6	6.0	5.4
新西兰	2.2	0.3	1.0	1.6	3.0	16.2	4.1	4.6
美国	1.7	2.1	2.8	0.4	7.9	11.5	1.2	3.1

资料来源：World Tariff Profiles 2006；WTO 2007.

其次，第一类协定通过低碳密集型产品进出口的差别和优惠待遇，引导区域生产、消费和贸易向低碳模式转变。然而，目前大多数主要工业制成品，尤其发达国家应用清洁能源技术生产的部分产品，贸易限制措施微弱、关税税率普遍低下，且受到WTO现存条款的约束。如表5—14所示，较高税率的部门和产品主要集中在纺织品和服装、运输设备，但这些国家和地区主要污染排放物多半来自电力、运输等行业，两者尚无法匹配。

再次，实施以上三类协定均应先行明确行业、部门及产品碳排放密集度，计算排放碳含量、区分减排标准。但是，除最终品以外，由于直接、间接以及中间投入品等相关碳含量的精确计算十分困难，加之目前国际外包使产品生产过程平行分布于不同国家和地区，二氧化碳排放数量更是不易确定。因此，低碳贸易协定中原产地规则较传统贸易协定更加复杂，且更难实施。

最后，参与协定和协定以外的国家和地区经济发展水平不同、国内政策环境各异，在碳减排承诺与实施方面约束、动力、速度和效果都不尽相同。当前，OECD 国家和巴西、中国及印度等发展中国家之间有关减少排放的全球政策安排和地区行动最难协调，且前者还寄希望借此机会促使对方改弦易辙，此时环保政策动机与减排实际影响极易被混淆。

第 **6** 章

中国外贸发展方式的低碳转型
与政策选择

6.1　中国外贸发展方式低碳转型是势所必然

6.1.1　全球应对气候变化形成巨大低碳需求市场

气候变化，危及人类，全球共同应对。1992 年，《联合国气候变化框架公约》（UNFCCC）在纽约联合国总部通过，目的是通过国际社会的共同努力，减少温室气体排放，减轻人为活动对气候系统的危害，减缓气候变化，增强生态系统对气候变化的适应性，确保粮食生产和经济可持续发展。1997 年，《京都议定书》（Kyoto Protocol）由联合国气候变化框架公约参加国三次会议制定，目标是"将大气中的温室气体含量稳定在一个适当的水平，进而防止剧烈的气候改变对人类造成伤害"。因此，附件 1 中工业国家率先承担具有法律约束力的减排义务，发展中国家需要提供温室气体源与温室气体汇的国家清单，制订并执行含有关于温室气体源与汇方面措施的方案，暂不承担有法律约束力的限排义务。为在后京都时期做出积极、平衡、有力度的多边温室气体减排安排，国际社会已先后召开了哥本哈根、坎昆、德班、多哈、华沙、利马等多次年度气候变化大会，艰难地凝聚国际社会的减排共识，推进全球的减排进程。其中，2014 年的利马气候变化大会决议要求各成员国必须在 2015 年早些时候制定并提交 2020 年后的国家自主决定贡献，截至 2015 年 6 月 10 日，已有美国、欧盟、俄罗斯、加拿大、挪威、瑞士、墨西哥等国家和地区公布了各自的国家自主决定贡献[①]。可以预期，在 2020 年后，全球将出现更大范围、更强力度的减排局面，低碳理念也将更广泛更深远地影响各国政府、企业和家庭。

在全球共同应对气候变化的大趋势下，首先，急剧改变的是国际需求市场及需求结构。各国为了推进低碳转型，急需低碳能源、节能节耗、提高能效、温室气体资源化利用、低碳交通、低碳建筑等各类低碳技术、产品及设备。与此同时，高能耗、高消耗、高污染排放、高碳排放类技术、产品及设备将逐渐失去市场。因此，在此趋势下，国际市场需求结构重心将逐步向低碳技术及产品偏移。

其次，在全球努力减缓及适宜气候变化大环境下，各国企业也必将为争取尽可能大的低碳技术及产品市场份额而激烈竞争，低碳能源、低碳技术、低碳产品、低碳设备正逐渐成为各国企业竞逐的焦点区域，降低常规出口产品的能耗、消耗及隐含碳正成为各国出口企业必须努力的方向，技术及产品的低碳竞争力也逐渐成为出口产品的核心竞争力之一，不发展低碳技术、低碳产品及低碳产业，不提升出口产品低碳竞争力，必将处于竞争劣势而失去国际市场。

最后，在全球自主决定减排贡献政策框架下，各国政府为实现其向国际社会做出的承诺及确定的减排目标，必将不断制定低碳管理政策，其中或将包括与碳排放相关的技术标准、税收、关税及其他贸易壁垒等政策，从而对各国产品进出口产生影响。

---

　　① 参见 http://www.ccchina.gov.cn/Detail.aspx?newsId=51921&TId=184%22%20title=%22%E5%9B%BD%E5%AE%B6%E8%87%AA%E4%B8%BB%E5%86%B3%E5%AE%9A%E8%B4%A1%E7%8C%AE%E4%B8%80%E8%A7%88%E8%A1%A8，2015-06-28。

6.1.2 中国节能减排环保目标倒逼外贸低碳转型

气候危机，环境退化，资源能源日益枯竭，气候环境资源能源约束不断趋紧，为实现可持续发展，中国政府明确树立科学发展观，全面推动经济社会发展绿色低碳转型，尤其"十二五"规划以来，量化确定阶段性低碳发展、绿色发展指标，给经济社会发展施加"硬"约束，倒逼经济社会发展模式低碳转型。

2009 年 11 月，中国政府向世界承诺到 2020 年单位 GDP 的二氧化碳排放量较 2005 年下降 40%～45%。"十二五"规划中，确定到 2015 年单位 GDP 能耗较 2010 年下降 16%，单位 GDP 二氧化碳排放量较 2010 年下降 17%，非化石能源占一次能源消费比重提高到 11.4%，常规污染物排放总量下降 8% 或 10%。2013 年 11 月，《中国共产党十八届三中全会全面深化改革决定》指出，要深化生态文明体制改革，加快建立生态文明制度，建设美丽中国。2014 年 11 月，中美两国共同发布《中美气候变化联合声明》，其中中国政府确定计划到 2030 年左右二氧化碳排放量达到峰值且将努力早日达峰，并计划到 2030 年非化石能源占一次能源消费比重提高到 20% 左右。2015 年 6 月 30 日，中国向 UNFCCC 秘书处提交了《强化应对气候变化行动——中国国家自主贡献》文件，确定到 2030 年单位 GDP 二氧化碳排放比 2005 年下降 60%～65%，森林蓄积量比 2005 年增加 45 亿立方米左右。同日，中欧发表《中欧气候变化联合声明》，表示要在减缓、适应、碳市场、低碳城市等诸多领域深化合作。自 2009 年以来，中国低碳转型新目标、新政策、新措施层出不穷，低碳转型试点省、市、社区、村镇、工业园区范围不断扩大，低碳转型目标明确，转型力度持续加大。可以预期，正在编制中的"十三五"规划，将在"十二五"规划基础上，持续推进全国范围内的经济社会低碳转型，以确保实现 2020 年低碳发展目标，争取在 2030 年前排放达峰。

在此形势下，对外贸易作为中国经济的重要组成部分，从前那种拼消耗、拼环境、拼价格的发展模式难以为继，势必需要进行相应的低碳调整，配合给力国家经济社会低碳转型。在出口方面，出口生产排放在全国生产排放总量中占较大比重，促进出口生产节能、减排、降污也应成为全国工业生产节能减排环保工作的重点领域，同时需要根据国际需求市场结构新变化调整出口产品结构，而目前高碳排放密集型的出口产品势必将逐步失去国际市场；在进口方面，需要满足国内绿色低碳转型新需求，调整进口产品结构。在环境目标倒逼机制下，出口生产企业必需自主调整生产方式，提升生产技术水平，研发应用低碳环保技术，主动适应国内外市场需求和政策新变化，否则必被市场所淘汰。

6.1.3 低碳转型是外贸持续发展的新动力新优势

近几年来，中国出口增速趋缓甚至出现出口总量下滑，原因是多方面的，包括：金融危机致使主要贸易伙伴国家需求疲软；劳动力、土地等要素成本上升；融资成本居高不下；人民币升值；节能减排环保等环境成本内部化；诸多新兴经济体的国际竞争；缺乏核心技术等。自改革开放以来，中国经济社会、对外贸易发展到现阶段，人口红利逐渐消失，资源能源日趋枯竭，生态环境急剧退化，人民币汇率大幅升值，可利用土地空间逐渐收缩，建立在廉价劳动力、土地、环境、资源及出口价格基础上的竞争优势基本丧失，期待挖掘竞争优势新源泉。与此同时，较长一段时间以来，与上述特征类似的表现是中国相当部分出口商品是碳密集型产品，如钢、铁、冶金、矿石、机械、纺织、服装、化工等，这种表现已经在报告中隐含碳测算结果中得到反映。由于出口增长是必需的，而出口碳排放或出口产品中的隐含碳也是必须在国家碳强度下降目标和碳排放峰值目标总约束下相对甚至绝对下降的，因而促进降低出口产品生产碳排放或隐含碳也是对外贸易领域需要努力的方向。并且，自主降低出口产品生产碳排放或出口产品隐含碳，提升出口产品低碳竞争力，也是应对未来国际社会可能出现的大范围的各类碳相关技术标准、税收或关税政策的最佳策略，是形成新的国际竞争优势的新源泉。

此外，在全球应对气候变化时代，低碳技术、产品及设备需求市场快速增长，气候友好商品进出口贸易增长速度快于贸易总体水平的增长速度，这已在本报告第五章气候友好商品贸易分析中得到充分反映。气候变暖，全球共治，需要在世界范围内，推动包括太阳能、风能、地热能、生物质能、核能、海洋能等在内的低碳能源逐步替代传统石化能源，推动交通、建筑、工业生产过程更加低碳，因而需要在全球范围内推广应用新能源汽车、低碳建材、节能节耗的低碳环保设备，需要在全球范围内推广应用更节能的家用电器设备。低碳理念正越来越广泛越来越深远地影响世界各个国家的政府、企业及家庭的观念和行为，由此也迅速形成巨大的国际低碳技术、产品及设备需求市场，谁能在低碳技术、产品及设备领域引领世界，谁就能获得较大的国际低碳需求市场份额，并为其国内的经济发展和贸易发展提供新的动力源泉。

总之，促进外贸发展方式低碳转型是顺应国内外应对气候变化大趋势的需要，是提升出口产品低碳竞争力应对国际低碳竞争和碳相关贸易壁垒的需要，是抢占国际低碳技术、产品及设备市场份额持续推进贸易自身发展的需要，是满足国内绿色低碳可持续发展促进生态文明建设的需要。

6.2　中国外贸发展方式低碳转型的基本内涵

中国外贸发展方式低碳转型，就是要积极顺应全球应对气候变化主流趋势，契合全国经济社会低碳转型战略，对外贸发展模式进行系统性低碳化调整；努力培育技术先进、低碳环保等新优势，摆脱拼资源、拼环境、拼价格的不利竞争困境；着力布局占领国际低碳环保需求市场，优化进出口产品结构，增加低碳环保产品比重；推动减少贸易过程中生产、运输、销售、消费等环节的碳排放，降低贸易产品隐含碳，提升出口产品低碳竞争力；相应制定低碳导向的对外贸易政策，推动贸易目标与经济、环境、气候目标协同实现。

推进中国外贸发展方式低碳转型，着力重点方向可以从以下方面展开：

第一，培育竞争优势新源泉。较长一段时间以来，中国对外贸易比较优势建立在廉价劳动力、土地、资源能源、环境等要素禀赋基础上，形成拼资源、拼环境、拼价格的不利竞争格局，呈现高消耗、高排放、高污染、低附加值的高碳特征，终致陷入难以持续发展的困境。因此，今后需要大力发展先进生产技术、先进低碳环保技术，逐步培植技术要素、环境要素新优势，形成新的国际竞争优势，依靠技术领先、环境友好制胜，争取出现低消耗、低排放、低污染、高附加值的新局面。

第二，优化进出口商品结构。从环境角度划分，贸易品大体可以分为两类：一类是低碳环保产品，可以包括气候友好商品、环境货物等，这类产品直接有利于节能、减排、降污、防治、修复及污染物、废弃物的资源化利用，从而有助于减缓和适应气候变化，促进生态环境保护；另一类就是其他常规贸易产品，没有直接的环境友好功能，甚至相反。今后，随着全球经济社会低碳转型向纵深发展，国内外低碳环保产品、设备及技术需求将迅速增长，需顺势提高低碳环保产品在进出口商品结构中的比重，在出口方面借力国际低碳环保需求市场的快速增长促进中国出口持续增长，在进口方面着力国内生态文明建设，满足国内迫切的低碳环保技术及产品短缺需求。

第三，引导出口生产低碳化。出口生产排放占全国工业生产排放的较大比重，降低出口生产排放不仅有利于降低全国工业生产总排放量，也有利于提升出口产品低碳竞争力。对外贸易相关职能部门，可以引导出口生产企业积极研发应用低碳环保技术、先进生产技术，推动出口生产过程清洁化、低碳化，努力降低出口产品的能耗、碳排放和污染物排放，提升出口产品的环境竞争力。对目前的高隐含碳出口产品，可以通过生产过程的低碳化改造降低其隐含碳，从而提升其低碳竞争力，尤其一些具有传统竞争优势的出口产品，如服装等，必须不断提升生产技术和环境技术，主动采取节能减排措施，否则在气候环境目标倒逼机制下将面临被市场或政策淘汰出局的结局。

第四，适度保护低碳类出口。在气候变化背景下，包括美国、欧盟、日本等在内的全球主要经济体无不极力发展低碳环保产业，力争在一些低碳环保领域取得引领、主导地位，这些领域正逐渐成为世界各国竞逐的焦点区域，如太阳能、风能、新能源汽车、节能环保设备等领域。为削弱其他国家竞争优势，保护其国内相应产业发展，一些国家可能单独或联手借由采取措施打击中国的优势低碳环保出口产品，从而重创中国优势低碳产业发展。近几年出现的美国、欧盟等国家对中国光伏产品采取反倾销等挤压措施就是典型案例，就是由于这些国家不愿看到中国光伏产业国际竞争优势逐渐扩大的趋势而采取的遏制措施。为抢得低碳环保产业竞争制高点，今后需要适度保护具有国际竞争优势的低碳环保产品出口，支持其健康稳定持续发展。

第五，实施低碳导向贸易政策。为推进中国对外贸易进行低碳调整，有必要审慎现有的贸易政策，贯彻低碳理念，可以考虑在低碳需求信息发布、出口退税、关税、低碳环保产品市场预警、低碳环保国际合作、低碳环保产品进出口数据统计、外资利用等方面相应做出调整，鼓励低碳环保产品生产及进出口，引进更清洁的资金，加强环境与气候领域国际合作，建立低碳环保产品贸易基础数据库，促使中国对外贸易更低碳、更环保、更可持续。

6.3　中国外贸发展方式低碳转型的政策选择

6.3.1　宏观制度政策

中国是全球第一大排放国同时也是第三大经济体，要想实现短期内碳排放量的急剧减少很难。中国目前尚不是《京都议定书》的缔约国，不用强制承担减排责任，但是随着气候变化的加剧以及国际气候谈判的推进，发展中国家被纳入减排承诺体系中是必然的趋势。2007 年 6 月 4 日中国正式发布《中国应对气候变化国家方案》，《方案》中承诺，到 2010 年中国单位国内生产总值能源消耗将比 2005 年降低 20％左右，2009 年底中国政府承诺到 2020 年单位 GDP 碳排放比 2005 年减少 40％～45％的目标。面对发达国家和发展中国家围绕气候变化和贸易的纷争，中国要做的就是要积极参与国际气候规则的制定，转变能源利用模式和结构，改善和提高能源利用效率，推进产业结构调整和低碳行业的发展，推广低碳经济和低碳消费的理念，推动气候友好商品的贸易自由化和低碳技术的研发，在碳关税的"倒逼机制"下主动开征碳税或促成碳市场的构建，打好打赢国际气候贸易战。

1. 加强碳关税征收的研究和论证

欧美国家提出的碳关税对中国的经济和贸易利益有着消极影响，并且很有可能被用作贸易保护的新手段。国内关于碳关税的研究尚处于起步阶段，仅停留在碳关税的内涵、意义以及新贸易壁垒分析层面，缺少系统性的关于碳关税影响和应对方法的研究，也没有针对地区或行业的影响的分析。长期以来，中国以牺牲本国环境和资源生产出来的廉价产品的出口成为发达国家转移碳排放的主要方式，结果中国却常常成为众矢之的，遭受发达国家的无理谴责，遭遇碳关税等新贸易壁垒的阻碍，在国际市场上的生存空间越来越小。在这种情况下，一方面，要加强对碳关税本身理论机制和影响效应的判断和预测，相关应对机制的研究和论证；另一方面，在碳关税的"倒逼"下，不妨反其道而行之，在国内主动采取措施，对碳排放密集度高的产品征收资源环境税，利用征碳税或展开碳排放交易等市场手段，把发达国家意图对发展中国家加征的碳关税在国内环节提前征收。这一方面能避免发达国家对国内经济贸易福利的剥夺；另一方面也有利于促进国内企业节能减排，获得碳排放税收收入，促进可持续发展的实现。

2. 推进碳税改革的实施

(1) 碳税开展的路线图。

在资源税改革后的 1～3 年间择机开征碳税是最佳的时间选择。考虑到资源税改革后需要一段时间来消化化石燃料价格上涨的影响，在资源税改革后有必要设置一定的过渡期，再开征碳税。另外，从国际气候变化谈判的发展趋势来看，《京都议定书》规定附件Ⅰ国家的履约到期时间为 2012 年，再根据"巴厘岛路线图"达成的协议，在 2012 年后在要求发达国家承担可测量、可报告、可核实的减排义务的同时，要求发展中国家采取可测量、可报告、可核实的适当减排温室气体行动的压力也会越来越大。在 2012～2013 年开征碳税，也能够符合中国根据国际气候变化谈判需要而适时出台有关二氧化碳减排政策的策略。

（2）碳税税率的确定。

关于碳税税率的确定，从国际经验来看，OECD 国家在开征碳税时，基本上都遵循税收收入中性的原则，即在开征碳税的同时，降低所得税、社会保障税等税种的收入，从而使整个税收收入相对保持不变。通过将税收用于削减其他扭曲性的税收，以减少征税的福利成本，在注重效率同时考虑再分配效应，减少分配的累退性，减少对国民经济的负面影响，这种取得环境效应和收入分配效应的结果也被称为双重红利。为此，中国在开征碳税时也有必要借鉴国际经验，结合整个税制结构的调整，按照有增有减的税制改革方案，以其他税种改革所形成的税负空间为限度来开征碳税，实行基本保持税收收入中性的改革。首先开征低税率水平的碳税，如 10 元/吨二氧化碳的税率水平。在开征低税率水平的碳税后，可以根据中国社会经济的发展情况，适度逐步提高税率水平，进一步增强其对减少二氧化碳排放的激励作用，也给企业一个缓冲期和充足的调整时间。

（3）碳税税收优惠政策。

① 对能源密集型行业的优惠。

为了保护中国产业在国际市场的竞争力，对于受碳税影响最大的能源密集型行业，可根据实际情况，在不同时期实行健全合理的低税率或税收减免与返还机制。税收优惠的获得需要建立在一定的条件的基础上，如能源密集型企业与国家签订一定标准的二氧化碳减排或提高能效的相关协议，作出在节能降耗方面的努力。

② 对企业激励政策。

开征碳税的目的就是要促进二氧化碳排放的减少，对二氧化碳排放削减达到一定标准的（超过国家排放标准）企业，或是积极采用技术减排和回收二氧化碳（例如，实行 CCS 碳捕获和储存技术）并达到一定标准的企业，适当给予减免税优惠。

③ 对居民个人的优惠。

根据中国现阶段的情况，从促进民生的角度出发，对于个人生活使用的煤炭和天然气造成的二氧化碳排放，也就是消费层面的碳排放暂不征税。

3. 推进国内碳市场的构建

碳市场是利用市场机制解决二氧化碳减排问题最有效率的手段，而且减排目标比碳税更容易控制，更灵活和具有效率[①]。2006 年中国排放的二氧化碳超过美国，成为世界上最大的温室气体排放国，这意味着中国拥有极其丰富的碳排放资源，为碳市场的构建创造了巨大的减排额。但是中国目前尚没有形成碳交易的系统和平台，碳排放交易缺乏政策上的支持[②]，大多数的中国企业也不知道如何在国际市场上进行碳排放权的买卖，即使可以通过 CDM 项目间接参与减排，但由于项目分散、中介程序复杂、审核周期长，交易机制不完善，影响了交易成功率和项目完成周期，大大降低了中国企业的温室气体减排效率。

（1）构建碳市场配套的法律体系和运行规则。

碳市场的建立离不开一整套相关法律法规体系的支持和约束。碳排放权是一种全球公共产品，其稀缺性来自强制性设立的排放上限，必须要有相关法律法规的支持。国内碳交易仍不具备明确的法律框架和政策，政府也没有给出适当的信号，碳市场的建立缺乏法律基础。"减排量的产权归属问题"、"减排配额的分配问题"、"碳市场交易程序和行为的合法性问题"、"金融机构的操作问题"，以及"市场监管"等问题，都需要法律加以明确。

（2）碳交易机制的完善——碳期权视角。

目前，国内的环境交易市场虽然已经挂牌经营，但仅仅停留在排污权交易——主要是二氧化硫、化学需氧量等交易上，从碳交易角度来看并没有真正的碳排放交易产品，中国的碳市场仅处于初级形态，并没有融入全球碳市场中。中国创造的核证减排量被发达国家以低价购买后，由金融机构包装和开发成为价格更高的金融产品、衍生产品及担保产品进行交易，发达国家还试图吸引中国的金融机构参与到他们建立的碳金融市场中，进而赚取中国的资本利润。中

---

① 曲如晓，吴洁. 国际碳市场的发展以及对中国的启示 [J]. 国外社会科学，2010（6）：57－63。

② 曲如晓，吴洁. 碳排放权交易的环境效应及对策研究 [J]. 北京师范大学学报（社会科学版），2009（6）：127－134。

国建立起自己的碳市场体系，可以获得碳定价的主动权，以市场机制和资本方式解决气候变化问题，变被动为主动，在碳市场的国际交易中分到一杯羹。目前，国际碳市场上基础的交易产品有 CDM 项目、碳现货和碳期货，中国碳交易及其衍生品市场的发展前景广阔，国内交易市场的构建可以先进行这些产品的试点交易，进一步加强创新产品的开发和论证评级，进而逐步推进其他创新产品的交易。考虑到发展中国家和发达国家之间围绕气候变化的分歧，下面提出一个基于碳期权机制来有效解决发达国家和发展中国家的分歧，既能满足发达国家要求发展中国家进行减排，又能保证发展中国家获得补偿，是后京都时代气候变化国际合作在金融层面重要的战略选择。

① 碳期权机制的引入。

目前，国际气候谈判进展障碍重重，若是能在《京都议定书》已有减排体系的基础之上找到出路，那将会是最快捷和有效的路径选择。正如当时引入碳市场机制来推进全球温室气体减排，现在发展中国家和发达国家气候谈判的巨大分歧仍然可以通过碳市场机制的完善来解决。也就是说在发展中国家和发达国家双方都不肯妥协的情况下，气候谈判最有效的出路之一是将双方都纳入碳市场机制中并进一步加以完善。以中美两国博弈为例，提供一个引进金融衍生工具——碳期权来说明优化碳市场的方案。

这个碳期权机制类似于一个双向的期权买卖：中国出售给美国一个看涨期权（Call Option），同时，中国也从美国买入一个看跌期权（put option）。美国从中国买入碳期权，中国售出碳期权，但同时也得到一定的期权费，一旦市场价格高于期权执行价格，这个期权将被执行，中国将承担卖出的减排量，并同时获得美国支付的期权价格，在一定程度上也相当于获得了《京都议定书》承诺的发展中国家的补偿；同时，中国从美国购入一个看跌碳期权，这个期权相当于一个最低卖价的保证，若市场价格低于执行价格，这个期权将被执行，中国可以一个限定的最低价卖出权利，这样可以保证发展中国家获得的最低补偿。因此碳期权的引入一方面无须任何一方作出退让就能达到减排的既定目标；另一方面，发展中国家可以获得《京都议定书》所作出的给予补偿的承诺。这就是碳期权机制思想的简单表达（见图 6—1）。

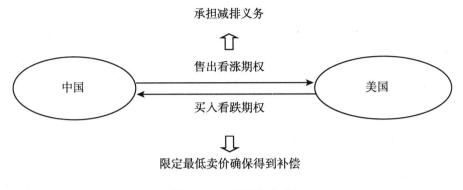

图 6—1　碳期权机制

② 碳期权定价策略。

碳期权作为金融衍生产品的一种，其定价可以采用 Black-Scholes 期权定价模型[①]。B—S 期权定价模型常应用于欧式期权定价和套期保值。我们考虑不支付红利股票的欧式期权，根据 Black-Scholes 期权定价模型，期权价值与股票价格、股价波动率、期权执行价格、期权到期日、无风险利率这 5 个因素有关。看涨期权的价格为：

$$C = SN(d_1) - Xe^{-rt}N(d_2) \tag{6.1}$$

看跌期权的价格为

$$C' = Xe^{-rt}N(-d_2) - SN(-d_1) \tag{6.2}$$

其中，$d_1 = \dfrac{\ln(S/X) + (r+1/2\sigma^2)t}{\sigma\sqrt{t}}, d_2 = \dfrac{\ln(S/X) + (r-1/2\sigma^2)t}{\sigma\sqrt{t}} = d_1 - \sigma\sqrt{t}$

C 指的是看涨期权的价格，C' 指的是看跌期权的价格，S 是指股票价格，X 是期权执行价格，t 是指离期权到期的年数，r 是无风险利率，$N(d_1)$ 和 $N(d_2)$ 是累积正态密度函数，σ 是指股票价格的年标准差（波动率）。对于碳市场，S、X、r 是已知的，一旦执行价格和到期日是确定的，碳看涨期权和看跌期权价格可以根据式（6.1）和式（6.2）计算出来，可以看出这两种期权的价格是相等的，这就避免了发展中国家和发达国家在确定期权价格时的分歧。

————————

① Black F and Scholes M. The Pricing of Option and Corporate Liabilities [J]. Journal of Political Economy，1973，81（3）：637—659.

（3）展开碳市场的试点交易。

参照日本、韩国的碳先行市场的实践，不仅要发挥现有的排放权交易所、CDM 技术服务中心等机构在构建区域性的信息平台和交易平台的作用，而且要鼓励全国各个地区，特别是可以有选择地在部分地区如长江三角洲和珠江三角洲地区积极构建碳交易区域市场，展开碳市场的试点交易，进而向全国各省市区进行推广。另外，可以选择特定行业和企业建立自愿减排和强制减排的碳交易试点。将国家承诺的到 2020 年实现碳排放强度比 2005 年减少 40％～45％的目标向特定行业进行相对配额分解，完成减排目标和当期排放的即时转换。积极构建作为碳市场之雏形的碳交易试验平台，在目前排污权交易——主要是二氧化硫、化学需氧量试点交易不断完善的基础上，逐步推进二氧化碳排放权的交易。

6.3.2 产业结构政策

1. 进产业结构的调整和产业结构升级

产业结构状况是决定国内生产总值的二氧化碳强度的关键因素，也是遭受碳关税课征的根本问题。只有降低出口产品中的内涵碳，才能从源头解决中国出口产品的碳关税问题。中国是高污染高能耗国家，依靠的是传统的经济增长模式。据国家统计数据，中国现在每百万美元 GDP 所消耗的能源数量是美国的 3 倍，德国的 5 倍，日本的近 6 倍。中国 1 吨煤产生的效率仅相当美国的 28.6％，欧盟的 16.8％，日本的 10.3％。2006 年中国 GDP 总量占世界总量的 5.5％左右，但为此消耗的标准煤、钢材和水泥，分别约占全世界消耗量的 15％、30％和 54％。高投入、高消耗必然带来高污染和低效益，中国现在经济增长成本高于世界平均水平的 25％[①]。

中国目前处于工业化阶段性转变的过渡时期，一些高碳产业仍然是支撑国

① 李静云．"碳关税"重压下的中国战略［J］．环境经济，2009，9．

民经济发展的主导产业，而且更为严重的挑战是，受资源禀赋条件的约束，中国的能源结构以煤为主，低碳能源资源的选择有限。因此，中国需要调整和优化产业结构，降低生产领域的二氧化碳排放量。2011 年是"十二五"规划的开局之年，"十二五"规划将深入推进产业结构的调整和结构的升级，已经基本确定产业结构调整的四个定量指标：一是"十二五"期末，第三产业的比例比 2010 年提高 4 个百分点；二是高技术产业增加值占工业增加值的比例，比 2010 年提高 5 个百分点，战略性新兴产业发展呈现规模；三是全要素生产率的贡献率，比 2010 年提高 10%～15%，技术进步对经济增长的贡献显著提高；四是可持续发展能力进一步增强，单位 GDP 能耗比 2010 年下降 17% 左右，单位 GDP 二氧化碳排放下降 20% 左右。这样的产业结构调整是加快中国经济增长方式变革和推进可持续发展的一个路径选择。

另外，还应缩短高碳行业能源、汽车、钢铁、交通、化工、建材等企业的产业链条，推进技术革新和进步，减少生产过程中的二氧化碳排放；产品的大部分碳排放产生于中间原材料的投入环节，要通过对替代能源的研发和原材料的选择，重新规划制造工艺和生产流程，降低高碳产业生产中间环节造成的碳排放。

2. 加快低碳行业的发展

在全球气候变化的大背景下，发展低碳经济是改变原有模式，推动经济发展的必然选择。转变资源能源利用结构，调整产业结构，减少温室气体排放，促进低碳经济发展已成为不可动摇的国际大趋势。低碳经济的基础是绿色能源和低碳产业，当节能减排具有真正意义的经济价值后，世界范围内低碳经济的发展无疑将引发新的产业革命。低碳经济发展模式下可以大力推进发展的新兴产业有：生物产业、太阳能产业、核能产业、风能、潮汐能产业、海水氢能等，如此能更好地顺应国际潮流，加速转变长期以来沿袭的以高能源消耗和高碳排放为代价的经济增长方式，调整产业结构，大力推进低碳产业发展，促进中国经济实现又好又快的发展目标。这也是中国在激烈的国际气候贸易战中抢占政治、经济、环境、外交全方位制高点、变被动为主动的重要步骤和措施。

3. 调整出口产品结构

低碳行业的发展和产业结构的升级不会一蹴而就，而是一个长期的调整过程。碳关税冲击下受影响最大的就是产品内涵碳高的企业的出口和产出。在中国工业化和城市化高速发展的现阶段，为了更好地应付碳关税给出口带来的负面影响，首先可以做的就是调整出口产品结构，限制内涵碳高的产品的出口，鼓励低碳产品的出口。特别是针对呼吁征收碳关税比较高调的欧美国家，要根据产品承担的能耗量和碳排放量，采取不同的出口策略。一是降低甚至取消高耗能、高碳排放、资源型此类"两高一资"产品的出口退税；二是对一些不可再生的资源型产品如稀土等稀缺资源，加征出口关税的；三是对于单位附加值载能量较高的商品如蓄电池、集装箱、电动机等，虽然不属于传统的高耗能产品，但它们的出口不仅带来额外的能耗，还会诱发上游高耗能产业产能的扩张，所以应采取适当的措施限制此类产品的出口，引导这些产品向高附加值和更为节能的替代产品和技术发展。出口企业在加强节能、高效生产经营水平的同时，持续加强技术创新和管理创新，不断努力增强企业的竞争优势，提高出口产品的国际竞争力。

4. 鼓励出口企业拓展跨国投资

鼓励企业"走出去"，拓展海外投资，是有效规避国外开征碳关税对中国企业的不利影响的最直接的方式。海外投资有两种形式：绿地投资和跨国并购。出口企业可通过绿地投资，将生产基地建到国外，把产品销售放到目标市场附近，将产品生产中的高碳产业链转移出去，在国内专攻价值最高端的产业低碳化研发创新设计研究，从而达到有效规避"碳关税"的目的。中国外向型的经济模式实际上是承接国际产业转移的结果，发达国家将附加值较低的劳动密集型和高污染、高能耗资源密集型产业转移到新兴市场和国家，让中国等发展中国家和地区承担了潜在的昂贵的环境生态成本。随着中国经济高速发展和产业结构升级的需求，原来承接发达国家产业转移的东部沿海地区区位优势不再，逐步向东南亚国家转移。目前到越南、柬埔寨等地投资建厂的中国纺织服装企业已近千家，到孟加拉国投资的也有百余家，如江苏 AB 集团已在柬埔寨金边设立境外加工贸易企业，红豆集团也在柬埔寨控股兴建了西哈努克工业园。

中国企业由于国际知名度较低、海外运作经验不够丰富、技术相对落后等短板，在近年来的跨国并购中经历了很多惨败的案例，2007 年，华为和美国贝恩资本试图以 22 亿美元联手收购 3COM 公司，但因美方担忧国家安全而流产；2009 年，中铝与澳大利亚力拓的 195 亿美元"世纪大交易"失败；2010 年，腾讯竞购全球即时通信工具 ICQ 失败；2010 年，四川腾中重工收购悍马失败；2011 年，上海光明食品收购美国健安喜股权和收购法国优诺公司股权案均无疾而终[1]。随着中国在全球经济中扮演的角色日益强大，中国企业经验的积累和跨国并购人才的培育，中国企业开始在包括跨国并购在内的一系列商业活动中占有一席之地。全球金融危机爆发以来，世界范围内的第六次并购浪潮方兴未艾，发达国家陷入困境的企业数量猛增，一定程度上降低了并购浪潮的准入门槛，中国优秀的企业应把眼光放的长远，加快拓展对外并购空间，把握机遇，扩大对拉丁美洲、澳大利亚、中亚、南亚和加拿大等海外资源丰富和高新技术水平高的国家和地区的并购，如此势必会有一大批优秀的中国企业借助跨国并购异军突起、走向世界。

6.3.3　金融政策

1. 金融机构"赤道原则"的推广

"赤道原则"是国际银行业在项目融资过程中对社会和环境负责的融资原则[2]。"赤道原则"在全球商行中普遍被遵循，目前在 1 500 万美金以上的项目

---

①　何志毅. 中国企业跨国并购 10 大案例［M］. 上海交通大学出版社，2010.

②　2002 年 10 月，荷兰银行和国际金融公司在英国伦敦主持召开了一个由 9 个商业银行参加的会议，讨论项目融资中的环境和社会问题。与会的荷兰银行、巴克莱银行、西德意志州银行、花旗银行和国际金融公司经过多轮磋商，制定了"环境与社会风险的项目融资指南"，即现行的"赤道原则"。

融资中，按照"赤道原则"发放的项目融资贷款大概超过全球市场 80％，体现了商业银行对社会和环境问题的关心和责任感。但是该原则在中国并没有在金融机构中进行推广，仅有兴业银行一家。如果中国金融机构在向出口企业贷款中实施"赤道原则"，可以在企业受到资金压力时，除了一般偿债能力等指标的考核之外，考虑到企业节能减排等低碳因素，以优惠政策扶持"三高"企业，方能为中国推进产业结构的升级和低碳经济的发展提供金融层面的保障。

2. 金融创新支持出口企业减排专项融资

首先是对于出口企业的节能减排项目，金融机构可以提供专门的减排专项融资，根据项目实施的效益设定还款期限和每期还款额，帮助企业提高生产效率、减少单位产能的资源消耗和碳排放量；其次是对于向出口企业提供技术革新的节能服务商或能源合同管理公司，或者是节能减排设备制造商，金融机构也可以向这些企业提供专项融资。而且在融资方式上可以进行一定的创新，鼓励出口企业更好的应对产业结构升级和碳关税等政策性的冲击。银团贷款：对产业集群中的龙头企业和大型项目建设的大额融资需求，可实行总分行三级联贷或银团贷款的模式给予支持；供应链融资：对于产业集群内部企业之间、价值链上下游企业之间，可以大力发展供应链融资产品，解决中小企业的融资难题；对于产品列入政府采购计划的企业可以采用订单融资的方式予以支持；贸易融资创新：引导产业集群内企业在相互购销中使用商业汇票结算，尝试采取龙头企业、优势企业承兑，并背书转让使众多中小企业尤其是为大中型企业配套服务的中小企业成为最终持票人，通过向商业银行贴现获得资金支持；担保方式创新：可以采用存货质押、集体土地使用权质押、联保产品担保、设备抵押等多种方式为出口企业及其关联企业提供融资便利，为低碳技术创新、优化生产工艺、降低能耗创造有利条件。

3. 政策性金融机构鼓励低碳经济发展

中国政策性金融机构主要包括国家开发银行、中国农业发展银行和中国进出口银行，其中，中国进出口银行主要负责成套机电设备进出口的政策性贷款

业务。从 1994 年成立至今，三家开发性政策金融机构对于中国经济发展起到
了举足轻重的作用，但是处在产业结构调整的时期，政策性金融还没能很好地
发挥其主动性。原因之一在于目前政策性银行的监管制度和法律依据仍以《商
业银行法》和各种针对所有银行金融机构的制度条例为主，没有专门的政策性
金融机构法律规定，在政策性金融提供服务的时候缺乏依据和业务定位。在全
球气候变化的背景下，中国政策性金融机构的战略定位应以优化出口商品结构
为主要业务之一，鼓励低碳出口产业的发展，逐步淘汰高能耗出口产业。

6.3.4　技术进步政策

1. 促进低碳技术的投资和研发

各国政府特别是全球影响力巨大的经济实体，当前都不约而同地量身制定
出绿色解决方案，将下一轮经济增长放在低碳能源和技术上，对气候变化的关
注也提到了一个崭新的高度。在低碳技术与创新机制的引领下，加强低碳技术
的投资和研发，传统的碳密集型企业将面临产业转型的挑战，而节能减排技术
和能源效率领域的创新型公司将会脱颖而出，获得新的机遇和发展空间，从而
能源结构、产业结构得到调整。低碳生产带动低碳消费，通过低碳经济模式与
低碳生活方式，中国才能真正走上可持续的发展道路。

中国目前要做的就是要加快低碳技术的培育和孵化，发展循环经济，推进
节能减排创新；发挥产业集群效应，推进产业结构升级；发展知识经济，推进
经济可持续发展。具体来看，中国应该把握好三大技术层面的研发和努力：一
是加强节能技术与清洁能源技术攻关，攻克风能、水电、生物质能等可再生能
源产业化应用关键技术，实现先进核能、氢能与燃料电池等非化石能源领域的
重大技术突破，增加清洁能源的供给，减少对化石能源的过度依赖；二是大力
发展循环经济技术，研发以提高生态效率为目标的生态产品设计技术及资源利
用整体优化集成技术，攻克石油、化工、钢铁、有色、建材等重污染行业清洁
生产技术，形成工业、农业、社会生活等共性技术与产业衔接技术，加快重污

染行业的产业结构调整，推动循环经济发展；三是发展低碳前沿技术，低碳前沿技术包括可再生能源及新能源、煤的清洁高效利用、油气资源和煤层气的勘探开发、二氧化碳捕获与埋存等领域有效控制温室气体排放的新技术。大力发展低碳前沿技术，不仅是中国应对"碳关税"和气候变化影响的现实选择，也是科技创新的长远目标。通过科技支持，在信息、纳米材料、分子生物、先进制造、环保产业等领域取得原创性科技突破，开辟具有低碳经济特征的新兴产业群、高新技术产业群和现代服务产业群，为中国发展低碳经济提供科技基础。

2. 提高企业的自主创新能力

要充分发挥碳关税"倒逼机制"的作用，加快中国企业的自主创新步伐，是面向市场需求推动产业结构调整和推进低碳技术革新的基本途径。企业是碳关税征收的对象，只有企业自身具有自主创新意识，在技术、营销、管理层面实时调整策略，才能更好地应对国际市场上的种种壁垒，这也是实现供给、满足市场需求的变化和提升的基本手段，能有效引领市场需求，在创造供给的同时创造需求。有资料显示，在专利申请量最多的太阳能、先进交通工具、建筑和工业节能三个低碳技术领域，一些国际跨国企业拥有的专利申请量都数以千计，但中国在这一领域的专利申请多集中在科研院校，企业专利申请相对较少，各领域处于领先位置的企业申请量均不足百件[①]。为此，还需要进一步采取有效措施，为广大企业、特别是创新型企业的自主创新创造良好政策条件和制度环境，鼓励企业增强竞争力和创新能力，强化企业自主创新意识，提升节能减排实效，增强中国企业的核心竞争力，这对中国制造业乃至中国经济的良性发展，都具有十分积极的作用。

3. 低碳技术的引进和研发

低碳技术是指以零排放或者较低排放的可再生能源技术为主体，还包括提

---

① 梅永红. 中国创新型企业发展报告 2010［M］. 北京：经济管理出版社，2010.

高能效的碳排放减少技术以及碳捕获与存储技术，涉及电力、交通、建筑、冶金、化工、石化等部门以及在可再生能源及新能源、煤的清洁高效利用、油气资源和煤层气的勘探开发等领域开发的可以有效控制温室气体排放的新技术。发展低碳技术是有效减低碳排放的最有效技术手段。低碳技术必须平衡资源、化石能源和经济增长之间的关系，在较少碳排放的同时又不影响经济发展的速度。目前，全球 87％ 的能源是化石能源，发电厂的排放占全球排放总额的 41％，如果能改变 55 万亿美元的发电厂基础设施，找到替代技术，就能有效的改变这样的局面。负碳技术（Carbon Negative Technology）就是这样一种新能源技术，它与一般的碳捕捉和储存技术（Carbon Capture and Storage）不同，碳捕捉和储存技术能将化石能源燃烧后产生的二氧化碳收集起来，集中存放，不让它散布到大气中，而负碳技术能捕捉比其排放更多的碳，像树木以及其他一些生物一样减少大气中的二氧化碳。也就是说负碳技术具有更高的减碳效率，我们可以利用负碳技术来减少目前大气中过多的温室气体。而且这一技术非常具有商业价值，捕捉到的二氧化碳能在国内国际市场上出售，用于温室大棚填充、石油冶炼提高效率等，目前国际市场二氧化碳的价格大概是 200 美元/吨。所以负碳技术不仅能减少大气中的二氧化碳，而且从全球角度看，能为非洲、拉丁美洲和一些小的岛国提供清洁能源，解决带来环境问题的全球利益分配问题。目前，美国硅谷的 Global Thermostst 公司已经将这项技术进行商业化运作。中国的一些企业可以推进开发和引进此类的低碳技术，在获得经济效益的同时，有效减少大气中的二氧化碳，获得附加的减排效应。

6.3.5　气候友好商品政策

1. 大力发展低碳技术

维护全球气候安全是全人类的共同目标，约束温室气体排放是国际社会的共同责任，发展低碳技术、促进气候友好商品贸易自由化是减少温室气体排放实现气候目标的有效途径，这是经济气候和谐发展的必然要求，是技术进步和贸易演进的必然趋势,对此中国应保持清醒认识。可是,在这种未来趋势之下,欧盟和美国等发达国家已经在低碳技术和气候友好商品生产上占据比较优势,而且纷纷酝酿将中国列为主要对象国针对边境碳调整政策。这类政策一旦实施,将对来自中国的出口产品按含碳量征收边境调节税或类似边境调节措施,从而对中国能耗相对较高的出口产品十分不利。为了变竞争劣势为竞争优势,化解可能实施的边境碳调整措施所带来的出口风险,中国迫切需要大力发展节能技术、清洁煤技术、碳捕获与存储技术以及可再生能源等低碳技术,推动气候友好产业发展,扩大气候友好商品生产在工业制品生产中的比重。

2. 将资源能源消耗列为评价贸易业绩的考核指标

改变单纯从价值角度认识和评价贸易业绩的传统做法和观念,增加实物贸易和资源能源贸易的评估,切实体现出口产品中的资源能源消耗成本。为此,政府需加强监管,关闭淘汰高能耗高排放企业,制定鼓励低碳技术创新、支持气候友好商品生产的优惠政策,引导和激励企业将资源转向低碳产品生产;企业需要改进技术,改善管理,降低能耗,降低单位产品碳含量,形成靠技术、靠质量、靠高附加值取胜的新理念;通过多方面努力尽可能争取以资源能源消耗更少的实物出口换取更多的实物进口。

3. 及早向WTO提交中国具有比较优势的气候友好产品列表方案

在WTO气候友好商品贸易自由化谈判中,及早提交中国具有比较优势的气候友好商品列表方案,以便在谈判中掌握主动。中国虽然是贸易大国,但在主导环境产品贸易自由化谈判方面的能力尚不足,不是参与拟订环境产品以及气候友好产品清单的成员,没有对中国具有比较优势的气候友好产品深入研究。因此,主要由西方国家提交的产品清单未必是中国的最优选择。其他成员在此基础上提出自己的方案;例如,日本在对上述43种气候友好商品列表表示支持的同时,还提出应将混合动力汽车包括在内,而这项产品日本处于世界领先地位;巴西提出应将乙醇包括在内,巴西是乙醇的主要生产国,而乙醇在欧盟和美国受到严格的贸易保护,并且接受大量的补贴,如果乙醇实现贸易自由化，对巴西十分有利。可见，这份清单更多地从西方国家自身优势产品出发，中国有必要检视自己的气候产品，商务部门、海关、行业商会以及生产企业密切配合，申报、挑选、评估并最终确定中国的气候友好商品清单。

4. 坚持发达国家承担历史排放责任和提供技术支持的主张

在国际气候谈判中，坚持发达国家率先减排，多减排，承担他们该承担的历史责任，为中国的发展排放争取空间，减轻企业的减排压力；同时，坚持发达国家向发展中国家提供低碳技术转让和合作便利的主张，在共同履行温室气体减排义务的同时，缩小中国与发达国家在低碳技术上的差距。

6.3.6　国际合作政策

1. 积极参与国际气候规则谈判

虽然发达国家和发展中国家之间存在诸多分歧，但如果仅仅依赖单个国家制定气候规则不能很好解决气候问题，所以碳关税和气候合作问题还是需要世界各国共同努力，通过国际多边谈判达成一致意见。中国在参与国际气候制度谈判的过程中，一直坚持着"共同但有区别的责任"的原则。在国际气候谈判过程中，发达国家往往会提出很多不利于发展中国家的要求，中国应从本国立场出发，积极参与国际碳规则的讨论和制定，打破发达国家掌握国际规则制定的主导地位，夺取气候谈判中的话语权，抵制发达国家提出的不切实际的要求，坚持发展中国家减排须获得补偿的原则，维护中国作为发展中国家的权利，为中国维持经济发展争取充分的时间。另外，在 WTO 现有的法律制度中，对气候变化方面的规定尚未形成操作层面的体系，因此，要推进关于气候变化与贸易相关规则和争端解决机制的制定，坚决打击贸易保护，维护发展中国家的贸易利益。

2. 把握国际碳排放量参照标准制定的主动权

碳关税并不完全是一个消极的事物，我们要用积极的态度和长远的眼光来加以对待，至少碳关税的出发点是要减少二氧化碳的排放，缓解气候变化，这也是国际发展的新趋势。目前，国际上并没有一个统一的碳排放量参照标准，这给某些意图通过碳关税进行贸易保护的进口国以可乘之机，他们会按照利于己方的标准向对方征收碳关税。判定能否对中国征收碳关税需要将中国在减排方面的努力考虑进来，将中国在减排方面的成果按照国际体系转化为碳配额的等价物，如果转化后的价格高于目前欧美的碳配额的价格，那么欧美国家向中国征收碳关税是无据可循的；相反，若欧美国家当前的碳配额价格高于等价物的价格，征收的碳关税也只能是两者的差价。如果被要求缴纳碳关税的出口国也按照利于己方的标准向对方征收，恶性循环的贸易报复就可能引发区域贸易大战，进而对国际贸易关系造成恶劣影响。因此，尽快制定合理的国际碳排放量参照标准势在必行，这也是决定碳关税政策存续的首当其冲要解决的问题。中国应当积极推动和参与制定国际碳排放量参照标准的国际谈判，在国际气候协商中掌握主动权，为发展中国家争取利益，发挥良好的发展中大国的协调作用。

3. 有效规避国外贸易保护手段

碳关税被视作进口发达国家用来限制发展中国家出口的贸易保护手段，为此中国应好好利用国际谈判、对话和 WTO 争端解决机制，促进环保与贸易协调处理机制的建立，有效规避以碳关税为代表的一系列贸易壁垒对国内企业出口的威胁。在 WTO 的现行法律制度中，包含着很多环境保护的例外条款，由于世贸组织对环境问题的调整还停留在原则层面上，缺乏操作层面的规则体系，所以，一旦环境保护与贸易自由之间发生矛盾冲突时，WTO 现有的争端解决机制很难平衡两者的关系。如尽管某些条款（如 GATT 第 20 条）是为环保问题而设定的，但往往成了实施贸易保护的"依据"。出现这种现象的原因，就是 WTO 还缺乏完善的环境与贸易协调处理机制，也没有明确的气候变化相关的约束条款，反而容易被利用来进行贸易保护。可见在贸易与环境的问题上，会员国还应积极促成 WTO 进一步完善相应的法律约束和争端解决机制。

4. 利用有关国际规则捍卫中国合法权益

除了积极利用现有国际规则应对碳关税，也可以反其道行之，对碳关税实行之后进口国受到的福利损害进行论述，把握主动权。因为中国的出口为发达国家提供了物美价廉的商品和服务，碳关税的征收最终将转嫁给发达国家本国消费者。如果进口国转向从替代国进口类似商品，那么一方面消费偏好短期内不易得到满足；另一方面，消费者将承担更高的价格。美国商务部骆家辉表示："美国消费者享受着来自其他国家廉价商品的很大便利，这些廉价商品如果来自于高耗能和高排放，那么美国消费者也应该意识到自己的责任。"其实，碳关税在发达国家虽然呼声很高，但是其国内对相关的法案也是褒贬不一。以《美国清洁能源安全法案》为例，该法案在众议院经过数小时激烈辩论后最终以 219 票赞成、212 票反对的微略优势通过，之所以出现了巨大分歧，在于以共和党为主的反对派认为是"美史上最大一次加税"，将损害美国经济，甚至可能减少美国相关部门的就业。因此，中国可以采取主动，利用发达国家国内分歧，与其他发展中国家紧密合作，尽量为碳关税的实施施加压力，在 WTO 框架内利用有关国际贸易准则据理力争，捍卫自身合法权益。

5. 加强低碳技术国际合作

低碳技术包括提高能源效率的技术、减少非碳能源成本的技术以及减少碳捕捉与封存成本的技术。美国、日本、欧盟等发达国家，拥有最先进的环保技术和节能技术，在低碳经济发展的国家战略下更是出台了一系列扶持低碳技术的政策，使得本国在很多低碳技术领域都处在世界领先位置：高效天然气火力发电、高效燃煤发电技术、二氧化碳的捕捉和封存技术、新型太阳能发电、先进的核能发电技术、超导高效输送电技术、革新型材料和生产加工技术、革新型制铁工艺、电子电力技术、氢的生成和储运技术等。中国的经济增长模式正在快速转型，科技资本的加速增长正在对中国经济增长产生影响，与发达国家在低碳技术领域的合作，有助于推进中国经济增长方式和结构的转变。对于发达国家而言，中国低廉的人力资本和优惠的外资政策也为这些国家跨国公司投资中国创造了有利的条件。中国广阔的市场为世界各国提供了巨大的发展潜力，发达国家的企业都在积极进入中国，强占竞争优势，目前很多跨国公司纷纷将其研发中心转移到中国，为国际上在低碳技术领域的合作提供了可行性。加强低碳技术的国际合作，推动更新、更先进技术的研究和开发，为各国低碳经济发展的创造了机遇。

附录 1 模型变量表

变量名	定义	数目	变量类型
AR	平均资本回报率	1	内生
CD_i	居民对第 i 类商品的总消费	i	内生
$Coal_i$	第 i 生产部门对煤炭的需求量	i	内生
D_i	由国内生产且在国内销售的第 i 种商品的销售额	i	内生
Dk_i	第 i 部门固定投资额	i	内生
Dst_i	作为库存的第 i 种商品额	i	内生
E_i	第 i 种商品出口额	i	内生
$Elec_i$	第 i 生产部门对电力的需求量	i	内生
$Energy_i$	第 i 生产部门对能源合成品的需求量	i	内生
$EnSav$	企业储蓄	1	内生
$EnTax$	企业对政府所缴纳的税费	1	内生
$EntoH$	企业对居民的转移支付	1	内生
$ExSub$	政府对出口的补贴	1	内生
$Fsav$	世界其他地区的储蓄	1	外生
$Fxdinv$	社会总固定资产投资额	1	内生
Gas_i	第 i 生产部门对天然气的需求量	i	内生
Gd_i	政府对第 i 种商品的消费	i	内生
$GDPVA$	名义国内生产总值	1	内生
$GdTot$	政府对各种商品的消费支出总和	1	外生
$GovSav$	政府储蓄	1	内生
GR	政府的经常性收入	1	内生
$GtoEn$	政府对企业的转移支付	1	外生
$GtoH$	政府对居民的转移支付	1	外生
$HSav$	居民储蓄	1	内生
$HTax$	政府从居民缴纳税费所得收入	1	内生
ID_i	对用作资本品的第 i 种商品的需求	i	内生
$IndTax$	政府的生产间接税费收入	1	内生
Int_i	生产部门对第 i 种商品的需求量	i	内生
$Invest$	社会总投资额	1	内生
Kd_i	第 i 生产部门对资本需求量	i	内生
KE_i	第 i 生产部门对资本能源合成品需求量	i	内生

续表

变量名	定义	数目	变量类型
Ld_i	第 i 生产部门劳动需求量	i	内生
M_i	第 i 种商品进口额	i	内生
Oil_i	第 i 生产部门对石油的需求量	i	内生
P_energy_i	第 i 生产部门所用能源合成品的价格	i	内生
P_ke_i	第 i 生产部门所用资本能源合成品价格	i	内生
P_kel_i	第 i 生产部门资本能源劳动合成品价格	i	内生
PD_i	国内生产并在国内销售的第 i 种商品的价格	i	内生
PE_i	第 i 种出口商品的国内价格	i	内生
$PIndex$	GDP 平减指数	1	内生
Pk_i	第 i 部门资本品的价格	i	内生
PM_i	第 i 种进口商品的国内价格	i	内生
PQ_i	在国内销售的第 i 种商品的价格	i	内生
PX_i	第 i 生产部门产出品价格	i	内生
Q_i	在国内销售的第 i 种商品的销售额	i	内生
$RGDP$	实际国内生产总值	1	内生
R_i	第 i 生产部门所用资本价格(资本回报率)	i	内生
$Saving$	总储蓄	1	内生
$Tariff$	政府的关税收入	1	内生
W_i	第 i 生产部门的工资率	i	内生
WL	平均相对工资率	1	内生
$WtoG$	世界其他地区对政府的转移支付	1	内生
$WtoH$	世界其他地区对居民的转移支付	1	内生
X_i	第 i 生产部门总产出	i	内生
YH	居民总收入	1	内生
YK_i	第 i 生产部门的资本报酬	i	内生
YL_i	第 i 生产部门的劳动报酬	i	内生
PWM_i	第 i 种进口商品的世界价格	i	外生
ER	汇率	1	外生
PWE_i	第 i 种出口商品的世界价格	i	外生
$TotLs$	劳动力总供给量	1	外生
$TotKs$	资本总供给量	1	外生

附录 2 模型参数表

变量名	定义	数目	变量类型
$A_{energy,i}$	第 i 生产部门能源合成品下的转移参数	i	标定
$A_{Ex,i}$	国内产品的转移参数	i	标定
$A_{i,j}$	投入产出系数(第 j 部门生产单位产品所需第 i 商品的量)	$i * i$	标定
$A_{KE,i}$	第 i 生产部门资本能源合成品下的转移参数	i	标定
$A_{Q,i}$	第 i 种 $Armington$ 商品的转移参数	i	标定
$A_{X,i}$	第 i 生产部门总产出下的转移参数	i	标定
$cles_i$	居民对第 i 类商品的消费份额参数	i	标定
$dstr_i$	第 i 种商品库存量与产量间比值	i	标定
e_h	企业对政府缴纳税费率	1	标定
$esub_i$	政府对第 i 种出口商品的补贴率	i	标定
$etax$	企业对政府缴纳的税费率	1	标定
$gles_i$	第 i 种商品消费在政府商品总消费支出中所占的份额参数	i	标定
$htax$	居民向政府缴纳税费率	1	标定
$itax_i$	第 i 生产部门的间接税费率(由基年数据校准而得)	i	标定
$kdist_i$	第 i 部门资本回报率扭曲系数	i	标定
$kshr_i$	第 i 部门固定投资份额系数	i	标定
mps	居民储蓄率	1	标定
$mtax_i$	政府对第 i 种进口商品所收关税税率	i	标定
sf_{ij}	第 j 部门资本品组成系数	$i * i$	标定
$\alpha_{coal,i}$	第 i 生产部门能源合成品下的煤炭的份额参数	i	标定
$\alpha_{E,i}$	第 i 种国内产品下出口品的份额参数	i	标定
$\alpha_{elec,i}$	第 i 生产部门能源合成品下电力的份额参数	i	标定
$\alpha_{K,i}$	第 i 生产部门资本能源合成品下的资本的份额参数	i	标定
$\alpha_{KE,i}$	第 i 生产部门总产出下的资本能源合成品的份额参数	i	标定
$\alpha_{M,i}$	第 i 种 $Amington$ 商品下进口品的份额参数	i	标定
$\alpha_{gas,i}$	第 i 生产部门能源合成品下天然气的份额参数	i	标定
$\alpha_{oil,i}$	第 i 生产部门能源合成品下石油的份额参数	i	标定
δ_g	转移支付参数(世界其他国家和地区对政府)	1	标定
δ_h	转移支付参数(世界其他国家和地区对居民)	1	标定
κ_e	资本收入对企业的分配系数	1	标定
κ_h	资本收入对居民的分配系数	1	标定

变量名	定义	数目	变量类型
κ_ω	资本报酬在国外的份额参数	1	标定
$\sigma_{energy,i}$	第 i 生产部门各种能源之间的替代弹性参数	i	外生
$\sigma_{Ex,i}$	进口品与国内产品间的替代弹性参数	i	外生
$\sigma_{KE,i}$	第 i 生产部门资本与能源合成品之间的替代弹性参数	i	外生
$\sigma_{O,i}$	进口品与国内产品间的替代弹性参数	i	外生
$\sigma_{X,i}$	第 i 生产部门资本能源合成品与劳动之间的替代弹性参数	i	外生
$\rho_{Ex,i}$	第 i 种国内产品出口的替代参数	i	外生
$\rho_{Q,i}$	第 i 种 Armington 商品下的替代参数	i	外生

附录 3　GAMS 程序编码

```
* Definition of sets for suffix————————————————
Sets i sectors /AG agriculture
                HI heavy industry
                LI light sectors
                TP transportation
                CS construction
                SV services
                CM coal
                SL oil
                NG natural gas
                EL electricity/
        n(i) energy sectors   /CM, SL, NG, EL/
        nn(i) non energy sectors /AG, HI, LI, TP, CS, SV/
        Alias(i,j)
* simulation variable
Scalar
Ctariff expressed as USD per ton of criterion carbon /0/
scale    the scale parameter is helpful for the convergence of the model /0.1/
;
Option decimals=5;
* Loading data————————————————————————
table sf(i,j) capital composition matrix 1
```

	AG	HI	LI	TP	CS	SV	CM	SL	NG	EL
AG	0.0239	0.0130	0.0146	0.0257	0.0183	0.0196	0.0201	0.0117	0.0000	0.0240
HI	0.2553	0.3796	0.4840	0.4034	0.4079	0.1749	0.3565	0.3012	0.2419	0.4214
LI	0.0034	0.0024	0.0025	0.0038	0.0028	0.0030	0.0031	0.0019	0.0010	0.0036
TP	0.0052	0.0037	0.0069	0.0062	0.0040	0.0041	0.0050	0.0064	0.0011	0.0050
CS	0.6561	0.5788	0.4632	0.5032	0.5220	0.7205	0.5678	0.6496	0.7401	0.4921
SV	0.0562	0.0225	0.0287	0.0579	0.0450	0.0779	0.0475	0.0292	0.0159	0.0540
CM	0.0000	0.0000	0.0000	0.0000	0.0000	0.0000	0.0000	0.0000	0.0000	0.0000
SL	0.0000	0.0000	0.0000	0.0000	0.0000	0.0000	0.0000	0.0000	0.0000	0.0000
NG	0.0000	0.0000	0.0000	0.0000	0.0000	0.0000	0.0000	0.0000	0.0000	0.0000
EL	0.0000	0.0000	0.0000	0.0000	0.0000	0.0000	0.0000	0.0000	0.0000	0.0000

```
;
table zz( * ,j) miscellaneous parameters
        AG   HI   LI   TP   CS   SV   CM   SL   NG   EL
sigmaX  0.6  0.6  0.6  0.6  0.6  0.6  0.6  0.6  0.6  0.6
sigmaKE  0.85  0.85  0.85  0.85  0.85  0.85  0.85  0.85  0.85  0.85
sigmaenergy  1.2  1.2  1.2  1.2  1.2  1.2  1.2  1.2  1.2  1.2
sigmaQ  3.0  2.0  2.0  2.0  2.0  2.0  4.0  4.0  4.0  4.0
sigmaEx  4.0  3.0  3.0  3.0  3.0  3.0  5.0  5.0  5.0  5.0
rdep  0.050  0.055  0.055  0.042  0.055  0.050  0.062  0.065  0.065  0.040
;
```

table yy1(* ,n) miscellaneous paramters

	CM	SL	NG	EL
cemi	0.651	0.543	0.404	0.00
epri	230054.04	38874.30	187356.02	21675.50
oxir	0.90	0.98	0.99	0.00

;

table vvv0(j,i) intermediate input

	AG	HI	LI	TP	CS	SV	CM	SL	NG	EL
AG	4638.8196	877.2496	6967.2180	131.6764	2286.2290	1402.2618	34.3678	0.8454	0.0008	1.9968
HI	2572.1076	50465.9038	4628.6714	1651.1900	12221.4888	9278.4646	708.0853	654.3163	43.5446	854.2551
LI	1718.5395	2179.1664	11548.8082	148.5203	1063.3417	6443.1085	51.7525	44.7897	2.4631	41.8148
TP	602.4148	3232.5549	1129.6239	1584.9523	1273.4604	1976.9937	190.5069	14.9849	4.3463	297.4841
CS	49.7113	57.8573	14.7170	167.0105	33.8610	1497.5438	8.7365	5.0432	0.2385	6.7703
SV	1678.3395	9054.2056	4103.6918	1553.1241	3729.2234	14544.7220	439.4011	598.5668	18.1879	718.7216
CM	89.5970	1027.2021	160.5572	55.9761	25.7026	399.5876	204.8514	215.5399	0.2867	1236.0544
SL	281.5487	2168.2291	149.0856	1811.6551	712.4181	624.3187	99.1889	3787.4088	10.0003	376.5872
NG	0.00	101.2138	7.7301	0.00	0.00	4.5621	0.6100	4.5807	2.3418	2.0073
EL	319.1983	3215.7756	596.7862	169.9187	192.6981	1308.6863	282.7668	249.8186	23.3025	107.7426

;

table zzz(* ,i)

	AG	HI	LI	TP	CS	SV	CM	SL	NG	EL
YL0	13315.9686	10905.0598	4521.2950	2943.8107	3898.5990	20345.0520	1449.8435	725.5432	36.4257	808.9018
Yk0	2769.8470	10498.9460	4288.2168	3284.9793	2410.7048	17208.6318	858.6247	1790.9326	54.7680	2280.5424
depri0	764.9132	4004.6899	1702.0774	1810.7203	702.1012	7941.9776	42.4249	676.9237	38.7120	1056.0269
Indtaxi0	544.6504	5326.9076	2998.9373	593.1623	284.8849	6002.6712	45.9502	744.9003	14.7472	905.3997
E0	491.8204	15671.0866	9024.6898	1616.3681	108.4791	5344.1109	293.9323	386.3485	22.8351	5.2399
ID0	772.7341	13040.8847	121.9875	197.5652	26262.4811	2223.5692	0	0	0	0
Dst0	331.9720	905.1710	376.1257	42.4044	0	150.2756	238.0171	101.6565	0	0
M0	681.1644	19466.7072	2895.6989	272.3056	79.7680	1991.7531	29.5765	1506.4956	0.0018	10.9024
CD0	11160.4840	5881.8090	11227.9296	1598.4564	0	20222.6437	456.9576	135.3204	64.7745	1177.2469
GD0	164.1611	0	0	306.1651	0	18649.5738	0	0	0	0
Tariffi0	17.8108	509.0082	75.7157	7.1201	2.0857	52.0796	0.7734	39.3913	0.00005	0.2851
exsubi0	17.1481	546.3966	315.2873	56.3572	3.7823	186.3307	10.2484	13.4706	0.7962	0.1827

;

* Loading the initial values————————————————

Parameter
a(j,i), AR0, semi(n), epri(n), oxir(n), kdist(i), wdist(i), rhoEx(i), rhoQ(i), rhoKE(i), rhoX(i), sigmaenergy(i),
sigmaEx(i), sigmaKE(i), sigmaQ(i), sigmaX(i), CD0(i), Coal(i), D0(i), Dk0(i), Dst0(i), E0(i), Elec0(i),
energy0(i), EnSav0, EnTax0, EntoH0, EnYK0, ER0, ExSubi0(i), ExSub0, Fsav0, FxdInv0, GD0(i), GdTot0,
GovSav0, GR0, GtoH0, HYK0, ID0(i), IndTaxi0(i), IndTax0, Int0(i), Invest0, Kd0(i), KE0(i), KEL0(i), kshr
(i), Ld0(i),
M0(i), Gas0(i), Oil0(i), PE0(i), PK0(i), PM0(i), PQ0(i), PX0(i), Q0(i), R0(i), RCtariff0, CTR0(i),
Saving0, Tariffi0 (i), Tariff0, TotHSav0, TotHTax0, TotLs0, TotKs0, w0 (i), WtoG0, WtoH0, WYK0, X0
(i), YH0,
YK0(i), YL0(i), CES0
;
Coal0(i)＝vvv0("CM",i) * scale; Oil0(i)＝vvv0("SL",i) * scale; Gas0(i)＝vvv0("NG",i) * scale;

Elec0(i)=vvv("EL",i) * scale;TotHSav0=19566.6900 * scale;TotHTax0=1211.7800 * scale;

WtoG0=-79.83 * scale;WtoH0=1190.4500 * scale;ID0(i)=zzz("ID0",i) * scale;YK0(i)=ZZZ("Yk0",i) * scale;

YL0(i)=zzz("YL0",i) * scale;E0(i)=zzz("E0",i) * scale;GD0(i)=zzz("GD0",i) * scale;

IndTaxi0(i)=zzz("IndTax0",i) * scale;CD0(i)=zzz("CD0",i) * scale;Dst0(i)=zzz("Dst0",i) * scale;

Kd0(i)=zzz("depri0",i)/zz("rdep",i) * scale;M0(i)=zzz("M0",i) * scale;ExSubi0(i)=zzz("ExSubi0",i) * scale;

Tariffi0(i)=zzz("Tariff0",i) * scale;sigmaenergy(i)=zz("sigmaenergy",i);sigmaEx(i)=zz("sigmaEx",i);

sigmaKE(i)=zz("sigmaKE",i);sigmaQ(i)=zz("sigmaQ",i);sigmaX(i)=zz("sigmaX",i);

cemi(n)=yy1("cemi",n);semi(n)=yy1("semi",n);epri(n)=yy1("epri",n);oxir(n)=yy1("oxiri",n);

EnTax0=4762.5689 * scale;EntoH0=8802.4728 * scale;EnYK0=40209.4834 * scale;;GtoEn0=1493.4200 * scale;

GtoH0=372.9700 * scale;GovSav0=1924.7100 * scale;EnSav0=28137.8617 * scale;HYK0=3387.7 * scale;

YH0=72704.0921 * scale;ER0=8.277;w0(i)=1;wdist(i)=1;WYK0=1849.0100 * scale;PE0(i)=1;PK0(i)=1;

PQ0(i)=1;PM0(i)=1;PD0(i)=1;PX0(i)=1;AR0=sum(i,YK0(i))/sum(i,Kd0(i));kshr(i)=Yk0(i)/sum(j,Yk0(j));

rhoEx(i)=(sigmaEx(i)+1)/sigmaEx(i);rhoQ(i)=(sigmaQ(i)-1)/sigmaQ(i);rhoKE(i)=(sigmaKE(i)-1)/sigmaKE(i);

rhoX(i)=(sigmaX(i)-1)/ sigmaX(i);energy0(i)=coal0(i)+Oil0(i)+gas0(i)+elec0(i)

R0(i)=Yk0(i)/Kd0(i);kdist(i)=R0(i)/AR0;ExSub0=sum(i,ExSub0(i));GdTot0=sum(i,GD0(i));

IndTax0=sum(i,IndTaxi0(i));Tariff0=sum(i,Tariff0(i));GR0=IndTax0+Tariff0+TotHtax0+EnTax0+WtoG0;

Invest0=sum(i,ID0(i))+sum(i,Dst0(i));FxdInv0=Invest0-sum(i,Dst0(i));Dk0(i)=kshr(i) * FxdInv0;

Saving0=Invest0;Fsav0=Saving0-TotHSav0-GovSav0-EnSav0;KE0(i)=energy0(i)+Yk0(i);

X0(i)=sum(j,vvv0(j,i) * scale)+YL0(i)+Yk0(i)+IndTaxi0(i);D0(i)=X0(i)-E0(i);Q0(i)=D0(i)+M0(i);

Ld0(i)=YL0(i)/W0(i);TotLs0(i)=sum(i,Ld0(i));TotKs0(i)=sum(i,Kd0(i));a(j,i)=vvv0(j,i) * scale/X0(i);

Int0(nn)=sum(j,a(nn,j) * X0(j)); Int0("CM")=sum(j,Coal0(j)); Int0("SL")=sum(j,Oil0(j));

Int0("NG")=sum(j,Gas0(j));Int0("EL")=sum(j,Elec0(j));

RCtariff0=10 ** (-8) * ER * CES;

CTR0("CM")=10 ** (-8) * Ctariff * ER * (sum(i,(epri("CM") * Coal0(i) * E0(i)/X0(i))/(PD0("CM") * D0("CM")+PM0("CM") * M0("CM")-PD0("CM") * E0("CM")));

CTR0("SL")=10 ** (-8) * Ctariff * ER * (sum(i,(epri("SL") * Oil0(i) * E0(i)/X0(i))/(PD0("SL") * D0("SL")+PM0("SL") * M0("SL")-PD0("SL") * E0("SL")));

CTR0("NG")=10 ** (-8) * Ctariff * ER * (sum(i,(epri("NG") * Gas0(i) * E0(i)/X0(i))/(PD0("NG") * D0("NG")+PM0("NG") * M0("NG")-PD0("NG") * E0("NG")));

CTR0(nn)=0;CTR0("EL")=0;

CES0=10 ** (-6) * (sum(i,(E0(i)/X0(i)) * (cemi("CM") * epri("CM") * Coal0(i) * oxir("CM")+cemi("SL") * epri("SL") * Oil0(i) * oxir("SL")+cemi("NG") * epri("NG") * Gas0(i) * oxir("NG")+cemi("EL") * epri("EL") * Elec0(i) * oxir("EL")+sum(n,cemi(n) * epri(n) * CD0(n) * oxir(n))));

Display

a, kshr, kdist, wdist, rhoEx, rhoQ, rhoX, rhoKE, sigmaenergy, sigmaKE, sigmaQ, sigmaX, AR0, CD0, Coal0, D0, Dk0, Dst0, E0, Elec0, energy0, EnSav0, EnTax0, EntoH0, ER0, ExSubi0, ExSub0, Fsav0, FxdInv0, GD0, GdTot0, DovSav0, GR0, GtoEn0, GtoH0, ID0, IndTaxi0. IndTax0, Int0, Invest0, Kd0, KE0, Ld0, M0, Gas0, Oil0, PD0, PE0, PK0, PM0, PQ0, Q0, R0, Saving0, Tariffi0, Tariff0, TotHSav0, TotHTax0, TotLs0, TotKs0, WtoG0,

WtoH0, X0, YH0, YK0, YL0, RCtariff0, CTR0, CES0;

* calibratio——————————————————————

Parameter

Aenergy(i), AEx(i), a(i,j) AKE(i), AQ(i), AX(i), cles(i), dstr(i), e_h, esub(i), etax, gles(i), , htax, itax(i), mps, mtax(i), alphacial(i), alphaE(i), alphaelec(i), alphaK(i), alphaKE(i), alphaM(i), alphagas(i), alphaoil(i), deltag, deltah, k_e, k_h, k_w, P_energy0(i), P_kel0(i), P_kel1(i), PWM0(i), PWE0(i), PWE1(i)

;

alphacoal(i)＝(Coal0(i) ** (1/sigmaenergy(i))/(Coal0(i) ** (1/sigmaenergy(i))＋Oil0(i) ** (1/sigmaenergy(i))＋ Gas0(i) ** (1/sigmaenergy(i))＋Elec0(i) ** (1/sigmaenergy(i)));

alphaoil(i)＝(Oil0(i) ** (1/sigmaenergy(i))/(Coal0(i) ** (1/sigmaenergy(i))＋Oil0(i) ** (1/sigmaenergy(i))＋ Gas0(i) ** (1/sigmaenergy(i))＋Elec0(i) ** (1/sigmaenergy(i)));

alphagas(i)＝(Gas0(i) ** (1/sigmaenergy(i))/(Coal0(i) ** (1/sigmaenergy(i))＋Oil0(i) ** (1/sigmaenergy(i))＋ Gas0(i) ** (1/sigmaenergy(i))＋Elec0(i) ** (1/sigmaenergy(i)));

alphaelec(i)＝(Elec0(i) ** (1/sigmaenergy(i))/(Coal0(i) ** (1/sigmaenergy(i))＋Oil0(i) ** (1/sigmaenergy(i))＋ Gas0(i) ** (1/sigmaenergy(i))＋Elec0(i) ** (1/sigmaenergy(i)));

Aenergy(i)＝(alphacoal(i) ** sigmaenergy(i)＋alphaoil(i) ** sigmaenergy(i)＋alphagas(i) ** sigmaenergy(i)＋alphaelec(i) ** sigmaenergy(i)) ** (1/(1－sigmaenergy(i)));

P_energy0(i)＝(1/Aenergy(i)) * (alphacoal(i) ** sigmaenergy(i) * PQ0("CM") ** (1－sigmaenergy(i))＋alphaoil(i) ** sigmaenergy(i) * PQ0("SL") ** (1－sigmaenergy(i))＋alphagas(i) ** sigmaenergy(i) * PQ0("NG") ** (1－sigmaenergy(i))＋ alphaelec(i) ** sigmaenergy(i) * PQ0("EL") ** (1－sigmaenergy(i))) ** (1/(1－sigmaenergy(i)));

alphaK(i)＝1/(1＋(P_energy0(i)/R0(i)) * (Energy0(i)/Kd0(i)) ** (1/sigmaKE(i)));

AKE(i)＝KE0(i)/(alphaK(i) * Kd0(i) ** rhoKE(i)＋(1－alphaK(i)) * Energy0(i) ** rhoKE(i)) ** (1/rhoKE(i));

P_ke0(i)＝(1/AKE(i)) * (alphaK(i) ** sigmaKE(i) * R0(i) ** (1－sigmaKE(i))＋(1－alphaK(i)) ** sigmaKE(i) * P_energy0(i) ** (1－sigmaKE(i))) ** (1/(1－sigmaKE(i)));

alphaKE(i)＝1/(1＋(W0(i)/P_KE0(i)) * (Ld0(i)/KE0(i)) ** (1/sigmaX(i)));

AX(i)＝X0(i)/(alphaKE(i) * KE0(i)) ** rhoX(i)＋(1－alphaKE(i)) * Ld0(i) ** rhoX(i)) ** (1/rhoX(i));

itax(i)＝IndTaxi0(i)/X0(i);

P_kel0(i)＝(1/AX(i)) * (alphaKE(i) ** sigmaX(i) * P_ke0(i) ** (1－sigmaX(i))＋(1－alphaKE(i)) ** sigmaX(i) * W0(i) ** (1－sigmaX(i))) ** (1/(1－sigmaX(i)));

k_e＝EnYK0/sum(i, YK0(i));

e_h＝EntoH0/EnYK0;

etax＝EnTax0/EnYK0;

k_h＝HYK0/sum(i, YK0(i));

htax＝TotHTax0/YH0;

mps＝TotHSav0/(YH0 * (1－htax));

cles(i)＝CD0(i)/sum(j, CD0(j));

mtax(i)＝Tariffi0(i)/(M0(i)－tariff0(i));

esub(i)＝ExSub0(i)/(PE0(i) * E0(i));

gles(i)＝GD0(i) * PQ0(i)/GdTot0;

alphaM(i)＝1/(1＋(D0(i)/M0(i)) ** (1/sigmaQ(i)));

AQ(i)＝Q0(i)/(alphaM(i) * M0(i) ** rhoQ(i)＋(1－alphaM(i)) * D0(i) ** rhoQ(i)) ** (1/rhoQ(i));

alphaE(i)＝1/(1＋(E0(i)/D0(i)) ** (1/sigmaEx(i)));

AEx(i)＝X0(i)/((alphaE(i) * E0(i) ** rhoEx(i)＋(1－alphaE(i)) * D0(i) ** D0(i) ** rhoEx(i)) ** (1/rhoEx(i)));

k_w＝WYK0/sum(i, YK0(i));

PWM0(i)＝PM0(i)/(1＋mtax(i))/ER0;

PWE0(i)＝PE0(i) ＊ (1－esub(i))/ER0;

PWE1(i)＝PE0(i)/(1＋esub(i))/er0;

deltag＝WtoG0/(sum(i,PWM0(i) ＊ ER0 ＊ M0(i))－sum(i,PWE0(i) ＊ ER0 ＊ E0(i)));

deltah＝WtoH0/(sum(i,PWM0(i) ＊ ER0 ＊ M0(i))－sum(i,PWE0(i) ＊ ER0 ＊ E0(i)));

dstr(i)＝Dst0(i)/X0(i);

Display

alphacoal, alphaoil, alphagas, alphaelec, Aerengy, alphaK, AKE, alphaKE, AX, itax, k_e, e_h, etax, k_h, htax, mps, cles, mtax, esub, gles, alphaM, AQ, alphaE, AEx, k_w, deltag, deltah, kshr, P_energy0, P_ke0, P_kel0, PWE0;

＊ Defining model system————————————————————————

variable

AR, CD(i), Coal(i), D(i), Dk(i), Dst(i), E(i), Elec(i), Energy(i), EnSav, EnTax, EntoH, ExSub, Fsav, Fxdinv, Gd(i), Gas(i), GDPVA, GdTot, GovSav, GR, GtoEn, GtoH, ID(i), IndTax, Int(i), Invest, Kd(i), KE(i), Ld(i), M(i), Oil(i), P_energy(i), P_ke(i), PD(i), PE(i), Pindex, Pk(i), PM(i), PQ(i), PX(i), Q(i), RGDP, R(i), Saving, Tariff, TotHSav, TotHTax, W(i), WL, WtoG, WtoH, X(i), YH, YK(i), YL(i), PWM(i), ER, PWE(i), TotLs, TotKs, omega, RCtariff, CTR(i), CES

;

Equations

＊　production block

eqCoal(i), eqOil(i), eqGas(i), eqElec(i), eqP_energy(i), eqKd(i), eqEnergy(i), eqP_ke(i), eqKE(i), eqLd(i), eqP_kel(i), eqInt1(nn), eqInt2, eqInt3, eqInt4, eqInt5, eqP_kel2(i),

＊　income and expenditure block

eqYL(i), eqYK(i), eqEnSav, eqEntoH, eqEnTax, eqYH, eqTotHSav, eqCD(i), eqGR, eqIndTax, eqTariff, eqTotHTax, eqGovSav, eqGD(i), eqExSub, eqGDPVA, eqRGDP, eqPIndex,

＊　foreign trade block

eqQ(i), eqM(i), eqPQ(i), eqPM(i), eqX(i), eqE(i), eqPX(i), eqPE(i),

＊　investment and capital block

eqFxdInv, eqDst(i), eqDK(i), eqPK(i), eqID(i),

＊　closure block

eqFsav, eqWtoH, eqWtoG, eqSaving,

＊　equilibrium block

eqQ2(i), eqW(i), eqTotLs, eqR(i), eqTotKs

＊　energy and environment block

eqRCtariff, eqCTR1, eqCTR2, eqCTR3, eqCTR4, eqCTR5(nn), eqCES,

＊　objective function

obj

;

＊　production block

eqCoal(i)..

Coal(i)＝e＝(1/Aenergy(i)) ＊＊ (1－sigmaenergy(i)) ＊ (alphacoal(i) ＊＊ sigmaenergy(i)) ＊ (P_energy(i)/PQ("CM"/(1＋renergyt"CM"))) ＊＊ sigmaenergy(i) ＊ Energy(i);

eqOil(i)..

Oil(i)＝e＝(1/Aenergy(i)) ＊＊ (1－sigmaenergy(i)) ＊ (alphaoil(i) ＊＊ sigmaenergy(i)) ＊ (P_energy(i)/PQ("SL"/(1＋renergyt"SL"))) ＊＊ sigmaenergy(i) ＊ Energy(i);

eqGas(i)..

Gas(i)＝e＝(1/Aenergy(i)) ＊＊ (1－sigmaenergy(i)) ＊ (alphagas(i) ＊＊ sigmaenergy(i)) ＊ (P_energy(i)/PQ

("NG"/(1＋renergyt"NG"))) ** sigmaenergy(i) * Energy(i);

eqElec(i)..

Elec(i)=e=(1/Aenergy(i)) ** (1－sigmaenergy(i)) * (alphaelec(i) ** sigmaenergy(i)) * (P_energy(i)/PQ

("EL"/(1＋renergyt"EL"))) ** sigmaenergy(i) * Energy(i);

eqP_energy(i)..

P_energy(i)=e=(1/Aenergy(i)) * (alphacoal(i) ** sigmaenergy(i) * PQ("CM") * (1＋renergyt("CM"))) *

* (1－sigmaenergy(i))+alphaoil(i) ** sigmaenergy(i) * PQ("SL") * (1＋renergyt("SL"))) ** (1－sigmaener-

gy(i))+alphagas(i) ** sigmaenergy(i) * PQ("NG") * (1＋renergyt("NG"))) ** (1－sigmaenergy(i))+al-

phaelec(i) ** sigmaenergy(i) * PQ("EL") * (1＋renergyt("EL"))) ** (1－sigmaenergy(i))) ** (1/(1－sig-

maenergy(i)));

eqKd(i)..

Kd(i)=e=(1/AKE(i)) ** (1－sigmaKE(i)) * alphaK(i) ** sigmaKE(i) * (P_ke(i)/R(i)) ** sigmaKE(i) *

KE(i);

eqEnergy(i)..

Energy(i)=e=(1/AKE(i)) ** (1－sigmaKE(i)) * (1－alphaK(i)) ** sigmaKE(i) * (P_ke(i)/P_energy(i))

** sigmaKE(i) * KE(i);

eqP_ke(i)..

P_ke(i)=e=(1/AKE(i)) ** (alphaK(i) ** sigmaKE(i) * R(i) ** (1－sigmaKE(i))+(1－alphaK(i)) ** sig-

maKE(i) * P_energy(i) ** (1－sigmaKE(i))) ** (1/(1－sigmaKE(i)));

eqKE(i)..

KE(i)=e=(1/AX(i)) ** (1－sigmaX(i)) * alphaKE(i) ** sigmaX(i) * (P_kel(i)/P_ke(i)) ** sigmaX(i) * X

(i);

eqLd(i)..

Ld(i)=e=(1/AX(i)) ** (1－sigmaX(i)) * alphaKE(i) ** sigmaX(i) * (P_kel(i)/W(i)) ** sigmaX(i) * X(i);

eqP_kel(i)..

P_kel(i)=e=(1/AX(i)) * (alphaKE(i) ** sigmaX(i) * P_ke(i) ** (1－sigmaX(i))+(1－alphaKE(i)) ** sig-

maX(i) * W(i) ** (1－sigmaX(i))) ** (1/(1－sigmaX(i)));

eqInt1(nn)..

Int(nn)=e=sum(j, a(nn, j) * X(j));

eqInt2..

Int("CM")=e=sum(j, Coal(j));

eqInt3..

Int("SL")=e=sum(j, Oil(j));

eqInt4..

Int("NG")=e=sum(j, Gas(j));

eqInt5..

Int("EL")=e=sum(j, Elec(j));

eqP_kel2(i)..

P_kel(i)=e=PX(i) * (1－itax(i))－sum(nn, a(nn, i) * PQ(nn) * (1＋renergyt(nn)));

*   income and expenditure block

eqYL(i)..

YL(i)=e=W(i) * Ld(i);

eqYK(i)..

YK(i)=e=R(i) * Kd(i);

eqEnSav..

EnSav=e=k_e * sum(i, YK(i))+GtoEn－EnTax－EntoH;

eqEntoH..

```
EntoH=e=e_h * k_e * sum(i, YK(i));
eqEnTax..
EnTax=e=etax * k_e * sum(i, YK(i));
eqYH..
YH=e=sum(i, YL(i))+k_h * sum(i, YK(i))+EntoH+GtoH+WtoH;
eqTotHSav..
TotHSav=e=mps * YH * (1−htax);
eqCD(i)..
CD(i)=e=YH * (1−htax) * (1−mps) * cles(i)/(PQ(i) * (1+renergyt(i)));
eqGR..
GR=e=IndTax+Tariff+TotHTax+EnHTax+EnTax+WtoG+renergy;
eqIndTax..
IndTax=e=sum(i, itax(i) * PX(i) * X(i));
eqTariff..
Tariff=e=sum(i, mtax(i) * PWM(i) * ER * M(i));
eqTotHTax..
TotHTax=e=htax * YH;
eqGovSav..
GovSav=e=GR−GtoEn−GtoH−ExSub−GdTot;
eqGD(i)..
GD(i)=e=gles(i) * GdTot/PQ(i);
eqExSub..
ExSub=e=sum(i, esub(i) * PE(i) * E(i));
eqGDPVA..
GDPVA=e=sum(i, YK(i)+YL(i))+IndTax+Tariff−ExSub;
eqRGDP..
RGDP=e=sum(i, CD(i)+GD(i)+ID(i)+DST(i)+PWE(i) * ER * E(i)−PWM(i) * ER * M(i));
eqPIndex..
PIndex=e=GDPVA/RGDP;
* foreign trade block
eqQ(i)..
Q(i)=e=AQ(i) * (alphaM(i) * M(i) ** rhoQ(i)+(1−alphaM(i)) * D(i) ** rhoQ(i)) ** (1/rhoQ(i));
eqM(i)..
M(i)=e=D(i) * (alphaM(i)/(1−alphaM(i)) * PD(i)/PM(i)) ** sigmaQ(i);
eqPQ(i)..
PQ(i)=e=(PM(i) * M(i)+PD(i) * D(i)/Q(i);
eqPM(i)..
PM(i)=e=PWM(i) * (1+mtax(i)) * ER;
eqX(i)..
X(i)=e=AEx(i) * (alphaE(i) * E(i) ** rhoEx(i)+(1−alphaE(i)) * D(i) ** rhoEx(i)) ** (1/rhoEx(i));
eqE(i)..
E(i)=e=D(i) * (((1−alphaE(i))/alphaE(i)) * (PE(i)/PD(i))) ** sigmaEx(i);
eqPX(i)..
PX(i)=e=(PE(i) * E(i)+PD(i) * D(i))/X(i);
eqPE(i)..
PE(i)=e=PWE(i) * ER/(1−esub(i));
* investment and capital block
```

eqFxdInv..

FxdInv＝e＝Invest－sum(i, Dst(i) ∗ PQ(i));

eqDst(i)..

Dst(i)＝e＝dstr(i) ∗ X(i);

eqDK(i)..

DK(i)＝e＝FxdInv ∗ kshr(i)/PK(i);

eqPK(i)..

PK(i)＝e＝sum(j, sf(j, i) ∗ PQ(j));

eqID(i)..

ID(i)＝e＝sum(j, sf(j, i) ∗ DK(i));

∗ closure block

eqFsav..

Fsav＝e＝sum(i, PWM(i) ∗ ER ∗ M(i))＋k_w ∗ sum(i, YK(i))－sum(i, PWE(i) ∗ ER ∗ E(i))－WtoH－WtoG;

eqWtoH..

WtoH＝e＝deltah ∗ (sum(i, PWM(i) ∗ ER ∗ M(i))－sum(i, PWE(i) ∗ ER ∗ E(i)));

eqWtoG..

WtoG＝e＝deltag ∗ (sum(i, PWM(i) ∗ ER ∗ M(i))－sum(i, PWE(i) ∗ ER ∗ E(i)));

eqSaving..

Saving＝e＝TotHSav＋GovSav＋EnSav＋Fsav;

∗ equilibrium block

eqQ2(i)..

Q(i)＝e＝Int(i)＋CD(i)＋GD(i)＋ID(i)＋Dst(i);

eqW(i)..

W(i)＝e＝wdist(i) ∗ WL;

eqTotLs..

TotLs＝e＝sum(i, Ld(i));

eqR(i)..

R(i)＝e＝kdist(i) ∗ AR;

eqTotKs..

TotKs＝e＝sum(i, Kd(i));

∗ energy and environment block

eqRCtariff..

RCtariff＝e＝10 ∗∗ (－8) ∗ ER ∗ CES;

eqCTR1..

CTR("CM")＝e＝10 ∗∗ (－8) ∗ Ctariff ∗ ER ∗ (sum(i, (epri("CM") ∗ Coal(i) ∗ E(i)/X(i))/(PD("CM") ∗ D("CM")＋PM("CM") ∗ M("CM")－PD("CM") ∗ E("CM"));

eqCTR2..

CTR0("SL")＝e＝10 ∗∗ (－8) ∗ Ctariff ∗ ER ∗ (sum(i, (epri("SL") ∗ Oil(i) ∗ E(i)/X(i))/(PD("SL") ∗ D("SL")＋PM("SL") ∗ M("SL")－PD("SL") ∗ E("SL"));

eqCTR3..

CTR("NG")＝e＝10 ∗∗ (－8) ∗ Ctariff ∗ ER ∗ (sum(i, (epri("NG") ∗ Gas(i) ∗ E(i)/X(i))/(PD("NG") ∗ D("NG")＋PM("NG") ∗ M("NG")－PD("NG") ∗ E("NG")));

eqCTR4..

CTR("EL")＝e＝0;

eqCTR5(nn)..

CTR(nn)＝e＝0;

eqCES. .

CES＝e＝10 ** (−6) * (sum(i, (E(i)/X(i)) * (cemi("CM") * epri("CM") * Coal(i) * oxir("CM")＋cemi("SL") * epri("SL") * Oil(i) * oxir("SL")＋cemi("NG") * epri("NG") * Gas(i) * oxir("NG")＋cemi("EL") * epri("EL") * Elec(i) * oxir("EL")) ;

* objective function

obj. .

omega＝e＝prod(iMYMgles(i), GD(i) ** gles(i)) ;

* Initializing variables————————————————————————

CD. 1(i)＝CD0(i) ;

Coal. 1(i)＝Coal0(i) ; D. 1(i)＝D0(i) ; Dk. 1(i)＝Dk0(i) ; Dst. 1(i)＝Dst0(i) ; E. 1(i)＝E0(i) ; Elec. 1(i)＝Elec0(i) ; EnSav. 1＝EnSav0 ; EnTax. 1＝EnTax0 ; EntoH. 1＝EntoH0 ; ExSub. 1＝ExSub0 ; Fsav. 1＝Fsav0 ; FxdInv. 1＝FxdInv0 ; Gas. 1(i)＝Gas0(i) ; GD. 1(i)＝GD0(i) ; GdTot. 1＝GdTot0 ; GovSav. 1＝GovSav0 ; GR. 1＝GR0 ; GtoEn. 1＝GtoEn0 ; GtoH. 1＝GtoH0 ; ID. 1(i)＝ID0(i) ; IndTax. 1＝IndTax0 ; Invest. 1＝Invest0 ; Kd. 1(i)＝Kd0(i) ; KE. 1(i)＝KE0(i) ; Ld. 1(i)＝Ld0(i) ; M. 1(i)＝M0(i) ; Oil. 1(i)＝Oil0(i) ; PE. 1(i)＝PE0(i) ; PK. 1(i)＝PK0(i) ; PM. 1(i)＝PM0(i) ; PQ. 1(i)＝PQ0(i) ; PD. 1(i)＝PD0(i) ; Q. 1(i)＝Q0(i) ; Saving. 1＝Saving0 ; Tariff. 1＝Tariff0 ; TotHSav. 1＝TotHSav0 ; TotHTax. 1＝TotHTax0 ; TotLs. 1＝TotLs0 ; TotKs. 1＝TotKs0 ; w. 1(i)＝w0(i) ; WtoG. 1＝WtoG0 ; WtoH. 1＝WtoH0 ; X. 1(i)＝X0(i) ; YH. 1＝YH0 ; YK. 1＝YK0 ; YL. 1＝YL0 ; R. 1＝R0 ; Int. 1(i)＝Int0(i) ; P_energy. 1(i)＝P_energy0(i) ; P_ke. 1(i)＝P_ke0(i) ; P_kel. 1(i)＝P_kel0(i) ; PX. 1(i)＝PX0(i) ; RCtariff. 1＝RCtariff0 ; CTR. 1(i)＝CTR0(i) ; CES. 1＝CES0 ;

* Setting lower bounds to avoid division by zero——————————

PQ. lo(i)＝0. 00001 ; R. lo＝0. 00001 ; P_ke. lo(i)＝0. 00001 ; W. lo(i)＝0. 00001 ; PM. lo(i)＝0. 00001 ; Q. lo(i)＝0. 00001 ; PD. lo(i)＝0. 00001 ; X. lo(i)＝0. 00001 ; PK. lo(i)＝0. 00001 ; RGDP. lo＝0. 00001 ; P_energy. lo(i)＝0. 00001 ; P_kel. lo(i)＝0. 00001 ; M. lo(i)＝0. 00001 ; D. lo(i)＝0. 00001 ; E. lo(i)＝0. 00001 ;

* #################### exogenous variable assignment ####################

Fsav. fx＝Fsav0 ; PWM. fx(i)＝PWM0(i) ; PWE. FX(i)＝PWE0(i) ; ER. FX＝ER0 ; TotLs. fx＝TotLs0 ; TotKs. fx＝TotKs0 ; GtoEn. fx＝GtoEn0 ; GtoH. fx＝GtoH0 ; GdTot. fx＝GdTot0 ;

* Defining and solving the model————————————————————————

Model MYCGE/all/ ;

Solve MYCGE using NLP maximizing omega ;

Display

AR. 1, CD. 1, Coal. 1, D. 1, Dk. 1, Dst. 1, E. 1, Elec. 1, Energy. 1, EnSav. 1, EnTax. 1, EntoH. 1, ExSub. 1, Fsav. 1, Fxdinv. 1, Gas. 1, Gd. 1, GDPVA. 1, GdTot. 1, GovSav. 1, GR. 1, GtoEn. 1, GtoH. 1, ID. 1, IndTax. 1, Int. 1, Invest. 1, Kd. 1, KE. 1, Ld. 1, M. 1, Oil. 1, P_energy. 1, P_ke. 1, P_kel. 1, PD. 1, PE. 1, PIndex. 1, Pk. 1, PM. 1, PQ. 1, PX. 1, Q. 1, RGDP. 1, R. 1, Saving. 1, Tariff. 1, TotHSav. 1, TotHTax. 1, W. 1, WL. 1, WtoG. 1, WtoH. 1, X. 1, YH. 1, YK. 1, YL. 1, PWM. 1, ER. 1, PWE. 1, TotLs. 1, TotKs. 1, omega. 1, RCtariff. 1, CTR. 1, CES. 1 ;

* Welfare measure: Hicksian equivalent variations——————————————

Parameter

EV　　　　Hicksian equivalent variations ;

EV＝sum(i, PQ0(i) * CD. 1(i))−sum(i, PQ0(i) * CD0(i)) ;

Display EV ;

参 考 文 献

[1] 包群，彭水军．经济增长与环境污染 [J]．世界经济，2006，11：48—58.

[2] 鲍勤，汤铃，杨列勋．美国征收碳关税对中国的影响：基于可计算一般均衡模型的分析 [J]．管理评论，2010，22（6）：25—33.

[3] 曹冬艳，杨天开．碳关税对高耗能产品贸易的影响——基于大国关税模型的局部均衡分析 [J]．黑龙江对外经贸，2011（3）：11—13.

[4] 曹静．走低碳发展之路：中国碳税政策的设计及模型分析 [J]．金融研究，2009（12）：19—29.

[5] 曹俊文．工业对外贸易中能源间接进出口量的测算与分析 [J]．江西财经大学学报，2009（1）：16—19.

[6] 陈刚．FDI 竞争、环境规制与污染避难所——对中国式分权的反思 [J]．世界经济研究，2009，6：3—9.

[7] 陈静．2050 中国能源和碳排放报告 [J]．中国石油和化工，2009（11）：40—41.

[8] 陈诗一．能源消耗、二氧化碳排放与中国工业的可持续发展 [J]．经济研究，2009，4：41—55.

[9] 陈诗一．中国碳排放强度的波动下降模式及经济解释 [J]．世界经济，2011，4：124—144.

[10] 陈钊，陆铭，金煜．中国人力资本和教育发展的区域差异：对于面板数据的估算 [J]．世界经济，2004，12：25—32.

[11] 程永明．中日 CDM 项目合作：现状及对策 [J]．国际经济合作，2009（6）：65.

[12] 丁一汇，任国玉，石广玉．气候变化国家评估报告 [M]．北京：科学出版社，2007.

[13] 丁仲礼，段晓男．国际温室气体减排方案评估及中国长期排放权讨论 [J]．中国科学 D 辑：地球科学，2009，39（12）：1659—1671.

[14] 东艳．全球气候变化博弈中的碳边界调节措施研究 [J]．世界经济与政治，2010（7）：65—82.

[15] 段茂盛，庞韬. 碳排放权交易体系的基本要素 [J]. 中国人口资源与环境，2013，23 (3)：110－117.

[16] 段茂盛. 发展绿色能源应对气候变化 [J]. 环境保护，2007 (06A)：55－57.

[17] 段琼，姜太平. 环境标准对国际贸易竞争力的影响——中国工业部门的实证分析 [J]. 国际贸易问题，2002 (12)：48－51.

[18] 樊纲，苏铭，曹静. 最终消费与碳减排责任的经济学分析 [J]. 经济研究，2010，1 (4)：14.

[19] 樊纲. 不如我们自己先征碳关税 [J]. 资源再生，2009 (9)：40－41.

[20] 樊纲. 走向低碳发展：中国与世界. 中国经济出版社，2010.

[21] 樊海潮. 技术进步与环境质量：个体效用的作用分析 [J]. 世界经济文汇，2009，1：50－57.

[22] 范金，万兴. 投入产出表和社会核算矩阵更新研究评述 [J]. 数量经济技术经济研究，2007 (5)：151－159.

[23] 傅京燕，张珊珊. 基于可持续发展的我国对外贸易的物质流分析 [J]. 中国人口资源与环境，2010，20 (11)：72－76.

[24] 傅京燕，张珊珊. 碳排放约束下中国外贸发展方式转变之研究——基于进出口隐含二氧化碳排放的视角. 国际贸易问题，2011 (8)：110－121.

[25] 傅京燕. 气候变化与经济发展方式转变 [J]. Urban Insight，2010 (2)：111－117.

[26] 高广生. 气候变化和碳排放权分配 [J]. 气候变化研究进展，2007：87－91.

[27] 高金田，孙丽燕. WTO框架下的绿色壁垒对我国水产品出口的影响及对策 [J]. 海洋信息，2007 (1)：22－25.

[28] 顾阿伦，何建坤，周玲玲等. 中国进出口贸易中的内涵能源及转移排放分析 [J]. 清华大学学报：自然科学版，2010 (9)：1456－1459.

[29] 关丽娟，乔晗，赵鸣等. 我国碳排放权交易及其定价研究——基于影子价格模型的分析 [J]. 价格理论与实践，2012 (4)：83－84.

[30] 郭庆旺，贾俊雪. 政府公共资本投资的长期经济增长效应 [J]. 经济研究，2006，7：29－40.

[31] 郭庆旺，贾俊雪. 中国全要素生产率的估算：1979－2004 [J]. 经济研究，2005，6：51－60.

[32] 郭印，王敏洁. 国际低碳经济发展现状及趋势 [J]. 生态经济，2009 (11)：58－61.

[33] 国务院发展研究中心课题组．全球温室气体减排：理论框架和解决方案 [J]．经济研究，2009 (3)：4—13．

[34] 韩玉军，陆旸．经济增长与环境的关系——基于二氧化碳环境库兹涅茨曲线的实证研究．经济理论与经济管理，2009 (3)：5—11．

[35] 何建坤，陈文颖，滕飞等．全球长期减排目标与碳排放权分配原则 [J]．气候变化研究进展，2009 (6)：362—368．

[36] 何建坤，刘滨，陈迎等．气候变化国家评估报告（Ⅲ）：中国应对气候变化对策的综合评价 [J]．气候变化研究进展，2006，2 (4)：147—153．

[37] 何建坤，刘滨．我国减缓碳排放的近期形势与远期趋势分析 [J]．中国人口资源与环境，2006，16 (6)：153—157．

[38] 何建坤．中国的能源发展与应对气候变化 [J]．中国人口．资源与环境，2011，21 (10)：40—48．

[39] 何洁．国际贸易对环境的影响，中国各省的二氧化硫（SO_2）工业排放 [J]．经济学，2010，9 (2)：45—422．

[40] 何志毅．中国企业跨国并购10大案例 [M]．上海交通大学出版社，2010．

[41] 贺菊煌，沈可挺，徐嵩龄．碳税与二氧化碳减排的CGE模型 [J]．数量经济技术研究，2002 (10)：39—47．

[42] 贺菊煌，沈可挺，徐嵩龄．碳税对中国国民经济的影响：基于CGE模型的实证分析 [R]．中国社会科学院环境与发展研究中心工作论文，2001．

[43] 黄菁，陈霜华．环境污染治理与经济增长：模型与中国的经验研究 [J]．南开经济研究，2011，1：142—152．

[44] 黄凌云，李星．美国拟征收碳关税对我国经济的影响——基于GTAP模型的实证分析 [J]．国际贸易问题，2010 (11)：93—98．

[45] 黄敏，蒋琴儿．外贸中隐含碳的计算及其变化的因素分解 [J]．上海经济研究，2010 (3)：68—76．

[46] 黄敏，刘剑锋．外贸隐含碳排放变化的驱动因素研究——基于IO SDA模型的分析 [J]．国际贸易问题，2011 (4)：94—103．

[47] 黄庆波，赵忠秀．世界制造业向中国转移与环境污染——基于协整理论与格兰杰因果关系检验 [J]．中央财经大学学报，2011 (3)：44—49．

[48] 黄英娜，张巍，王学军．环境CGE模型中生产函数的计量经济估算与选择 [J]．环境

科学学报，2003，23（3）：350—354．

[49] 霍建国．世界经济格局变化及中国的新机遇 [J]．国际经济评论，2012（5）：38—44．

[50] 解振华．积极应对气候变化，加快经济发展方式转变 [J]．国家行政学院学报，2010
（1）：8—14．

[51] 静振杰．中国对外贸易中隐含碳排放分析 [D]．黑龙江：哈尔滨工业大学，2013：25—37．

[52] 李斌，赵新华．经济结构、技术进步与环境污染——基于中国工业行业数据的分析
[J]．财经研究，2011，4：112—122．

[53] 李丁，汪云林，牛文元．出口贸易中的隐含碳计算——以水泥行业为例 [J]．生态经
济，2009（2）：58—60．

[54] 李国志，李宗植．人口、经济和技术对二氧化碳排放的影响分析——基于动态面板模
型 [J]．人口研究，2010，34（3）：32—39．

[55] 李继峰，张亚雄．基于CGE模型定量分析国际贸易绿色壁垒对我国经济的影响——以
发达国家对我国出口品征收碳关税为例 [J]．国际贸易问题，2012（5）：105—118．

[56] 李京文．人类文明的原动力：科技进步与经济发展 [M]．陕西人民教育出版社，
1997．

[57] 李静云．“碳关税”重压下的中国战略 [J]．环境经济，2009（9）：33—37．

[58] 李凯杰，曲如晓．技术进步对碳排放的影响——基于升级动态面板的经验研究 [J]．
北京师范大学学报（社会科学版），2012，5：129—139．

[59] 李凯杰，曲如晓．技术进步对中国碳排放的影响——基于向量误差修正模型的实证研
究 [J]．中国软科学，2012，6：51—58．

[60] 李凯杰，曲如晓．中国对外贸易可持续发展影响因素的实证研究 [J]．经济学家，
2012，7：53—61．

[61] 李凯杰．技术进步，二氧化碳排放与环境政策：理论和实证研究 [D]．北京：北京师
范大学，2013．

[62] 李锴，齐绍洲．贸易开放，经济增长与中国二氧化碳排放 [J]．经济研究，2011（11）：
60—72．

[63] 李坤望，孙玮．我国进出口贸易中的能源含量分析 [J]．世界经济研究，2008（2）：3—7．

[64] 李勤．中国贸易自由化的环境效应——基于1993—2005年省际面板数据的研究 [D]．
合肥：合肥工业大学，2010．

[65] 李威．论国际环境法的科技生态化目标——以应对气候变化为视角（下）[J]．世界贸易

组织动态与研究：上海对外贸易学院学报，2009（6）：8—14.

[66] 李小平，卢现祥．国际贸易、污染产业转移和中国工业二氧化碳排放 [J]．经济研究，2010，1：15—26.

[67] 李永友，沈坤荣．中国污染控制政策的减排效果——基于省际工业污染数据的实证分析 [J]．管理世界，2008，7：7—17.

[68] 梁霄．国际资本流动的历史及发展趋势 [J]．现代商业，2012（6）：100—100.

[69] 廖玫，戴嘉，国际碳排放贸易的市场格局及其准入条件研究 [J]．财贸研究，2008，19（1）：67—72.

[70] 廖宁．我国纺织品和服装出口障碍中的绿色贸易壁垒分析 [J]．当代亚太，2005（12）：13—17.

[71] 林伯强，蒋竺均．中国二氧化碳的环境库兹涅茨曲线预测及影响因素分析 [J]．管理世界，2009，4：27—37.

[72] 林伯强，刘希颖．中国城市化阶段的碳排放：影响因素和减排策略 [J]．经济研究，2010（8）：66—78.

[73] 林伯强，牟敦国．能源价格对宏观经济的影响——基于可计算一般均衡（CGE）的分析 [J]．经济研究，2008（11）：88—101.

[74] 刘春燕，毛瑞谦，罗青．气候变化对旅游影响的研究进展 [J]．旅游学刊，2010（2）：94；91—96.

[75] 刘丹鹤，彭博，黄海思．低碳技术是否能成为新一轮经济增长点 [J]．经济理论与经济管理，2010，4：12—18.

[76] 刘辉，赵琳晶．我国出口贸易所面临的绿色壁垒综述 [J]．北方经济：综合版，2006（6）：60—61.

[77] 刘林奇．我国对外贸易环境效应理论与实证分析 [J]．国际贸易问题，2009，3：70—77.

[78] 刘庆林，高越，韩军伟．国际生产分割的生产率效应 [J]．经济研究，2010，2：32—43.

[79] 刘世锦，张永生．全球温室气体减排：理论框架和解决方案 [J]．经济研究，2009（3）：4—13.

[80] 刘奕均．低碳经济背景下实现中国经济可持续发展的思路 [J]．价格理论与实践，2009（10）：29—30.

[81] 卢授永，杨晓光．国际贸易中的绿色瓶颈制约及其对策——透视国际贸易中的环境贸易壁垒 [J]．国际贸易问题，2003（1）：42—45.

[82] 陆旸，郭路．环境库兹涅茨"倒 U 型"曲线和环境支出的 S 型曲线：一个新古典增长框架下的理论解释 [J]．世界经济，2008（12）：82—92.

[83] 吕维霞，李茹，屠新泉．新形势下政府气候变化政策对国际贸易的影响 [J]．北京林业大学学报：社会科学版，2010（4）：65—72.

[84] 马建平，曲如晓．开放条件下的环境技术效应决定因素实证研究 [J]．财贸经济，2010（11）：138—144.

[85] 马晓钰，郭莹莹，李强谊．中国二氧化碳排放影响因素分析 [J]．2013，15（5）：94—99.

[86] 毛中根，洪涛．政府消费与经济增长：基于 1985～2007 年中国省际面板数据的实证分析 [J]．统计研究，2009，8：24—31.

[87] 茅于轼．现代经济学前沿专题（第二辑）[C]．北京：商务印书馆，1993：107—138.

[88] 梅永红．中国创新型企业发展报告 2010 [M]．北京：经济管理出版社，2010.

[89] 倪海华．碳关税壁垒对中国出口贸易的影响及法律对策——以浙江出口贸易为视角 [J]．中国商贸，2012，11：108.

[90] 潘家华，陈迎．碳预算方案：一个公平、可持续的国际气候制度框架 [J]．中国社会科学，2009（5）：85—93.

[91] 潘家华，庄贵阳，马建平．低碳技术转让面临的挑战与机遇 [J]．华中科技大学学报（社会科学版），2010，4：85—90.

[92] 潘家华．英国低碳发展的激励措施及其借鉴 [J]．中国经贸导刊，2006（18）：51—53.

[93] 彭建新．绿色贸易壁垒对我国农产品贸易的影响 [J]．经济论坛，2006（5）：44—45.

[94] 彭水军，刘安平．中国对外贸易的环境影响效应：基于环境投入——产出模型的经验研究 [J]．世界经济，2010，5：140—160.

[95] 彭水军，张文城．多边贸易体制视角下的全球化气候变化问题分析 [J]．国际商务——对外经济贸易大学学报，2011（3）：5—15.

[96] 齐晔，李惠民，徐明．中国进出口贸易中的隐含碳估算 [J]．中国人口资源与环境，2008，18（3）：8—13.

[97]《气候变化国家评估报告》编写委员会．气候变化国家评估报告 [M]．北京：科学出版社，2007.

[98] 秦大河．适应气候变化是更紧迫的选择 [N]．21 世纪经济报道，2012—2—21.

[99] 邱嘉锋，梁宵．"碳关税"对中国外贸出口的影响及对策建议 [J]．经济学动态，

2012 (8)：42—45.

[100] 邱亦维，杨刚．绿色贸易壁垒对中国林产品出口的影响及对策 [J]．国际贸易问题，2007 (5)：23—28.

[101] 曲如晓，江锋．人口规模，结构对区域碳排放的影响研究——基于中国省级面板数据的经验分析 [J]．人口与经济，2012 (2)：10—17.

[102] 曲如晓，马建平．贸易与气候变化：国际贸易的新热点 [J]．国际贸易，2009 (7)：39—42.

[103] 曲如晓，吴洁．碳关税的福利效应研究 [J]．中国人口资源与环境，2011 (4)：37—42.

[104] 曲如晓，吴洁．国际碳市场的发展以及对中国的启示 [J]．国外社会科学，2010 (6)：57—63.

[105] 曲如晓，吴洁．碳排放权交易的环境效应及对策研究 [J] 北京师范大学学报（社会科学版），2009 (6)：127—134.

[106] 申萌，李凯杰，曲如晓．技术进步、经济增长与二氧化碳排放：理论和经验研究 [J]．世界经济，2012，7：83—100.

[107] 申萌．经济增长与灾难性气候变化 [D]．北京：北京师范大学，2012.

[108] 沈可挺，贺菊煌，徐嵩龄．中国实施 CDM 项目的二氧化碳减排资源：一种经济—技术—能源—环境条件下 CGE 模型的评估 [J]．中国软科学，2002，7：109—114.

[109] 沈可挺，李钢．碳关税对中国工业品出口的影响——基于可计算一般均衡模型的评估 [J]．财贸经济，2010 (1)：75—82.

[110] 沈可挺．CGE 模型在全球温室气体减排中国国家战略研究中的应用分析 [D]．北京：中国社会科学院，2002.

[111] 石敏俊，周昇吕．低碳技术发展对中国实现减排目标的作用 [J]．管理评论，2010，6：48—53.

[112] 舒元，才国伟．中国省际技术进步及其空间扩散分析 [J]．经济研究，2007 (6)：106—118.

[113] 孙建卫，赵荣钦，黄贤金，陈志刚．1995—2005 年中国碳排放核算及其因素分解研究 [J]．自然资源学报，2010，25 (8)：1284—1296.

[114] 孙敬水，陈稚蕊，李志坚．中国发展低碳经济的影响因素研究——基于扩展的 STIRPAT 模型分析 [J]．审计与经济研究，2011，26 (4)：85—93.

[115] 孙同瑜，赵银德．绿色壁垒对我国农产品出口贸易的影响及对策研究 [J]．安徽农业科学，2008，36 (3)：1232—1233.

[116] 汤向俊.资本深化、人力资本积累与中国经济持续增长 [J].世界经济,2006,8:57—64.

[117] 唐涛.浅析碳关税对中国经济造成的影响和应对策略 [J].中国市场,2010 (32):36—37.

[118] 佟家栋.对外贸易依存度与中国对外贸易的利益分析 [J].南开学报:哲学社会科学版,2006 (6):16—22.

[119] 王灿.基于动态 CGE 模型的中国气候政策模拟与分析 [D].北京:清华大学,2004.

[120] 王锋,吴丽华,杨超.中国经济发展中碳排放增长的驱动因素研究 [J].经济研究,2010,2:123—137.

[121] 王海鹏.对外贸易与我国碳排放关系的研究 [J].国际贸易问题,2010,7:3—8.

[122] 王火根,沈利生.中国经济增长与能源消费空间面板分析 [J].数量经济技术经济研究,2007,12 (1):98—107.

[123] 王家玮.我国碳排放权市场发展路径之研究 [J].对外经济贸易大学学报:国际商务版,2011 (3):37—46.

[124] 王洛林.日本经济与中日经贸关系发展报告 [M].北京:社会科学文献出版社,2008.

[125] 王娜,张瑾,王震等.基于能源消耗的我国国际贸易实证研究 [J].国际贸易问题,2007 (8):9—14.

[126] 王文军,赵黛青,陈勇.中国低碳技术的现状、问题与发展模式研究 [J].中国软科学,2011,12:84—91.

[127] 王小鲁,樊纲,刘鹏.中国经济增长方式转换和增长可持续性 [J].经济研究,2009,1:4—16.

[128] 王咏梅.绿色贸易壁垒对水产品出口的影响效应分析——以浙江省为例 [J].国际贸易问题,2011 (4):65—74.

[129] 王媛,魏本勇,方修琦等.基于 LMDI 方法的中国国际贸易隐含碳分解 [J].中国人口资源与环境,2011,21 (2):141—146.

[130] 隗斌贤,顾继红,黄敏.基于 IO—SDA 模型的浙江省外贸隐含碳影响因素分析 [J].统计研究,2012 (1):101—105.

[131] 魏本勇,方修琦,王媛,杨会民,张迪.基于投入产出分析的中国国际贸易碳排放研究 [J].北京师范大学学报(自然科学版),2009 (4):413—419.

[132] 魏本勇,王媛,杨会民等.国际贸易中的隐含碳排放研究综述 [J].世界地理研究,2010,19 (2):138—147.

[133] 魏巍贤,杨芳.技术进步对中国二氧化碳排放的影响 [J].统计研究,2010,27 (7):36—44.

[134] 魏一鸣,范英,韩智勇等.中国能源报告 (2006):战略与政策研究 [M].北京:科学出版社,2006,225—253.

[135] 魏一鸣.欧盟排放交易体系对我国的启示 [J].科学时报,2009.

[136] 沃西里·里昂惕夫.投入产出经济学 [M].北京:商务印书馆,1980.

[137] 吴洁,蒋琪.国际贸易中的碳标签 [J].国际经济合作,2009 (7):82—85.

[138] 吴洁.碳关税的贸易与环境效应及我国的应对机制研究 [D].北京:北京师范大学,2012.

[139] 吴献金,邓杰.贸易自由化、经济增长对二氧化碳排放的影响 [J].中国人口资源与环境,2011 (1):43—48.

[140] 席艳乐,孙小军,王书飞.气候变化与国际贸易关系研究评述 [J].经济学动态,2011 (10):131—136.

[141] 夏蓉.中国进出口贸易中隐含碳排放量分析——基于投入产出模型 [J].中南财经政法大学研究生学报,2010,6:017.

[142] 谢来辉,陈迎.碳泄漏问题评析 [J].气候变化研究进展,2007 (4):214—219.

[143] 熊芙蓉.国际贸易中绿色贸易壁垒的应对策略 [J].生产力研究,2012 (2):158—160.

[144] 熊艳.基于省际数据的环境规制与经济增长关系 [J].中国人口.资源与环境,2011,5:126—131.

[145] 熊焰.低碳之路:重新定义世界和我们的生活 [M].中国经济出版社,2010.

[146] 徐冬青.发达国家发展低碳经济的做法与经验借鉴 [J].世界经济与政治论坛,2009 (6):112—116.

[147] 许广月.气候变化视阈下中国贸易发展方式的低碳转型 [J].西部论坛,2012,22 (1):81—87.

[148] 宣晓伟.用 CGE 模型分析征收硫税对中国经济的影响 [D].北京:北京大学,2003.

[149] [英] 亚当·斯密.国富论 [M].郭大力,王亚南译.上海三联书店,2009.

[150] 闫云凤,甘爱平.国际贸易对气候变化的影响研究综述 [J].会计与经济研究,2012,

2：91—95.

[151] 闫云凤，杨来科. 中国出口隐含碳增长的影响因素分析 [J]. 中国人口资源与环境，2010，20 (8)：48—52.

[152] 闫云凤，赵忠秀. 消费碳排放与碳溢出效应：G7，BRIC 和其他国家的比较 [J]. 国际贸易问题，2014 (1)：99—107.

[153] 闫云凤，赵忠秀，王苒. 基于 MRIO 模型的中国对外贸易隐含碳及排放责任研究 [J]. 世界经济研究，2013 (6)：54—58.

[154] 杨小凯. 可计算一般均衡模型——一种新的经济计划和量优价格计算方法 [J]. 武汉大学学报（哲社版），1983 (03)：36—44.

[155] 姚愉芳，齐舒畅，刘淇. 中国进出口贸易与经济、就业、能源关系及对策研究 [J]. 数量经济技术经济研究，2008 (10)：56—66.

[156] 叶莉，翟静霞. 碳关税对我国出口贸易影响的经济效应分析 [J]. 天津大学学报：社会科学版，2012，14 (2)：133—139.

[157] 袁建军. 试论国际绿色贸易壁垒及中国的应对策略 [J]. 对外经贸实务，2008 (9)：43—45.

[158] 翟凡. 中国经济的可计算一般建模与仿真 [D]. 武汉：华中理工大学，1998.

[159] 詹晶. "碳关税"对我国农产品出口的影响 [J]. 经济纵横，2011 (4)：34—37.

[160] 张成，陆旸，郭路，于同申. 环境规制强度和生产技术进步 [J]. 经济研究，2011，2：113—125.

[161] 张成，于同申，郭路. 环境规制影响了中国工业的生产率吗？——基于 DEA 与协整分析的实证检验 [J]. 经济理论与经济管理，2010，3：11—17.

[162] 张迪，魏本勇，方修琦. 基于投入产出分析的 2002 年中国农产品贸易隐含碳排放研究 [J]. 北京师范大学学报：自然科学版，2010 (6)：738—743.

[163] 张建平. 中国实施"走出去"战略面临新的国际环境 [J]. 中国科技投资，2012 (30)：35—38.

[164] 张军，吴桂英，张吉鹏. 中国省际物质资本存量估算：1952—2000 [J]. 经济研究，2004，10：35—44.

[165] 张三峰，朴茂亮. 环境规制、环保投入与中国企业生产率——基于中国企业问卷数据的实证研究 [J]. 南开经济研究，2011，2：129—146.

[166] 张晓平. 中国对外贸易产生的二氧化碳排放区位转移效应分析 [J]. 地理学报，

2009，64（2）：234—242.

[167] 张晓涛，李雪. 国际碳交易市场的特征及中国碳交易市场建设 [J]. 中国经贸导刊，2010（3）：24—25.

[168] 张燕生. 后危机时代：中国转变外贸增长方式最重要 [J]. 国际经济评论，2010（1）：108—113.

[169] 张跃军，魏一鸣. 化石能源市场对国际碳市场的动态影响实证研究 [J]. 管理评论，2010，22（6）：34—41.

[170] 赵细康，李建民. 中国环境保护与产业国际竞争力关系的展望 [J]. 广东社会科学，2004（1）：57—62.

[171] 赵细康. 环境保护与产业国际竞争力：理论与实证分析 [M]. 中国社会科学出版社，2003.

[172] 赵玉焕，范静文. 碳税对能源密集型产业国际竞争力影响研究 [J]. 中国人口资源与环境，2012，22（6）：45—51.

[173] 赵玉焕. 国际贸易与气候变化的关系研究 [J]. 中国软科学，2010，4：183—192.

[174] 赵忠秀，王苒. 中日货物贸易中的碳排放问题研究 [J]. 国际贸易问题，2012（5）：83—93.

[175] 赵忠秀，闫云凤. 消费碳排放与国际碳溢出：基于 WIOD 数据库的计算（英文）[J]. Social Sciences in China，2014，3：011.

[176] 郑春芳，赵亚平. "碳关税" 对我国出口贸易的影响及对策 [J]. 经济纵横，2011（3）：48—52.

[177] 郑京海，胡鞍钢. 中国改革时期省际生产率增长变化的实证分析（1979—2001）[J]. 经济学（季刊），2005，4：263—296.

[178] 郑晓博，苗韧，雷家骕. 应对气候变化措施对贸易竞争力影响的研究 [J]. 中国人口资源与环境，2010，20（11）：66—71.

[179] 中国经济的社会核算矩阵研究小组. 中国经济的社会核算矩阵 [J]. 数量经济技术研究，1996（1）：42—48.

[180] 中国能源和碳排放研究课题组. 2050 中国能源和碳排放报告 [M]. 科学出版社，2009.

[181] 周焯华，杨俊，张林华等. CGE 模型的求解方法、原理和存在问题 [J]. 重庆大学学报（自然科学版），2002，25（3）：142—145.

［182］周宏春. 世界碳交易市场的发展与启示［J］. 中国软科学，2009（12）：39—48.

［183］周建军，王韬. 可计算一般均衡模型的几个前沿问题［J］. 当代经济科学，2001，23（5）：72—76.

［184］周剑，何建坤. 北欧国家碳税政策的研究及启示［J］. 环境保护，2008（22）：70—73.

［185］周新. 国际贸易中的隐含碳排放核算及贸易调整后的国家温室气体排放［J］. 管理评论，2010，22（6）：17—23.

［186］朱丽雯，胡萍. 绿色贸易壁垒对我国对外贸易的影响［J］. 对外经贸，2011（12）：16—17.

［187］朱勤，彭希哲，陆志明，于娟. 人口与消费对碳排放影响的分析模型与实证［J］. 中国人口·资源与环境，2010，20（2）：98—102.

［188］朱志伟，周茂荣. 低碳经济与我国国际分工地位：思路与对策［J］. 国际贸易问题，2010，6：11—15.

［189］庄贵阳，陈迎. 国际气候制度与中国［M］. 世界知识出版社，2005.

［190］庄子银，邹薇. 公共支出能否促进经济增长：中国的经验分析［J］. 管理世界，2003，7：4—13.

［191］邹亚生，孙佳. 论我国的碳排放权交易市场机制选择［J］. 国际贸易问题，2011（7）：124—134.

［192］Acemoglu, D. Aghion, P. Bursztyn, L. and Hemous, D. The Environment and Directed Technical Change［R］. NBER Working Paper, No. 15451, 2009.

［193］Aghion, P. and Howitt P. Endogenous Growth Theory［M］. MIT Press, Cambridge, MA, 1998.

［194］Aghion, P. and Howitt, P. A Model of Growth through Creative Destruction［J］. Econometrica, 1992, 60（2）：323—351.

［195］Aghion, P. Dechezlepretre, A. Hemous, D. Martin, R. and Van Reenen, J. Carbon Taxes, Path Dependency and Directed Technical Change: Evidence from the Auto Industry［R］. Working Paper, 2011.

［196］Ahmad N, Wyckoff A. Carbon Dioxide Emissions Embodied In Tnternational Trade of Goods［J］. 2003.

［197］Aigner, J. Lovell, K. and Schmidt, P. Fomulation and Estimation of Stochastic Frontier Production Function Models［J］. Journal of Econometrics, 1977, 6：21—37.

［198］Alberola and Chevallier, European Carbon Prices and Banking Restrictions: Evidence from Phase I (2005—2007) [J]. The Energy Journal, 2009: 51—79.

[199] Alexeeva-Talebi V. Anger N. Löschel A. Alleviating Adverse Implications of EU Climate Policy on Competitiveness: the Case for Border Tax Adjustments or the Clean Development Mechanism? [J]. ZEW-Centre for European Economic Research Discussion Paper, 2008, 08—95.

[200] Alpay, E. Buccola, S. and Kerkvliet, J. Productivity Growth and Environmental Regulation in Mexican and U. S. Food Manufacturing [J]. American Journal of Agricultural Economics, 2002, 84 (4): 887—901.

[201] Andreoni, J. and Levinson, A. The Simple Analytics of the Environmental Kuznets Curve [J]. Journal of Public Economics, 2001, 80: 269—286.

[202] Anderson T W, Hsiao C. Estimation of Dynamic Models with Error Components [J]. Journal of the American Statistical Association, 1981, 76 (375): 598—606.

[203] Ang, J. SO_2 Emissions, Research and Technology Transfer in China [J]. Ecological Economics, 2009, 68 (10): 2658—2665.

[204] Antweiler, W. Copeland, B. R. and Taylor, M. S. Is Free Trade Good for the Environment? [J]. American Economic Review, 2001, 91 (4): 877—908.

[205] Arayama, Y. and Miyoshi, K. Regional Diversity and Sources of Economic Growth in China [J]. World Economy, 2004, 27 (10): 1583—1607.

[206] Arellano, M. and Bond S. Some Tests of Specification of Panel Data: Monte Carlo Evidence and an Application to Employment Equation [J]. Review of Economic Study, 1991, 58: 277—297.

[207] Arellano, M. and Bover, O. Another Look at the Instrumental Variables Estimation of Error Components Model [J]. Journal of Econometrics, 1995, 68: 29—51.

[208] Arimura, T. Hibiki, A. and Johnstone, N. An Empirical Study of Environmental R&D: What Encourages Facilities to be Environmentally Innovative? [A]. Johnstone, N. (Ed.), Environmental Policy and Corporate Behaviour [C]. Edward Elgar, Cheltenham, Northampton, 2007.

[209] Arrow K, Bolin B, Costanza R, et al. Economic Growth, Carrying Capacity, and the Environment [J]. Ecological Applications, 1996: 13—15.

[210] Babiker M H, Metcalf G E, Reilly J. Tax Distortions and Global Climate Policy [J]. Journal of Environmental Economics and Management, 2003, 46 (2): 269—287.

[211] Babiker M H. Climate Change Policy, Market Structure, and Carbon Leakage [J]. Journal of International Economics, 2005, 65 (2): 421—445.

[212] Baer P, Fieldman G, Athanasiou T, et al. Greenhouse Development Rights: towards an Equitable Framework for Global Climate Policy [J]. Cambridge Review of International Affairs, 2008, 21 (4): 649—669.

[213] Bradley P, Thomas C, Druckman A, et al. Accounting for Food Waste: Comparative Analysis within the UK [J]. Proceedings of the ICE-Waste and Resource Management, 2009, 162 (1): 5—13.

[214] Barman, T. R. and Gupta, M. R. Public Expenditure, Environment, and Economic Growth [J]. Journal of Public Economic Theory, 2010, 12 (6): 1109—1134.

[215] Barro R. J. Government Spending in a Simple Model of Endogenous Growth [J]. Journal of Political Economy, 1990, 98 (5): 103—126.

[216] Barro, R. and Sala-i-Martin, X. Economic Growth [M]. McGraw-Hill, New York, 1995.

[217] Basseti, T. Benos, N. and Karagiannis, S. How Policy Can Influence Human Capital Accumulation and Environment Quality [R]. MPRA Paper, No. 21754, 2010.

[218] Batra R, Beladi H, Frasca R. Environmental Pollution and World Trade [J]. Ecological Economics, 1998, 27 (2): 171—182.

[219] Baumol W J, Oates W E. The Use of Standards and Prices for Protection of the Environment [J]. The Swedish Journal of Economics, 1971: 42—54.

[220] Bin Shui, Robert C Harriss. The Role of CO_2 Embodiment in US-China Trade [J]. Energy Policy, 2006, 34 (18): 4063—4068.

[221] Biswas H, Mukhopadhyay S K, De T K, et al. Biogenic Controls on the Air-Water Carbon Dioxide Exchange in the Sundarban Mangrove Environment, Northeast Coast of Bay of Bengal, India [J]. Limnology and Oceanography, 2004, 49 (1): 95—101.

[222] Black F and Scholes M. The Pricing of Option and Corporate Liabilities [J]. Journal of Political Economy, 1973, 81 (3): 637—659.

[223] Bloom, D. and Canning, D.. Health and Economic Growth: Micro and Macro Evidence [R]. CDDRL Working Papers No, 42, Stanford IIS, 2005.

[224] Bloom, D. Canning, D. and Jamison, D. Health, Wealth and Welfare [J]. Finance

and Development，2004，3：10—15.

[225] Blundell，R. Bond，S. Initial Condition and Moment Restrictions in Dynamic Panel Data Models [J]. Journal of Econometrics，1998，87：111—143.

[226] Blundell R，Bond S. GMM Estimation with Persistent Panel Data：an Application to Production Functions [J]. Econometric Reviews，2000，19 (3)：321—340.

[227] Bond，S. Hoeffler，A. and Temple，J. GMM Estimation of Empirical Growth Models [R]. CEPR Discussion Paper，No. 3048，2001.

[228] Bordoff J. E. The Threat to Free Trade Posed by Climate Change Policy [C]，Remarks to the Geneva Trade and Development Forum，2008—9—19，Crans-Montana，Switzerland.

[229] Bovenberg，A. and Smulders，S. Environmental Quality and Pollution-Augmenting Technological Change in a Two-sector Endogenous Growth Model [J]. Journal of Public Economics，1995，57：369—391.

[230] Brock，W. A. and Taylor，M. S. The Green Solow Model [R]. NBER Working Paper，No. 10557，2004.

[231] Brock W A，Taylor M S. The Green Solow Model [J]. Journal of Economic Growth，2010，15 (2)：127—153.

[232] Brunnermeier，S. B. and Cohen，M. A. Determinants of Environmental Innovation in US Manufacturing Industries [J]. Journal of Environmental Economics and Management，2003，45：278—293.

[233] Bunn，D. W.，Fezzi，C.，Interaction of European Carbon Trading and Energy Prices [J]. FEEM Working Paper，2007.

[234] Burniaux，etc. GREEN：A Global Model for Quantifying the Costs of Policies to Curb CO_2 Emissions [J]. OECD Studies，1992，19：49—92.

[235] Capoor K，Ambrosi P. State and Trends of the Carbon Market 2007 [J]. World Bank Institute，2007.

[236] Capros，P.，Mantzos，L.，The Economic Effects of Industry Level Emission Trading to Reduce Greenhouse Gases [R]. Report to DG Environment，2000.

[237] Carrion-Flores，C. E. and Innes，R. Environmental Innovation and Environmental Performance [J]. Journal of Environmental Economics and Management，2010，59：27—42.

[238] Caselli，F. and Coleman，J. The World Technology Frontier [J]. American Economic

Review, 2006, 96 (3): 499—522.

[239] Caves, D. W. Christensen, L. R. and Diewert, W. E. The Economic Theory of Index Numbers and the Measurement of Input, Output and Productivity [J]. Econometrica, 1982, 50: 1393—1414.

[240] C. Fischer, I. W. H. Parry, W. A. Pizer. Instrument Choice for Environmental Protection When Technological Innovation is Endogenous [J]. Journal of Environmental Economics and Management, 2003 (45): 523—545.

[241] Charnes, A. Cooper, W. and Rhodes, E. Measuring the Efficiency of Decision Making Units [J]. European Journal of Operation Research, 1978, 2: 429—444.

[242] Chen, J. Shieh, J. Chang, J. and Lai, C. Growth, Welfare and Transitional Dynamics in an Endogenously Growing Economy with Abatement Labor [J]. Journal of Macroeconomics, 2009, 31: 423—437.

[243] Chichilnisky, G. , Geoffrey, H. , Who Should Abate Carbon Emission: An International Viewpoint [R]. NBER Working Paper, No. 4425. 1993.

[244] Chichilnisky G, Heal G. Who Should Abate Carbon Emissions? An International Viewpoint [R]. National Bureau of Economic Research, 1993.

[245] Chichilnisky and Sheeran. Saving Kyoto: An Insider's Guide to What It Is, How It Works and What It Means for the Future [M]. London: Garfield House, 2009.

[246] Chichilnisky. North-south Trade and the Global Environment [J]. The American Economic Review, 1994: 851—874.

[247] Christopher L Weber, Glen P Peters, Da B Guan, et al. The Contribution of Chinese Exports to Climate Change [J]. Energy Policy, 2008, 36 (9): 3572—3577.

[248] Cline W R. Global Warming and Agriculture: Impact Estimates by Country [M]. Peterson Institute, 2007.

[249] Coase R H. Problem of Social Cost [J]. JL & econ. , 1960, 3: 1.

[250] Cole, M. A. and Elliott, R. Determining the Trade-environment Composition Effect: the Role of Capital Labor and Environmental Regulations [J]. Journal of Environmental Economics and Management, 2003, 46: 363—283.

[251] Cole, M. A. Trade, the Pollution Haven Hypothesis and Environmental Kuznets Curve: Examining the Linkages [J]. Ecological Economics, 2004, 48: 71—81.

[252] Copeland, B. R. and Taylor, M. S. North-South Trade and the Environment [J]. Quarterly Journal of Economics, 1994, 109: 755—787.

[253] Copeland, B. R. and Taylor, M. S. Trade, Growth, and the Environment [J]. Journal of Economic Literature, 2004, 42: 7—71.

[254] Copeland, B. R. International Trade and Green Growth [R]. The World Bank Mimeo, 2011.

[255] Copeland, B. R. and Taylor, M. S. Trade and Environment: A Partial Synthesis [J]. American Journal of Agricultural Economics, 1995, 77: 765—771.

[256] Copeland B. R. , S. Taylor. Trade and the Environment: Theory and Evidence [M]. Princeton University Press, 2003.

[257] Cosbey A, Tarasofsky R. Climate Change, Competitiveness and Trade [M]. Chatham House, 2007.

[258] Courchene and Allan. Climate Change: the Case for a Carbon Tariff/Tax [R], Option Politiques, 2008.

[259] Crocker T D. The Structuring of Atmospheric Pollution Control Systems [J]. The Economics of Air Pollution, 1966: 61—86.

[260] Cropper M. L. , Oates W. E. . Environmental Economics: a Survey [J]. Journal of Economic Literature, 1992, 2: 675—740.

[261] Dales J H. Land, Water, and Ownership [J]. The Canadian Journal of Economics/Revue Canadienne d'Economique, 1968, 1 (4): 791—804.

[262] Daly H, Goodland R. An Ecological-economic Assessment of Deregulation of International Commerce under GATT [J]. Ecological Economics, 1994, 9 (1): 73—92.

[263] Daly H E. The Perils of Free Trade [J]. Scientific American, 1993 (269): 50—57.

[264] D'Arge, R. C. Essay on Economic Growth and Environmental Quality [J]. The Swedish Journal of Economics, 1971, 73 (1): 25—41.

[265] Dasgupta P, Heal G. The Optimal Depletion of Exhaustible Resources [J]. The Review of Economic Studies, 1974: 3—28.

[266] Daskalakis G, Markellos R N. Are the European Carbon Markets Efficient [J]. Review of Futures Markets, 2008, 17 (2): 103—128.

[267] David, P. Hall, B. and Toole, A. Is Public R&D a Complement or Substitute for Pri-

vate R&D? A Review of the Econometric Svidence [J]. Research Policy, 2000, 29: 497—529.

[268] Davis S J, Caldeira K. Consumption-based Accounting of CO_2 Emissions [J]. Proceedings of the National Academy of Sciences, 2010, 107 (12): 5687—5692.

[269] Dean, J. M., Lovely, M. E. and Wang, H. Are Foreign Investors Attracted to Weak Environmental Regulations? Evaluating the Evidence from China [J]. Journal of Development Economics, 2009 (90): 1—13.

[270] Denicolo V. Pollution-reducing Innovations under Taxes or Permits [J]. Oxford Economic Papers, 1999, 51 (1): 184—199.

[271] Di Vita, G. Another Explanation of Pollution-income Pattern [J]. International Journal of Environment and Pollution, 2004, 21 (6): 588—592.

[272] Diamond, P. National Debt in a Neoclassical Growth Model [J]. American Economic Review, 1965, 55: 1126—1150.

[273] Dietzenbacher E, Pei J, Yang C. Trade, Production Fragmentation, and China's Carbon Dioxide Emissions [J]. Journal of Environmental Economics and Management, 2012, 64 (1): 88—101.

[274] Dietz, T. and Rosa, E. A. Rethinking the Environmental Impacts of Population, Affluence, and Technology [J]. Human Ecology Review, 1994, 1: 277—300.

[275] Dinda, S. A Theoretical Basis for the Environmental Kuznets Curve [J]. Ecological Economics, 2005, 53: 403—413.

[276] Dinda, S. Carbon Emission and Production Technology: Evidence from the US [R]. MPRA Paper, No. 31935, 2011.

[277] Dinda, S.. Environmental Kuznets Curve Hypothesis: A Survey [J]. Ecological Economics, 2004, 49: 431—455.

[278] Domazlicky, B. R. and Weber, W. L. Does Environmental Protection Lead to Slower Productivity Growth in the Chemical Industry? [J]. Environmental and Resource Economics, 2004, 28: 301—324.

[279] Dong Yan and John Whalley. Carbon Motivated Regional Trade Arrangements: Analytics and Simulations [R]. NBER Working Paper, No. 14880, 2009.

[280] Dufour, C. Lanoie, P. and Patry, M. Regulation and Productivity [J]. Journal of Productivity Analysis, 1998, 9: 233—247.

[281] D W Pearce and R K Turner, 1990. Economics of Natural Resources and the Environment [M], Harvester Wheatsheaf, London, 1990.

[282] Economides, G. and Philippopoulos, A. Growth Enhancing Policy is the Means to Sustain the Environment [J]. Review of Economic Dynamics, 2008, 11: 207—219.

[283] Edenhofer O, Lessmann K, Kemfert C, et al. Induced Technological Change: Exploring Its Implications for the Economics of Atmospheric Stabilization: Synthesis Report from the Innovation Modeling Comparison Project [J]. The Energy Journal, 2006: 57—107.

[284] Edenhofer O. et. al, Taxation Instruments for Reducing Greenhouse Gas Emission, and Comparison with Quantity Instruments, Prepares for Midterm Review of Project China [J]. Economics of Climate Change on December, 2008: 14—15.

[285] Egenhofer C, Alessi M, Georgiev A, et al. The EU Emissions Trading System and Climate Policy towards 2050: Real Incentives to Reduce Emissions and Drive Innovation? [J]. CEPS Special Reports, 2011.

[286] Ehrlich, P. R. and Holdren, J. P. . Impact of Population Growth [J]. Science, 1971, 171: 1212—1217.

[287] Ehrhart K M, Hoppe C, Löschel R. Abuse of EU Emissions Trading for Tacit Collusion [J]. Environmental and Resource Economics, 2008, 41 (3): 347—361.

[288] Ekins, P. , Barker, T. Carbon Taxes and Carbon Emission Trading [J]. Journal of Economic Surveys, 2001, 15 (3): 325—376.

[289] Ellerman, A. D. , Wing, I. S. Absolute vs. Intensity-based Emission Caps [J]. MIT Joint Program on the Science and Policy of Global Change Report, No. 100, 2003.

[290] Eskeland G S, Harrison A E. Moving to Greener Pastures?: Multinationals and the Pollution-haven Hypothesis [M]. World Bank Publications, 1997.

[291] Essama-Nssah B. Building and Running General Equilibrium Models in Eviews [Z]. World Bank Policy Research Working Paper, No. 3197, 2004.

[292] Evans M. F. and Smith, V. K. Do New Health Conditions Support Mortality-air Pollution Effects [J]. Journal of Environmental Economics and Management, 2005, 50 (3): 496—518.

[293] Evans W. The Divine Law of Cure [M]. Cosimo, Inc. , 2007.

[294] Fare, R. Grosskopf, S. Norris, M. and Zhang, Z. Productivity Growth, Technical

Progress, and Efficiency Changes in Industrialized Countries [J]. American Economic Review, 1994, 84: 66—83.

[295] Fischer C. Combining Rate-based and Cap-and-trade Emissions Policies [J]. Climate Policy, 2003, 3 (sup2): S89—S103.

[296] F. Missfeldt and J. Hauff. The Role of Economic Instruments [J]. The Economics of Climate Change, Routledge, NewYork, NY, 2004: 115—146.

[297] Forster, B. A. Optimal Capital Accumulation in a Polluted Environment [J]. Southern Economic Journal, 1973, 39: 544—547.

[298] Forster, B. A. Optimal Energy Use in a Polluted Environment [J]. Journal of Environmental Economics and Management, 1980, 7: 321—333.

[299] Foster G M C. Traditional Societies and Technological Change [M]. Harper Collins Publishers, 1973.

[300] Frank, M. W. Income Inequality and Economic Growth in the U. S.: A Panel Cointegration Approach [R]. Sam Houston State University Working Paper, 2005.

[301] Frankel J A, Rose A K. Is Trade Good or Bad for the Environment? Sorting Out the Causality [J]. Review of Economics and Statistics, 2005, 87 (1): 85—91.

[302] G Petschel-Held, A Block, M Cassel-Gintz, Syndromes of Global Change: a Qualitative Modelling Approach to Assist Global Environmental Management [J]. Environmental, 1999.

[303] Gagelmann F, Frondel M. The Impact of Emission Trading on Innovation-science Fiction or Reality? [J]. European Environment, 2005, 15 (4): 203—211.

[304] Galeotti, M. Lanza, A. and Pauli, F. Reassessing the Environmental Kuznets Curve for CO_2 Emissions: a Robustness Exercise [J]. Ecological Economics, 2006, 57: 152—163.

[305] Gallup J L, Sachs J D, Mellinger A D. Geography and Economic Development [J]. International Regional Science Review, 1999, 22 (2): 179—232.

[306] Geroski, P. A. Models of Technology Diffusion [J]. Research Policy, 2000, 29: 603—626.

[307] Global CCS Institute. The Global Status of CCS (2012) [EB/OL]. http://cdn. globalccsinstitute. com/sites/default/files/publications/47936/global-status-ccs-2012. pdf.

[308] Gold, D. R. et al. Ambient Pollution and Heart Rate Variability [J]. Circulation, 2000, 101: 1267—1273.

[309] Goodland R J A, Daly H E, El Serafy S. The Urgent Need for Rapid Transition to

Global Environmental Sustainability [J]. Environmental Conservation, 1993, 20 (04): 297—309.

[310] Goulder L H, Parry I W H, Williams Iii R C, et al. The Cost-effectiveness of Alternative Instruments for Environmental Protection in a Second-best Setting [J]. Journal of public Economics, 1999, 72 (3): 329—360.

[311] Goulder, L. and Schneider, S. Induced Technological Change and the Attractiveness of CO_2 Abatement Policies [J]. Resource and Energy Economics, 1999, 21: 211—253.

[312] Goulder L H, Parry I W H. Instrument Choice in Environmental Policy [J]. Review of Environmental Economics and Policy, 2008, 2 (2): 152—174.

[313] Goulder L H, Stavins R N. Interactions between State and Federal Climate Change Policies [M]. The Design and Implementation of US Climate Policy. University of Chicago Press, 2011: 109—121.

[314] Goulder, L. H. , Stavins, R. N. Interactions between State and Federal Climate Change Policies, NBER Working Paper, No. 16123, 2010.

[315] Goulder, L. H. and Mathai, K. Optimal CO_2 Abatement in the Presence of Induced Technological Change [J]. Journal of Environmental Economics and Management, 2000, 39: 1—38.

[316] Gradus R. and Smulders S. The Trade-off between Environmental Care and Long-term Growth-pollution in Three Prototype Growth Models [J]. Journal of Economics, 1993, 58 (1): 25—51.

[317] Grasso M. A Normative Ethical Framework in Climate Change [J]. Climatic Change, 2007, 81 (3—4): 223—246.

[318] Gray W. B. and Shadbegian R. J. Plant Vintage, Technology, and Environmental Regulation [J]. Journal of Environmental Economics and Management, 2003, 46, 384—402.

[319] Greaker, M. Spillovers in the Development of New Pollution Abatement Technology: A New Look at the Porter-hypothesis [J]. Journal of Environmental Economics and Management, 2006, 52: 411—420.

[320] Grether J M, Mathys N A, De Melo J. Trade, Technique and Composition Effects: What is Behind the Fall in World-Wide SO_2 Emissions 1990—2000 [J]. 2007.

[321] Griliches, Z. R&D and Productivity, The Econometric Evidence [M]. University of Chicago Press, Chicago, 1998.

[322] Griliches, Z. R&D, Patents and Productivity [M]. University of Chicago Press, Chicago, 1984.

[323] Grimaud, A. and Tournemaine, F. Why Can An Environmental Policy Tax Promote Growth Through the Channel of Education? [J]. Ecological Economics, 2007, 62: 27—36.

[324] Grimaud, A. Lafforgue, G. and Magné, B.. Climate Change Mitigation Options and Directed Technical Change: A Decentralized Equilibrium Analysis [J]. Resource and Energy Economics, 2011, 33: 938—962.

[325] Grimaud, A. Pollution Permits and Sustainable Growth in a Schumpeterian Model [J]. Journal of Environmental Economics and Management, 1999, 38 (3): 249—266.

[326] Grimaud, A. and Rouge, L. Non-renewable Resources and Growth with Vertical Innovations: Optimum, Equilibrium and Economic Policies [J]. Journal of Environmental Economics and Management, 2003, 45: 433—453.

[327] Grimaud, A. and Rouge, L. Environment, Directed Technical Change and Economic Policy [J]. Environment and Resource Economics, 2008, 41 (4): 439—463.

[328] Grimaud, A. and Tournemaine, F. Why Can An Environmental Policy Tax Promote Growth Through the Channel of Education? [J]. Ecological Economics, 2007, 62: 27—36.

[329] Grimes P, Kentor J. Exporting the Greenhouse: Foreign Capital Penetration and CO_2 Emissions 1980—1996 [J]. Journal of World-systems Research, 2003, 9 (2): 261—75.

[330] Grossman G M, Helpman E. Trade, Knowledge Spillovers, and Growth [J]. European Economic Review, 1991, 35 (2): 517—526.

[331] Grossman G. , A Krueger. Environmental Impact of a North American Free Trade Agreement [J]. NBER Working Paper, No. 3914, 1991.

[332] Grossman, G. and Helpman, E. Endogenous Innovation in the Theory of Growth [J]. Journal of Economic Perspectives, 1994, 8: 23—44.

[333] Grossman, G. M. Krueger, A. B. Environmental Impacts of a North American Free Trade Agreement [R]. NBER Working Paper, No. 3914, 1991.

[334] Grossman, G. M. and Krueger, A. B. Economic Growth and the Environment [J]. The Quarterly Journal of Economics, 1995, 110: 353—377.

[335] Gruver, G. W. Optimal Investment in Pollution Control Capital in a Neoclassical Growth Context [J]. Journal of Environmental Economics and Management, 1976, 3: 165—177.

[336] Grübler, A. and Messner, S. Technological Change and the Timing of Mitigation Measures [J]. Energy Economics, 1998, 20 (5-6): 495-212.

[337] Gupta, M. R. and Barman, T. R. Health, Infrastructure, Environment and Endogenous Growth [J]. Journal of Macroeconomics, 2010, 32: 657-673.

[338] Hamamoto, M. Environmental Regulation and the Productivity of Japanese Manufacturing Industries [J]. Resource and Energy Economics, 2006, 28: 299-312.

[339] Hartman, R. and Kwon, O. S. Sustainable Growth and the Environmental Kuznets Curve [J]. Journal of Economic Dynamics and Control, 2005, 29 (10): 1701-1736.

[340] Hattori, K. Optimal Environmental Policy under Monopolistic Provision of Clean Technologies [R]. MPRA Paper, No. 28837, 2011.

[341] Hawitt P. Health, Human Capital and Economic Growth: A Schumpeterian Perspective [J]. Health and Economic Growth: Finelings and Policy Implications. 2005: 19-40.

[342] Heil, M. T. and Selden, T. M.. Carbon Emissions and Economic Development: Future Trajectories Based on Historical Experience [J]. Environment and Development Economics, 2001, 6: 63-83.

[343] Hettich, F. Growth Effects of a Revenue-neutral Environmental Tax Reform [J]. Journal of Economics, 1998, 67 (3): 287-316.

[344] Hicks J R. Marginal Productivity and the Principle of Variation [J]. Economica, 1932 (35): 79-88.

[345] Hill J, Polasky S, Nelson E, et al. Climate Change and Health Costs of Air Emissions from Biofuels and Gasoline [J]. Proceedings of the National Academy of Sciences, 2009, 106 (6): 2077-2082.

[346] Hoel M. Efficient Climate Policy in the Presence of Free Riders [J]. Journal of Environmental Economics and Management, 1994, 27 (3): 259-274.

[347] Holtz-Eakin, D. and Selden, T. Stoking the Fires? CO_2 Emissions and Economic Growth. Journal of Public Economics, 1995, 57, pp. 85-101.

[348] Huang W M, Lee G W M, Wu C C. GHG emissions, GDP Growth and the Kyoto Protocol: A Revisit of Environmental Kuznets Curve Hypothesis [J]. Energy Policy, 2008, 36 (1): 239-247.

[349] Hudson E. A., Jorgenson D. W. US Energy Policy and Economic Growth 1975-2000

[J]. The Bell Journal of Economics and Management Science, 1974, 5: 461—514.

[350] Höhne N, den Elzen M, Weiss M. Common but Differentiated Convergence (CDC): a New Conceptual Approach to Long-term Climate Policy [J]. Climate Policy, 2006, 6 (2): 181—199.

[351] Hübler M. Can Carbon based Import Tariffs Effectively Reduce Carbon Emissions? [R]. Kiel Working Paper, 2009.

[352] Institute. O. Edenhofer, K. Lessman, C. Kemfert, M. Grubb, J. Kohler. Induced Technological Change: Exploring Its Implications for the Economics of Atmospheric Stabilization [J]. Energy Journal 2006 (27): 57—122.

[353] International Energy Agency. World Energy Outlook 2007: China and India Insights [M]. Paris: IEA, 2007.

[354] IPCC A R. Intergovernmental Panel on Climate Change [J]. Climate Change 2007: Synthesis Report, 2007.

[355] IPCC. Climate Change 2007-Mitigation of Climate Change: Working Group Ⅲ Contribution to the Fourth Assessment Report of the IPCC [R]. Cambridge University Press, Cambridge, UK, 2008.

[356] Ismer and Neuhoff. Border Tax Adjustment: A Feasible Way to Support Stringent Emission Trading [R]. CMI Working Paper, No. 36, 2007.

[357] Iucn U. World Conservation Strategy: Living Resource Conservation for Sustainable Development [M]. WWF, 1980.

[358] Jaffe A B, Stavins R N. Dynamic Incentives of Environmental Regulations: The Effects of Alternative Policy Instruments on Technology Diffusion [J]. Journal of Environmental Economics and Management, 1995, 29 (3): S43—S63.

[359] Jaffe, A. B. The U. S. Patent System in Transition: Policy Innovation and the Innovation Process [J]. Research Policy, 2000, 29: 531—558.

[360] Jaffe, A. B. and Palmer, K. Environmental Regulation and Innovation: A Panel Data Study [J]. Review of Economics and Statistics, 1997, 79: 610—619.

[361] Jaffe, A. B. Demand and Supply Influences in R&D Intensity and Productivity Growth [M]. Review of Economics and Statistics, 1988, 70: 431—437.

[362] Jaffe, B. Newell, R. G. and Stavins, R. N. Technological Change and the Environment [R]. NBER Working Paper, No. 7970, 2000.

[363] Jaffe. A. B. , Newell, R. , Stavins, R. . Technological Change and the Environment [A]. In: Karl-Göran Mäler and Jeffrey Vincent. Handbook of Environmental Economics [C]. North-Holland, 2003.

[364] Jia Xie. An Environmentally Extended Social Accounting Matrix [J]. Environemntal and Resource Economics, 2000, 16: 391—406.

[365] Jian Xie, Saltzman S. Environment Policy Analysis: an Environmental Computable General Equilibrium Approach for Developing Countries [J]. Journal of Policy Modelling, 2000, 22 (4): 453—489.

[366] Jian Xie. An Environmentally Extended Social Accounting Matrix [J]. Environemntal and Resource Economics, 2000, 16: 391—406.

[367] Johanson L. A Multi-sectoral Study of Economic Growth [M]. Amsterdan, North-Holland Publishing Company, 1964.

[368] John, A. and Pecchenino, R. An Overlapping Generations Model of Growth and the Environment [J]. Economic Journal, 1994, 104: 1393—1410.

[369] John, A. Pecchenino, R. Schimmelpfennig, D. and Schreft, S. Short-lived Agents and the Long-lived Environment [J]. Journal of Public Economics, 1995, 58: 127—141.

[370] Jorgenson D. W. , Slesnick D. T. , Wilcoxen P. J. Carbon Taxes and Economic Welfare [J]. Brookings Papers on Economic Activity (Microeconomics), 1992: 393—454.

[371] Jorgenson D. W. , Wilcoxen P. J. International General Equilibrium Modeling of U. S. Environmental Regulation [J]. Journal of Policy Modelling, 1990, 12: 715—744.

[372] Jorgenson D. W. , Wilcoxen P. J. Reducing U. S. Carbon Dioxide Emissions: the Cost of Different Goals [J]. Advances in the Economics of Energy and Resources, 1992, 7: 125—158.

[373] Jorgenson, D. W. and Stiroh, K. J. Raising the Speed Limit: U. S. Economic Growth in the Information Age [J]. Brookings Papers on Economic Activity, 2000: 125—211.

[374] Jung C, Krutilla K, Boyd R. Incentives for Advanced Pollution Abatement Technology at the Industry Level: An Evaluation of Policy Alternatives [J]. Journal of Environmental Economics and Management, 1996, 30 (1): 95—111.

[375] K Arrow, B Bolin, R Costanza, P Dasgupta, Economic Growth, Carrying Capacity, and the Environment [J]. Cambridge University Press, 1996.

[376] Kampa, M. and Castanas, E. Human Health Effects of Air Pollution [J]. Environ-

mental Pollution, 2008, 151 (2): 362—367.

[377] Karan C, Ambrosi P. State and Trends of the Carbon Market 2009 [J]. Washington, DC: World Bank, 2009.

[378] Keeler, E. Spence, M. and Zeckhauser, R. The Optimal Control of Pollution [J]. Journal Economic Theory, 1971, 4: 19—34.

[379] Kemfert C. , Estimated Substitution Elasticities of a Nested CES Production Function Approach for Germany [J]. Energy Economics, 1998, 20: 249—264.

[380] Kijima, M. Nishide, K. and Ohyama, A. Economic Models for the Environmental Kuznets Curve: A Survey [J]. Journal of Economic Dynamics and Control, 2010, 34: 1187—1201.

[381] Komen, R. Gerking, S. and Folmer, H. Income and Environmental R&D: Empirical Evidence from OECD Countries [J]. Environment and Development Economics, 1997, 2: 505—515.

[382] Landjouw, J. O. and Mody, A. Innovation and the International Diffusion of Environmentally Responsive Technology [J]. Research Policy, 1996, 25: 549—571.

[383] Lanoie, P. Patry, M. and Lajeunesse, R. Environmental Regulation and Productivity: New Findings on the Porter Hypothesis [J]. Journal of Productivity Analysis, 2008, 30: 121—128.

[384] Le J, Shackleton N J. Carbonate Dissolution Fluctuations in the Western Equatorial Pacific during the Late Quaternary [J]. Paleoceanography, 1992, 7 (1): 21—42.

[385] Lenzen M, Murray S A. A Modified Ecological Footprint Method and Its Application to Australia [J]. Ecological Economics, 2001, 37 (2): 229—255.

[386] Lenzen M, Pade L L, Munksgaard J. CO_2 Multipliers in Multi-region Input-output Models [J]. Economic Systems Research, 2004, 16 (4): 391—412.

[387] Lessmann, Marschinski, Edenhofer. The Effects of Tariffs on Coalition Formation in a Dynamic Global Warming Game [J]. Economic Modelling, 2009. 26 (3): 641—649.

[388] Levinson, A. Technology, International Trade, and Pollution from US Manufacturing [J]. American Economic Review, 2009, 99 (5): 2177—2192.

[389] Lieb, C. M. The Environmental Kuznets Curve and Satiation: a Simple Static Model [J]. Environment and Development Economics, 2002, 7: 429—448.

[390] Ligthart J. E. , Van der Ploeg F. Sustainable Growth and Renewable Resources in the Global Economy [A]. In: Carraro C. . Trade, Innovation, Environment [C]. Kluwer Academic: Netherlands, 1994.

[391] Lockwood B. and Whalley J. Carbon Motivated Border Tax Adjustments: Old Wine in Green Bottles [R]. NBER. Working Paper, No. 14025, May 2008.

[392] López-Casasnovas, G. Rirera, B. and Currais, L. Health and Economic Gracth [M]. MIT Press, 2005.

[393] Lopez, R. The Environment as a Factor of Production: The Effects of Economic Growth and Trade Liberalization [J]. Journal of Environmental Economics and Management, 1994, 27: 163—184.

[394] Lucas, R. E. On the Mechanism of Economic Development [J]. Journal of Monetary Economics, 1988, 22: 3—22.

[395] Löschel, A. Technological Change in Economic Models of Environmental Policy: a Survey [J]. Ecological Economics, 2002, 43: 105—126.

[396] Machado G, Schaeffer R, Worrell E. Energy and Carbon Embodied in the International Trade of Brazil: an Input-output Approach [J]. Ecological Economics, 2001, 39 (3): 409—424.

[397] Makdissi, P. and Wodon, Q. Environmental Regulation and Economic Growth under Education Externalities [J]. Journal of Economic Development, 2006, 31 (1): 45—51.

[398] Managi S, Hibiki A, Tsurumi T. Does Trade Liberalization Reduce Pollution Emissions [J]. Discussion Papers, No. 2008.

[399] Managi S. Trade Liberalization and the Environment: Carbon Dioxide for 1960—1999 [J]. Economics Bulletin, 2004, 17 (1): 1—5.

[400] Managi, S. and Kaneko, S. Environmental Performance and Returns to Pollution Abatement in China [J]. Ecological Economics, 2009, 68: 1643—1651.

[401] Managi, S. and Kaneko, S. Environmental Performance and Returns to Pollution Abatement in China [J]. Ecological Economics, 2009, 68: 1643—1651.

[402] Manne, A. and Richels, R. G. On Stabilizing CO_2 Concentrations: Cost-effective Emission Reduction Strategies [J]. Environment Modeling Assess, 1997, 2: 251—265.

[403] Manne, A. Mendelson, R. and Richels, R. G. MERGE-A Model for Evaluating Regional and Global Effects of GHG Reduction Policies. Energy Policy, 1995, 23 (1): 17—34.

［404］Markandya A, Pearce D W. Development, the Environment, and the Social Rate of Discount ［J］. The World Bank Research Observer, 1991, 6 (2): 137—152.

［405］Martin, S. and Scott, J. The Nature of Innovation Market Failure and the Design of Public Support for Private Innovation ［J］. Research Policy, 2000, 29: 437—448.

［406］McAusland, C. Trade, Politics, and the Environment: Tailpipe vs. Smokestack ［J］. Journal of Environmental Economics and Management, 2008, 55: 52—71.

［407］McCarney G R, Adamowicz W L. The Effects of Trade Liberalization on the Environment: an Empirical Study ［C］//Annual Meeting, July 6—8, 2005, San Francisco, CA. Canadian Agricultural Economics Society, 2005 (34157).

［408］McConnell, K. E. Incomeand the Demand for Environmental Quality ［J］. Environment and Development Economics, 1997, 2: 383—399.

［409］McKibbin W J, Wilcoxen P J. The Role of Economics in Climate Change Policy ［J］. Journal of Economic Perspectives, 2002: 107—129.

［410］McKibbin W, Morris A, Wilcoxen P. A Copenhagen Collar: Achieving Comparable Effort through Carbon Price Agreements ［J］. Climate Change Policy: Recommendations to Reach Consensus, 2009: 26—34.

［411］Meeraus, Brooke. GAMS: A User's Guide ［J］. The Scientific Press, 1992: 1—3.

［412］Meeusen, W. and Broeck, J. Efficiency Estimation from Cobb-douglas Production Functions with Composed Error ［J］. International Economic Review, 1977, 18: 435—444.

［413］Mehra, M. K. and Basu, S. Optimal Public Policy in a Schumpeterian Model of Endogenous Growth with Environmental Pollution ［R］. Berlin Working Papers on Money, Finance, Trade and Development No. 04/2012, 2012.

［414］Messner, S. Endogenized Technological Learning in an Energy Systems Model ［R］. Laxenburg IIASA WP—95—114, 1995.

［415］Milliman S R, Prince R. Firm Incentives to Promote Technological Change in Pollution Control ［J］. Journal of Environmental Economics and Management, 1989, 17 (3): 247—265.

［416］Mohr R. D. Technical Change, External Economies, and the Porter Hypothesis ［J］. Journal of Environmental Economics and Management, 2002, 43: 158—168.

［417］Mongelli I, Tassielli G, Notarnicola B. Global Warming Agreements, International Trade and Energy/Carbon Embodiments: an Input-output Approach to the Italian Case ［J］. Energy Policy, 2006, 34 (1): 88—100.

[418] Montgomery W D. Markets in Licenses and Efficient Pollution Control Programs [J]. Journal of Economic Theory, 1972, 5 (3): 395—418.

[419] Moomaw W R, Unruh G C. Are Environmental Kuznets Curves Misleading Us? The Case of CO_2 Emissions [J]. Environment and Development Economics, 1997, 2 (04): 451—463.

[420] Moser, E. Prskawetz, A. and Tragler, G. Environmental Regulations, Abatement and Economic Growth [R]. Vienna University of Technology Working Paper No. 2011—02, 2011.

[421] Mundial B. State and Trends of the Carbon Market 2007 [J]. Washington, DC, 2007.

[422] Mäenpää I, Siikavirta H. Greenhouse Gases Embodied in the International Trade and Final Consumption of Finland: an Input-output Analysis [J]. Energy Policy, 2007, 35 (1): 128—143.

[423] Neuberg, M. Rabczenko, D. and Moshammer, H. Extended Effects of Air Pollution on Cardiopulmonary Mortality in Vienna [J]. Atmospheric Environment, 2007, 41 (38): 8549—8556.

[424] Nguyen K Q. Impacts of Wind Power Generation and CO_2 Emission Constraints on the Future Choice of Fuels and Technologies in the Power Sector of Vietnam [J]. Energy Policy, 2007, 35 (4): 2305—2312.

[425] Nordhaus W D, Yang Z. A Regional Dynamic General-equilibrium Model of Alternative Climate-change Strategies [J]. The American Economic Review, 1996: 741—765.

[426] Nordhaus W. After Kyoto: Alternative Mechanisms to Global Warming [J]. The American Economic Review, 2006, 96 (2): 31—34.

[427] Nordhaus, W. Managing the Global Commons: the Economics of Climate Change [M]. MIT Press, Cambridge, Mass, 1994.

[428] Nordhaus, W.. Modeling Induced Innovation in Climate Change Policy [A]. In: Grübler, A., Nakicenovic, N., Nordhaus, W. D.. Technological Change and the Environment [C]. Resources for the Futrue Press, Washington, DC. 2002.

[429] North, D. C. A Transaction Cost Theory of Politics [J]. Journal of Theoretical Politics, 1990, 2 (4): 355—367.

[430] Ntergovernmental Panel on Climate Change. Climate Change 2007: Synthesis Report [M]. http://www.ipcc.ch/pdf/assessment-report/ar4/syr/ar4_syr.pdf.

[431] Ono, T. Emission Permits on Growth and the Environmental [J]. Environmental and Resources Economic, 2002, 21: 75—87.

[432] Oueslati, W. Environmental Policy in an Endogenous Growth Model with Human Capital and Endogenous Labor Supply [J]. Economic Modelling, 2002, 19, 487—507.

[433] Padilla, E. Intergenerational Equity and Sustainability [J]. Ecological Economics, 2002, 41: 69—83.

[434] Pan Jiahua, Phillips Jonathan, Chen Ying. China's Balance of Emissions Embodied in Trade: Approaches to Measurement and Allocating International Responsibility [J]. Oxford Review of Economic Policy, 2008, 24 (2): 354—376.

[435] Panayoutou, T. Economic Growth and the Environment [J]. Center for International Development Working Paper, No. 56, 2000.

[436] Panayoutou, T. Empirical Tests and Policy Analysis of Environmental Degradation at Different Stages of Economic Development [R]. ILO, Technology and Employment Programme, 1993.

[437] Paul S. Nordhaus. Economics [J]. Tata Hill Publishing Company, New Delhi, 2005.

[438] Paul-ErikVee. Carbon Tariffs and The WTO: an Evaluation of Feasible Policies [J]. Journal of International Economic Law, 2009, 3: 750.

[439] Pautrel, X. Health-enhancing Activities and the Environment: How Competition for Resources Makes the Environmental Policy Beneficial [R]. L. E. M. N. A Working Paper, 2009/28, 2009.

[440] Pautrel, X. Pollution and Life Expectancy: How Environmental Policy Can Promote Growth [J]. Ecological Economics, 2009, 68 (4): 1040—1051.

[441] Pearce D W, Turner R K. Economics of Natural Resources and the Environment [M]. JHU Press, 1990.

[442] Peters G P, Hertwich E G. CO_2 Embodied in International Trade with Implications for Global Climate Policy [J]. Environmental Science & Technology, 2008, 42 (5): 1401—1407.

[443] Peters G P, Hertwich E G. Pollution Embodied in Trade: The Norwegian Case [J]. Global Environmental Change, 2006, 16 (4): 379—387.

[444] Petschel-Held G, Block A, Cassel-Gintz M, et al. Syndromes of Global Change: a Qualitative Modelling Approach to Assist Global Environmental Management [J]. Environmental

Modeling & Assessment, 1999, 4 (4): 295—314.

[445] Piggott J, Whalley J, Wigle R. How Large are the Incentives to Join Subglobal Carbon-reduction Initiatives? [J]. Journal of Policy Modeling, 1993, 15 (5): 473—490.

[446] Pigou A C. The Economics of Welfare [M]. Palgrave Macmillan, 2013.

[447] Pigou. The Economics of Welfare [M], London: Macmillan and Co. Pub, 1932.

[448] Pissarides, C. A. Learning by Trading and the Returns to Human Capital in Developing Countries [J]. The World Bank Economic Review, 1997, 11 (1): 17—32.

[449] Pizer W A. Combining Price and Quantity Controls to Mitigate Global Climate Change [J]. Journal of Public Economics, 2002, 85 (3): 409—434.

[450] Popp, D. International Innovation and Diffusion of Air Pollution Control Technologies: The Effects of NOX and SO_2 Regulation in the US, Japan, and Germany [J]. Journal of Environmental Economics and Management, 2006, 51 (1): 46—71.

[451] Popp, D. International Technology Transfer, Climate Change, and the Clean Development Mechanism [J]. Review of Environmental Economics and Policy, 2011, 5 (1): 131—152.

[452] Popp, D. International Innovation and Diffusion of Air Pollution Control Technologies: the Effects of NOX and SO_2 Regulation in the U. S. , Japan, and Germany [J]. Journal of Environmetal Economics and Management, 2006, 51 (1): 46—71.

[453] Porter, M. America's Green Strategy [J]. Scientific American, 1991, 264 (4): 96.

[454] Porter, M. and van der Linde, C. Toward a New Conception of the Environment-competitiveness Relationship [J]. Journal of Economic Perspectives, 1995, 9 (4): 97—118.

[455] P. Baer, Athanastou, T. , Kartha, S. , Kemp-Benedict, E. The Greenhouse Development Rights Framework [J]. The Right to Development in a Climate Constrained World, 2008.

[456] Rebelo, S. Long-run Policy Analysis and Long-run Growth [J]. Journal of Political Economy, 1991, 99: 500—521.

[457] Reinert K. A. , D. W. Roland-Holst. Social Accounting Matrics, in Applied Methods for Trade Policy Analysis: a Handbook [M]. Cambridge University Press, 94—121.

[458] Reppelin-Hill, V. Trade and Environment: an Empirical Analysis of the Technology Effect in the Steel Industry [J]. Journal of Environmental Economics and Management, 1999, 38: 283—301.

[459] Ricci, F. Channels of Transmission of Environmental Policy to Economic Growth: a

Survey of the Theory [J]. Ecological Economics, 2007, 60: 688—699.

[460] Roberts J T, Grimes P E. Carbon Intensity and Economic Development 1962—1991: a Brief Exploration of the Environmental Kuznets Curve [J]. World Development, 1997, 25 (2): 191—198.

[461] Roberts M J, Spence M. Effluent Charges and Licenses under Uncertainty [J]. Journal of Public Economics, 1976, 5 (3): 193—208.

[462] Rolf Golombek, Michael Hoel. International Cooperation on Climate-friendly Technologies [M], Cesifo Working Paper, No. 2677, 2009.

[463] Romer P. M. Increasing Returns and Long Run Growth [J]. Journal of Political Economy, 1986, 94 (5): 1002—1037.

[464] Romer, P. M. Endogenous Technical Change [J]. Journal of Political Economy, 1990, 98: S71—S102.

[465] Roodman, D. How to Do Xtabond2: An Introduction to Difference and System GMM in Stata [R]. Center for Global Development Working Paper, No. 103, 2006.

[466] Sachs JD, AD Mellinger, JL. Gallup. The Geography of Poverty and Wealth [J]. Scientific American, 2000 (284): 70-75.

[467] Sandor R L, Bettelheim E C, Swingland I R. An Overview of a Free-market Approach to Climate Change and Conservation [J]. Philosophical Transactions of the Royal Society of London A: Mathematical, Physical and Engineering Sciences, 2002, 360 (1797): 1607—1620.

[468] Schumpeter, J. Capitalism, Socialism and Democracy [M]. Harper, New York, 1942.

[469] Selden, T. and Song, D. Neoclassical Growth, the J Curve for Abatement, and the Inverted U Curve for Pollution [J]. Journal of Environmental Economics and Management, 1995, 29: 162—168.

[470] Serrano M, Dietzenbacher E. Responsibility and Trade Emission Balances: an Evaluation of Approaches [J]. Ecological Economics, 2010, 69 (11): 2224—2232.

[471] Shafik, N. and Bandyopadhyay, S. Economic Growth and Environmental Quality: Time-series and Cross-country Evidence [R]. World Development Report Working Paper WPS 904, The World Bank, Washington, DC, 1992.

[472] Sharif M. N. Integrating Business and Technology Strategies in Developing Countries

[J]. Technological Forecasting and Social Change, 1994, 45 (2): 151—167.

[473] Smarzynska B K, Wei S J. Pollution Havens and Foreign Direct Investment: Dirty Secret or Popular Myth? [R]. National Bureau of Economic Research, 2001.

[474] Smulders, J. Bretschger, L. and Egli, H. Economic Growth and the Diffusion of Clean Technology: Explaining Environmental Kuznets Curve [J]. Environmental Resource Economics, 2011, 49: 79—99.

[475] Smulders, S. and Gradus, R. Pollution Abatement and Long—term Growth [J]. European Journal of Political Economy, 1996, 12: 505—532.

[476] Solow, R. A Contribution to the Theory of Economic Growth [J]. Quarterly Journal of Economics, 1956, 70 (1): 65—94.

[477] Solow, R. On the Intergenerational Allocation of Natural Resources [J]. Scandinavian Journal of Economics, 1986, 88 (1): 141—149.

[478] Solow, R. Technical Change and the Aggregate Production Function [J]. Review of Economics and Statistics, 1957, 39: 213—320.

[479] State and Trends of the Carbon Market [M], World Bank, 2007—2009.

[480] Stern N. Stern Review Report on the Economics of Climate Change [J]. 2006.

[481] Stern, N. The Economics of Climate Change: the Stern Review [M]. Cambridge, UK: Cambridge University Press, 2007.

[482] Stiglitz J. A New Agenda for Global Warming [J]. The Economists' Voice, 2006, 3 (7).

[483] Stiglitz J. Growth with Exhaustible Natural Resources: Efficient and Optimal Growth Paths [J]. The Review of Economic Studies, 1974: 123—137.

[484] Stokey, N. Are There Limits to Growth? [J]. International Economic Review, 1998, 39 (1): 1—31.

[485] Sutton, J. Technology and Market Structure [M]. The MIT Press, Cambridge, MA, 1998.

[486] Sánchez-Chóliz J, Duarte R. CO_2 Emissions Embodied in International Trade: Evidence for Spain [J]. Energy Policy, 2004, 32 (18): 1999—2005.

[487] Tahvonen, O, and Kuuluvainen, J. Economic Growth, Pollution and Renewable Resources [J]. Journal of Environmental Economics and Management, 1993, 24: 101—118.

[488] Tamiotti L. Trade and Climate Change: a Report by the United Nations Environment Programme and the World Trade Organization [M]. UNEP/Earthprint, 2009.

[489] Tanaka N. Energy Technology Perspectives 2008 — Scenarios and Strategies to 2050 [J]. International Energy Agency (IEA), Paris, 2008.

[490] Taylor P. Energy Technology Perspectives 2010 [J]. Scenarios & Strategies to, 2010, 2050.

[491] Tirole, J. The Theory of Industrial Organization [M]. The MIT Press, Cambridge, MA, 1988.

[492] T. A. Weber and K. Neuhoff. Carbon Markets and Technological Innovation [R]. Faculty of Economics University of Cambridge. Working Papers, No. 0932, 2009.

[493] Unruh G. C. , WR Moomaw. An Alternative Analysis of Apparent EKC-type Transitions [J]. Ecological Economics, 1998 (25): 221—229.

[494] Valent, F. , et al. . Burden of Disease Attributable to Selected Environmental Factors and Injury among Children and Adolescents in Europe [J]. The Lancet, 2004, 363: 2032—2039.

[495] Van der Gaast W, Begg K, Flamos A. Promoting Sustainable Energy Technology Transfers to Developing Countries through the CDM [J]. Applied Energy, 2009, 86 (2): 230—236.

[496] Van der Ploeg, F. and Withagen, C. Pollution Control and the Ramsey Problem [J]. Environmental and Resource Economics, 1991, 1: 215—236.

[497] Van der Zwaan, B. C. C. Gerlagh, R. Klaassen, G. and Schrattenholzer, L. Endogenous Technological Change in Climate Change Modelling [J]. Energy Economics, 2002, 24: 1—19.

[498] Van Ewijk, C. and van Wijnbergen, S. Can Abatement Overcome the Conflict between Environment and Economic Growth? [J]. De Economist, 1995, 143 (2): 197—216.

[499] Varvarigos, D. and Palivos, T. Pollution Abatement as a Source of Stabilisation and Long Run Growth [R]. Dept. of Economics, University of Leicester, Working Paper No. 11/04, 2010.

[500] Vatn A, Kvakkestad V, Rørstad P K. Policies for Multifunctional Agriculture: the Trade-off between Transactional Cost and Precision [J]. Report/Agricultural University of Norway, Department of Economics and Social Sciences, 2002.

[501] Viner J. The Customs Union Issue Carnegie Endowment for International Peace [J]. New York, 1950.

[502] Wang Tao, Watson Jim. Who Owns China's Carbon Emissions? [EB/OL]. Norwich: Tyndall Centre, 2007.

[503] Wang, C. Chen, J. and Zou, J. Decomposition of Energy related CO_2 Emission in China: 1957— 2000 [J]. Energy, 2005, 30 (1): 73—83.

[504] Weber C L, Matthews H S. Embodied Environmental Emissions in US International Trade, 1997—2004 [J]. Environmental Science & Technology, 2007, 41 (14): 4875—4881.

[505] Weber C L, Peters G P, Guan D, et al. The Contribution of chinese Exports to Climate Change [J]. Energy Policy, 2008, 36 (9): 3572—3577.

[506] Weber T A, Neuhoff K. Carbon Markets and Technological Innovation [J]. Journal of Environmental Economics and Management, 2010, 60 (2): 115—132.

[507] Weil, N. D. Accounting for the Effect of Health on Economic Growth [J]. The Quarterly Journal of Economics, 2007, 122 (3): 1265—1306.

[508] Weishaar S. CO_2 Emission Allowance Allocation Mechanisms, Allocative Efficiency and the Environment: a Static and Dynamic Perspective [J]. European Journal of Law and Economics, 2007, 24 (1): 29—70.

[509] Weitzman M L. Optimal Rewards for Economic Regulation [J]. The American Economic Review, 1978: 683—691.

[510] Weitzman M L. Prices vs. quantities [J]. The Review of Economic Studies, 1974: 477—491.

[511] Whalley, Wigle. Cutting CO_2 Emissions: the Effect of Alternative Policy Approaches [J]. The Energy Journal, 1990, 12 (1): 109—124.

[512] William D. Nordhaus and Zili Yang. A Regional Dynamic General-equilibrium Model of Alternative Climate-change Strategies [J]. The American Economic Review, 1996, 86 (4): 741—765.

[513] Williams, R. C. Ⅲ.. Environmental Tax Interaction when Pollution Affects Health or Productivity [J]. Journal of Environmental Economics and Management, 2002, 44: 261—270.

[514] Withagen, C. and Vellinga, N. Endogenous Growth and Environmental Policy [J]. Growth and Change, 2001, 32 (1): 92—109.

[515] Wold Bank. Global Monitoring Report 2008 [R]. 2008.

[516] Wood P J, Jotzo F. Price Floors for Emissions Trading [J]. Energy Policy, 2011, 39

(3)：1746—1753.

　　[517] World Bank. International Trade and Climate Change：Economic，Legal，and Institutional Perspectives [R]. Washington D. C. ，World Bank，2007.

　　[518] World Bank. The World Bank Development Report 1992：Development and the Environment [R]. Washington，DC：The World Bank，1992.

　　[519] World Bank. The World Bank Development Report 2010：Development and the Environment [R]. Washington，DC：The World Bank，2010.

　　[520] Wu，Y. Has Productivity Contributed to China's Growth？ [J]. Pacific Economic Review，2003，8：15—30.

　　[521] W. D. Nordhaus. To Tax or Not to Tax：Alternative Approaches to Slowing Global Warming. Review of Environmental Economics and Policy，2007，1：26—44.

　　[522] Xu Ming，Allenby Braden，Chen Wei Q. Energy and Air Emissions Embodied in China-U. S. trade：East-bound Assessment Using Adjusted Bilateral Trade Data [J]. Environment Science & Technology，2009，43 (9)：3378—3384.

　　[523] Yang C. H. Tseng，Y. H. ，Chen，C. P. Environmental Regulations，Induced R&D，and Productivity：Evidence from Taiwan's Manufacturing Industries [R]. Working Paper Series，No. 2011—18，2011.

　　[524] Y. Li，CN. Hewitt. The Effect of Trade between China and the UK on National and Global Carbon Dioxide Emissions [J]. Energy Policy，2008 (36).

　　[525] Zavala J A，Casteel C L，DeLucia E H，et al. Anthropogenic Increase in Carbon Dioxide Compromises Plant Defense Against Invasive insects [J]. Proceedings of the National Academy of Sciences，2008，105 (13)：5129—5133.

后　记

　　本书是北京师范大学气候变化与贸易研究中心编写的《中国对外贸易可持续发展报告》的第二部——气候变化篇，主题是气候变化背景下中国对外贸易发展方式的转变，也是中央高校基本科研业务费专项资金资助项目（SKZZY2014019）的最终成果。研究报告是集体智慧的结晶，在课题主持人的组织下，研究团队从研究框架的提出，到研究思路、指标体系和实证模型的确定，经过多次深入讨论与分析，然后采集数据与撰写报告。研究团队由北京师范大学经济与工商管理学院教师和研究生构成，研究报告具体分工为：第1章，刘霞，申萌，吴洁；第2章，刘霞，江铨；第3章，杨修，曲如晓；第4章，安振，吴洁；第5章，蔡宏波，李凯杰，申萌；第6章，马建平，曲如晓。

　　全书由曲如晓、蔡宏波负责统稿，刘霞对研究报告的排版付出了辛勤劳动，团队多次对书稿进行深入探讨，研究报告包含着整个团队的辛劳、智慧和思想，在此向所有参与该项目的人员表示衷心的感谢！

　　感谢中央高校基本科研业务费专项资金的资助，感谢经济科学出版社编辑齐伟娜、张蒙蒙对本书的出版给予的支持和帮助。

　　由于时间仓促和水平有限，研究报告难免存在错漏与不足，恳请广大读者批评指正。

北京师范大学气候变化与贸易研究中心

2015 年 9 月

图书在版编目（CIP）数据

中国对外贸易可持续发展报告 . 气候变化篇/曲如晓编著 .

—北京：经济科学出版社，2016.3

ISBN 978－7－5141－6649－1

Ⅰ.①中… Ⅱ.①曲… Ⅲ.①对外贸易－可持续性发

展－研究报告－中国 Ⅳ.①F752

中国版本图书馆 CIP 数据核字（2016）第 044214 号

责任编辑：齐伟娜 张蒙蒙
责任校对：靳玉环
责任印制：李 鹏

中国对外贸易可持续发展报告
——气候变化篇

曲如晓 蔡宏波/编著

经济科学出版社出版、发行 新华书店经销

社址：北京市海淀区阜成路甲 28 号 邮编：100142

总编部电话：010－88191217 发行部电话：010－88191540

网址：www. esp. com. cn

电子邮件：esp@esp. com. cn

天猫网店：经济科学出版社旗舰店

网址：http://jjkxcbs. tmall. com

北京季蜂印刷有限公司印装

787×1092 16 开 24.75 印张 380000 字

2016 年 4 月第 1 版 2016 年 4 月第 1 次印刷

ISBN 978－7－5141－6649－1 定价：65.00 元

（图书出现印装问题，本社负责调换。电话：010－88191502）

（版权所有 翻印必究 举报电话：010－88191586

电子邮箱：dbts@esp. com. cn）